So weit wie möglich weg von hier

Hannah Miska arbeitete mehrere Jahre in Australien, unter anderem im Jewish Holocaust Centre Melbourne. Durch die Arbeit in diesem Museum hatte Miska Gelegenheit, zahlreichen Überlebenden des Holocaust zu begegnen und Interviews mit ihnen zu führen. In ihrem Buch erzählt sie die Biografien dieser jüdischen Frauen und Männer polnischer, litauischer, ungarischer, tschechischer, belgischer und deutscher Herkunft, die nach dem Ende des Krieges nach Australien gingen.

Dr. Hannah Miska, geb. 1955 in Magdeburg. Studium der Psychologie und Promotion, anschließend bei Siemens, SNI und Gen Re in Deutschland und in Asien. Von 2003 bis 2010 in Australien. Herausgabe des Buches „An der Seite der Bonner Republik. Kommentare und Glossen". Auslandskorrespondentin Australien / Neuseeland für die „Jüdische Allgemeine"; Consultant beim Jewish Holocaust Centre Melbourne. Seit 2010 freie Autorin.

Hannah Miska

So weit wie möglich
weg von hier

Von Europa nach Melbourne –
Holocaust-Überlebende erzählen

mitteldeutscher verlag

Abbildungen: privat

Bibliografische Information der Deutschen Nationalbibliothek
Die Deutsche Nationalbibliothek registriert diese Publikation in der Deutschen Na-
tionalbibliografie; detaillierte bibliografische Daten im Internet unter http://d-nb.de.

2014
© mdv Mitteldeutscher Verlag GmbH, Halle (Saale)
www.mitteldeutscherverlag.de

Gesamtherstellung: Mitteldeutscher Verlag, Halle (Saale)
Karten: Anneli Nau, München

ISBN 978-3-95462-292-4 (Buchhandelsausgabe)

Printed in the EU

Für Peter.
Für Paul.
Und für meine Mutter.

„Ihr seid nicht verantwortlich für das, was geschah.
Aber dafür, dass es nicht wieder geschieht – dafür schon. "

Max Mannheimer
bei einem Vortrag vor Referendaren in München

Inhalt

Geleitwort

Noch Anfang 1945 wurde ich, als knapp Achtzehnjähriger, zur Wehrmacht eingezogen. Ich kam zur 12. Armee, die Berlin verteidigen sollte, und ich hatte Glück: Oberbefehlshaber General Wenck kündigte Adolf Hitler den Gehorsam. Anstatt die ihm anvertrauten 80.000 Soldaten – die jüngsten Soldaten der ganzen Wehrmacht – in den Tod zu jagen, führte er uns südlich aus Berlin heraus Richtung Westen. In Tangermünde überquerten wir die Elbe, Wenck kapitulierte gegenüber den Amerikanern, und wir gerieten in amerikanische Kriegsgefangenschaft.

Als ich am 7. Mai 1945 als einer der Letzten die Trümmer der Elbbrücke überschritt, wusste ich: Dieser Tag ist ein tiefer Einschnitt in meinem Leben. Deutschland war zerstört, aber der Krieg war vorbei, ich hatte überlebt und eine neue Zeit lag vor uns.

Schon bald wuchs in mir der Wille, ein neues Deutschland mitzugestalten – ein Deutschland, in dem sich nicht wiederholen sollte, was geschehen war; ein Deutschland, das ein Stabilitätsfaktor für Entspannung und Frieden in ganz Europa wäre.

Theodor Heuss, als erster Bundespräsident führender Repräsentant der westdeutschen Nachkriegsgesellschaft, mahnte schon frühzeitig, die Erinnerung an die Zeit des Nationalsozialismus wachzuhalten. Er hielt eine kritische Auseinandersetzung mit der Nazi-Diktatur für außerordentlich wichtig, um die Demokratie, die ja von den Deutschen nicht selbst erkämpft war, auch wirklich Wurzeln schlagen zu lassen. Doch der breite Diskurs in der Gesellschaft über die Ursachen des Nationalsozialismus und insbesondere über den Völkermord an den Juden blieb zunächst aus.

Vor allem nach den Auschwitz-Prozessen, die am Anfang der sechziger Jahre begannen und das ganze Ausmaß des Verbrechens offenbarten, wuchs die Bereitschaft, sich mit dem Holocaust auseinanderzusetzen. Nun wuchs auch das Interesse an sogenannten Zeitzeugen – an Menschen, die aus eigenem Erleben über die Verbrechen der Nationalsozialisten berichten konnten. Sie hatten bisher geschwiegen – nicht zuletzt deshalb, weil sich niemand für ihr Schicksal interessierte.

Die Stimmen der Zeitzeugen werden bald verstummen. In Zukunft werden sich nur noch Historiker über das schlimmste Verbrechen der Menschheitsgeschichte, den Völkermord an den Juden, äußern. Deshalb ist es so wichtig, den jetzt noch Lebenden zuzuhören.

Die Autorin des Buches hat genau dies getan. Sie hat viele Jahre in Melbourne gelebt und dort im jüdischen Holocaust-Museum gearbeitet – zusammen mit einer Anzahl von überlebenden Juden aus ganz Europa, die dieses Museum aufgebaut haben und dort auch heute noch ehrenamtlich arbeiten. Es war eine Chance, die Erinnerungen dieser Überlebenden aufzuschreiben und für die Nachwelt zu bewahren, Hannah Miska hat sie ergriffen. In langen, intensiven Gesprächen – in der häuslichen Umgebung, in Cafés oder auch im Museum – gaben die Emigranten ihre Lebensgeschichten preis. Durch die intime Kenntnis der Zeitzeugen gelang es der Autorin, auch manch verborgene, schmerzvolle Erinnerung zu Tage zu fördern.

Es handelt sich bei den Emigranten um Menschen wie du und ich, die während der zwölf Jahre der NS-Diktatur Kinder und Jugendliche waren. Aus für sie unbegreiflichen Gründen mussten sie sich plötzlich verstecken oder angstvoll unter einer anderen Identität leben, wurden „abgeholt" und von ihren Eltern getrennt, landeten in Arbeits-, Konzentrations- oder Vernichtungslagern und verloren oft ihre ganze Familie.

Die Autorin stellt die völlig unterschiedlichen Lebenswege in einen geschichtlichen Kontext. Der Leser erhält so umfassende Informationen über Konzentrationslager und Ghettos, über Zwangsarbeit und Nazi-Medizin, über die Vernichtung der Juden, eben über den SS-Staat und seine unvorstellbare Menschenverachtung. Er wird aber auch informiert über Widerstand und Helfer im Nationalsozialismus. Erst die Einzelschicksale machen die Geschehnisse der damaligen Zeit persönlich emotional erlebbar. Die Autorin erzählt die Biografien unter Verwendung zahlreicher Zitate. Sie erzählt sachlich und ohne Larmoyanz. Dennoch wirken die Schilderungen tief. Vor allem aber regen sie uns zum Nachdenken darüber an, was Toleranz gegenüber Andersdenkenden, Andersgläubigen und Menschen unterschiedlicher Ethnizität für uns im 21. Jahrhundert bedeutet.

Wir leben heute in einer stabilen Demokratie, in einem Deutschland, das fester Bestandteil eines vereinten, friedliebenden und wohlhabenden Europa ist. Es gibt nur noch wenige Menschen, die die Schreckensjahre zwischen 1933 und 1945 bewusst erlebt haben. In einer solchen Zeit ist die Versuchung groß, die Vergangenheit mit ihren schrecklichen Ereignissen ad acta zu legen. Dazu darf es nicht kommen. Im Gegenteil – die Erinnerung muss immer wieder bewusst machen: Die Demokratie ist ein kostbares Gut, sie muss von allen Bürgerinnen und Bürgern mitgestaltet werden, um sie zu bewahren. Das ist die Botschaft insbesondere für die junge Generation. Die vorliegenden Lebenserinnerungen machen deutlich, wie wichtig Mut und Zivilcourage, Toleranz und Dialog in einer zunehmend diversifizierten Gesellschaft sind. Das galt gestern so wie heute.

Theodor Heuss hatte Recht: Ohne Kenntnis der Vergangenheit verstehen wir schwerlich die Probleme der Gegenwart und können keine Verantwortung für die Zukunft übernehmen.

Hans-Dietrich Genscher
Bundesminister a. D.

Einleitung: Von Europa nach Melbourne

Mit knapp über vier Millionen Einwohnern ist Melbourne, im Südosten des Landes in der Bucht Port Phillip gelegen, die zweitgrößte Stadt Australiens. Dank einer aktiven Immigrationspolitik nach dem Zweiten Weltkrieg hat sich die Zahl der „Melburnians", wie sich die Einwohner der Stadt nennen, seit 1945 knapp vervierfacht. Die Migranten kommen aus allen Teilen Europas und Asiens und prägen das multikulturelle Bild der Stadt: Im italienischen Viertel findet man ein italienisches Restaurant neben dem anderen, im griechischen Viertel sitzen Männer vor den Cafés und trinken ihren Espresso, und im asiatischen Viertel kann man vietnamesische Frühlingsrolle, Thai Curry und Peking-Ente essen. Im Süden der Metropole, ganz in der Nähe des beliebten Stadtstrands, gibt es auch ein jüdisches Viertel mit einer nahezu europäischen „Fressmeile", in der man koschere Falafel, Guglhupf und dunkles europäisches Brot bekommt. Zum Straßenbild gehören hier die orthodoxen Juden mit ihren Bärten und Schläfenlocken.

Trotz ihrer Größe ist die Stadt liebenswert entspannt und frei von jeder Hektik, Melbourne gewann über Jahre hinweg den Titel „Lebenswerteste Stadt der Welt". Insgesamt sieben Jahre, von 2003 bis 2010, habe ich in der grünen Stadt am Meer gelebt.

Erst in „meinem dritten Jahr" entdeckte ich im jüdischen Viertel Melbournes ein kleines Hinweisschild auf ein „Jewish Holocaust Centre. Remembrance Education Museum". Ein jüdisches Holocaust-Museum in Australien? Ich fand es versteckt in einer unscheinbaren Nebenstraße. Das kleine, fast intime Museum enthielt eine beeindruckende Sammlung an Fotos, Dokumenten und diversen Exponaten über das religiöse, kulturelle und berufliche Leben der Juden im Vorkriegseuropa, über den Aufstieg der Nationalsozialisten, über Demütigung, Erniedrigung und Terror, über mobile

Einsatzgruppen und Erschießungen in Polen, über Ghettos und Deportationen, über Konzentrations- und Vernichtungslager, aber auch über Menschen, die ihr eigenes Leben riskierten, um jüdische Freunde, Nachbarn, ja Unbekannte zu retten.

Ich blieb vor einem Foto stehen, das zwei Mädchen im Teenageralter zeigte – Zwillinge, an denen der berüchtigte SS-Arzt Josef Mengele seine Experimente ausgeführt hatte. Noch während ich auf das Foto schaute, näherte sich mir eine ältere Dame. Sie blieb neben mir stehen und sagte in sehr freundlichem Ton: „Wenn Sie mehr über diese Mädchen erfahren wollen – ich bin eines von ihnen."

Auf diese sehr eindringliche Weise erfuhr ich Näheres über die aus Prag stammenden Zwillinge Stephanie Heller und Annetta Able, die Auschwitz-Birkenau überlebt hatten, nach dem Krieg nach Prag zurückgingen, aber keinen ihrer Angehörigen mehr lebend vorfanden, dann nach Israel beziehungsweise nach Kenia auswanderten, bevor sie schließlich nach Australien emigrierten und nun bereits seit Jahrzehnten in Melbourne leben. Und ich begriff, warum es ein Holocaust-Museum im fernen Australien gibt: Weil Tausende von Juden aus ganz Europa entweder noch vor Beginn, hauptsächlich aber nach Ende des Zweiten Weltkrieges nach Australien emigriert waren. Ihr Credo war: So weit wie möglich weg von Europa. Mit dem Museum haben sie eine Gedenkstätte für ihre ermordeten Familienangehörigen errichtet.

Die Verfolgung der Juden hatte unmittelbar mit der Errichtung des Hitler-Regimes begonnen. Trotz Diskriminierung, Demütigung und Ausgrenzung, trotz der ständigen Flut von antijüdischen Maßnahmen war in den ersten fünf Jahren nur etwa ein Viertel aller deutschen Juden ausgewandert. Es waren diejenigen, die die Gefahr rechtzeitig erkannt hatten, die jung genug waren, um einen beruflichen Neuanfang in einem fremden, anderssprachigen Land, in einer fremden Kultur zu wagen, und die auch den Mut dazu hatten.

Die wenigsten jedoch hatten begriffen, in welcher Gefahr sie sich wirklich befanden – oder sie zögerten, ihre Heimat, ihre Familie, ihre Freunde zu verlassen, was zudem mit einem erheblichen finanziellen Verlust verbunden war: Der eigene Besitz konnte nur noch zu lächerlichen Preisen verkauft werden, eine Reichsfluchtsteuer wurde erhoben, und der Einkauf von Devisen war nur gegen extrem hohe Umtauschkurse möglich. Man hoffte also darauf, dass die Nationalsozialisten eine vorübergehende Erscheinung sein würden, und harrte aus.

Spätestens mit den gewalttätigen Pogromen im November 1938 wurden jedoch alle Hoffnungen auf eine friedliche Existenz der Juden im Deutschen Reich zunichtegemacht. Zehntausende versuchten nun verzweifelt, das Land zu verlassen – in einer Situation, in der die Möglichkeiten zur Emigration bereits äußerst schwierig geworden waren. Abgesehen davon, dass das Erlangen der nötigen Ausweispapiere eine langwierige und oft schikanöse Angelegenheit war, Wertpapiere weit unter Wert verkauft werden mussten und jüdische Konten nun völlig gesperrt wurden, brauchte es vor allem viel Glück, um ein Visum eines Einwanderungslands zu erhalten. Aufgrund der massenhaften Immigrationsgesuche waren die Quoten der Einwanderungsländer bald ausgeschöpft, und vor den Konsulaten bildeten sich lange Schlangen von Menschen, die nun auch bereit waren, in die abgelegensten Länder zu emigrieren. Die Jagd nach einem Visum war oft vergebens.

Bereits im März 1938 hatte sich mit dem „Anschluss" Österreichs das Flüchtlingsproblem massiv verschärft. In dem Versuch, eine Lösung zu finden, berief der amerikanische Präsident F.D. Roosevelt eine internationale Konferenz mit 32 Teilnehmerstaaten ein.

Das Ergebnis der Konferenz, die im Juli 1938 in Évian stattfand, war niederschmetternd: Keiner der anwesenden Staaten war bereit, die Einwanderungsquote für Juden zu erhöhen. Einige Länder rechtfertigten sich damit, dass sie kein Einwanderungsland seien, andere verwiesen auf die schwierige wirtschaftliche Lage, die es nicht erlaube, einen Zustrom verarmter Flüchtlinge zu verkraften. Auch die USA hielten an ihrer bisherigen jährlichen Quote von 27.370 Einwanderern aus dem Deutschen Reich und Österreich fest, versprachen allerdings, diese Quote ausschließlich für jüdische Flüchtlinge zu verwenden. Australien argumentierte – wie auch einige andere Teilnehmerstaaten –, dass die Aufnahme einer großen Anzahl von jüdischen Flüchtlingen zu Antisemitismus und Rassenunruhen im Lande führen könne. „Wir haben keine Rassenprobleme im Land und hegen daher auch nicht den Wunsch, solche zu importieren", führte der australische Delegierte freimütig aus.

Australien hatte bereits seit Beginn des Jahrhunderts eine sogenannte *Politik des „Weißen Australien"* betrieben, eine Einwanderungspolitik, die sich zunächst gegen chinesische Einwanderer während des Goldrauschs gerichtet hatte, später aber generell gegen alle Nicht-Weißen. Australien wollte schlichtweg britisch bleiben und favorisierte daher britische (und weiße) Immigranten. Die Weltwirtschaftskrise und die andauernde Arbeitslosigkeit in den dreißiger Jahren erschwerten zusätzlich eine Einwanderung von Nicht-Briten nach Australien. Nur Immigranten mit 500 englischen Pfund „Landegeld" wurden aufgenommen bzw. Ehefrauen, unmündige Kinder oder unverheiratete Schwestern als „abhängige Familienangehörige" von australischen Bürgern. Eine Lockerung der Einwanderungsbedingungen für jüdische und nicht jüdische „Fremde", wie alle Nicht-Briten genannt wurden, erfolgte erst 1936 mit der Erholung der Wirtschaft sowie auf Druck von angesehenen jüdischen Bürgern Australiens. Zwischen 1933 und 1935 wurden weniger als 100 jüdische Emigranten in Australien aufgenommen, 1936 waren es 150, 1937 etwa 500.

Als sich nach den Novemberpogromen 1938 die Situation der Juden im Deutschen Reich und Österreich weiter zuspitzte, wuchs der internationale Druck auf Länder mit geringer Bevölkerungsdichte. Auch Australien wurde erneut gebeten, Flüchtlinge aufzunehmen. Die australische Regierung gab nach und verpflichtete sich, über die nächsten drei Jahre 15.000 Flüchtlinge im Land aufzunehmen. Das Flüchtlingsprogramm wurde mit einem enormen bürokratischen Aufwand abgewickelt. Von der Antragstellung bis zur Genehmigung vergingen mindestens fünf Monate, die Antragsteller hatten nachzuweisen, dass sie im Besitz von Devisen sind, mussten eine (deutsche) polizeiliche Genehmigung vorlegen und konnten keine Schiffspassage buchen, bevor sie nicht ihre Einreisebewilligung in Händen hielten. Trotz all dieser Schwierigkeiten gelang im Jahr 1939 etwa 5.000 jüdischen Emigranten die Einwanderung nach Australien (vgl. Rutland). Willkommen waren sie weder bei der jüdischen noch bei der nicht jüdischen Bevölkerung. Die Australier begegneten den Neuankömmlingen mit Abwehr, Angst und Misstrauen – nicht, weil sie Juden, sondern weil sie nicht britisch waren: Menschen mit einer anderen Kultur, mit anderen Wertvorstellungen und sozialen Normen – „Fremde" eben, die womöglich billige Arbeit anboten oder sonst Konkurrenz darstellten, den eigenen Arbeitsplatz oder die eigene soziale Stellung bedrohten.

Unmittelbar nach ihrer Ankunft wurden die Flüchtlinge, die ja aus kulturell hoch entwickelten Ländern kamen und meist gebildete Menschen waren, von jüdischen Gemeindevertretern darüber belehrt, wie sie sich im neuen Land zu verhalten hätten. Sie wurden aufgefordert, aufs Land zu ziehen, leise und möglichst nicht deutsch auf der Straße zu sprechen, unauffällige Kleidung (keine langen Mäntel und lederne Aktentaschen!) zu tragen, keine Tauschgeschäfte auf der Straße abzuwickeln, die australischen Sitten und Gebräuche anzunehmen, kurz: so schnell wie möglich hundertprozentige Australier zu werden.

Mit dem Ausbruch des Krieges am 1. September 1939 unterband die australische Regierung jede weitere Einwanderung von Flüchtlingen und hielt an dieser Politik während der Dauer des gesamten Krieges fest.

Nach dem Krieg wurde eine neue Einwanderungspolitik in Australien eingeläutet. Die Bevölkerung sollte wachsen, die Briten konnten den Bedarf nicht decken, die Nachfrage nach nicht britischen Europäern wuchs. Entscheidende Kriterien für die Akzeptanz von Immigrationswilligen waren nun der potenzielle Beitrag zur wirtschaftlichen Entwicklung des Landes, die Fähigkeit zur Assimilation und ein guter Gesundheitszustand.

Auf Intervention der Vertretung der australischen Juden verpflichtete sich das neu geschaffene Immigrationsministerium im August 1945 in einem ersten Schritt dazu, auf humanitärer Basis eine Einwanderungsbewilligung für 2.000 enge Verwandte von jüdischen Bürgern Australiens zu erteilen. Voraussetzung war, dass die Juden in einem Konzentrations- oder Arbeitslager inhaftiert gewesen sein mussten oder im Versteck überlebt hatten und dass sie einen Sponsor besaßen, der fünf Jahre Unterstützung für sie garantierte. Auch die Juden, die sich nach Shanghai gerettet hatten, waren berechtigt, einen Einwanderungsantrag zu stellen. Im April 1946 erreichten die ersten Flüchtlinge aus Shanghai Australien, im November legte das erste Schiff mit Flüchtlingen aus Europa an.

Die humanitäre Geste stieß nicht überall auf Zustimmung. Noch bevor die Flüchtlinge überhaupt australischen Boden betreten hatten, wurde die Politik der Regierung von Parlamentariern attackiert, und in den australischen Medien erschienen kritische Kommentare. Der Tenor war stets gleich: Die Flüchtlinge seien mehrheitlich keine Arbeiter, sondern im Gegenteil wohlhabend und dazu arrogant, sie würden sich nicht einfügen und nähmen den Australiern, insbesondere den aus dem Krieg heimkehrenden australischen Soldaten die Arbeit und die Häuser weg. Die Angst vor Konkurrenz war groß, und tatsächlich gab es eine Wohnungsknappheit. Die Ausländerfeindlichkeit war jedoch vor allem eine Folge der jahrzehntelangen Politik des „Weißen Australien" und eine Folge der Isoliertheit des Landes. Darüber hinaus schlug sich Australien im Palästina-Konflikt auf die britische Seite, verurteilte die jüdischen Terroranschläge und wollte keine „jüdischen Terroristen" nach Australien importieren. Laut einer Meinungsumfrage im Jahr 1948 wurde die Einwanderung von Juden zu diesem Zeitpunkt nur von siebzehn Prozent der Bevölkerung gebilligt (vgl. Rutland).

Australien zeigte jedoch durchaus auch sein ausländerfreundliches Gesicht: Viele führende Politiker, Intellektuelle, Vertreter der in Australien traditionell starken Gewerkschaften und Vertreter der Kirchen setzten sich öffentlich für die jüdischen Flüchtlinge ein. Im Juli 1947 sagte die australische Regierung zu, in den folgenden zwei Jahren 16.000 Menschen aufzunehmen, die aufgrund des Krieges und des Holocaust entwurzelt und heimatlos geworden und nun vorübergehend in sogenannten DP-Lagern (s. Anm. S. 249) in den Reparationszonen der Alliierten, Österreich und Italien untergebracht waren. Das Programm zielte darauf ab, den Bedarf Australiens an Arbeitskräften zu decken, die körperliche Arbeit leisten konnten und wollten – sei es im Straßen- oder Häuserbau oder beim Bau von Wasserkraftwerken – und die zum Aufbau und zur Entwicklung des Landes auch in entlegenen Gebieten eingesetzt werden konnten. Die Migranten mussten – das war

Voraussetzung für die Einwanderung – zweijährige Arbeitsverträge unterschreiben.

Zwischen 1947 und 1951 kamen auf diese Weise knapp 200.000 Flüchtlinge nach Australien, darunter allerdings nur 500 Juden. Juden entsprachen den geforderten Kriterien der Immigrationsbehörde (Fähigkeit zur Assimilierung, Gesundheit, zwei Jahre vertragsgebundene körperliche Arbeit) offensichtlich weniger als Nichtjuden. Erst auf erneute Intervention der australischen Vertretung der Juden stimmte die Behörde zu, bis zu 3.000 privat gesponserte jüdische Flüchtlinge pro Jahr einwandern zu lassen. Zwischen 1946 und 1954 emigrierten auf diese Weise 16.300, bis Ende 1959 weitere 7.200 europäische Juden nach Australien.

In den fünfziger Jahren hatte inzwischen ein Umdenken begonnen – in Politik, Medien und Gesellschaft wehte ein frischer Wind. Die Regierung schaltete Kampagnen im Rundfunk und in den Printmedien, die für nicht britische Immigranten und gegenseitige Nachbarschaftshilfe warben. Gleichzeitig begann die Presse, positiv über Israel zu berichten. Ferner wurde die Migrationspolitik gegenüber Juden gelockert, und im Ergebnis öffnete sich auch die Gesellschaft gegenüber den nicht britischen Migranten: 1964 befanden bereits 68 Prozent der Bevölkerung, dass jüdische Immigranten wünschenswert seien (vgl. Rutland). Die Anzahl der nach Australien immigrierten Juden erscheint klein, Rutland argumentiert jedoch, dass Australien nach Israel den zweithöchsten Anteil an Holocaust-Überlebenden pro Kopf der Bevölkerung aufnahm. Zwischen 1933 und 1945 verdoppelte sich die jüdische Gemeinde Australiens von 23.553 auf 48.436 und wuchs auf knapp 60.000 Menschen im Jahr 1961 an.

60 Prozent der Juden, die nach dem Krieg nach Australien kamen, ließen sich in Melbourne nieder, die anderen überwiegend in Sydney. Während die deutschen, österreichischen und ungari-

schen Juden Sydney offenbar attraktiver fanden, zog Melbourne vorwiegend die osteuropäischen und insbesondere polnischen Juden an. Bereits 1954 war Victoria das Bundesland mit der größten jüdischen Bevölkerungsdichte Australiens, und Melbourne erhielt schnell den Ruf, die Gemeinde mit der höchsten Prozentzahl an Holocaust-Überlebenden in der Diaspora zu sein. Eine große Anzahl der zweiten und dritten Generation der Melbourner Juden sind Kinder und Enkelkinder von Überlebenden, die Erinnerung an den Holocaust ist damit auch 70 Jahre nach Kriegsende noch sehr präsent in jeder jüdischen Familie dieser Stadt.

Der Gedanke unter den jüdischen Immigranten Melbournes, eine Gedenkstätte zur Erinnerung an die von den Nazis ermordeten Juden zu errichten, war schnell geboren. Fast ohne staatliche Zuschüsse, allein durch Spenden von Überlebenden und deren Familien sowie mit Hilfe von großzügigen Gönnern wurde 1984 unter der Schirmherrschaft der Jerusalemer Holocaust-Gedenkstätte Yad Vashem das Jewish Holocaust Museum and Research Centre von den jüdischen Einwanderern eröffnet. Die Frauen und Männer der ersten Stunde, die Kuratorin, die Bildungsverantwortliche, die Mitarbeiter im Archiv und in der Bibliothek arbeiteten alle ehrenamtlich. Es gab einen Ausstellungsraum, eine Bibliothek, später eine Ton- und Videoabteilung, mehrere kleine Büros und ein Auditorium, denn von Anfang an wurde beabsichtigt, das Museum zu einer Bildungsstätte insbesondere für junge Menschen zu machen. Viele der Überlebenden, alle inzwischen weit über achtzig, arbeiten auch heute noch ehrenamtlich im Museum, meistens als Guides. Sie führen die Besucher durch das Museum und berichten vor Schülergruppen über ihre persönlichen Erlebnisse während des Holocaust.

Kurz nach meiner Begegnung mit Stephanie Heller begann ich, im Museum zu arbeiten – in der Abteilung der Kuratorin. Meine Arbeit dort gab mir Gelegenheit, zahlreiche Holocaust-Überlebende kennenzulernen. In ungezählten, stundenlangen Gesprächen und Diskussionen wurden sie mir sehr vertraut. Wir unterhielten uns im Museum, trafen uns im Café, häufig wurde ich auch von ihnen nach Hause eingeladen. Statt zu reden, hörte ich oft einfach nur zu. Was ich zu hören bekam, waren unvorstellbare Lebensgeschichten von Menschen, die den Holocaust überlebt hatten und die sich nach dem Krieg wieder in ihr Leben finden mussten. In einem fernen und völlig fremden Land mussten sie komplett von vorn beginnen: oftmals allein und ohne jede familiäre Unterstützung, ohne der Sprache mächtig zu sein, ohne finanzielle Mittel. Alles war anders in diesem Land: die Gebräuche, das Essen, das Klima, die Landschaft, sogar der Sport. Das Heimweh war oft überwältigend. Viele der Emigranten hatten keine oder keine abgeschlossene Ausbildung, weil ihnen die Nazis keine Chance dazu gelassen hatten, und sie verfügten nicht über die notwendigen finanziellen Mittel, um das Versäumte – oft wäre es eine akademische Laufbahn gewesen – nachzuholen. Andere besaßen eine Qualifikation, die sich jedoch als nutzlos erwies, weil sie in Australien nicht anerkannt wurde. Ausnahmslos arbeiteten sie alle in angelernten Berufen, um sich – mühsam – den Lebensunterhalt zu verdienen.

Davon reden die alten Damen und Herren aber nicht. Sie reden auch nicht davon, dass sie am Anfang nicht unbedingt mit offenen Armen empfangen worden sind. Haben sie es vergessen oder verdrängt? Hat die Tatsache, dass Australien die Grenzen für sie geöffnet hat, alles andere überstrahlt? Oder haben sie mit ihren australischen Nachbarn und Arbeitskollegen – Australier sind von Hause aus ausgesprochen freundliche Menschen – doch viel Positives erlebt? Jedenfalls werden sie nicht müde, Australien zu preisen, das das demokratischste und beste Land der ganzen Welt sei. Die Loyalität zu diesem Land, das sie aufgenommen und ihnen einen sicheren, friedlichen Hafen geboten hat, ist enorm. Sie sind australische Bürger geworden, und sie fühlen sich als Australier. Auch Australien hat profitiert, indem die jüdischen Emigranten das Flair der europäischen Metropolen ins Land brachten. Sie belebten die provinzielle kulturelle Szene – Theater, Literatur, Oper, Ballett und die Welt der Musik – und bereicherten den von vielen Europäern als langweilig empfundenen Speisetisch der Australier: Jüdische Feinkostläden, Cafés und Restaurants öffneten und verkauften die herrlichsten europäischen Delikatessen.

Das Wissen und die Erfahrungen von Holocaust-Überlebenden sind aufgrund der Authentizität überaus kostbar und lassen sich durch kein Geschichtsbuch der Welt ersetzen. Kein Historiker ist in der Lage, das Leiden der Millionen Opfer so zu beschreiben, dass es für uns Nachgeborene emotional erfahrbar wird. Erst wenn wir einzelne Stimmen vernehmen, wenn sich Namen und Gesichter aus der anonymen Masse der Opfer herausschälen, bekommen wir eine Ahnung vom Ausmaß des nationalsozialistischen Terrors.

Ich habe beschlossen, die Biografien dieser Menschen aufzuschreiben, solange sie sie noch erzählen können. Sechzehn Zeitzeugen kommen zu Wort – sechzehn ganz normale Menschen, die vor dem Krieg in verschiedenen Ländern Europas gelebt haben: in der Tschechoslowakei, in Ungarn, in Polen, in Litauen, in Belgien und in Deutschland. Alle haben sie gemein, dass sie als Juden den Holocaust überlebt haben und nach dem Krieg nach Australien emigriert sind. Was sie unterscheidet, sind die verschiedenen Umstände, unter denen sie den Holocaust als Kinder, junge Frauen und junge Männer überlebt haben.

Die unterschiedliche Herkunft und die unterschiedliche Vita der Zeitzeugen waren die Auswahlkriterien für das vorliegende Buch: Jedes Porträt belichtet schwerpunktmäßig einen anderen Teilaspekt des Holocaust. Um dem Leser einen schnellen Einstieg in das jeweilige Thema zu ermöglichen, stelle ich jeder Biografie einige Daten, Fakten und Hintergrundinformationen voran.

Überraschend war für mich die Tatsache, dass niemand von den Überlebenden es ablehnte, mit mir, der Deutschen, zu reden. Das lag, wie ich schnell herausfand, auch an meinem Alter. Auf die Frage, ob sie denn keine Berührungsängste mit Deutschen hätten, sagten mir einige von ihnen unverblümt, dass sie ein Gespräch mit Menschen ihrer Generation durchaus schwierig fänden. Da schliche sich dann dauernd die Frage in den Hinterkopf, was der Gesprächspartner denn während des Krieges gemacht hätte. Mit den Nachgeborenen jedoch hätten sie kein Problem – im Gegenteil, sie freuten sich ja, wenn sie in das Museum kämen und Interesse für das Thema hätten.

Die zweite Überraschung war, dass die meisten der Überlebenden keinen Hass auf die Deutschen zu haben scheinen. Oft wird ihnen von Schülern, die das Museum besuchen, genau diese Frage gestellt: Hassen Sie die Deutschen? Und immer beantworten sie die Frage – mit dem Hinweis, dass Hass nur einen Nährboden für weiteren Hass bildet – mit „nein".

Zuweilen hatte ich das Gefühl, dass es mir meine Gesprächspartner leicht machen wollten – dass sie mir nicht immer alles erzählten, dass sie die schrecklichsten Details ausließen und dass sie bewusst eine Episode über „den guten Deutschen" einstreuen. Der allerdings hilft auch ihnen, den Glauben an die Menschheit nicht komplett zu verlieren.

Wie verarbeiten diese Menschen das, was sie gesehen und erlebt haben? Wie verarbeiten sie die Demütigungen, die ihren Familien, ihren Freunden und Bekannten angetan wurden, die Ausgrenzung und die Verfolgung? Wie verarbeiten sie die jahrelange Angst – im Versteck oder unter dem Deckmantel einer falschen Identität? Wie verarbeiten sie die Trennung von ihren Liebsten und Freunden, den Verlust von Eltern, Geschwistern, Großeltern, Tanten, Onkels, Cousins und Cousinen? Die Antwort ist: gar nicht. In den Jahren nach dem Krieg hatten die Emigranten die Geister der Vergangenheit möglicherweise im Griff, denn sie waren damit beschäftigt, Geld zu verdienen, eine Familie zu gründen, ein Zuhause zu schaffen, Kinder großzuziehen. Nun, im Alter – die Kinder sind aus dem Haus, der Ehepartner ist womöglich gestorben – kehren die Geister zurück. Einige der Überlebenden haben angefangen, ihre Erlebnisse aufzuschreiben, andere modellieren, zeichnen oder bildhauern, andere wiederum reden als Zeitzeugen vor Schülern. Das beherrschende Thema bei allem ist immer der Holocaust. Die selbst verordnete Therapie hilft mal mehr, mal weniger. Sarah hatte „nur" dreißig Jahre lang jede Nacht Albträume, Sabina (deren Geschichte keinen Eingang in das Buch gefunden hat, weil sie nicht reden möchte) hat die Albträume bis heute. Zsuzsi denkt jeden Tag an ihre ermordete Mutter und wird den Gedanken nicht los, dass sie im eisigen Wasser der Donau nach ihr hätte suchen müssen. Phillip quält sich mit der Frage nach dem „Warum?", „Warum ausgerechnet die zivilisierten Deutschen?", Sala hat bis heute Verfolgungsängste und kann nur bruchstückhaft über das Erlebte sprechen. Die meisten nehmen Antidepressiva.

Auch die Familie wirkt wie ein Antidepressivum. Die Kinder haben häufig die Träume der Eltern wahrgemacht: Viele von ihnen haben studiert, sind Lehrer, Ärzte, Architekten geworden. Inzwischen sind es die Enkel und Urenkel, auf die man stolz ist. „Unsere Kinder und Enkel sind unser Sieg über Hitler", sagt Stephanie Heller.

Warum arbeiten viele der Überlebenden auch noch im hohen Alter im Museum? Nur für wenige ist es eine Art Therapie, denn den meisten fällt es nach wie vor schwer, über die Vergangenheit zu reden. Sie machen es vielmehr, weil sie es als Verpflichtung empfinden: als Verpflichtung gegenüber ihren ermordeten Familienangehörigen und Freunden, als Verpflichtung gegenüber allen ermordeten Juden. Ganz nebenbei ist das Museum dabei für viele zu einer zweiten Heimat geworden, zu einer Art Ersatzfamilie. Oft hörte ich Polnisch, wenn die alten Damen und Herren beim Lunch oder beim Kaffee saßen.

Ich habe Freunde, die mir sagen, dass sie nichts über den Holocaust lesen können, weil sie dann den Glauben an die Menschheit verlören. Dem Argument kann ich mich nicht völlig verschließen – auch ich hatte Phasen völliger Verstörtheit während meiner Interviews und Recherchen. Wenn wir jedoch versuchen, den Fokus beim Lesen nicht auf die Täter und deren Grausamkeiten, sondern vielmehr auf die Menschen zu richten, die zu Hilfe kamen, und – auch zwischen den Zeilen – erkennen, dass es Handlungsmöglichkeiten, Alternativen und zivilen Ungehorsam gab, dann ändert das die Perspektive. Wie sagte Kitia Altman, die Auschwitz überlebt hat, am Ende unseres Interviews doch sehr überraschend: „Eigentlich ist meine Lebensgeschichte doch eine Geschichte von tiefer Menschlichkeit."

Kapitel 1

Die Verfolgung der Juden im
Deutschen Reich:
Von Dresden nach Theresienstadt

Fünf Tage nach seiner Ernennung zum Reichskanzler am 30. Januar 1933 unterzeichnete Adolf Hitler die „Verordnung des Reichspräsidenten zum Schutze des Deutschen Volkes", ein Gesetz, das die Versammlungs- und Pressefreiheit in Deutschland umfassend einschränkte. Ende Februar 1933 wurde die „Verordnung des Reichspräsidenten zum Schutz von Volk und Staat" verabschiedet, die wesentliche Bürgerrechte der Weimarer Verfassung außer Kraft setzte und die juristische Grundlage für willkürliche Verhaftungen politischer Gegner bot. Kurz darauf begann eine Verfolgungswelle, die mit der Inhaftierung von Tausenden Kommunisten, Sozialdemokraten und deren Sympathisanten im Ende März 1933 errichteten Konzentrationslager Dachau endete. In schneller Folge wurden nun neue Lager im gesamten Deutschen Reich errichtet. Zu den größten, die bis 1939 gebaut wurden, gehörten Sachsenhausen, Buchenwald, Flossenbürg, das Frauenkonzentrationslager Ravensbrück und, nach dem „Anschluss" Österreichs, Mauthausen. Am Ende des Krieges sollte es im Deutschen Reich und den besetzten Gebieten, inklusive aller Außenlager, über 1.000 Konzentrationslager geben.

Schriftsteller, Künstler, Politiker, Intellektuelle – sofern sie nicht zu den Inhaftierten gehörten – verließen fluchtartig das Land, unter ihnen, um nur einige zu nennen, Leute wie Thomas Mann, Bertolt Brecht, Lion Feuchtwanger, Alfred Döblin, Arnold Schönberg, Kurt

Weill, Herbert Marcuse, Albert Einstein, Erich Ollenhauer und Willy Brandt.

Am 24. März verabschiedete der Reichstag das „Gesetz zur Behebung der Not von Volk und Reich", das die Regierung ermächtigte, eigenständig und ohne Zustimmung des Parlamentes Gesetze zu erlassen, die – so hieß es ausdrücklich – auch von der Verfassung abweichen durften. Es war das wohl bekannteste Ermächtigungsgesetz in der deutschen Geschichte, das die Grundlage für die nationalsozialistische Diktatur schuf. Die KPD war bereits zerschlagen, im Mai wurden die Gewerkschaften aufgelöst, im Juni wurde die SPD verboten, im Juli wurden auch die restlichen Parteien zur Auflösung gezwungen. Es gab nun nur noch eine einzige politische Partei: die Nationalsozialistische Deutsche Arbeiterpartei, kurz: NSDAP.

In den ersten Monaten der Nazi-Herrschaft waren also nicht die halbe Million in Deutschland lebenden Juden das Ziel von Übergriffen. Das änderte sich jedoch rasch: Am 1. April organisierte die NSDAP einen landesweiten Boykott gegen jüdische Geschäfte, Arztpraxen und Anwaltskanzleien, der mit Plünderungen und wüsten Ausschreitungen einherging. Dies war der Auftakt für die nun folgende systematische Judenverfolgung durch die Nationalsozialisten. Am 7. April wurde das „Gesetz zur Wiederherstellung des Berufsbeamtentums" erlassen, das die Gleichschaltung des öffentlichen Dienstes zum Ziel hatte. Oppositionelle Beamte wurden entlassen, Beamte nicht arischer Abstammung in den Ruhestand versetzt. Eine zusätzliche Verordnung erläuterte: „Als nicht arisch gilt, wer von nichtarischen, insbesondere jüdischen Eltern oder Großeltern abstammt. Es genügt, wenn ein Elternteil oder ein Großelternteil nicht arisch ist."

Mit diesem sogenannten „Arierparagraph" wurde die erste formaljuristische Grundlage für die Entrechtung der Juden geschaffen.

Schlag auf Schlag folgten nun Gesetze, die jüdischen Rechtsanwälten und Ärzten die Zulassungen entzog, die die Anzahl jüdischer

Schüler und Studenten an deutschen Schulen und Universitäten auf ein Minimum begrenzten, die jüdische Bürger aus allen kulturellen Berufen ausschlossen und Zeitungsherausgeber mit Berufsverbot belegten, die Juden verboten, einen Bauernhof zu besitzen oder Landwirtschaft zu betreiben, und sie von allen Turn- und Sportvereinen ausschlossen. In einer Kampagne „Wider den undeutschen Geist" verbrannten am 10. Mai 1933 Studenten in zweiundzwanzig deutschen Universitätsstädten in einer öffentlichen, ritualistischen Inszenierung Bücher von missliebigen linken, pazifistischen und jüdischen Schriftstellern.

Auf dem Nürnberger Reichsparteitag am 15. September 1935 verkündete Adolf Hitler die Nürnberger Rassengesetze, die den Rassenwahn der Nationalsozialisten juristisch untermauerten. Es handelte sich um das „Gesetz zum Schutze des deutschen Blutes und der deutschen Ehre" (auch „Blutschutzgesetz" genannt) sowie das „Reichsbürgergesetz".

Das „Blutschutzgesetz" stellte die Ehe sowie außerehelichen Geschlechtsverkehr zwischen Ariern und Nichtariern unter Strafe. Verstöße gegen das Gesetz wurden als „Rassenschande" geahndet und mit schweren Gefängnis- oder Zuchthausstrafen bestraft. In weiteren Gesetzeskommentaren wurde genauestens ausgeführt, wer Volljude (mindestens drei jüdische Großeltern) und wer „Mischling" war und welche Rechte Volljuden, Halb-, Viertel- und Achteljuden im Einzelnen hatten. Halbjuden wurde es beispielsweise verboten, Nichtjuden oder „Vierteljuden" zu heiraten. Der Personenkreis, der zwecks „Reinerhaltung der deutschen Rasse" nicht geheiratet werden durfte, wurde von Juden auf „Zigeuner, Neger und ihre Bastarde" ausgeweitet.

Das Gesetz bot fruchtbaren Boden für Denunziationen, häufig handelte es sich um falsche Anschuldigungen, auf die sich die Gestapo stützte. Die Definition für Geschlechtsverkehr wurde sehr breit ausgelegt, und in der Folge wurden mehr als 2.000 Bürger zu Zuchthausstrafen verurteilt. Obwohl Frauen per Gesetz straffrei blieben, da sie zwangsläufig für die Überführung gebraucht wurden, handelte die Gestapo oft eigenmächtig und überstellte weibliche „Rasseschänder", jedenfalls wenn es sich um Jüdinnen handelte, an Konzentrationslager. Das Reichsbürgergesetz schuf den Status des „Reichsbürgers" für Arier, verbunden mit allen bürgerlichen Rechten. Juden dagegen wurden zu „Staatsbürgern" erklärt und verloren als solche die vollen Rechte als gleichberechtigte Bürger. Damit war die Grundlage für die weitere Ausgrenzung und Entrechtung der Juden geschaffen. Diverse Zusatzverordnungen hoben die Zulassungen für jüdische Ärzte, Zahnärzte, Tierärzte, Apotheker, Rechtsanwälte und Notare auf. Jüdische Gewerbebetriebe und jüdisches Vermögen wurden meldepflichtig, jüdische Kinder wurden ab November 1938 vom Besuch staatlicher Schulen ausgeschlossen, Kulturstätten, öffentliche Plätze, Badeanstalten konnten gesperrt werden, der Zugang zu Bibliotheken wurde verboten, der Führerschein von Staatsbürgern eingezogen. Die antijüdische Wirtschaftskampagne gipfelte in den von der NSDAP organisierten Pogromen am 9. und 10. November 1938, in deren Verlauf Tausende von jüdischen Geschäften, Wohnungen und Friedhöfen verwüstet, Hunderte von Synagogen in Brand gesteckt, etwa einhundert Menschen getötet und 30.000 jüdische Männer in die Konzentrationslager Dachau, Buchenwald und Sachsenhausen verbracht wurden. Am 12. November wurde die Einstellung sämtlicher jüdischer Geschäftätigkeit verordnet, die „Arisierung" der noch verbliebenen jüdischen Betriebe begann: Alle im Reich lebenden Juden wurden gezwungen, ihre Unternehmen zu verkaufen. Jüdischer Grundbesitz, Aktien, Juwelen und Kunstwerke mussten veräußert werden. Arbeitslose Juden wurden zu Zwangsarbeit verpflichtet, Juden durften „entmietet" und in sogenannten „Judenhäusern" untergebracht werden.

Ab 1. September 1941 wurde im Großdeutschen Reich – also dem „Altreich", der „Ostmark", dem Sudetenland, Böhmen, dem Memelgebiet, Danzig und Westpreußen, Schlesien, Elsass-Lothringen und Deutsch-Belgien – die Pflicht für alle Juden ab dem sechsten Lebensjahr eingeführt, einen gelben Judenstern sichtbar an der Kleidung zu tragen. Ab Oktober war Juden die Auswanderung aus dem Deutschen Reich verboten. Das war genau der Zeitpunkt, an dem die Deportationen von deutschen, österreichischen und tschechischen Juden begannen. Die Transporte gingen zunächst von Wien, Prag, Berlin und Frankfurt, später von Breslau, Hamburg, Köln, Düsseldorf, Dortmund, München, Stuttgart, Nürnberg, Hannover und Dresden ab. Sie führten in die Ghettos von Łódź, Minsk, Kaunas und Riga in den von den Deutschen besetzten Gebieten in Polen und in der Sowjetunion. Massenermordungen von Juden in den Ostgebieten waren zu dieser Zeit bereits in vollem Gange. Bis zum Januar 1942 wurden knapp 50.000 Juden aus dem Deutschen Reich deportiert, Tausende wurden sofort nach der Ankunft erschossen. Bis zum Ende des Krieges wurden weitere 123.000 deutsche Juden deportiert. Etwa 315.000 deutschen Juden gelang die Ausreise oder die Flucht, zwischen 10.000 und 15.000 gingen in die Illegalität. Schätzungen zufolge überlebten 6.000 Juden in den Lagern, und 5.000 im Untergrund.

Im November 1941 ließ Reinhard Heydrich in seiner Eigenschaft als Stellvertretender Reichsprotektor von Böhmen und Mähren die etwa 70 Kilometer nordöstlich von Prag gelegene Festung Theresienstadt – auf Tschechisch: Terezin – zu einem Konzentrationslager umfunktionieren. Die festungsartige Anlage mit Gefängnisanlagen, Baracken und hohen Schutzwällen schien ideal für die Zwecke der Nazis: Sie siedelten die dort wohnenden tschechischen Einwohner um und richteten – zunächst für die 88.000 tschechischen Juden aus Böhmen und Mähren – ein Sammel- und Durchgangslager ein. Die Deportationen der tschechischen Frauen, Männer und Kinder nach Theresienstadt begannen noch im November. Bereits zwei Monate später erfolgte der erste Weitertransport der Häftlinge in den Osten.

Im Rahmen der „Endlösung der Judenfrage" auf der Wannsee-Konferenz im Januar 1942 erklärte der Chef der Sicherheitspolizei und des Sicherheitsdienstes Reinhard Heydrich, dass unter der Federführung der SS nunmehr die Deportationen aller europäischen Juden nach Osteuropa stattfinden würden: Man rechnete mit elf Millionen. Um „die vielen Interventionen" auszuschalten, so laut Protokoll, sollten alle Juden über 65, schwerkriegsbeschädigte Juden und Juden mit Kriegsauszeichnungen aus dem ersten Weltkrieg nicht „evakuiert", sondern in das „Altersghetto" Theresienstadt „überstellt" werden.

Im Sommer 1942 begannen die Transporte der deutschen Juden nach Theresienstadt – unter ihnen auch viele einstige Prominente aus Wirtschaft, Politik und Kultur. Noch vor der Deportation wurden die Juden bedrängt, sogenannte „Heimeinkaufsverträge" abzuschließen, in denen ihnen eine lebenslange kostenfreie Unterbringung, Verpflegung und Krankenversorgung in einem Altersheim zugesichert wurde: ein letzter infamer Betrug an den Juden, durch den sich die Nazis auch noch deren restliches Vermögen einverleibten.

Weil das Lager Theresienstadt unter jüdische Selbstverwaltung gestellt wurde und sich die Inhaftierten relativ frei bewegen konnten, wurde Theresienstadt oft auch als Ghetto bezeichnet. Die Lebensbedingungen unterschieden sich jedoch nicht wesentlich von denen in einem Konzentrationslager. Statt eines altersgerechten Domizils fanden die Ankömmlinge überfüllte, verlauste und verwanzte Unterkünfte mit katastrophalen sanitären Anlagen vor. Die Essensrationen waren völlig unzureichend. Diejenigen, die noch arbeitsfähig waren, wurden zu schwerer Zwangsarbeit eingeteilt. Der von der SS installierte Ältestenrat beschloss, Kindern und Arbeitenden größere Essensrationen als Alten und Kranken zu geben. In der Folge verhungerten die alten und nicht arbeitsfähigen Häftlinge – das waren im Wesentlichen die deutschen und österreichischen Juden. Krankheiten und Seuchen taten ihr Übriges. Allein im Jahr 1942 starben knapp 16.000 Menschen – die Hälfte der dort lebenden Juden. Aufgrund der hohen Sterbeziffer war die SS gezwungen, ein Krematorium zu bauen.

Während ein steter Strom von neuen Häftlingen nach Theresienstadt kam, gingen permanent Transporte mit Juden in den Osten ab: in die Ghettos von Warschau, Łódź, Riga und Bialystok oder direkt in die Vernichtungslager von Auschwitz, Majdanek und Treblinka.

Trotz der miserablen Lebensbedingungen und der ständigen Angst vor dem nächsten Transport, trotz – oder vielleicht auch wegen – aller Hoffnungslosigkeit entfaltete sich ein reges kulturelles Leben im Ghetto: Lehrer unterrichteten Kinder; Wissenschaftler, Philosophen und Soziologen hielten Vorträge; Schriftsteller gaben Lesungen; Schauspieler organisierten Theater- und Kabarettabende; Musiker gaben Konzerte. Opern wurden inszeniert, eine Kinderoper wurde komponiert und mehr als 50-mal aufgeführt. Die Aufführungen wurden trotz widrigster Umstände geprobt und gespielt: Immer wieder wurden mitspielende Künstler deportiert und mussten durch neue ersetzt werden.

Nachdem im Oktober 1943 ein Transport mit dänischen Juden nach Theresienstadt gekommen war und die dänische Regierung daraufhin Druck auf die deutsche Regierung machte, beschlossen die Nazis, einer Besichtigung des Lagers durch eine Kommission des Internationalen Roten Kreuzes zuzustimmen. Natürlich beabsichtigten sie, die Kommission gründlich zu täuschen und putzten Theresienstadt zu einem Musterghetto heraus: Fassaden wurden gestrichen, Läden hergerichtet mit gefüllten Schaufenstern, ein Café und ein Kindergarten wurden eröffnet, ein Musikpavillon wurde errichtet, Bänke wurden aufgestellt und Blumen gepflanzt, und sogar Geld wurde gedruckt. Um die Häftlingsdichte im überfüllten Lager zu dezimieren, gingen im Vorfeld des Besuchs weitere Transporte nach Auschwitz ab.

Die Vertreter des Roten Kreuzes kamen am 23. Juni 1944. Sie waren beeindruckt, sahen sich die Kinderoper „Brundibár" von dem tschechisch-deutschen Komponisten Hans Krása an und schrieben einen ausgesprochen positiven Abschlussbericht. Um nun auch die gesamte Weltöffentlichkeit zu täuschen, ließen die Nazis nach dem Besuch des Roten Kreuzes einen Propagandafilm in Theresienstadt drehen – von dem Häftling Kurt Gerron, einem namhaften deutsch-jüdischen Schauspieler, bekannt aus Filmen wie „Der blaue Engel" oder „Die Drei von der Tankstelle". Nach Beendigung des Films wurde Gerron nach Auschwitz deportiert – ebenso wie Hans Krása und andere namhafte Künstler und Prominente.

Im letzten Kriegsmonat wurden noch etwa 15.000 Häftlinge aus aufgelösten Konzentrationslagern nach Theresienstadt transportiert – aus Auschwitz, Bergen-Belsen, Buchenwald. Sie kamen völlig entkräftet und ausgemergelt an, viele lagen bereits tot in den Viehwaggons. Die Neuzugänge schleppten Typhus ein. Daran starben – kurz vor der Befreiung – noch viele Menschen im Lager.

Bis zum Ende des Krieges wurden etwa 140.000 Menschen nach Theresienstadt deportiert – 75.000 Tschechen, 42.000 Deutsche, 15.000 Österreicher, 5.000 Niederländer, 1.000 Polen, 1.150 Ungarn und 500 Dänen. 35.000 von ihnen starben in Theresienstadt, 88.000 wurden deportiert, 19.000 waren bei der Befreiung des Lagers am Leben. Nur wenige der 15.000 Kinder überlebten – über 90 Prozent von ihnen endeten in den Vernichtungslagern. Von den deportierten Häftlingen überlebten etwa 3.000.

Am 5. Mai übergaben die Nazis Theresienstadt an das Rote Kreuz, am 8. Mai befreite die Rote Armee das Lager. Der letzte Häftling verließ Theresienstadt am 17. August 1945.

Irma (Irmgard) Hanner

Die Stimme am Telefon hatte eine vertraute Diktion. Die Dame sprach Englisch, aber irgendwie klang es doch sehr deutsch – nicht unfreundlich, sondern härter und energischer als die englische Sprache. Irma war am Telefon – ich hatte sie angerufen, um einen Termin mit ihr auszumachen. Irma war, nach über 60 Jahren in der Emigration in Australien, unverkennbar

Irma im Holocaust Museum Melbourne, 2010

eine Deutsche. Sie lud mich sofort zu einem Gespräch zu sich nach Hause ein, und als ich kam, standen frisch gebackene Plätzchen auf dem Tisch. „Die wollen meine Enkel immer essen", erklärte sie und forderte mich auf, sie zu probieren. Später gab sie mir dann das Rezept.

Irma antwortete offen auf alle meine Fragen, oft wechselten wir vom Englischen ins Deutsche und wieder zurück.

Es ist eine schwierige Biografie. Mit neun Jahren verlor Irmgard ihre Mutter, mit zwölf Jahren wurde sie aus dem Schlaf heraus verhaftet und nach Theresienstadt deportiert. Das Mädchen war zu jung, um zu begreifen, was vor sich ging, fand sie sich doch, unvorbereitet und unbeschützt von Erwachsenen, in einer Welt voller Angst, Entsetzen und Grausamkeit wieder. Als eines von wenigen Kindern hat Irma den Holocaust überlebt. Rein äußerlich hat sie ihr Leben gut gemeistert. Ihr Mann ist leider viel zu früh gestorben, aber sie lebt in einem schönen Haus, und die Söhne und Enkelkinder sind oft bei ihr. Wie es in Irmas Innerem aussieht, ist schwer zu sagen. Noch heute hat sie Schwierigkeiten, über ihre Mutter zu sprechen. „Wenn ich das einmal in der Woche vor Besuchern im Museum mache, dann reicht das", sagt sie.

Dann und wann backe ich die Plätzchen – ich habe sie Irma-Plätzchen genannt. Sie sind lecker und sehr schnell zu machen. Man nimmt 125 g Butter, 150 g Zucker, ein Päckchen Vanillezucker, ein Ei und ein Eigelb, 285 g Mehl, ein halbes Päckchen Backpulver und eine halbe Tasse gemahlene Nüsse, macht von allen Zutaten einen Teig, rollt ihn aus, formt Plätzchen und bäckt sie in 10 Minuten goldgelb – fertig.

Irmas Geschichte

Irmgard wird 1930 in Dresden in die alteingesessene deutsch-jüdische Familie Conradi hineingeboren. Der Vater stirbt früh, Irmgard ist das einzige Kind, und die Mutter Rosa arbeitet als Hausmädchen, um sich und die kleine Tochter durchzubringen. Die beiden wohnen in der Bautzner Straße – in einem Haus, das der Jüdischen Gemeinde gehört.

„Meinen Vater habe ich leider nie gekannt, und mein Großvater ist auch schon gestorben, bevor ich überhaupt geboren war. Er ist 1925 bei einem Autounfall verunglückt – stellen Sie sich das mal vor: ein Autounfall in dieser Zeit. Da gab's ja noch gar nicht viele Autos! Er ist abends spät von der Arbeit nach Hause gekommen und wurde von einem betrunkenen Fahrer überfahren.

Irma mit ihrer Mutter und Großmutter

Meine arme Großmutter musste

dann ihre drei Kinder alleine großziehen. An meine Großmutter erinnere ich mich gut, obwohl ich erst fünf Jahre alt war, als sie starb. Ich habe immer noch ihre Kinderreime im Kopf, die sie mir erzählte oder vorsang, oder andere Weisheiten, die sie mir mit auf den Weg gab, zum Beispiel: ‚Geben ist seliger als nehmen.‘ Meine Mutter und ich haben viel Zeit mit meiner Tante Lotti und meinem Onkel Max verbracht – das waren ihre beiden jüngeren Geschwister. Ich habe sie beide sehr gemocht.“

1933, im gleichen Jahr, in dem Hitler an die Macht kommt, heiratet Irmgards Tante Lotte den Nichtjuden Walter Hempel – ein Umstand, der für Irmgard bald lebenswichtig werden soll. Hempels Mutter ist nicht sonderlich glücklich über die Verbindung ihres Sohnes mit einer Jüdin. Ihr zweiter Sohn macht es besser: Er tritt in die SS ein.

„Walter Hempel wurde später zu meiner Rettungsleine, weil er eben nicht jüdisch war und zu meiner Tante und zu mir hielt. Onkel Walter war Musiker – er spielte die Posaune in einem Tanzorchester. Er reiste viel mit dem Orchester, und meine Tante reiste mit ihm. Tante Lotti

Hochzeitsfoto von Lotte Conradi und Walter Hempel, Dresden 1933

war ein Modemodell, sie war sehr hübsch und auch intelligent, und beide lebten in einem tollen Apartment. Für mich waren sie immer richtige Leute von Welt.“

Die Jüdische Gemeinde Dresden hat zu dieser Zeit etwa 4.700 Mitglieder. Die Conradis gehen zuweilen in die Synagoge und feiern die jüdischen Feiertage, aber sie sind assimilierte deutsche Juden.

„Ich erinnere mich, dass ich in den deutschen Kindergarten ging und auch mit den Nachbarskindern spielte, die nicht jüdisch waren. Später dann ging ich in die jüdische Schule. An meinem ersten Schultag bekam ich eine Zuckertüte: eine große bunte Tüte aus Pappe, gefüllt mit Süßigkeiten und Schokolade. Ist das heute immer noch ein Brauch in Deutschland – eine Zuckertüte am ersten Schultag? Na ja, das war schön, aber leider hat mir die Tüte kein Glück gebracht, denn alles in allem habe ich nur vier Jahre Schule in meinem ganzen Leben gehabt, mehr nicht."

Irmgard geht deshalb in die jüdische Schule, weil es 1937 schon extrem schwierig war, als jüdisches Kind in einer staatlichen deutschen Schule eingeschult zu werden. Im November 1938 werden alle jüdischen Schüler, die zu diesem Zeitpunkt überhaupt noch staatliche Schulen besuchen, von den Schulen gewiesen. Die Reichsvereinigung der Juden ist von nun an für die Schulbildung aller jüdischen Kinder und Jugendlichen zuständig. Irmgards Schule befindet sich direkt neben der Dresdner Synagoge – ein Bauwerk, das nach den Plänen des berühmten Architekten Gottfried Semper gebaut und 1840 eröffnet worden war.

Während Irmgard eingeschult wird, läuft die Judenverfolgung im Deutschen Reich auf Hochtouren. Nach und nach wird den Juden die Lebensgrundlage entzogen. Die Nationalsozialisten versuchen alles, um sie zum Auswandern zu bewegen. Zwischen 1933 und 1937 emigrieren etwa 130.000 deutsche Juden. Im Oktober 1938 nimmt die Polizei 17.000 im Deutschen Reich lebende polnische Juden fest, transportiert sie an die polnische Grenze und treibt sie mit Hilfe von SS und Gestapo über die Grenze.

„Ich hatte eine ganze Menge Mitschüler in meiner Klasse, die polnischer Abstammung waren. Die waren plötzlich alle weg. Aber auch die anderen in meiner Klasse – fast jeden Tag fehlten Schüler, wir wurden immer weniger, das war gespenstisch. Mich hat das sehr beschäftigt und auch verängstigt, ich konnte mich gar nicht mehr konzentrieren in der Schule. Ich erinnere mich, dass ich das Wort ‚Gestapo‘ aufschnappte und meinen Lehrer fragte, was das heißt."

Am 9. November orchestrieren die Nazis ein gewalttätiges Pogrom gegen die Juden im gesamten Deutschen Reich und in Österreich. Auch in Dresden klirren Fensterscheiben, Geschäfte werden verwüstet, jüdische Bürger tätlich angegriffen. In der Nacht vom 9. auf den 10. November werden unter anderem die Synagoge und zwei Kaufhäuser in Brand gesteckt.

„Die wunderschöne Synagoge ist komplett abgebrannt – die Feuerwehr hatte ausdrücklichen Befehl, das Feuer nicht zu löschen. Meine Schule, die ja gleich neben der Synagoge war, ist bei der Gelegenheit natürlich auch schwer beschädigt worden. Es hat fünf oder sechs Monate gedauert, bis sie repariert war und wir wieder in die Schule gehen konnten – bis dahin war die Schule geschlossen."

Am 12. November werden die rauchenden Ruinen der Synagoge gesprengt. Der Oberbürgermeister von Dresden verkündet, dass damit „das Symbol des Erzfeindes endgültig vernichtet" worden sei. „Da war dann nur noch ein Berg von Schutt und Geröll neben der Schule, der uns an die Synagoge erinnerte."

Während der Novemberpogrome werden 151 jüdische Bürger Dresdens verhaftet, darunter der gesamte jüdische Gemeindevorstand. Die meisten Opfer werden in das Konzentrationslager Buchenwald bei Weimar verbracht, einige in das KZ Sachsenhausen bei Berlin.

„Meinen Onkel Max haben sie auch festgenommen – sie haben die Wohnung nach angeblichen Waffen durchsucht und völlig verwüstet und ihn dann mitgenommen. Unter der Bedingung, Deutschland zu verlassen, wurde er dann nach einiger Zeit freigelassen."

Der Auflage, das Deutsche Reich zu verlassen, ist unterdessen nicht mehr leicht nachzukommen, die deutschen Behörden machen es zunehmend schwerer: Die sogenannte „Reichsfluchtsteuer" ist extrem hoch, Wertpapiere und Bankvermögen können nur gegen hohe Abschläge ins Ausland transferiert, Devisen müssen zu einem irrwitzigen Umtauschkurs gekauft werden. Die auswanderungswilligen Juden werden vor der Ausreise praktisch ihres gesamten Besitzes beraubt. Mittellose Juden aber sind in Zuwanderungsstaaten nicht willkommen und haben es schwer, ein Visum zu erhalten – ein Teufelskreis.

„Ich weiß nicht wie, aber Onkel Max ist von einer jüdischen Organisation nach England geschmuggelt worden. Dort hat er dann sechs Jahre in der britischen Armee gedient. Nach dem Krieg ist er nach Australien ausgewandert."

Irmgard verliert nun auch eine ihrer besten Freundinnen.

„Irgendwann in der zweiten Hälfte der dreißiger Jahre verließ meine Freundin Lydia Dresden. Die Familie emigrierte nach Argentinien. Niemand verstand das damals – ein Land, das so weit weg war. Ich war sehr traurig. Aber irgendwann haben wir dann natürlich begriffen, dass Lydias Familie die richtige Entscheidung getroffen hatte."

Während die Freundin im fernen Argentinien in Sicherheit ist, sieht Irmgards Zukunft düster aus. Ab Juli 1938 werden alle jüdischen Läden in Dresden kenntlich gemacht – sie müssen von nun an ein Schild „Jüdisches Geschäft" im Schaufenster haben. Das Königsufer, die Elbuferzone in der Mitte der Stadt, darf von den jüdischen Bürgern Dresdens nicht mehr betreten werden, ebenso wenig wie andere Parks der Stadt. Der Oberbürgermeister von Dresden kündigt allen Juden, die in städtischen Wohnungen wohnen, den Mietvertrag. Private Hausbesitzer folgen dem Beispiel des Oberbürgermeisters. Dresdens Juden werden obdachlos, und erst nachdem die Reichsvertretung der Juden protestiert, werden sogenannte „Judenhäuser" eingerichtet. Im November 1939 existieren 37 Judenhäuser in Dresden – die lokalen Nazi-Größen in Sachsen beginnen viel eher mit der „Entmietung" ihrer jüdischen Mitbürger als die Nazis in anderen Städten des Deutschen Reiches.

Der in Dresden lebende Literaturwissenschaftler und Chronist Victor Klemperer listet im Juni 1942 in seinem Tagebuch die immer neuen, zermürbenden Schikanen gegen die Juden auf: „1) Nach acht oder neun Uhr abends zu Hause sein. Kontrolle! 2) Aus dem eigenen Haus vertrieben. 3) Radioverbot, Telefonverbot. 4) Theater-, Kino-, Konzert-, Museumsverbot. 5) Verbot, Zeitschriften zu abonnieren oder zu kaufen. 6) Verbot zu fahren; (dreiphasig: a) Autobusse verboten, nur Vorderperron oder Tram erlaubt, b) alles Fahren verboten, außer zur Arbeit, c) auch zur Arbeit zu Fuß, sofern man nicht 7 km entfernt wohnt oder krank ist […] 7) Verbot, „Mangelware" zu kaufen. 8) Verbot, Zigarren zu kaufen oder irgendwelche Rauchstoffe. 9) Verbot, Blumen zu kaufen. 10) Entziehung der Milchkarte. 11) Verbot, zum Barbier zu gehen… 12) Jede Art Handwerker nur nach Antrag bei der Gemeinde bestellbar. 13) Zwangsablieferung von Schreibmaschinen, 14) von Pelzen und Wolldecken, 15) von Fahrrädern […] 16) von Liegestühlen […] 17) von Hunden, Katzen, Vögeln. 18) Verbot, die Bannmeile Dresdens zu verlassen, 19) den Bahnhof zu betreten, 20) das Ministeriumsufer, die Parks zu betreten, 21) die Bürgerwiese zu betreten und die Randstraßen des Großen Gartens […] zu benutzen […] Auch das Betreten der Markthallen seit vorgestern verboten. 22) Seit dem 19. September der *Judenstern.* 23) Verbot, Vorräte an Essen im Hause zu haben (Gestapo nimmt auch mit, was auf Marken gekauft ist.) 24) Verbot der Leihbibliotheken. 25) Durch den Stern sind uns alle Restaurants verschlossen. Und in den Restaurants bekommt man immer noch etwas zu essen […], wenn man zu Haus gar nichts mehr hat. […] 26) Keine Kleiderkarte. 27) Keine Fischkarte. 28) Keine Sonderzuteilung wie Kaffee, Schokolade, Obst, Kondensmilch. 29) Die Sondersteuern. 30) Die ständig verengte Freigrenze. Meine zuerst 600, dann 320, jetzt 185 Mark. 31) Einkaufsbeschränkung auf *eine* Stunde (drei bis vier, Sonnabend zwölf bis eins)."

Klemperer merkt an: „Ich glaube, diese 31 Punkte sind alles. Sie sind aber alle zusammen gar nichts gegen die ständige Gefahr der Haussuchung, der Misshandlung, des Gefängnisses, Konzentrationslagers und gewaltsamen Todes."

Im November 1939 wird Irmgards Mutter Rosa verhaftet.

„Ich kam wie immer von der Schule nach Hause, und meine Mutter war nicht da. Ich spielte also mit den Nachbarskindern, aber Stunde um Stunde verging, und meine Mutter kam immer noch nicht. Nach zwei Tagen kam dann meine Tante Lotti – ich weiß nicht, ob die Nachbarn sie informiert haben oder wieso sie kam."

Das Gespräch stockt, Irmgard kann sich an keinerlei Einzelheiten erinnern – wie sie die zwei Tage verbrachte, wie die Zeit herumging. Das Einzige, woran sie sich erinnert und was sie heute noch fühlt, ist diese unsägliche Traurigkeit.

„Meine Tante hat mir erzählt, dass sie mich in einer Küchenecke sitzend gefunden hat. Dort saß ich und weinte. Nicht mal daran kann ich mich erinnern. Ich muss meine Gefühle wohl völlig betäubt haben. Ich weiß nur noch, dass ich mich elend verlassen fühlte – verlassen von meiner Mutter. Warum bloß hatte meine Mutter mich verlassen?"

Lotte Hempel nimmt ihre Nichte mit zu sich nach Hause und wendet sich aufgebracht an die Dresdner Staatspolizeidienststelle.

„Meine Tante ist gleich zur Gestapo gegangen, um herauszufinden, was mit meiner Mutter passiert ist. Sie hat natürlich nichts erreicht und nur erfahren, dass meine Mutter verhaftet worden sei."

Walter Hempel, der inzwischen zur Wehrmacht gezogen wurde, wird aufgefordert, sich von seiner jüdischen Frau scheiden zu lassen. Als er nicht Folge leistet, wird er aus der Wehrmacht entlassen und zu Zwangsarbeit verpflichtet.

„Auch meine Tante wurde zur Zwangsarbeit herangezogen. Sie haben beide bei Zeiss Ikon gearbeitet, das war eine bedeutende Kamerafirma, die in ein Rüstungsunternehmen umfunktioniert worden war und nun Zeitzünder und Bombenzielanlagen produzierte. Als Nächstes wurden mein Onkel und meine Tante dann aus ihrer Wohnung geschmissen, sie mussten in eine sehr arme Gegend Dresdens ziehen, die Wohnung lag über einer Konservenfabrik. Diese Fabrik beschäftigte eine Menge Zwangsarbeiter aus Polen, Russland, der Ukraine und aus Litauen. Jeden Abend um sieben klopfte es an der Tür – das war die Gestapo, die kontrollierten, ob Tante Lotti und Onkel Walter zu Hause waren."

Die vermutlich demütigendste antijüdische Verordnung wird am 1. September 1941 erlassen – die Polizeiverordnung zum Tragen eines Judensterns. Mit Wirkung vom 19. September müssen alle Juden des Großdeutschen Reiches und des Protektorats Böhmen und Mähren, die das sechste Lebensjahr vollendet haben, einen Judenstern tragen. In der Mitte des handtellergroßen gelben sechszackigen Sterns steht – in einer seltsam gebogenen Schrift, die hebräisch anmuten soll – das Wort „Jude". Der Stern muss bei der jeweiligen Gemeinde gegen die Zahlung von zehn Pfennig und gegen Unterschrift einer Quittung abgeholt und auf die linke Brustseite der äußeren Kleidung aufgenäht werden.

„Ich habe den Stern gehasst. Auf meinem Weg zur Schule bin ich von anderen Kindern geschlagen worden, sie haben mich bespuckt und mich ‚verdammte Jüdin‘ genannt. Ich habe immer versucht, den Stern zu verstecken und habe meinen Schulranzen davor gehalten. Das war natürlich verboten."

Für Erwachsene ist das Tragen des Judensterns gleichermaßen erniedrigend. Victor Klemperer geht am 19. September, nachdem seine Frau den Stern aufgenäht hat, nur im Schutze der Dunkelheit auf die Straße. Der Weg zum Kaufmann am nächsten Tag kostet ihn enorme Überwindung.

Nachdem der Besuch deutscher Schulen für jüdische Kinder bereits seit November 1938 verboten ist, wird die Reichsvereinigung der Juden im Juni 1942 angewiesen, alle jüdischen Schulen im Deutschen Reich zu schließen. Auch die jüdische Schule in Dresden wird geschlossen. Von nun an ist Irmgard tagsüber auf sich selbst angewiesen. Während Lotte und Walter Hempel bei Zeiss Ikon arbeiten, streunt Irmgard durch Dresden.

„Ich war ziemlich alleine und wusste nicht, was ich mit mir anfangen sollte. Meine Tante hat mich dann bei einer anderen jüdischen Familie untergebracht, aber die wurde verhaftet, und so war ich also wieder alleine. Meine Tante, die wahrscheinlich nicht wusste, was sie mit mir machen sollte, kaufte mir dann einen Frosch, der mir Gesellschaft leisten sollte. Er saß in einem kleinen Glas, und ich musste Fliegen für ihn fangen. Das hat mich jeden Tag eine Weile beschäftigt. Die restliche Zeit hab ich viele Bücher gelesen."

Dass Lotte Hempel einen Frosch anstelle eines Hundes oder einer Katze kauft, hat seinen Grund: Per Verordnung ist es Juden und jedem, der mit ihnen zusammenwohnt, ab Mai 1942 verboten, Haustiere (Hunde, Katzen und Vögel) zu halten. Tiere, die bereits im Besitz von Juden sind, dürfen nicht in Pflege gegeben werden. Victor Klemperer berichtet, wie er und seine Frau den geliebten Kater Muschel beim Tierarzt töten lassen müssen.

Die Gestapo weist Lotte Hempel an, keinen Kontakt mit „arischen" Bürgern zu halten.

„Mein Onkel und meine Tante hatten aber viele nicht jüdische Freunde, und sie sahen gar nicht ein, dass sie den Kontakt abbrechen sollten. Der Besitzer der Konservenfabrik, ein Nazi, denunzierte meine Tante dann. Daraufhin wurde sie zur Gestapo-Dienststelle bestellt, wo sie ein Papier unterzeichnen musste, dass sie in Zukunft nicht mehr mit ‚Ariern' verkehre. Nachdem sie sich wieder nicht daran hielt, wurde sie erneut denunziert und ein zweites Mal zur Gestapo zitiert. Dieses Mal ging mein Onkel mit. Da war ein SS-Mann namens Müller, der sagte zu meinem Onkel: ‚Wenn Ihre Frau meine Frau wäre, würde ich sie auch beschützen', und der tat dann so, als würde er das von meiner Tante unterschriebene Papier nicht finden. Er ließ sie gehen. Solche Leute gab es eben auch."

Ende 1941 zählt die jüdische Gemeinde Dresdens noch 1.228 Mitglieder. Anfang 1942 finden die ersten „Evakuierungen" der Dresdner Juden ins „Reichskommissariat Ostland" statt – ein deutsches Verwaltungsgebiet, das das Baltikum und Teile Weißrusslands in der von den Deutschen besetzten Sowjetunion umfasst. Am 15. Januar werden 224 Dresdner Juden davon informiert, dass sie für einen Evakuierungs-Transport in wenigen Tagen bestimmt seien. Sie dürfen 50 kg Gepäck mitnehmen, nicht erlaubt sind Wertpapiere, Sparkassenbücher, Devisen, Gold oder Silber außer dem Ehering. 50 Reichsmark müssen für die Transportkosten bereitgehalten werden. Am 20. und 21. Januar werden die Dresdner Juden frühmorgens aus ihren Häusern geholt, zum Bahnhof Dresden-Neustadt gebracht und nach Riga transportiert. Ausgenommen von der Deportation sind zunächst noch in Mischehe lebende Juden sowie deren Kinder. Auch sogenannte „Altersjuden" über fünfundsechzig sowie Juden, die im Ersten Weltkrieg mit dem Eisernen Kreuz Erster Klasse ausgezeichnet worden sind, stehen noch nicht auf den Transportlisten – sie sind für spätere Transporte nach Theresienstadt vorgesehen. Das Zeiss Ikon-Werk erreicht, dass die zwangsbeschäftigten jüdischen Mitarbeiter der Firma wegen vordringlicher Rüstungsproduktion zunächst von der Deportation zurückgestellt werden.

Im Juli beginnen die Deportationen der älteren Juden nach Theresienstadt, bis September gehen sieben Lkw-Transporte mit jeweils 50 Dresdner Bürgern in das „Altersghetto" im Protektorat ab. Etliche Juden verüben Selbstmord, nachdem sie die Evakuierungs-Nachricht bekommen.

„Meine Großtante Sophie, die Schwester meines Großvaters, hat sich auch umgebracht. Sie lebte in Hamburg und war die Lieblingstante meiner Tante Lotti. Tante Lotti und Onkel Walter fuhren mit dem Tanzorchester oft nach Hamburg und wohnten dann bei ihr. Irgendwann erhielt jedenfalls auch Tante Sophie den Deportationsbescheid. Da war sie schon über achtzig – und schluckte Gift."

Im Rahmen der sogenannten „Fabrikaktion", in der alle noch im Deutschen Reich verbliebenen „Rüstungsjuden" deportiert werden sollen, werden am 27. Februar 1943 knapp 300 jüdische Zwangsarbeiter der Zeiss Ikon-Werke verhaftet. Während dieser Verhaftungswelle wird auch Irmgard festgenommen.

„Morgens um sieben hat es an der Tür geklopft. Meine Tante machte einem Mann in Zivil auf. Der war von der Gestapo und sagte meiner Tante, sie solle einen Koffer für mich packen, er müsse mich mitnehmen. Mein Onkel war wahrscheinlich schon zur Arbeit, ich kann mich nicht erinnern, aber meine Tante versuchte, mit dem Gestapo-Mann zu reden. Es half nichts: Der Mann blieb dabei, dass ich mitkommen müsse. Meine Tante war in einer schrecklichen Verfassung und wusste überhaupt nicht, was sie packen sollte. Dann bin ich mit dem Mann aus dem Haus gegangen – und vor der Haustür stand ein zweiter, uniformierter Mann mit einem Schäferhund. Man stelle sich das mal vor – die brauchten zwei Männer und einen Schäferhund, um ein zwölfjähriges Mädchen zu verhaften!"

Irmgard wird in das Judenlager Hellerberg gebracht – ein Lager, in das schon im November 1942 die meisten der für Zeiss Ikon arbeitenden Juden gebracht worden waren.

„Ich erinnere mich an Baracken und Hunderte von Juden, die da waren, nicht nur aus Dresden, sondern auch aus der Umgebung. Tante Lotti hat dann rausgefunden, wo ich war und wollte in das Lager kommen. Man hat sie natürlich nicht reingelassen. Aber irgendwie hat sie eine Nachricht an eine Familie im Lager geschmuggelt, die sie kannte, mit der Bitte, sich um mich zu kümmern. Und eine Wurst für mich hat sie reingeschmuggelt, das weiß ich noch heute. Diese Familie hat mich dann tatsächlich gefunden – inmitten dieser vielen Menschen dort."

Am 2. März wird das Lager geräumt, die meisten Lagerinsassen aus der Umgebung und alle 293 Dresdner Juden werden nach Auschwitz transportiert – bis auf Irmgard. Sie wird – dank des couragierten Verhaltens ihres Onkels Walter Hempel, der sich erneut bei der Gestapo für das Mädchen einsetzt – von der Transportliste gestrichen und kurze Zeit später nach Theresienstadt deportiert.

„Die haben uns mit Lkws transportiert, das ist nicht so weit von Dresden nach Theresienstadt, aber ich weiß nicht mehr genau, wie lange wir unterwegs waren. Woran ich mich – leider – sehr gut erinnere, ist, dass da ein Mädchen war, das bei unserer Ankunft mit mir zur Toilette gerannt ist. Also die Toilette – das war eine Latrine mit einem Holzbalken über einem Graben. Und dann ist dieses Mädchen, das neben mir saß, von dem Balken gerutscht und in den Graben gefallen. Es war schrecklich, einfach schrecklich, das Mädchen ist da nicht wieder rausgekommen und in diesem Graben voller Exkremente gestorben, und dieses Bild hat sich einfach in mein Hirn eingegraben. Ich werde das nicht los, ich trage dieses Bild immer in mir."

Die Ankömmlinge im Lager werden voneinander getrennt: Frauen von ihren Männern, Eltern von ihren Kindern. Die Kinder kommen in separate Baracken.

„Ich war mit zwanzig anderen Mädchen in einer Baracke mit Stockbetten, jeweils drei Betten hoch, mit Strohmatratzen. Die Mädchen waren aus ganz Europa – aus Holland, der Tschechoslowakei, Österreich und Deutschland. Wir mussten arbeiten. Zuerst habe ich in einem Garten gearbeitet, in dem Gemüse für die SS – natürlich nicht für uns – angebaut wurde. Das war gut, weil manchmal konnte ich eine Mohrrübe oder ein Kohlblatt oder so klauen. Unsere Essensrationen waren sehr schmal. Manchmal mussten wir auch Kastanien ernten. Dann fuhren sie uns aus dem Lager raus, und wir mussten auf die Bäume klettern und die Kastanien pflücken. Das war schön – das war so eine wunderschöne Allee von Kastanienbäumen."

Der jüdische Ältestenrat organisiert schulischen Unterricht für die Kinder, aber Irmgard versäumt die schulischen Aktivitäten: Mit 12 Jahren ist sie zu alt, sie muss arbeiten. Sie arbeitet in einer Glimmerfabrik, in der ein spezielles Silikatmineral für die Elektroindustrie in dünne Schichten gespalten wird. Die Arbeit ist gesundheitsschädigend – beim Spalten des Minerals entsteht feiner Staub, der in die Lunge eindringt.

„Die Zustände im Lager waren entsetzlich. Die hygienischen Bedingungen waren wirklich unbeschreiblich, ich möchte das gar nicht erzählen. Es gab kein warmes Wasser, um uns zu waschen, und manchmal gab es auch kein kaltes Wasser – im Winter nämlich, dann froren die Wasserrohre zu. Krankheiten grassierten, und wir waren voller Läuse – Läuse, Läuse und Läuse, schrecklich. Oh, und dann diese Wanzen – die kommen nachts. Einmal wachte ich auf und hatte so einen schrecklichen Geschmack im Mund – das war eine Wanze. Die meisten Leute im Lager hatten Typhus."

Irmgard macht eine Pause und holt tief Luft.

„Und dann gab es natürlich Hinrichtungen. Einmal waren elf junge Männer geflüchtet. Da führte man eine Gruppe von uns Mädchen in den Wald und sagte uns, wir müssten hier bleiben, bis man die Jungs gefunden hätte. Nach eineinhalb Tagen hatte man sie alle und hängte sie vor unseren Augen auf."

Irmgard wird krank: Sie bekommt eine lebensgefährliche Hirnhautentzündung. Krank werden an sich ist bereits gefährlich, da die Alten und die Kranken zuerst deportiert werden. Aber Irmgard hat gleich zweimal Glück – sie entgeht einer Deportation und überlebt die Meningitis. Dennoch: Ihre Gesundheit ist angegriffen. Kurz nach ihrer Genesung erkrankt sie an Gelbsucht, gleich darauf bekommt sie eine Mandelentzündung. Es sieht nicht gut aus – der Hals ist völlig vereitert, und Irmgard hat hohes Fieber.

„Irgendwer hat dann schließlich einen tschechischen Häftlingsarzt geholt, der mich operiert hat. Der hatte kein Anästhetikum oder irgendwelche Instrumente, der hat meine Zunge rausgezogen, mit einer Klammer befestigt, und dann mit was weiß ich was meine Mandeln rausgeschnitten. Ich erinnere mich nicht wirklich, ich muss wohl bewusstlos geworden sein. Viel später dann in Australien, als ich aufgrund einer Mandelentzündung mal zum Arzt musste, hat der mich gefragt, was für ein Fleischer denn meine Mandeln rausgenommen hätte. Ich hab ihm dann meine Geschichte erzählt. Der war erstaunt, dass ich diese Operation überlebt habe."

Nachdem die SS Ende 1943 beschlossen hat, einer Kommission des Internationalen Roten Kreuzes einen Besuch im Ghetto zu gestatten, werden sorgfältige Maßnahmen getroffen, um das Lager in exzellentem Zustand zu präsentieren. Zu den ersten Maßnahmen gehört, die Anzahl der Häftlinge in dem völlig überfüllten Lager zu reduzieren – 7.500 Menschen werden nach Auschwitz deportiert. Anschließend werden Potemkinsche Dörfer gebaut, um ein völlig normales Leben in einer jüdischen Siedlung zu simulieren.

„Die haben Läden aufgebaut und ein Café und sogar ein Karussell aufgestellt. Dann haben sie Geld gedruckt – und ob Sie es glauben oder nicht: Da haben sie hinten Moses und die Zehn Gebote draufgedruckt."

Das Rote Kreuz stattet seinen Besuch am 23. Juni 1944 ab, drei Delegierte dürfen in das Lager.

„Als das Rote Kreuz dann kam, gab es alle möglichen kulturellen Veranstaltungen: Da wurde zum Beispiel ein Fußballspiel gespielt und eine Theateraufführung gegeben. Die Karren, die immer zum Abtransport der Leichen benutzt wurden, waren weiß gestrichen und mit Broten beladen worden, und die Leichenträger hatten schöne weiße Kittel an. Trotzdem: Es ist mir ein absolutes Rätsel, wieso die nicht gemerkt haben, dass alles um sie herum eine einzige Fälschung war."

Um auch der beunruhigten Weltöffentlichkeit zu zeigen, was für ein wunderbares Leben die Juden im Deutschen Reich bzw. in den von den Deutschen besetzten Gebieten führen, drehen die Nazis einen Propagandafilm.

„Ich musste auch mitspielen und hoffte, dass meine Tante mich vielleicht sehen würde. Mein Part war, zusammen mit anderen Kindern einfach an einem großen Tisch zu sitzen – an einem großen Tisch voller geschmierter Brote. Nachdem die Szene gedreht war, verschwanden aber auch die Brote. Wir Kinder kriegten nicht ein einziges Brot, das war eine schreckliche Enttäuschung für uns."

Während ihrer Lagerzeit wird Irmgard Zeugin von elf Transporten, die in den Osten abgehen. Im April 1945 sieht sie Häftlinge ankommen, die, weil die Rote Armee auf dem Vormarsch ist, hastig aus anderen Konzentrationslagern evakuiert worden sind.

„Die Hälfte der in die Viehwaggons gepferchten Menschen war schon tot, als sie ankamen. Und die andere Hälfte, die Lebenden – das waren Halbtote, reine Skelette, junge Menschen, die aussahen wie achtzig. Es war wirklich schrecklich."

Am 5. Mai 1945 verlässt die SS das Lager, drei Tage später ist die Rote Armee da. Noch ist das Leid der Mädchen jedoch nicht vorbei.

„In der Nacht vom 8. auf den 9. Mai hörten wir, dass in der Nachbarbaracke Mädchen vergewaltigt wurden. Zum Glück kamen am nächsten Tag russische Offiziere und machten dem Spiel ein Ende. Dann wurde das Lagerhaus aufgemacht, und wir bekamen Kleider und Schuhe – wir hatten ja nur Holzpantoffeln."

Lotte Hempel wird vom Roten Kreuz informiert, dass ihre Nichte am Leben sei. Lotte selbst hat im Versteck überlebt. Wie die anderen knapp 200 noch verbliebenen Juden in Dresden – entweder Mischlinge ersten Grades oder Juden, die mit einem „Arier" verheiratet sind – erhält sie am 13. Februar 1945 eine schriftliche Aufforderung, sich am 16. Februar, also drei Tage später, mit Handgepäck und Proviant für zwei bis drei Arbeitstage zu einem „auswärtigen Arbeitseinsatz" in der Zeughausstraße einzufinden. Der „Arbeitseinsatz" ist eine Tarnung – tatsächlich planen die Nazis, nunmehr

Irma (r.) mit einer Freundin kurz nach der Befreiung

auch die bislang verschont geblieben Juden zu deportieren. Lotte beschließt zu Bekannten zu flüchten, die bereit sind, sie zu verstecken, und schreibt zur Tarnung einen Suizid-Abschiedsbrief an ihren Mann, der bereits vor Monaten in ein Arbeitslager verbracht worden war.

Am Abend des gleichen Tages, an dem Lotte die Aufforderung zum „Arbeitseinsatz" erhält, beginnt der erste von mehreren schweren Luftangriffen auf Dresden. In den nächsten beiden Tagen fallen Tausende von Bomben. Der resultierende Feuersturm zerstört weite Teile der Innenstadt, über zwanzigtausend Menschen verbrennen, ersticken oder sterben durch Hitzeschock und Luftdruckwellen. Lotte hat Glück. Sie überlebt das Bombardement, reißt sich geistesgegenwärtig den Stern von der Kleidung und taucht unter. Die Bekannten sind selbst ausgebombt, aber es gelingt Lotte, sich bei einem Bauern auf dem Land zu verstecken. Auch Walter überlebt.

Lotte holt ihre Nichte Irmgard nach Hause.

„Sie hat sich wie verrückt gefreut, mich zu sehen. Ich kann mich seltsamerweise an keinerlei Gefühle erinnern. Ich war wie betäubt und völlig versteinert. Noch eine ziemlich lange Zeit nach Kriegsende war ich nicht in der Lage zu weinen."

Irmgard ist 15 Jahre alt und möchte gern Kindergärtnerin werden. Aber mit ihren vier Schuljahren bekommt sie dafür keinen Ausbildungsplatz. Stattdessen macht sie eine Ausbildung zur Schneiderin. Es ist ein großer Augenblick für Irmgard, als sie von einer jüdischen Organisation zu einem Urlaub eingeladen wird. Zusammen mit anderen Jugendlichen erlebt sie wunderschöne Ferien am Wannsee im Südwesten der Stadt Berlin.

„Es war traumhaft, wir hatten eine tolle Zeit. Ich konnte zwar nicht schwimmen, aber ich habe das Wasser geliebt, und ich habe mir dort sogar ein Bikinioberteil gehäkelt. Ich habe noch ein Foto von mir und von anderen im See." Ein Lächeln huscht über Irmgards Gesicht, aber sie wird gleich wieder ernst. „Ich konnte es kaum glauben, als ich später erfuhr, dass der Wannsee der Ort war, an dem die Nazis die ‚Endlösung' beschlossen hatten, die völlige Auslöschung der Juden."

Die Freunde, die sie dort kennen lernt, überreden Irmgard, mit ihnen in einem Kibbuz in Berlin zu leben.

„Das war die glücklichste Zeit in meinem Leben. Ich habe dort viele Freundschaften geschlossen, und ich war fest entschlossen, nach Palästina zu gehen. Aber meine Tante wollte mich nicht gehen lassen, ich war noch nicht 18 und brauchte ihre Zustimmung. Sie hatte Angst, dass es Krieg geben würde in Palästina und kam also nach Berlin, um mich abzuholen." Irmgard lacht: „Ich wollte nicht mit ihr mitgehen und habe mich in einem Schrank versteckt, aber es hat nichts geholfen."

Lotte bemüht sich um Einreisevisa für Australien, wo ihr Bruder Max lebt. Das erste Visum wird für Irmgard ausgestellt – sie verlässt das heutige Deutschland während der Berlin-Blockade im September 1948. Die Sowjets hatten die Land- und Wasserstraßen West-Berlins blockiert und die Amerikaner zur Versorgung der Berliner eine Luftbrücke eingerichtet. Mit einem amerikanischen Flugzeug dieser Luftbrücke – im Volksmund wegen des Kaugummis und der Süßigkeiten für die Kinder auch „Rosinenbomber genannt" – fliegt Irmgard aus Berlin aus. Der Flug geht nach Marseille, dort kümmert sich das Joint (American Jewish

Joint Distribution Committee), eine amerikanisch-jüdische Hilfs-organisation, um die Flüchtlinge, bevor sie nach Paris weiter-reisen.

„Wir blieben zehn Wochen in Paris. Die UNRRA*, eine Orga-nisation der Vereinten Nationen, brachte uns in einem billigen Quartier in Pigalle unter, das war das Rotlichtviertel. Wir beka-men jeden Tag eine warme Mahlzeit und ein bisschen Taschen-geld. Aber die Prostituierten gingen da in den benachbarten Räumen ihrem Gewerbe nach, und die Wände waren hauch-dünn. Das war schrecklich, ich habe mich da ziemlich alleine gefühlt und habe jede Nacht in mein Kissen geweint."

Im Spätherbst ist es soweit: Irmgard besteigt den Ozeandampfer „Volendam" in Rotterdam und erreicht einige Wochen später, am 19. Januar 1949, den Hafen von Melbourne.

„Mein Onkel Max und seine australische Frau Mary haben mich am Hafen abgeholt – ich habe mich so gefreut, ihn zu se-hen, und er hat sich genauso gefreut. Ich habe dann erst mal bei meinem Onkel und meiner Tante in Richmond, einem Stadtteil von Melbourne, gelebt. Tante Mary war unheimlich nett – ich mochte sie sofort und sie mich auch."

Eine Woche nach Ankunft in Australien beginnt Irmgard, als Nä-herin in einer Bekleidungsfabrik zu arbeiten. Sie verdient 30 Schil-ling die Woche – 10 davon gibt sie zu Hause ab, 10 spart sie, und den Rest gibt sie aus für die Straßenbahn, für Schuhe und Klei-dung – sie ist ja nur mit einem Koffer in Melbourne angekommen und besitzt nicht viel. Max und Mary sprechen Englisch zu Hause, und auch in der Fabrik muss Irmgard Englisch reden, um sich zu verständigen. So lernt sie die Sprache schnell.

Im Oktober, neun Monate nach Irmgards Ankunft treffen Lotte

---

* United Nations Relief and Rehabilitation Administration.

und Walter Hempel in Melbourne ein, und Irmgard zieht zu den beiden.

„Ich werde nie vergessen, dass meine Tante Lotti, als ich 19 wurde, eine Party für mich veranstaltet hat – das war die erste Geburtstagsparty meines Lebens."

Lotte und Walter fassen schlecht Fuß. Walter möchte gern wieder in einem Orchester spielen, muss aber erst fünf Jahre im Land gelebt haben, bevor er in einem Orchester aufgenommen werden kann. Beide finden Arbeit in einer Eisengießerei, in der Eisenrohre zum Häuserbau hergestellt werden. Walter ist unglücklich, er sorgt sich um seine alte Mutter in Dresden – Walters Bruder, SS-Mitglied, hatte sich am Ende des Krieges in Polen umgebracht –, und es gibt Spannungen in der Ehe. Als Walter in der Fabrik eine Eisenstange auf den Kopf fällt, ist das Maß für ihn voll: Er will zurück nach Deutschland – mit Lotte. Lotte aber lehnt ein Leben in Deutschland, einem Land, in dem ihre ganze Familie verfolgt worden war und sie selbst nur mit viel Glück überlebt hatte, ab. Walter kehrt alleine zurück nach Deutschland – eine Tragödie für alle Beteiligten, auch für Irmgard.

„Ich habe noch Briefe von Onkel Walter, die sind herzzerreißend. Er fühlte wohl eine tiefe Schuld, dass er seine Frau Lotte verlassen hatte. Tante Lotti hat dann bald versucht, die australische Staatsangehörigkeit zu bekommen – das erste Mal wurde es abgelehnt, weil man vermutete, dass Walter Hempel ein Spion sei; das hat man meiner Tante jedenfalls später erzählt. Der zweite Antrag war dann erfolgreich. Tante Lotte ging noch auf die Abendschule und wurde Kauffrau in einem Büro. Sie starb 2001 im Alter von 88 Jahren. Wie alt Onkel Walter wurde, weiß ich nicht, der Kontakt brach dann irgendwann ab."

1951 lernt Irmgard Oskar kennen – einen polnischen Juden, der außer seinem Cousin, der in der Sowjetunion überlebte, seine gan-

Irma mit ihrem Mann Oskar und den beiden Söhnen anlässlich Bernhards Bar-Mizwa, Melbourne 1967

ze Familie im Holocaust verloren hat. Irmgard – die sich jetzt Irma nennt, weil offenbar kein Australier ihren Namen aussprechen kann oder ihn sowieso abkürzt – und Oskar heiraten zwei Jahre später. Kurz darauf erbt Irma etwas Geld von einem Bruder ihres Großvaters, der in Australien lebt. Das junge Paar kann sich von dem Geld ein Haus in Melbourne kaufen, und an dem Tag, an dem sie die Schlüssel für das Haus in der Hand halten, wird Sohn Bernhard geboren. 1956, zwei Jahre später, kommt Sohn Robert auf die Welt.

„Wir haben mit den Kindern nie über den Holocaust gesprochen, bis sie uns gefragt haben, warum sie eigentlich keine Großeltern haben. Da waren die beiden ungefähr sieben und neun. Da mussten wir dann anfangen, den Kindern alles zu erklären."

Oskar ist Klempner und macht sich selbständig, Irma erledigt alle Büroarbeiten. Beide arbeiten viel und schwer, um den Kindern ein gutes Leben zu ermöglichen und um peu à peu Anschaffungen machen zu können. Bernhard lernt zunächst wie sein Vater den Beruf des Klempners, entscheidet sich dann jedoch, Lehrer zu werden. Robert studiert Medizin und wird Arzt für Allgemeinmedizin.

Oskar stirbt tragischerweise bei einem Unfall, er wird nur 63 Jahre alt.

„Ein Freund hatte meinen Mann gebeten, etwas auf seinem Dach zu reparieren. Oskar fiel vom Dach – und verletzte sich dabei tödlich. Ach, das war die allergrößte Tragödie in meinem Leben. Er erlebte noch die Hochzeit unseres ältesten Jungen, und die Approbation unseres jüngeren Sohnes als Arzt. Aber er hat keines unserer fünf Enkelkinder kennengelernt."

Irma ist erst 55 Jahre alt, als Oskar stirbt. Aber sie geht keine neue Bindung ein – Oskar bleibt die Liebe ihres Lebens.

„Nachdem mein Mann gestorben war und die Kinder geheiratet hatten, hatte ich das Bedürfnis, noch einmal etwas zu tun, etwas Wichtiges. Da haben mich dann Freunde eingeladen, doch im Holocaust-Museum zu arbeiten. Ich habe zuerst in der Abteilung angefangen, in der Zeugenaussagen gesammelt und aufgezeichnet werden. Erst später habe ich dann begonnen, Besucher durchs Museum zu führen und vor ihnen zu reden. Manchmal finde ich das nicht einfach. Je älter ich werde, desto emotionaler werde ich. Aber wenn ich dann das positive Feedback insbesondere von den jüngeren Menschen höre, dann denke ich: Meine Arbeit lohnt sich und ist nicht umsonst."

Kurz nach dem Krieg wird Lotte Hempel von einer Frau kontaktiert, die als Zeugin Jehovas im Konzentrationslager Ravensbrück

Irma an ihrem 84. Geburtstag mit den Enkelkindern Ilana, Dovi, Oscar, Lena und Avi, Melbourne, 9. Juni 2014

Stolperstein von Rosa Conradi in der Bautzner Straße 20 in Dresden, 2009

inhaftiert war. Im KZ hatte sie Rosa Conradi kennengelernt – Irmgards Mutter und Lottes Schwester. Für den Fall, dass sie nicht überleben sollte, hatte Rosa dieser Frau den Wunsch abgenommen, Lotte zu kontaktieren. „Und sagen Sie doch bitte meiner Schwester, dass sie auf meine kleine Tochter Acht geben soll", gab sie ihrer Leidensgenossin in Ravensbrück mit auf den Weg. Rosa überlebte nicht. Die Frau berichtet, dass Rosa Conradi aufgrund von medizinischen Experimenten, die an ihr vorgenommen worden waren, Wundbrand bekam und daran starb.

Im November 2008 bekommt Irmas Sohn Robert Antwort auf seine Anfrage beim Internationalen Suchdienst in Bad Arolsen. Er wird darüber informiert, dass seine Großmutter am 2. November 1939 in das Konzentrationslager Ravensbrück eingeliefert wurde. Der Vorwurf lautet: „Rassenschande" – sexueller Verkehr mit einem Arier. Von Ravensbrück wird sie ins Untersuchungsgefängnis Dresden überführt, von dort am 13. April 1940 wieder ins KZ Ravensbrück geschickt. Dort stirbt sie am 29. Mai 1942. Rosa Conradi ist erst 30 Jahre alt.

Im Jahr 2009 wird in Dresden der „Verein Stolpersteine für Dresden" gegründet, der es sich zur Aufgabe macht, an die Bürger Dresdens zu erinnern, die während der Zeit des Nationalsozialismus aufgrund ihrer ethnischen Zugehörigkeit, ihrer Religion, ihrer politischen Überzeugung oder ihrer Sexualität ermordet worden sind. Im November 2009 wird in der Bautzner Straße 20 ein Stolperstein für Rosa Conradi gelegt.

Kapitel 2

Polen:
Die Tragödie einer Nation

„Die blühendste Phantasie einer Greuelpropaganda ist arm gegen die Dinge, die eine organisierte Mörder-, Räuber- und Plündererbande unter angeblich höchster Duldung dort verbricht … Diese Ausrottung ganzer Geschlechter mit Frauen und Kindern ist nur von einem Untermenschentum möglich, das den Namen Deutsch nicht mehr verdient. Ich schäme mich, ein Deutscher zu sein."

> Helmuth Stieff, Leiter der Organisationsabteilung III im Generalstab des Heeres (später Widerstandskämpfer des 20. Juli, hingerichtet im August 1944) in einem Brief vom 21.11.1939 aus Warschau an seine Frau

Am Ende des 18. Jahrhunderts erlebte Polen, dessen Geschichte bis ins 10. Jahrhundert zurückreicht, seinen ersten Untergang in den sogenannten drei Teilungen: Russland, Preußen und Österreich teilten den Staat in drei Schritten unter sich auf, die Republik Polen hörte für die nächsten 120 Jahre auf zu existieren. Erst im Ergebnis des Ersten Weltkrieges erlangte Polen seine Souveränität zurück, es entstand die Zweite Polnische Republik.

Die hundertzwanzigjährige Geschichte der Fremdherrschaft war traumatisch für Polen. Die größere Katastrophe stand dem Land und seinen Bewohnern allerdings noch bevor: Sie begann mit dem Angriff der deutschen Wehrmacht am 1. September 1939 und endete mit der völligen Zerstörung des Landes.

Am Vorabend des Zweiten Weltkrieges hatte Polen eine Bevölkerung von 35 Millionen Menschen, darunter 3,3 Millionen Juden. Das war mit Abstand die größte Konzentration von Juden in ganz Europa. Die Mehrheit von ihnen lebte in den Städten, wo sie oft einen beträchtlichen Teil der Bevölkerung ausmachten. Das Zentrum des polnischen Judentums war die Hauptstadt Warschau. Mit seiner reichen Kultur und Architektur hatte sich Warschau über die Jahrhunderte hinweg zu einer der bedeutenden europäischen Städte entwickelt und wurde das Paris des Ostens genannt. Die 375.000 Warschauer Juden – nur die Stadt New York hatte eine größere Zahl an jüdischen Einwohnern – machten fast 30 Prozent der Warschauer Bevölkerung aus. Das jüdische Leben in der Stadt pulsierte, die politischen Parteien hatten hier genauso ihren Hauptsitz wie die jüdischen Wohlfahrtsverbände, Bildungs- und Sportorganisationen, Jugendbewegungen sowie religiöse Institutionen. Es gab eine bedeutende jüdische Literatur- und Theaterszene, und mehr als hundert jüdische Zeitungen und Zeitschriften wurden in unterschiedlichen Sprachen publiziert.

Als die Deutschen ihren Nachbarstaat überfielen, glaubten die Polen noch an ihren schnellen Sieg. Hitler setzte für seinen Polenfeldzug jedoch nahezu 80 Prozent seines gesamten Feldheeres ein, dazu die gesamte Panzer- und Luftwaffe, und die Verbündeten Großbritannien und Frankreich erklärten dem Deutschen Reich zwar den Krieg, kamen den Polen aber militärisch nicht zu Hilfe. Die polnische Regierung verließ Warschau bereits vier Tage nach Kriegsbeginn. Die Polen kämpften heldenhaft, spätestens nach zwei Wochen war jedoch klar, dass sie keine Chance hatten. Mitte September, als die polnische Armee so gut wie besiegt war, überfiel die Sowjetunion das Land von Osten her und versetzte Polen den Todesstoß.

Erst nach schweren Luftangriffen und heftigem Artilleriebeschuss kapitulierte Warschau am 28. September. Einen Tag später besetzten deutsche Truppen die Stadt, am 5. Oktober nahm Adolf Hitler die

Siegesparade der deutschen Wehrmacht im Zentrum der Stadt ab. Innerhalb von vier Wochen war die junge Zweite Republik zerstört, 200.000 Soldaten und Zivilisten waren tot, 700.000 Menschen in Gefangenschaft geraten. Das war jedoch erst der Anfang: Sowohl Hitler als auch Stalin beabsichtigten Polens völlige Vernichtung. Im Deutsch-Sowjetischen Grenz- und Freundschaftsvertrag vom 28. September 1939 teilten das Deutsche Reich und die Sowjetunion das Land unter sich auf. Der vom Deutschen Reich besetzte Teil mit etwa 23 Millionen Einwohnern, darunter 2,1 Millionen Juden, wurde in etwa zwei gleich große Gebiete aufgeteilt: die westlichen wurden direkt in das Deutsche Reich eingegliedert und zu den autonomen „Reichsgauen" Danzig-Westpreußen und Wartheland gemacht, die östlichen Gebiete inklusive Warschau, Krakau und Lublin als sogenanntes „Generalgouvernement" unter deutsche Administration gestellt. Die Nationalsozialisten planten, die eingegliederten Ostgebiete einzudeutschen und die Menschen im Generalgouvernement als Arbeitssklaven zu verwenden.

Die folgenden sechs Jahre deutscher Besatzungszeit in Polen waren von Terror und grenzenloser Brutalität gekennzeichnet. Die Polen wurden in unvorstellbarem Ausmaß entrechtet, erniedrigt, misshandelt und gemordet. Hitler und seine Vasallen hielten die Polen für Untermenschen und versprachen, das Land so zu „sanieren", dass es nicht mehr stören würde. Sie sanierten es gründlich.

Noch im September 1939 wurde, um jegliche Opposition gegen die deutschen Besatzer im Keim zu ersticken, die polnische Elite liquidiert. Die Einsatzgruppen der Sicherheitspolizei und des SD – mobile Sondereinheiten im Dienste der SS – erschossen Tausende von Aristokraten, Wissenschaftlern, Professoren, Lehrern, Ärzten, Priestern und Künstlern, darunter auch viele Juden. Tausende mehr wurden verhaftet und in deutsche Konzentrationslager verbracht. Polen wie Juden gleichermaßen wurden enteignet – bis 1942 allein wurden

112.000 jüdische Firmen und Geschäfte sowie 115.000 Gewerbebetriebe konfisziert. Juden wurden willkürlich auf der Straße aufgegriffen oder aus ihren Häusern geholt, um Bombenschutt aufzuräumen, Straßen zu säubern oder andere Hilfsarbeiten zu erledigen. Gleichzeitig begann die Verschleppung von Hunderttausenden polnischer Zivilisten als Zwangsarbeiter ins Deutsche Reich – gegen Ende des Krieges waren es weit mehr als eine Million Menschen.

In den eingegliederten polnischen Gebieten begann die „Eindeutschung" und „Umvolkung" – Polen mussten Platz machen für deutsche Aussiedler aus den sowjetisch besetzten Gebieten in Ostpolen und im Baltikum. Allein im Herbst 1939 wurden 90.000 Polen aus dem Warthegau in das Generalgouvernement deportiert. Die Vertriebenen durften nur je einen Koffer mitnehmen, die Mitnahme von Decken, Betten, Geld (außer 20 Zloty) oder Wertsachen (außer dem Ehering) war verboten. Die polnischen Schulen wurden geschlossen, das Sprechen der polnischen Sprache in der Öffentlichkeit wurde verboten. Polen und Juden wurden unter ein Sonderstrafrecht gestellt, das sie praktisch zum rechtlichen Freiwild machte.

Im Generalgouvernement errichtete derweil der Nazi-Jurist Hans Frank, Generalgouverneur und Herrscher über das „Nebenland des Deutschen Reiches", wie er es selbst nannte, ein Schreckensregime gegen die Zivilbevölkerung. Obwohl er bereits im November gut „saniert" hatte, ordnete Frank im Mai eine weitere „Außerordentliche Befriedungsaktion" (AB-Aktion) an: die Liquidation der Führungselite, die noch am Leben war. Tausende von Polen wurden erschossen, Zehntausende ins KZ Auschwitz deportiert. Warschaus Universität sowie alle höheren Schulen wurden geschlossen, nur noch vierklassige Volksschulen waren erlaubt: Die Schulbildung der Polen im Generalgouvernement sollte nicht über einfaches Rechnen, das Schreiben des Namens und die Lehre vom Gehorsam gegenüber den Deutschen hinausgehen. Frank, der sein Hauptquartier in der Krakauer Burg aufgeschlagen hatte, dem ehemaligen Sitz der polnischen Könige, schwang sich zum absolutistischen Herrscher auf. Innerhalb von sechs Monaten beschlagnahmte der Kunstliebhaber den gesamten Kultur- und Kunstbesitz des Landes und der Kirchen, nicht ohne sich selbst dabei reichlich zu bedienen. Widerstandsaktionen wurden während der gesamten Besatzungszeit hart geahndet – für einen toten Deutschen wurden 50 bis 100 Polen exekutiert, willkürlich aus den Gefängnissen oder von der Straße geholt.

Sogleich nach seiner Amtsübernahme im November 1939 erließ Frank die ersten antijüdischen Gesetze: Ab dem 1. Dezember musste jeder Jude ab zehn Jahren ein weißes Armband mit blauem Davidsstern am rechten Ärmel des Oberarms tragen, jüdische Geschäfte und Firmen mussten ebenfalls mit dem Judenstern gekennzeichnet sein. Alle jüdischen Männer im arbeitsfähigen Alter wurden zu Zwangsarbeit herangezogen, Radios wurden eingezogen, Zugfahren war verboten, jüdische Bankkonten wurden gesperrt, Firmen beschlagnahmt, jüdische Schulen, Institute und Organisationen geschlossen.

Die Besatzer ordneten die Bildung von Judenräten an, von denen die jüdische Bevölkerung zunächst glaubte, dass sie eine jüdische Gemeindevertretung seien. Tatsächlich bedienten sich die Deutschen der Judenräte, um die antijüdischen Maßnahmen durchzusetzen. Die Rolle der Judenräte blieb darauf beschränkt, die Administration der Ghettos zu gewährleisten, die Ordnung aufrechtzuerhalten (mit Hilfe einer jüdischen Polizeitruppe, zu deren Gründung sie gezwungen wurden) sowie die deutschen Befehle auszuführen. Spätestens als die Judenräte von den Deutschen gezwungen wurden, die Deportationen zu organisieren, standen deren Mitglieder vor einem tragischen Dilemma.

Um die polnischen Juden zu konzentrieren und zu isolieren, wurden inzwischen im gesamten besetzten Polen Ghettos eingerichtet.

Das Ghetto in Łódź war mit 165.000 Juden eines der ersten großen Ghettos und wurde im Frühjahr 1940 hermetisch von der Außenwelt abgeriegelt. Es folgte das Warschauer Ghetto im Generalgouvernement, in dem 400.000 Juden auf engstem Raum zusammengepfercht worden waren und das Mitte November geschlossen wurde. Versuche, die abgeriegelten Ghettos zu verlassen, wurden mit dem Tode bestraft. Juden, die außerhalb der Ghettos aufgefunden wurden, erwartete ebenso wie deren polnische Helfer die Todesstrafe.

Die Lebensbedingungen in den Ghettos waren entsetzlich, Goebbels nannte sie in seinen Tagebuch-Aufzeichnungen „Todeskisten". Üblicherweise wurden viel zu kleine Stadtgebiete im ärmsten Viertel der Stadt für viel zu viele Menschen abgegrenzt. Im Warschauer Ghetto lebten 30 Prozent der Bevölkerung auf 2,4 Prozent der Stadtfläche, sechs bis sieben Menschen mussten sich im Schnitt ein Zimmer teilen.

Eingeschlossen im Ghetto hatte die jüdische Bevölkerung keine Möglichkeit mehr, einer Arbeit nachzugehen – eine wirtschaftliche Tragödie selbst für diejenigen, die in den von den Deutschen errichteten Produktionsstätten arbeiteten und dafür einen Hungerlohn erhielten. Die Lebensmittel, die ins Ghetto geliefert wurden und die man auf Lebensmittelkarten erhielt, waren bei weitem nicht ausreichend, um davon überleben zu können. Nur einige wenige Juden hatten Erspartes retten können, viele verkauften ihre letzte Habe.

Schmuggel wurde zu einem lebensnotwendigen, aber gefährlichen Gewerbe. Im Warschauer Ghetto produzierten jüdische Untergrund-Werkstätten Schals, Küchenutensilien, Bürsten und dergleichen und tauschten sie gegen Essen ein. Kleine Kinder – nicht älter als vier oder fünf Jahre alt – kletterten unter Lebensgefahr über die Ghettomauer, um etwas zu essen zu finden für ihre Familien. Fast jeden Tag wurden Schmuggler erwischt – und geschlagen, drangsaliert oder erschossen.

Immer mehr Leute verarmten, verhungerten und erfroren, Typhus-
und Tuberkulose-Epidemien grassierten, die Sterblichkeitsziffer
in den Ghettos stieg enorm an. Allein im Jahr 1941 starben knapp
55.000 Menschen im Warschauer Ghetto und mehr als 11.000 im
Ghetto Łódź, das entsprach einer Sterberate von 90 pro tausend beziehungsweise 76 pro tausend. Bereits im Folgejahr kletterte die Mor-
talität auf 140 beziehungsweise 160 pro tausend an – sterbende oder
tote Menschen in der Gosse oder auf den Bürgersteigen gehörten
zum Ghettoalltag. Emanuel Ringelblum, ein im Warschauer Ghetto
lebender Historiker, gründete das Untergrundarchiv Oneg Schabbat
(Freude am Sabbat), und dokumentierte mit Hilfe vieler Mitarbeiter
das Leben im Ghetto. Ringelblum hat nicht überlebt, aber große Teile
des versteckten Untergrundarchivs – eine unschätzbare historische
Quelle.

Am 22. Juni 1941 begann die deutsche Wehrmacht ihren Ostfeldzug
und überfiel die Sowjetunion, dicht gefolgt von den Einsatzgruppen
des Reichssicherheitshauptamtes (RSHA): Es war zugleich der Beginn des systematischen Massenmords an den russischen und den
im sowjetisch besetzten Teil Polens lebenden polnischen Juden. Der
Vernichtungsfeldzug wurde schnell auf den deutsch besetzten Teil
Polens und auf alle besetzten Länder Europas ausgeweitet.

Im Januar 1942 fand auf Einladung von Reinhard Heydrich, Chef
der Sicherheitspolizei und des SD, die Wannsee-Konferenz in Berlin
statt – Thema: die „Endlösung der Juden", wie die Nazis die Ermordung der europäischen Juden euphemistisch nannten. Während der
Konferenz drängte Josef Bühler, Stellvertreter von Hans Frank, mit
der „Endlösung" im Generalgouvernement zu beginnen, weil es hier
keine Transportprobleme gäbe und er die Judenfrage so schnell wie
möglich zu lösen wünsche.

Bereits im Monat zuvor, im Dezember 1941, war das erste Vernichtungslager im Reichsgau Warthegau in Einsatz gegangen: Chełmno.

Es war das erste Lager, in dem Gas zum Einsatz kam. Zu den ersten Opfern gehörten Juden und „Zigeuner" aus dem Ghetto Łódź, darunter Juden aus dem heutigen Deutschland, Österreich, Luxemburg und der Tschechoslowakei, die nach Łódź abgeschoben worden waren. Bis März 1943 wurden mindestens 100.000 Menschen nach Chełmno deportiert – der Warthegau war nun, bis auf das Ghetto Łódź, judenfrei. Im April 1944 wurde die Arbeit in Chełmno wieder aufgenommen, um nunmehr auch die Juden des Ghettos Łódź zu vergasen.

Auch das Generalgouvernement hatte bereits im Herbst 1941 erste Vorbereitungen für die Ermordung der dort etwa zwei Millionen Juden (inklusive der seit August 1941 zum Generalgouvernement gehörenden Juden aus Lvov und Ostgalizien) getroffen. In der ersten Hälfte des Jahres 1942 wurden drei Vernichtungslager in Betrieb genommen: Bełżec, Sobibór und Treblinka. In Bełżec wurden ab März 1942 allein in den ersten vier Wochen 80.000 Juden aus Lublin, Lvov und anderen Ghettos im Distrikt Lublin und Galizien vergast – bis zum Dezember wurden es 600.000. In Sobibór wurden in den ersten drei Monaten zwischen Mai und Juli 1942 über 100.000 Juden aus Lublin, dem Protektorat Böhmen und Mähren, dem Deutschen Reich, der Ostmark und der Slowakei vergast, bis zum Herbst 1943 waren es 250.000.

Die mit Abstand größte „Aktion" (so von den Nationalsozialisten genannt) im besetzten Polen fand vom 22. Juli bis zum 12. September im Warschauer Ghetto statt: eine Abfolge von Razzien und Aushebungen, in deren Folge etwa 300.000 Bewohner des Ghettos zum Umschlagplatz gebracht wurden, dem Güterbahnhof, der direkt an das Ghetto anschloss. Hier wurden die Menschen in Güterwagen gepfercht und nach Treblinka transportiert.

Bis zum Schluss versuchten die Nazis, ihre Absichten zu verschleiern und die Opfer zu täuschen. Sie propagierten, dass man die Juden umsiedeln würde an einen (nicht benannten) Ort, an dem es Arbeit gäbe und ordentliche Wohnungen. Trotz vieler Gerüchte wollten viele Juden nicht an die mit Recht unvorstellbaren Todesfabriken glauben. Andere jedoch machten sich keine Illusionen darüber, was sie erwartete. Sie versteckten sich in ihren Häusern, in Kellern, Dachkammern und Bunkern, um den Deportationen zu entkommen. Die SS jedoch räumte die Ghettos Haus um Haus, Straße um Straße. Die jüdische Polizei wurde gezwungen, jeden Tag eine bestimmte Anzahl von Juden abzuliefern, andernfalls drohte die Deportation der eigenen Familie. Adam Czerniaków, der Vorsitzende des Judenrates in Warschau, weigerte sich, die Deportationen zu organisieren und verübte am 23. Juli 1942 Selbstmord. Chaim Rumkowski, Vorsitzender des Judenrates im Ghetto Łódź, hoffte, wenigstens einen Teil der jüdischen Bevölkerung retten zu können. Auf Geheiß der Deutschen halfen er und der Ältestenrat, die Deportationen zu organisieren. Rumkowski befand sich auf dem letzten Transport aus dem Ghetto Łódź am 30. August 1944 und wurde in Auschwitz ermordet.

Nach der „Aktion" im Sommer 1942 befanden sich noch etwa 55.000–60.000 hauptsächlich junge Menschen im Warschauer Ghetto. Sie waren verzweifelt, fühlten sich schuldig, dass sie keinen Widerstand geleistet hatten, und sie wussten, dass sie in Kürze ebenfalls deportiert werden würden. In dieser hoffnungslosen Situation schlossen sich verschiedene jüdische Parteien und Organisationen zur „Jüdischen Kampforganisation" (ZOB) zusammen. Die ZOB nahm Kontakt mit der Armia Krajowa auf, der polnischen Widerstandsorganisation, die eine kleine Anzahl von Waffen lieferte. Währenddessen baute die Ghettobevölkerung Bunker mit Belüftungsschächten und Elektrizität und versorgte die Bunker mit Wasser und Nahrungsmitteln, um im Ernstfall dort längere Zeit überleben zu können.

Am 19. April 1943, am Vorabend des jüdischen Pessachfestes, kam die SS. Das Ghetto war gähnend leer – die gesamte Bevölkerung hielt sich versteckt –, und die Deutschen wurden von bewaffneten Widerstandskämpfern begrüßt: Es war der Anfang des Aufstands im Warschauer Ghetto – ein ungleicher Kampf zwischen ein paar hundert ausgehungerten Widerstandskämpfern, die nichts als ein paar Gewehre, Pistolen und Handgranaten besaßen, und knapp tausend schwer bewaffneten Deutschen. Dennoch hatten die Deutschen Schwierigkeiten mit der Partisanentaktik der Juden. Der Befehlshaber der Großaktion, SS-Gruppenführer Jürgen Stroop, beschloss daraufhin, das Ghetto systematisch niederzubrennen. Das Ghetto stand in Kürze in Flammen, die Bunker wurden zu Infernos. Dort, wo die Menschen noch aushielten, wurden sie mit Gasgranaten aus den Bunkern getrieben.

Der Aufstand dauerte fast vier Wochen, es war der größte jüdische Aufstand im besetzten Europa. Am 16. Mai verkündete Stroop, dass der ehemalige jüdische Wohnbezirk Warschau nicht mehr existiere. Um den Sieg entsprechend zu feiern, ließ er die Große Synagoge, die sich außerhalb des Ghettos befand, niederbrennen. In seinem Endbericht über die Aktion notierte er, dass seine Leute 56.065 Juden ergriffen hätten, von denen 7.000 im Kampf getötet worden seien. 7.000 Ghettobewohner wurden in das Vernichtungslager Treblinka deportiert, wo sie sofort nach Ankunft vergast wurden. Einige Tausend wurden in Arbeitslager, die meisten in die Konzentrationslager Majdanek, Poniatowa und Trawniki deportiert, wo sie kurze Zeit darauf, im November 1943, dem „Unternehmen Erntefest" zum Opfer fielen – einer Erschießungsaktion, in der in den drei KZs 43.000 Juden erschossen wurden. Nur die Juden in den Arbeitslagern überlebten.

Am 1. August 1944, mehr als ein Jahr nach dem Aufstand im Warschauer Ghetto, begann der Warschauer Aufstand: der bewaffnete Kampf der Armia Krajowa gegen die deutsche Besatzungsmacht in Warschau. Zwei Monate lang lieferten sich polnische Widerstandskämpfer und deutsche Truppen heftige Gefechte und Straßenkämpfe um die Stadt, SS-Einheiten verübten in dieser Zeit furchtbare Massaker an der Zivilbevölkerung. Himmler hatte die Hinrichtung sämtlicher Personen im Aufstandsgebiet befohlen – egal, ob AK-Kämpfer oder Zivilisten und ohne Ansehen von Alter und Geschlecht. Allein im westlichen Stadtteil Wola wurden an einem einzigen Tag 50.000 Zivilisten kaltblütig erschossen – Frauen, Männer und Kinder. Die Rote Armee, die bereits vor den Toren Warschaus stand, stoppte ihre Offensive und wartete ab. Nach 63 Tagen – Warschau war ein Flammenmeer, es gab keine Nahrungsmittel mehr und kaum noch Wasser – kapitulierte die AK.

Die traurige Bilanz des Warschauer Aufstands: Zwischen 16.000 und 20.000 polnische Widerstandskämpfer und mehr als 160.000 polnische Zivilisten kamen ums Leben. Aber das war noch nicht das Ende: Reichsführer-SS Heinrich Himmler ordnete an, dass Warschau komplett von der Erde verschwinden müsse, kein Stein solle auf dem anderen bleiben, jedes Gebäude müsse dem Erdboden gleichgemacht werden. 100.000 Zivilisten wurden in deutsche Zwangsarbeitslager, 65.000 in Konzentrations- und Vernichtungslager deportiert. Die übrige Zivilbevölkerung wurde aus der Stadt in das restliche Gebiet des Generalgouvernements getrieben. Anschließend begannen die Deutschen mit der Vernichtung Warschaus oder dessen, was noch stehen geblieben war – mit Flammenwerfern und Sprengstoff zerstörten sie systematisch Haus um Haus, Straße um Straße. Sie konzentrierten sich dabei insbesondere auf historisch und architektonisch bedeutsame Gebäude sowie Kulturdenkmäler – die Universität, die Nationalbibliothek, das Brühlsche Palais, fast alle Theater, fast alle Kirchen. Zum Schluss holten sie mit Baggern die Telefonleitungen aus der Erde.

Im Januar 1945 waren 85 Prozent Warschaus zerstört, insgesamt 685.000 Bewohner der Stadt waren tot, und diejenigen, die noch lebten, hatten jegliche Habe verloren. Als die sowjetischen Truppen

Warschau Mitte Januar 1945 befreiten, befreiten sie eine Stadt in Ruinen. Sie war menschenleer.

Der Vernichtungskrieg kostete allein in Polen insgesamt sechs Millionen Menschen das Leben, darunter waren knapp drei Millionen polnische Juden. Weniger als zwölf Prozent der polnischen Juden haben den Holocaust überlebt.

Maria Lewit

„Die Blätter vibrieren über mir als wäre ein Zittern durch den ganzen Baum gegangen. Himmelsflecken spielen Versteck, zwischen

Maria mit ihren Söhnen Joe und Michael bei der Preisverleihung des OAM, Melbourne 2011

dem Grün der Blätter zeigt sich das blaueste Himmelsblau. Und wie ein Scheinwerfer im Theater, der die ganze Szene zum Leben erweckt, brechen die Sonnenstrahlen hindurch … Ich war nicht glücklich, ich war nicht unglücklich. Ich war einfach da, und das war alles. Ich philosophierte nicht über das Leben, aber mein Verstand war wie eine Kamera, die einen Abdruck hinterlässt von der Idylle des europäischen Sommers im Jahr 1939."

So beginnt Maria Lewits autobiografischer Roman „Come Spring" (Wenn der Frühling kommt).

Das Buch ist ein literarisches Juwel – geschrieben in einer wundervollen, poetischen Sprache, die ganz bewusst kontrastiert mit dem Inhalt, der von der Verfolgung der jungen Autorin und ihrer Familie handelt, von Angst, Hunger und Tod im besetzten Warschau. Ich erinnere mich, dass mein erster Gedanke beim Lesen war: „Dieses Buch sollte ins Deutsche übersetzt werden, damit es dem deutschen Leser zugänglich ist."

Ich wollte die Autorin kennenlernen. Als Maria Lewit schließlich an einem Montag – montags ist „ihr" Tag im Museum – zur Tür hereinkam, stürzte ich auf sie zu, stellte mich vor und teilte ihr auf der Stelle mit, dass ich ihr Buch gelesen hätte und wie großartig ich es fände.

Maria Lewit ist eine nüchterne Frau. Sie muss einigermaßen irritiert gewesen sein von dem Gebaren dieser fremden Person, aber wenn es so war, zeigte sie es nicht. Sie wechselte einige freundliche Worte mit mir, bevor sie sich dem zuwandte, weshalb sie gekommen war: Sie begrüßte eine Schulklasse mit ihrem Lehrer und ging mit der Gruppe hinüber in den Vortragssaal. Dort würde sie den Schülern nun über ihre persönlichen Erfahrungen während des Holocaust berichten.

Maria Lewit hat mir später eine Menge über sich erzählt – über ihre Kindheit und Jugend im zunächst freien und später besetzten Polen, über ihre Freunde und ihre Familie, über ihr Überleben. Sie besitzt noch einige Briefe von Schulfreundinnen aus dem Warschauer Ghetto. Maria und ich haben diese Briefe aus dem Polnischen ins Englische übersetzt – eine emotional nicht einfache Aufgabe: keine der Freundinnen hat überlebt. Mit etlichen Wörterbüchern umgeben verbrachten wir auf diese Weise viele Stunden miteinander. Ich profitierte dabei von Marias profundem Wissen über den Holocaust ebenso wie von ihrer Erfahrung und Klugheit. Manchmal gingen wir in ihre gut bestückte Bibliothek hinüber und schauten etwas nach, oft empfahl sie, eine leidenschaftliche Leserin, das eine oder andere Buch oder borgte es mir – nicht immer, aber doch vorwiegend über den Holocaust. Häufig allerdings spornte sie mich an, die ganze Holocaust-Lektüre doch einfach beiseitezulegen und mich mit freundlicheren Themen zu beschäftigen.

Maria Lewit wusste, warum sie das sagte. Je tiefer man in die Geschichte des NS-Terrors eindringt, desto verstörender wird es. Und als ob sie mich manchmal aufmuntern oder auch mit meiner Elterngeneration versöhnen wollte, erzählte sie mir zuweilen die Geschichte über einen „guten Deutschen": „Schau, Hannah – es gab auch gute Menschen!"

Marias langjähriger Ehemann Julian verstarb im November 2005. („Mein Mann starb im Bett, in frischen Laken, von einem Arzt betreut, und im Beisein aller seiner Lieben.") Marias Söhne Joe und Michael, vier Enkel und fünf Urenkel leben in Melbourne, die Familie ist oft beisammen und sie ist Marias große Freude.

Für ihr Buch „Come Spring" und den nachfolgenden Emigrantenroman „No Snow in December" (Kein Schnee im Dezember) wurde Maria Lewit mit verschiedenen Literaturpreisen ausgezeichnet. Im Jahr 2011 erhielt sie zu ihrer großen Überraschung für ihren Beitrag zur australischen Literatur und für ihre ehrenamtliche Arbeit im Holocaust-Museum die „Medal of the Order of Australia" (Orden zur Würdigung außerordentlicher Leistungen australischer Bürger). So ganz versteht sie die Ehrung und den Rummel um ihre Person nicht: Sie habe doch nichts Besonderes getan, um diesen Orden wirklich zu verdienen. Außer, vielleicht, allen (australischen) Museumsbesuchern und insbesondere den jüngeren unter ihnen immer wieder zu sagen, wie glücklich sie doch seien, in Australien zu leben.

Marias Geschichte

Maria wächst in einer gut situierten Familie in Łódź auf. Łódź, bekannt als das Manchester Polens, ist in den zwanziger Jahren – nach Warschau – die zweitgrößte Stadt Polens. Seit dem frühen 19. Jahrhundert hat sich die Stadt zu einem großen Textilzentrum entwickelt, das Polen, Deutsche und Juden gleichermaßen anzieht. Am Vorabend des Zweiten Weltkrieges hat Łódź 665.000 Einwohner, von denen 34 Prozent Juden und 10 Prozent Deutsche sind. Mit den mehr als 220.000 Juden ist die jüdische Gemeinde der Stadt die zweitgrößte Polens: Es gibt jüdische Schulen, Bibliotheken, Theater und Sportklubs; jüdische Intellektuelle, Poeten und Schriftsteller wohnen in der Stadt. Durch die industrielle Entwicklung entsteht auch so etwas wie ein jüdisches Proletariat.

Marias Vater Borys Markus, ein polnischer Jude, ist Geschäftsmann in der prosperierenden Textilindustrie. Zusammen mit Jozef Lewit (der später Marias Schwiegervater werden soll) besitzt er eine Firma, die Taschentücher produziert. Die Firma hat eine Zweigstelle in Moskau, und auf einer seiner Geschäftsreisen trifft Markus die junge und sehr hübsche Russin Lidia Wagin. Die beiden verlieben sich, hei-

Lidia und Borys Markus, aufgenommen in einem „Photomat" in Łódź, Anfang der 30er Jahre

Maria and Genia, Łódź 1931

raten, und – der Ehe zuliebe – konvertiert die russisch-orthodoxe, also christliche Lidia zum jüdischen Glauben. 1919 kommt Tochter Genia zur Welt, 1925 wird die zweite Tochter Maria geboren.

Die Familie lebt sehr komfortabel in einem Sechs-Zimmer-Apartment im Zentrum von Łódź.

„Das Apartment war im 4. Stock und hatte einen Fahrstuhl. Es gab zwei Balkone mit einem hübschen Blick auf den protestantischen Kirchturm und die Stadt – mein Vater hatte die Wohnung wegen der Aussicht ausgesucht. Er und ich standen im ständigen Wettbewerb um die besten Fotos vom Balkon. Er hatte eine Zeiss Ikon und ich eine Kodak Box – ich für meinen Geschmack machte natürlich immer die besseren Fotos", lacht Maria.

Wie alle wohlhabenden jüdischen Familien haben die Markus' eine polnische Hausangestellte, die bei der Familie wohnt.

„Sie hieß Kazia, und ich habe sie geliebt. Sie war zwar Analphabetin, aber eine geborene Geschichtenerzählerin, und ich habe oft mit ihr in der Küche gesessen. Sie hat meine Eltern mit ,Gnädige Frau' und ,Gnädiger Herr' angesprochen und Genia und mich mit ,Fräulein', während wir sie immer einfach mit ihrem Vornamen ansprachen. Irgendwie kam uns das gar nicht in den Sinn, dass das nicht in Ordnung war. Allerdings muss ich sagen: Als Dienstmädchen durfte Kazia nie den Lift nehmen, und das gefiel mir schon als Kind nicht."

Jeden zweiten Tag kommt ein weiteres polnisches Mädchen und hilft beim Saubermachen und Teppichklopfen. Maria schmunzelt: „Das Interessante dabei war, dass dieses Mädchen auch in der Nachbarschaft arbeitete, und ich konnte nie genug von dem ganzen Klatsch kriegen."

Maria, die von jedem Marka genannt wird, geht in das jüdische Mädchengymnasium „Eliza Orzeszkowa", so benannt nach einer polnischen Schriftstellerin.

„Das war eine exzellente Schule, die von einer Gruppe jüdischer Eltern gegründet worden war, da die polnische Regierung nur zehn Prozent Juden auf weiterführenden Schulen zuließ. Und die progressiven Juden wollten natürlich, dass nicht nur ihre Söhne, sondern auch ihre Töchter eine hervorragende schulische Bildung erhalten. Die Schule wurde von wohlhabenden jüdischen Familien finanziert, die damit gleichzeitig intelligente Kinder aus ärmeren Familien förderten, und zwar jüdische und nicht jüdische. Das heißt, in unseren Klassen waren durchaus auch nicht jüdische polnische Mädchen. Es gab eine Kantine, und für die ärmeren Kinder war das Essen frei. Ich war an der Schule zuständig für das Thema ‚soziale Gerechtigkeit' und kümmerte mich deshalb immer ein bisschen um die ärmeren Kinder."

Maria hat viel Spaß in ihrer Schulzeit. Sie ist gescheit, aufgeweckt und bekannt für den Unfug, den sie gerne schon mal ausheckt.

„Mein Mathelehrer hat mich nur ‚marna istoto' genannt, das heißt so viel wie ‚unnützes Ding'. Aber auch mit anderen Lehrern hatte ich so meine Probleme. Einmal habe ich zum Beispiel den Namen meines Musiklehrers veralbert. Der hieß

Maria mit ihren Freundinnen Iwetta und Zosia, 1939

,Pedzimaz', das heißt ,rennender Ehemann', und über den Namen habe ich ein Lied gemacht, das ich in der Klasse gesungen habe. Natürlich hat mich mein Musiklehrer daraufhin rausgeschmissen. Was der aber nicht wusste, war, dass ich den Rausschmiss vorausgesehen habe. Bevor die Musikstunde also anfing, habe ich zehn Mädchen mit einer Kordel an mich dran geknotet, eine nach der anderen." Maria lacht noch heute über ihren Streich. „Als ich dann aus dem Klassenzimmer rausging, mussten mir also zehn Mädchen folgen. Die ganze Schule hat davon erfahren, ich hatte mir mit dieser Geschichte einen Namen gemacht."

Im Sommer 1939 werden Maria und ihre Schwester Genia in den Sommerurlaub aufs Land geschickt, weil die Eltern wegen der politisch angespannten Situation beunruhigt sind.

„Aber als Deutschland und Russland im August den Nichtangriffspakt unterzeichneten, brach unser Vater unseren Urlaub kurzerhand ab. Er befürchtete, dass Hitler Russlands Neutralität nutzen würde, um in Polen einzumarschieren. Und für diesen Fall wollte er, dass wir alle zusammen in der Stadt sind."

Als Maria und Genia im August 1939 zurück nach Łódź kommen, finden sie die Stadt in völliger Aufregung.

„Es war fast wie ein patriotischer Rausch, die Radioprogramme waren voll vaterländischer Reden und Militärmusik, alle sprachen vom heraufziehenden Krieg und wie schnell wir Polen gegen Hitlers Panzer aus Pappe gewinnen würden, Soldaten marschierten und sangen Anti-Hitler-Lieder, Fahnen wurden geschwenkt. Ich machte nur allzu gerne mit: Unter dem fröhlichen Singen von Militärliedern, die den Krieg beschönigen, hob ich zusammen mit meinen Freunden Panzergräben aus. Und dann fing es an – mit dem Lärm von Flugzeugen und einer Ansage im Radio: Wir befinden uns im Krieg.“

Am 8. September marschiert die deutsche Wehrmacht in Łódź ein.

„Mein Vater war zwar zu alt, um noch gezogen zu werden, aber nachdem im Radio durchgegeben wurde, dass jeder Mann gebraucht wird, schloss er sich vielen anderen Männern an, die alle Warschau verteidigen wollten. Ich erinnere mich, dass wir vorm Haus standen und viele Jugendliche und Männer sahen, die alle ihre Häuser verließen und auf der Straße eine Kolonne bildeten, die sich vorwärtsbewegte. Ich sah auf meinen Vater, aber der war im nächsten Augenblick schon verschwunden. Ich war untröstlich, weil ich mir nicht vorstellen konnte, ohne meinen Vater zu sein.“

Sofort nach ihrem Einmarsch erlassen die Deutschen zahlreiche antijüdische Verordnungen und Gesetze, die Erlasse werden in der ganzen Stadt plakatiert. Juden dürfen keine öffentlichen Verkehrsmittel mehr benutzen, sie dürfen die Stadt nicht ohne Erlaubnis verlassen, Bankkonten werden gesperrt, Männer werden von der Straße weg oder aus ihren Häusern zur Zwangsarbeit geholt.

„In der Schule mussten wir den vierten Stock räumen, der von der deutschen Armee requiriert worden war. Am nächsten Tag wurde uns der vierte Stock wiedergegeben, und wir haben alle Möbel wieder hochgetragen. Am dritten Tag forderten uniformierte Deutsche dann den ersten Stock von uns – also es war völlig klar, dass die Spielchen mit uns trieben.“

Innerhalb kürzester Zeit kehrt Marias Vater wieder nach Hause. Die polnische Armee, nun auch mit einem Angriff von der Sowjetunion aus dem Osten konfrontiert und ohne Unterstützung durch die beiden Alliierten Frankreich und Großbritannien, ist Anfang Oktober geschlagen.

„Mein Vater kam nachts nach Hause, ich sehe ihn noch heute vor mir: Er war dreckig und abgemagert, erschöpft und sichtlich betrübt – und er wurde krank. Nicht lange danach wurde ich aus der Mathestunde heraus zur Direktorin gerufen. Ich konnte mir keinen Grund denken, aber plötzlich sah ich dort meine Mutter sitzen, die Mühe hatte, ihre Tränen zurückzuhalten, und mich aufforderte, sofort nach Hause zu kommen. Auf dem Nachhauseweg erzählte sie mir, dass ein SS-Mann in die Wohnung gekommen war, um meinen Vater für irgendwelche Arbeiten zu holen. Sie hatte dem Deutschen erklärt, dass mein Vater krank im Bett liege. Der hatte daraufhin höhnisch gelacht und erklärt, er wisse schon, wie man die jüdische Krankheit heilen könne, hatte meinen Vater aus dem Bett gezerrt und so lange geschlagen, bis er bewusstlos war."

Borys Markus stirbt am nächsten Morgen, am 4. Oktober 1939. Er ist 51 Jahre alt.

Am 9. November wird Łódź ins Deutsche Reich eingegliedert, anschließend verschärft sich der antijüdische Terror. Tausende von Juden und Polen werden verhaftet, ins Gefängnis gesteckt, dort umgebracht oder in deutsche Konzentrationslager deportiert. Mitte November werden alle Synagogen der Stadt zerstört, statt gelber Armbinden (seit dem 4. November) müssen die Juden ab dem 17. November einen gelben Judenstern vorne und hinten auf der Kleidung tragen. Ohne Vorwarnung werden jüdische Wohnungen konfisziert und deren Bewohner deportiert.

„Der Häuserblock, in dem wir wohnten, gehörte einem Deutschen. Nachdem mein Vater gestorben war, sagte der zu meiner Mutter: ‚Ihr Mann wusste einfach, wann es Zeit war zu sterben. Es muss so viel einfacher sein für Sie ohne einen jüdischen Ehemann.‘ Und dann schmiss er alle Juden, die in dem Haus wohnten, auf der Stelle raus – ohne dass sie ihre Möbel und ihre Habe hätten mitnehmen können – und uns ließ er wohnen. Kazia, unser gutherziges Mädchen, öffnete die Tür für all die rausgeworfenen Leute, und für kurze Zeit beherbergten wir sieben Familien."

Bis zum März 1940 haben etwa 70.000 Juden die Stadt verlassen – die meisten sind deportiert worden, etliche sind geflohen. Sie fliehen entweder in die von den Sowjets kontrollierten Gebiete im Osten Polens oder ins Generalgouvernement, hoffend, dass die Zustände dort erträglicher sind als in dem Teil Polens, der nun zum Deutschen Reich gehört. Lidia Markus beschließt, nach Warschau zu fliehen.

„Ein Exodus hatte begonnen, und unsere Freunde hatten die Stadt auch schon verlassen. Der deutsche Freund meines Vaters drängte, dass wir Łódź für einige Wochen verlassen sollten, und organisierte eine Erlaubnis für uns, dass wir die Stadt aus ‚Geschäftsgründen‘ verlassen dürften. Also packten wir unsere Koffer, brachten all die Bücher meines Vaters auf den Boden, und – das war das Schlimmste – verbrannten all unsere persönlichen Papiere, Briefe und Fotos. Meine Mutter, Genia, Kazia und ich saßen um den Holzofen in der Küche herum und sahen zu, wie all unsere Habseligkeiten – für mich waren das meine ganzen Kindheitserinnerungen – in den Flammen verschwanden. Kazia hatte rote Augen und eine rote Nase, gab aber vor, eine Erkältung zu haben. Das war schon eine ziemlich emotionale Angelegenheit."

Lidia Markus (l.) mit ihrer Schwester Alexandra (Olga) Zmigrodzka, Wołomin 1940

Mit der Hilfe ihrer Schwester Olga, die in Kobyłka lebt, einer Stadt 16 Kilometer nordöstlich von Warschau, findet Lidia mit ihren Töchtern eine Unterkunft in Wołomin, der nächsten Kreisstadt. Es ist nur ein Zimmer mit Küche und einem kleinen Garten, aber die Familie geht davon aus, dass sie bald nach Łódź zurückkehren kann.

„Als die Deutschen im Juni 1940 Frankreich angriffen, war meine Mutter felsenfest davon überzeugt, dass es jeden Moment eine erfolgreiche Gegenoffensive der Franzosen geben würde."

Wenige Wochen nach Beginn des Westfeldzugs sind die Franzosen geschlagen und unterzeichnen ein Waffenstillstandsabkommen mit den Deutschen.

Irma, eine von Marias Freundinnen, zieht mit ihrer Familie ebenfalls nach Wołomin.

„Ich habe meine ganze Zeit mit Irma verbracht. Irma war ein Jahr älter als ich, aber schon zwei Klassen über mir. Sie war äußerst intelligent, und körperlich war sie schon viel weiter als ich. Sie brachte mir eine Menge Sachen bei über Jungs und all so was, aber auch über Literatur und Poesie. Wir haben sehr viele Bücher gelesen und sie anschließend diskutiert. Sie hat mich auch ermuntert zu schreiben, und das war toll, weil Poesie und Schreiben war wirklich meine Leidenschaft."

Maria macht eine kleine Pause und lacht. „Ich besaß diese Biografie über Marie Curie. Curie wurde darin als leidenschaftliche Leserin beschrieben, die durchaus schon mal das Essen über ihrer Lektüre vergaß. Das habe ich dann kopiert: Wann immer ich zum Essen gerufen wurde, tat ich so, als ob ich völlig in meinem Buch versunken bin und nichts um mich herum höre."

Im Oktober 1940 ordnet Hans Frank, Leiter des Generalgouvernements, die Errichtung des Warschauer Ghettos an und befiehlt allen Juden in der Stadt

Die beste Freundin: Irma, 1940

und in der Umgebung, in den „Jüdischen Wohnbezirk" zu ziehen. Irmas Familie will nicht erst auf die Polizei warten und zieht „freiwillig" ins Ghetto. Lidia Markus entschließt sich – sehr zum Entsetzen ihrer Schwester Olga –, ihren Freunden ins Ghetto zu folgen.

„Meine Tante und mein Onkel haben verständlicherweise versucht, meine Mutter davon abzuhalten – ich meine, meine Mutter war ja schließlich Christin. Sie war nicht jüdisch, also brauchte sie auch nicht ins Ghetto zu ziehen. Mein Onkel Jerzy, ein polnischer Aristokrat, warf meiner Mutter ohnehin vor, dass sie ihr Leben durch die Heirat mit einem Juden ruiniert hätte. Und nun würde sie es ein zweites Mal ruinieren, indem sie sich selbst nach dem Tode ihres Mannes nicht von den Juden lossagen würde. Aber meine Mutter hat das alles nicht gerührt – wir sind in ein kleines Zimmer im Warschauer Ghetto gezogen."

Kurz nach dem Umzug, am 16. November 1940, wird das Ghetto geschlossen. Ohne Erlaubnis kann nun niemand mehr hinein oder hinaus. Lidia Markus und ihre beiden Mädchen leben in der Sienna-Straße im sogenannten „kleinen Ghetto", einem Gebiet, in dem die wohlhabenderen Juden leben. Es ist durch eine Holzbrücke über eine außerhalb des Ghettos liegende Straße mit dem „großen Ghetto" verbunden, in dem die Lebensbedingungen sehr viel schwieriger sind.

„Von unserem Fenster aus konnte ich die ‚arische' polnische Seite sehen – theoretisch jedenfalls. Wegen der Mauer konnte ich nämlich nur den oberen Teil der Häuser auf der Marszałkowska-Straße sehen. Aber wir hatten einen Baum vorm Fenster, da hatten wir wirklich Glück. Bäume waren eine Rarität im Ghetto."

Statistiken der Nazis zufolge leben 470.000 bis 590.000 Menschen im Ghetto, für die es nur 27.000 Wohnungen gibt. Sechs bis sieben Personen müssen sich ein Zimmer teilen, es gibt keine Parks, keine Wiesen, keine Plätze für die vielen Menschen.

„Die Straßen waren völlig überfüllt. Überall saßen hungrige Kinder, die bettelten oder, wenn man etwas in der Hand hielt, versuchten, einem das zu entreißen. Ich erinnere mich genau an das erste Mal, als ich ein sterbendes oder schon totes Kind auf der Straße sah und ich mich zu dem Kind beugte, um zu helfen. Da schritt meine Mutter ein und hielt mich davon ab. Ich konnte es nicht glauben, dass meine Mutter mir tatsächlich verbot zu helfen. Sie hatte uns dazu erzogen, altruistisch zu handeln, und nun befahl sie mir, dem Kind fernzubleiben, weil es voller Läuse war und wahrscheinlich auch Typhus hatte. Das war genau der Moment, in dem mir klar wurde, dass ich von nun an Scheuklappen anlegen musste, um zu überleben. Das zu akzeptieren war nicht leicht für mich."

Trotz ihrer entsetzlichen Situation versuchen die Juden, so normal wie möglich im Ghetto zu leben. Ein Krankenhaus und ein Waisenhaus beginnen ihre Arbeit. Wohlfahrtsorganisationen (neben dem Judenrat die einzigen jüdischen Institutionen, die erlaubt waren) richten Suppenküchen ein, heimlicher Schulunterricht wird organisiert und kulturelle Veranstaltungen finden statt.

„Das Interessante war, dass die Leute wirklich versucht haben, ihren Optimismus zu behalten. Da wurde in privaten Wohnungen heimlich Schulunterricht gegeben, Literaturabende fanden statt, die Synagoge hatte eine unglaubliche Bibliothek und gab Bücher in Umlauf, es gab Theatergruppen und sogar ein Orchester. Ein Cousin von meinem Vater hat eine Suppenküche organisiert. Und meine Freundinnen und ich haben für die Kinder Kasperletheater gespielt. Natürlich hatten wir keine Puppen, aber wir haben einfach unsere Finger benutzt und uns kleine Geschichten ausgedacht. Ich erinnere mich, dass in einer unserer Geschichten ein Baum vorkam, und dass wir zu unserem Entsetzen von einem vierjährigen Jungen gefragt wurden: Was ist denn ein Baum?"

Die fünfzehnjährige Maria trifft im Ghetto ihre Schulfreundinnen Irma, Iwetta, Irka und Luisa wieder. Einige der früheren Lehrer organisieren heimlichen Schulunterricht und unterrichten polnische Literatur und Naturwissenschaften. „Wir haben uns jeden Tag in einer anderen Wohnung getroffen, kamen alle einzeln und haben unsere Bücher unter der Kleidung versteckt, um keine Aufmerksamkeit zu erregen."

Die Mädchen verbringen oft die Nachmittage zusammen – bis 19 Uhr, dann beginnt die nächtliche Ausgehsperre. Eines Tages sind die Mädchen bei Irma verabredet, Maria verspätet sich etwas und trifft weder Irma noch Iwetta oder Irka an. Irgendetwas ist komisch, denn Irmas Mutter möchte nicht sagen, wo die Mädchen sind.

„Erst einige Zeit später hat mir Irmas Vater dann erzählt, was passiert ist. Deutsche waren in das Haus gestürmt und haben fünf Mädchen mitgenommen – darunter Irma, Iwetta und Irka. Dann haben sie die Mädchen in einen Hinterhof gebracht, in

dem ein Berg Kohle lag. Die Mädchen mussten sich splitter-
nackt ausziehen und zu den Klängen von Militärmusik die Kohle von einer Ecke des Hofs in die andere Ecke tragen. Nach drei
Stunden wurden sie zu ihrem Haus zurückgebracht."
Maria schüttelt den Kopf und sagt langsam: „Meine Freundinnen
haben nie ein einziges Wort über diesen Vorfall verloren."
Lidia wird von ihrer Schwester Olga mit Briefen bombardiert und
der Bitte, doch das Ghetto zu verlassen. Es laufen Gerüchte über
Umsiedlungen und Arbeitslager. Olga organisiert Papiere für die
Mädchen, damit sie sich als russisch-orthodox eintragen lassen
können, und sie organisiert eine Wohnung in Warschau. Irgendwann gibt Lidia nach, und es gelingt ihr und den beiden Mädchen,
aus dem Ghetto auf die arische Seite zu gelangen.

„Vermutlich ist das überraschend, was ich jetzt sage, aber so
sehr wie ich das Ghetto gehasst habe – denn die Situation im
Ghetto verschlimmerte sich nahezu täglich –, ich wollte es wirk-
lich nicht verlassen. Ich habe das Gefühl gehabt, dass ich meine
Freundinnen im Stich lasse und verrate. Ich habe endlos meiner
Mutter gegenüber gejammert, wie allein ich mich ohne meine
Freundinnen fühle. Die andere Sache war natürlich, dass wir
dauernd davon hörten, dass auf der arischen Seite Juden denun-
ziert werden – davor wenigstens brauchte man im Ghetto keine
Angst zu haben."
Lidia und die Kinder benutzen einen Mittelsmann, um mit ihren
Freunden im Ghetto in Verbindung zu bleiben.
Die siebzehnjährige Irma schreibt im Frühjahr 1940:
„… Der Grund, warum ich nicht geschrieben habe, ist, weil
ich so schwer arbeiten muss. Abgesehen davon bin ich sehr
deprimiert. Ich habe keine Motivation, auch nur irgendetwas
zu tun … Es gibt keine großen Veränderungen hier. Ich versuche, nicht daran zu denken, was in zwei oder drei Monaten

sein wird. Wir müssen von einem Tag auf den anderen leben, auch wenn das keine erfreuliche Philosophie ist. Entschuldige, dass ich es überhaupt erwähne. Ich frage mich, was der Frühling bringt. Ich bin sicher, dass es einige schwierige Momente geben wird (die Lager!). Aber gleichzeitig hoffe ich, dass die Situation besser wird ... Ich wünschte nur, dass diese schwierige Periode in unserem Leben bald vorüber sein wird, denn meine Nerven halten das nicht mehr lange aus. Manchmal, wenn nichts mehr geht, kriege ich einen hysterischen Anfall, und dann bin ich die nächsten Tage etwas ruhiger. Aber dann kommen wieder schlechte Nachrichten zum Beispiel aus Łódź*, und dann kehrt die Traurigkeit zurück ..."

Als die deutsche Wehrmacht am 22. Juni 1941 die Sowjetunion überfällt, schöpfen viele Juden Hoffnung. So auch Irma in ihrem Brief vom 24. Juni:

„... dies ist der letzte Funken Hoffnung für uns... und er kam gerade im richtigen Moment. Wir sind entsetzlich heruntergekommen und fühlen uns elend. Die kleinste Bagatelle lässt uns in Tränen ausbrechen. Wenn man aber glauben und antizipieren kann, dass etwas passiert, dann kann man den Gürtel noch enger schnallen und ausharren. Dies ist unsere letzte Hoffnung, dass das Schicksal uns das erhoffte Wunder bringt ... Hoffentlich passiert es, bevor wir uns in Skelette verwandelt haben, bevor wir komplett entmenschlicht sind, beraubt aller Träume und aller Bestrebungen außer der Suche nach Essen ..."

Im Juni 1942 wird der Mittelsmann verhaftet, und die Korrespondenz zwischen den Mädchen hört abrupt auf. Maria traut sich, von einer öffentlichen Telefonzelle aus im Ghetto anzurufen.

---

* Neuzugänge im Ghetto bringen Nachrichten von „draußen" mit – in der Regel keine guten.

„Es gab da ein Telefon in der Werkstatt, in der Irma gearbeitet hat, und so konnte ich mit ihr sprechen. Irma erzählte mir, dass ihre Großmutter an einen unbekannten Ort deportiert worden war und viele Freunde auch und dass sich jeder im Ghetto Sorgen mache um die Deportierten. Und dann sagte sie, dass es nun nicht mehr lange dauern würde, bis die Nazis auch sie und ihre restliche Familie deportieren würden. Ich wusste nicht, was ich sagen sollte, aber versuchte, sie zu beruhigen. Also sagte ich, dass der Krieg nun bestimmt bald vorbei wäre. Ich meine, als die Deutschen Russland überfielen, haben wir das ja alle gedacht. Aber Irma sagte nur: Es ist eine Lüge, Marka, und du weißt es. Und dann legte sie auf."

Marias Stimme wird dünn. „Das war das letzte Mal, dass ich mit Irma gesprochen habe."

Während Lidia Markus mit ihren Töchtern nach Warschau floh, flüchtete ihr Schwager Vitek, der Bruder ihres Mannes, von seinem Wohnort Krakau aus in das russisch besetzte Polen. Mit seiner Frau Inka, seinem elfjährigen Sohn Marek und Julek, dem Bruder seiner Frau, floh er nach Lvov. Ungefähr 100.000 Juden haben hier Zuflucht vor den Deutschen gesucht. Vitek findet eine Wohnung und Arbeit, Marek kann wieder zur Schule gehen. Aber das Glück ist nicht von langer Dauer. Am 30. Juni 1941 besetzen die Deutschen die Stadt und errichten im November ein Ghetto im ärmsten Viertel von Lvov. Mit unglaublicher Brutalität – allein auf dem Weg ins Ghetto werden 5.000 ältere und kranke Juden umgebracht – werden die Juden in das Ghetto getrieben. Vitek und seine Familie befinden sich unter diesen Juden. Im März 1942 erfolgt die erste sogenannte „Aktion": 15.000 Juden werden in das kürzlich errichtete Vernichtungslager Bełżec bei Lublin gebracht. Im Juli schickt Vitek einen Hilferuf an seine Schwägerin Lidia. Deren Schwester Olga, die noch nicht einmal mit Vitek verwandt ist, bietet sich sofort an, nach Lvov zu reisen, um Vitek und dessen Familie zu retten. Die Reise ist erfolgreich.

„Es war ein gefährliches Unterfangen, aber meine Tante Olga kam tatsächlich mit der ganzen Familie zurück. Sie sahen alle sehr jüdisch aus, insbesondere der kleine Marek. Dem hat meine Tante, Zahnschmerzen vortäuschend, ein Tuch um den Kopf gebunden, so dass man dessen jüdische Gesichtszüge nicht so sah." Lidia und die Mädchen rücken zusammen und teilen ihre Warschauer Wohnung mit Vitek, Inka, Marek und Julek.

Mit Verordnung vom 26. Oktober 1939 wird im Generalgouvernement die Kennkartenpflicht eingeführt – graue Karten für die Polen, gelbe Karten für die Juden und blaue für Russen, Ukrainer, Weißrussen und andere Minderheiten.

„Jeder musste sich registrieren lassen, eine Geburtsurkunde vorzeigen und eine eidesstattliche Erklärung abgeben, dass man weder Jude noch Halbjude sei. Ein polnischer Freund sagte uns, wir bräuchten uns keine Sorgen zu machen, weil die polnische Untergrundbewegung die Einwohnermeldeämter unterwandert hätte. Und tatsächlich: Als meine Schwester zögerte, diese Erklärung zu unterschreiben, wurde sie von der Dame hinter dem Schalter energisch dazu aufgefordert. Ich selbst hatte noch nicht mal eine Geburtsurkunde und bekam trotzdem meine arische Kennkarte."

Der Besitz einer Kennkarte war notwendig, aber nicht hinreichend für Juden oder Halbjuden, um auf der arischen Seite Warschaus zu überleben.

„Inzwischen hatte sich ein sehr profitabler Berufszweig entwickelt in Polen: die Juden-Jäger. Das waren Leute, die darauf aus waren, Juden zu entdecken, zu erpressen und zu denunzieren, skrupellos und wahre Experten auf ihrem Gebiet. Viele machten es für Geld – entweder von den Juden oder von den Deutschen, manchmal beides. Am schlimmsten aber waren die, die aus ideologischen Gründen denunziert haben. Die wollten Polen von den Juden befreien und haben sie oft auch misshandelt. Also – es war sehr wichtig, das ‚gute Aussehen‘ zu haben, das heißt polnisch und nicht jüdisch auszusehen. Viele Frauen blondierten sich das Haar und trugen Ketten mit einem Kreuz um den Hals."

Die Tradition der Beschneidung im jüdischen Glauben macht es besonders schwierig für die männlichen Juden: Werden sie denunziert oder fällt sonst ein Verdacht darauf, dass sie jüdisch sind, ist das durch eine simple Körperkontrolle sehr schnell verifizierbar. Eines Tages wird Julek von einem Polizisten bedrängt, der ihn für einen Juden hält. Der Polizist folgt Julek bis nach Hause, um ein Bestechungsgeld zu erhalten. Marias Mutter hat jedoch die Courage, den Mann übel zu beschimpfen anstatt ihm Geld in die Hand zu drücken.

„Meine Mutter war eine Löwin. Sie hat dem Polizisten gesagt, dass Julek ein Pole sei, aber keine Arbeitserlaubnis habe. Und dann startete sie ihre Gegenattacke: Sie bezichtigte den Mann, antipolnisch zu handeln, indem er einen Polen an die Deutschen auslieferte, die ihn dann sicher in ein Arbeitslager nach Deutschland schicken würden. Der Polizist zog unverrichteter Dinge ab, aber es war klar, dass Julek nun aus dem Verkehr gezogen werden musste."

Olga und ihr Ehemann Jerzy Zmigrodzki bieten an, zwei Familienmitglieder aus der Markus-Familie in ihrem Haus in Kobyłka zu verstecken: Julek und Marek.

„Onkel Jerzy hatte Krebs im fortgeschrittenen Stadium, er hat sich nicht wirklich Sorgen um sich gemacht. Er wusste ja: Wenn Juden in seinem Haus entdeckt würden, würde das nicht nur für die Versteckten, sondern auch für sie selbst den sicheren Tod bedeuten. Aber er sagte, dass es einfacher sei, zwei Leute zu verstecken als vier. Und dass in dem Haus nicht genug Platz sei für alle – das Haus hatte einen kombinierten Wohn- und Esszimmerbereich, zwei Schlafzimmer und eine Küche. Und unter diesen Umständen würde er lieber die Jungen als die Alten retten." Olga hatte eine andere Meinung.

„Sie dachte, dass es keinen Unterschied mache, ob sie für zwei oder für vier versteckte Juden mit dem Leben bezahlen müsse. Sie war fest entschlossen, auch Inka und Vitek zu verstecken. Sie sagte, wir müssten nur die Lebensmittel aus Warschau holen, damit die kleinen Geschäfte in Kobyłka nicht misstrauisch würden, wir müssten leise sein, die Toilette auf kluge Weise benutzen (die Spülung!) und ein Versteck bauen."

Mit der Erlaubnis von Onkel Jerzy ziehen Maria, Julek und Marek in das Haus. Die 16 Kilometer lange Fahrt nach Kobyłka ist nicht leicht zu bewerkstelligen.

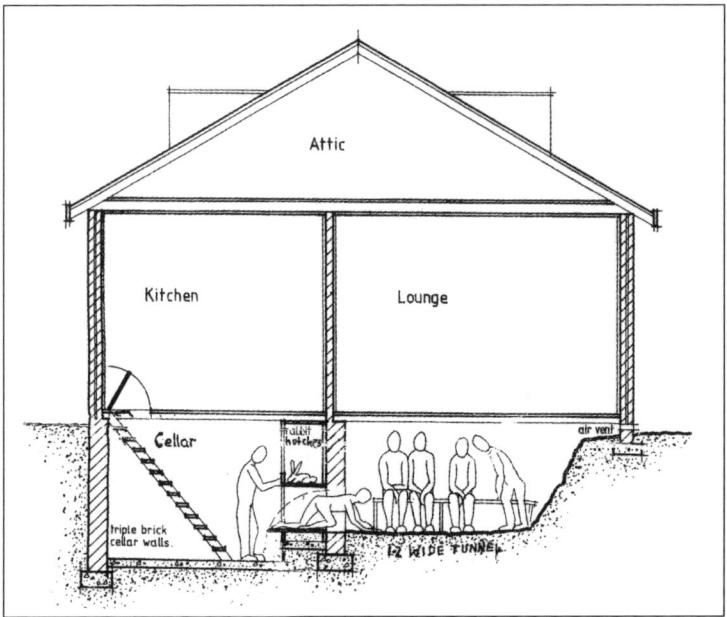

Versteck im Haus von Jerzy und Olga Zmigrodzki, Zeichnung von Joe Lewit

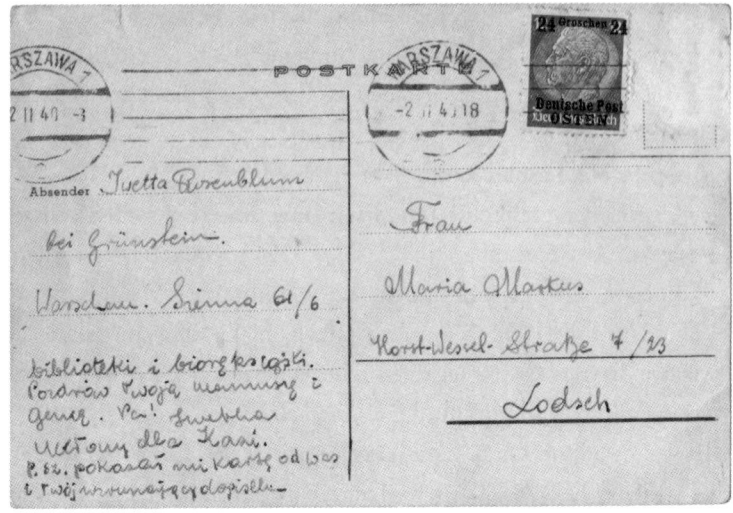

Postkarte von der Freundin Iwetta aus dem Warschauer Ghetto, 1940

„Wir haben Marek als Mädchen verkleidet und ihm eins meiner Kleider angezogen. Und dann kriegte er wieder ein Kopftuch ums Gesicht, als ob er von einem Zahnarztbesuch in Warschau zurückkäme. Er sah wirklich sehr jüdisch aus."
Ein paar Tage später schmuggelt Olga Inka und Vitek ins Haus.
„Die beiden haben von nun an gelebt wie in einem mönchischen Schweigekloster. Sie haben sich kaum bewegt und haben nur geflüstert, damit mein Onkel ja nichts herausfindet."
Lidia und Genia bleiben in Warschau. Maria und ihre Tante Olga fahren jeden zweiten Tag nach Warschau, um einzukaufen, aber auch Marias Mutter kommt oft, um Essensvorräte und Bücher aus der Bibliothek zu bringen. Bei der Gelegenheit bringt sie oft auch Gerüchte mit.

„Inzwischen war es bekannt, dass Menschen aus dem Ghetto deportiert werden, aber niemand wusste wohin. Arbeitslager? Konzentrationslager? Gerüchte über Vernichtungslager hielten sich hartnäckig. Eines Tages brachte meine Tante Olga eine Zeitung von der polnischen Untergrundbewegung nach Hause. In der Zeitung wurde Treblinka als Speziallager für die Vernichtung der Warschauer Juden genannt. Von da an war ich sehr besorgt um meine Freundinnen im Ghetto." Die Familie beschließt, für den Fall einer Hausdurchsuchung ein Versteck im Keller zu bauen. Vitek, von Haus aus Ingenieur, zeichnet einen Plan, Maria und Julek beginnen mit der Arbeit.

„Das Ziel war, eine Mauer zu durchbrechen und einen Bunker unter der rückwärtigen Terrasse zu machen mit einem Fluchtweg in den Garten. Um den Lärm möglichst gering zu halten, haben wir den Mörtel um die Ziegelsteine herum mit scharfen Nägeln abgekratzt – das war harte Arbeit. Juleks Hände waren völlig aufgeschnitten und bluteten, aber es machte uns nichts, wir waren nämlich ineinander verliebt." Maria lacht und fährt fort: „Ehrlich gesagt waren wir sogar froh, dass wir im Keller arbeiten konnten, weil wir da nämlich unter uns waren."

Die beiden Verliebten wollen mehr als heimliche Küsse, also fragt die rebellische Maria ihre Mutter, ob sie und Julek zusammen schlafen können. Lidia ist nicht erfreut und meint, dass ihre achtzehnjährige Tochter bis zum Ende des Krieges warten sollte, um sich ihrer Gefühle auch wirklich sicher zu sein. Aber als Julek schließlich offiziell bei Lidia um die Hand ihrer Tochter anhält, gibt sie nach.

„Meine Mutter zauberte eine Flasche Wodka auf den Tisch, und die Familie erklärte, dass wir verheiratet seien und von nun an auf dem Sofa im Wohnzimmer schlafen dürften."

Währenddessen wird Genia, die noch in Warschau lebt, von Juden-Jägern in ihrer Wohnung aufgespürt und, nachdem sie kein Geld bezahlt, übel zugerichtet. Nach diesem Vorfall ziehen auch Marias Mutter und Schwester nach Kobyłka.

„Jetzt waren wir neun im Haus. Ich werde nie erfahren, ob Onkel Jerzy wusste, dass die ganze Familie im Haus lebt. Wenn er es wusste, hat er jedenfalls nie ein Wort gesagt."

Maria und Julek bauen nun mit doppelter Kraft an dem Versteck im Keller.

„Wir haben oft Geschichten gehört von Leuten, die im Versteck lebten und denunziert worden waren. Und wenn man sie fand, gab es immer nur ein Ergebnis: den sicheren Tod."

Es gelingt den beiden, einen schmalen Gang im Keller zu graben.

„Wir haben dabei eine Menge Sand herausgeholt, den haben wir im Garten herumgestreut, so, dass die Nachbarn nichts merkten. Julek hat dann Onkel Jerzys Weinregale benutzt, um einen Kaninchenstall zu bauen. Den wollten wir vor den Eingang des Verstecks stellen, um für den Fall des Falles die deutschen Schäferhunde zu täuschen."

Nachdem Marias Onkel Jerzy Zmigrodzki stirbt, ist das Haus – für Außenstehende – ein Vier-Frauen-Haushalt. Vitek, Inka, Julek und Marek leben nach wie vor versteckt und können das Haus nicht verlassen.

Olga wird von einem Nachbarn angesprochen, der sie gut kennt. Er eröffnet ihr, dass er für die Armia Krajowa (AK) arbeite, die größte polnische Untergrundbewegung, und bittet Olga um Unterstützung. Die etwa 400.000 Untergrundkämpfer der Armia Krajowa sabotieren deutsche Züge, die in den Osten fahren, sprengen Brücken, befreien Gefangene und Geiseln, liefern sich Kämpfe mit Einheiten der Polizei und Wehrmacht und liefern wichtige militärische Informationen an die Alliierten. Jeder Untergrundkämpfer, der in die Hände der Deutschen gerät, wird unweigerlich exekutiert.

„Ich erinnere mich, dass wir mit dem Nachbarn bei einer Flasche Wodka zusammengesessen haben und dass der Nachbar meine Mutter und meine Tante fragte, ob er unser Haus als Radiostation benutzen könne, um täglich Nachrichten an die polnische Exilregierung in London zu senden. Diese Idee wurde zwar schnell von den beiden Frauen verworfen, aber die Begeisterung, anderweitig zu helfen, war groß. Und so fingen meine Mutter und meine Tante an, Dokumente und Waffen im Keller zu verstecken. Ich habe mich mit dieser Idee überhaupt nicht wohl gefühlt, aber Mutter und Tante waren nicht zu bremsen."

Eines Tages fahren Maria und ihre Mutter nach Warschau, um Lebensmittel zu besorgen und neue Bücher aus der Bibliothek zu holen. Die Bücher sind besonders wichtig für die Familienmitglieder, die das Haus nicht verlassen dürfen. Es ist eine von vielen Zugfahrten zwischen Kobyłka und Warschau. Diesmal jedoch ist es anders.

„Der Zug war brechend voll und voller Soldaten. Meiner Mutter und mir wurde ein Sitzplatz angeboten im ‚Nur für Deutsche'-Abteil. Soldaten erzählten und lachten und alles war gut – bis ich plötzlich eine Stimme sagen hörte: ‚Ich weiß, du bist eine Jüdin.' Erst langsam, dann schneller und lauter, und fast einfallend mit dem Rhythmus des Zuges, wiederholte die Stimme. ‚Ich weiß, ich weiß, du bist Jüdin.'"

Maria ist gemeint. Es ist eine gezielte Denunziation.

„Ich habe ganz still gesessen und wusste nicht, was ich machen sollte, bis meine Mutter eingriff."

Lidia Markus protestiert, erklärt, dass Maria ihre Tochter sei und nicht irgendeine Jüdin, die vom Zug abgesprungen sei, wie der Denunziant behauptet, und zeigt ihre Kennkarten. Es hilft nichts. Als der Zug in Warschau hält, ruft der Denunziant die Polizei und bittet sie, Maria und ihre Mutter zur Gestapo-Zentrale zu bringen.

„Und so haben uns sechs Gendarmen zur Gestapo gebracht: Zwei liefen vor uns, zwei hinter uns und zwei an der Seite. Ich nahm mir fest vor, nicht zu weinen, aber ich hatte eine entsetzliche Angst. Würden die mich fragen, wo ich die letzte Nacht geschlafen habe? Würde ich dann stark genug sein, Tante Olgas Adresse nicht zu verraten? Würden die mich foltern? Ich hatte so meine Zweifel, ob ich dann meinen Mund halten könnte. Würden sie vielleicht meine Mutter bedrohen? Das waren so meine Gedanken. Aber vor allem dachte ich: Ich will nicht sterben."

Die Gestapo-Zentrale ist eines der am meisten gefürchteten Gebäude Warschaus. Es ist bekannt, dass hier brutale Verhöre stattfinden, dass hier geschlagen, gefoltert und gemordet wird.

„Wir mussten eine Treppe nach oben gehen, und mir ging durch den Kopf: Komisch, und ich dachte immer, die Gestapo sei im Keller. Die Treppenstufen glänzten, der lange Flur glänzte, jemand öffnete eine Tür, und vor uns standen drei Gestapo-Leute in schwarzen Uniformen. Und an der Wand war ein riesiges Porträt von Hitler. Während meine Mutter unsere Kennkarten vorzeigte, dachte ich immerzu: Bitte, bitte, lass mich stark sein und mich nicht die Menschen verraten, die ich so sehr liebe."

Einer der Gestapo-Männer inspiziert die Kennkarten, legt sie auf eine Glasplatte und beleuchtet sie.

„Und dann, plötzlich, brach dieser Mann, der offenbar der Vorgesetzte war, in offenes Gelächter aus und sagte: ‚Blonde Haare, blaue Augen, helle Haut und ordentliche Papiere – was für ein netter Scherz so früh am Morgen. Sie sind frei, Sie dürfen gehen. Heil Hitler.' Und dann liefen wir also zurück durch diesen Flur, und ich wollte nichts anderes als den nächsten Zug nach Hause nehmen. Ich war in totaler Panik, dass mich nun jedermann als Jüdin erkennen würde. Aber meine Mutter beruhigte mich, meinte, dass alles in Ordnung sei, und sie bestand darauf, dass wir uns nun genauso wie immer verhalten – also einkaufen und

Bücher aus der Bibliothek holen. Natürlich konnte sie mich nicht zum Narren halten. Ich wusste, dass das nur Vorsichtsmaßnahmen waren, um sicherzugehen, dass uns niemand folgte." Maria kann das Gelächter des Gestapo-Mannes für lange Zeit nicht vergessen. Von nun an ist sie von den Zugfahrten nach Warschau befreit, Tante Olga springt ein. Lidia und Olga verbinden ihre Zugfahrten nach Warschau mit ihren patriotischen Pflichten für die AK. Die achtzehnjährige Maria zieht sich zurück und denkt viel darüber nach, was passiert ist.

„Wieso haben die mich laufen lassen? Nicht, weil ich irgendetwas Tolles oder Heroisches vollbracht hätte. Nein – nur weil ein Gestapo-Mann das Ganze als Witz betrachtete. Und weil ich mit meiner Mutter zusammen war. Meine Mutter war bildschön und hatte diese typischen slawischen Gesichtszüge. Niemand, nicht mal die Gestapo, konnte ernsthaft annehmen, dass sie Jüdin sei. Ja, dachte ich, meine Mutter war mutig, aber es war ja auch leicht für sie, mutig zu sein mit ihrem blonden Haar und ihren blauen Augen. Jüdische Mütter konnten ihre Töchter jedenfalls nicht retten, obwohl sie genauso mutig waren. Ich fand das unfair."

Maria hält einen Moment inne. „Ich weiß nicht, ob das irgendjemand verstehen kann, was ich jetzt sage, aber ich habe meiner Mutter das arische Aussehen fast übel genommen."

Olga und Lidia bringen das „Biuletyn Informacyjny" nach Hause, das offizielle Presseorgan der Armia Krajowa. Es informiert über die politische Situation, über den Krieg und berichtet detailliert über die Untergrundaktivitäten. Der Leser wird aber auch über die „Endlösung" informiert – die deutsche Antwort auf die „Judenfrage". Maria liest, dass die Deutschen im Sommer und Herbst 1942 etwa 300.000 Juden aus dem Warschauer Ghetto deportiert haben, darunter alle 200 Kinder des Waisenhauses. Janusz Korczak, damals bereits berühmter Kinderbuchautor und Pädagoge, ist der Direktor des Waisenhauses. Er und alle seine Mitarbeiter weigern sich, die Kinder allein zu lassen, und begleiten die Kinder im Deportationszug, der in den Tod führt. „Ich musste so oft an Dr. Korczak denken. Ich hatte seine ganzen Kinderbücher gelesen und einige seiner psychologischen Arbeiten. Als Kind und Teenager war ich wirklich total in seinem Bann. Das alles war einfach unfassbar.“ Ein weiteres Manuskript wird ins Haus geschmuggelt: Der Augenzeugenbericht eines polnischen Juden, der den Aufstand im Vernichtungslager Treblinka im August 1943 überlebt. Sofort nach seiner Flucht aus dem Lager – unter dem unmittelbaren Eindruck der Erlebnisse – schreibt Jankiel Wiernik auf, was er gesehen und erlebt hat. Wiernik ist Zeuge an dem Mord an etwa 700.000 Menschen geworden, und in der Monografie „Ein Jahr in Treblinka“ beschreibt er, nüchtern und ungeschönt, die Hölle des Lagers. Der Bericht ist grauenvoll, Maria ist entsetzt.

„Ich las unter anderem von einem namenlosen Mädchen, das sich auf einen SS-Wachmann geworfen hat, und das auf der Stelle erschossen wurde. Ich habe mir gewünscht und mich schließlich selbst davon überzeugt, dass das Irma war.“ An einem Frühlingstag im Jahr 1943 wird die Gegend um Kobyłka von den Deutschen durchkämmt. Sie stürmen in jedes Haus. Vitek, Inka, Julek und Marek haben nur Sekunden, um in ihr Versteck im Keller zu verschwinden.

„Die Deutschen kamen mehrmals ins Haus, sie schauten in jede Ecke, unter die Betten, in die Schränke. Wir waren paralysiert vor Angst. Noch in der gleichen Nacht sind meine Tante Olga und ich losgegangen, um von irgendeinem Dorfbewohner ein Kaninchen zu bekommen. Nachdem wir an Hunderte von Türen geklopft hatten, verkaufte uns tatsächlich jemand zwei Kaninchen. Die haben wir dann sofort in den Käfig gesteckt, der im Keller vor dem Versteck stand."

Im April 1943 können Maria und ihre Familie Rauchwolken aus der Ferne über Warschau sehen – es ist der Beginn des Aufstands im Warschauer Ghetto. Maria ist unruhig und ängstlich.

„Das Ghetto brannte. Meine Familie wollte mich zurückhalten, aber ich bin trotzdem nach Warschau gefahren. Ich musste selbst sehen, was dort passiert. Es war Ostern, und gleich neben der Ghettomauer war ein Volksfest mit Karussells und Schießbuden. Die Leute hatten ihren Spaß, sie lachten, und es spielte laute Musik. Und zur gleichen Zeit konnte man Häuser im Ghetto brennen sehen und Menschen, die aus den Häusern sprangen."

Jeden Tag sehen Maria und ihre Familie von ihrem Haus in Kobyłka aus den dicken, schwarzen Rauch über dem Warschauer Ghetto.

„Aber das Thema wurde nicht erwähnt. Es war wie ein stillschweigendes Übereinkommen: Man spricht nicht über den Tod in Anwesenheit eines sterbenden Patienten. Ich habe natürlich die ganze Zeit an meine Freundinnen gedacht – die Freundinnen, die ich im Stich gelassen hatte."

Mitte Mai ist das Ghetto bis auf den Grund niedergebrannt.

„Und ich dachte, das Ghetto hat sich gegenüber den Deutschen länger verteidigt als Polen, Frankreich und der ganze Kontinent."

Sechs Wochen nach ihrem ersten Besuch kehrt Maria zum Ghetto zurück und sieht nur noch Ruinen. „Das Haus, in dem Irma und ihre Familie gelebt hatten, stand eigentümlicher Weise noch – vermutlich weil es so dicht an der Mauer war. Ich ging rein und suchte nach irgendeinem Zeichen von Irma, aber natürlich fand ich nichts."

Marias Familie lebt nun seit eineinhalb Jahren im Versteck. „Wir stritten uns oft, meist über dumme und wirklich kleine Sachen.

Tatsache war, dass wir nun schon viel zu lange auf viel zu kleinem Raum zusammen waren." Lethargie, Angst und Depression setzen ein. Als sich die sowjetischen Truppen Warschau nähern, kommen Gerüchte auf, dass die Deutschen die gesamte polnische Bevölkerung evakuieren will.

„Ich bekam jetzt wirklich Angst, dass ich das Ende des Krieges nicht mehr erleben würde. Vitek, sonst der große Geschichtenerzähler, wurde still, und seine Augen merkwürdig dunkel. Er hatte irgendwelche Kapseln zum Schlucken organisiert, falls die Deutschen kommen. Ich habe eine Menge über den Tod nachgedacht – und dabei wollte ich doch so gerne leben. Ich wollte mehr lernen, mehr über die Welt erfahren, ich wollte mit meinem Liebsten spazieren gehen, und ich wollte frei sein."

Es ist Sommer 1944, als die Rote Armee Warschau erreicht.

„Wir haben angefangen, Hoffnung zu schöpfen, wir fühlten, dass das Kriegsende nahe war. Aber dann lasen wir in der Untergrundpresse von der Befreiung des Konzentrations- und Vernichtungslagers Majdanek und von den schrecklichen Verbrechen, die dort verübt worden waren. Nun bekamen wir eine entsetzliche Angst davor, was die Deutschen auf ihrem Rückzug alles mit uns machen würden."

Am 1. August beginnt die Armia Krajowa ihren Aufstand gegen die deutsche Besatzungsmacht. Die Kämpfe sind erbittert.

„Von unserem Dachboden aus konnten wir Rauch über Warschau sehen und das Licht von dem Artilleriebeschuss erhellte unsere Zimmer. Einmal landete sogar eine Granate in unserem Dachboden, aber zum Glück explodierte sie nicht. Und dann sahen wir in der Ferne auch all die Menschen, die unter deutscher Bewachung aus Warschau getrieben wurden – Erwachsene, Kinder, Hunde, Kühe – alles war in Bewegung."

Die Deutschen kommen auch nach Kobyłka.

„Da war ein Hämmern an der Tür, und deutsche Soldaten schrien: raus, raus! Sie hielten uns ihre Gewehre vor die Nase und sagten, wir würden vor den nahenden Russen evakuiert werden. Sie gaben uns keine Minute Zeit – wir mussten sofort mitkommen. Sie trieben uns aus dem Haus – und wir mussten Inka, Vitek, Julek und Marek allein im Keller zurücklassen." Die SS-Verbände, die eigens vom Reichsführer-SS Heinrich Himmler zur Zerschlagung Warschaus zusammengestellt worden waren, evakuieren das ganze Dorf, plündern und brennen Häuser ab. Nach einem Tagesmarsch gelingt es Maria, ihrer Schwester, Mutter und Tante bei Dunkelheit, sich von dem Strom der Flüchtlinge unerkannt abzusondern und nach Hause zurückzukehren. Das Haus ist schwer demoliert, aber nicht abgebrannt. Die vier versteckten Juden im Keller sind wie durch ein Wunder am Leben. Mitte Januar 1945 rollen sowjetische Panzer in Kobyłka ein.

„Nun waren wir also frei. Ich habe geweint und mich gewundert, dass ich so traurig bin. Meine Mutter sagte, sie wolle den ersten russischen Soldaten küssen, den sie sieht, rannte auf einen jungen Offizier zu, küsste ihn und dankte ihm. Vitek und die anderen trauten sich zunächst nicht aus ihrem Versteck – aus Angst, dass die Deutschen zurückkommen könnten. Schließlich kamen sie aber doch. Vitek ließ sich auf den Boden fallen und weinte, und der dreizehnjährige Marek, der ja die vergangenen drei Jahre keine einzige Möglichkeit gehabt hatte, seine Beine zu bewegen, sprang glücklich auf der Straße herum."

Die Familie kehrt nach Łódź zurück, Maria und Julek heiraten – diesmal offiziell – und zwei Jahre später wird Sohn Joe geboren. Im Juli 1946 kommt es zu einem Ausbruch von Gewalt gegen Juden in Kielce, einer polnischen Stadt 130 Kilometer südöstlich von Łódź, der mit dem Tod von 42 jüdischen Frauen, Männern und Kindern endet – mit Bajonetten erstochen, erschossen, erschlagen oder gesteinigt. Dies ist der Moment, in dem das junge Paar entscheidet, dass es nicht in Polen bleiben will. Zum Glück hat Julek entfernte Verwandte in Australien. Zwei Cousinen von Juleks Mutter, denen es gelungen war, kurz vor Ausbruch des Krieges nach Australien zu emigrieren, schicken Visa für Julek, Maria und Joe. Trotzdem ist es schwer, den Reisepass von den polnischen Behörden zu bekommen.

„Wir mussten Millionen von Dokumenten und Papieren bei irgendeinem Ministerium in Warschau einreichen. Dann mussten wir von jedem Gegenstand, den wir mitnehmen wollten, eine Fotografie machen, unsere Bücher mit Autor, Titel, Erscheinungsjahr und Verlag auflisten – und wir mussten bestechen."

Im Dezember 1947, in einem sehr kalten Winter, verlassen sie Polen und müssen in Frankreich ein Jahr auf ihre Weiterreise nach Australien warten.

„Das war eine gut angelegte Zeit. Ich hatte schon immer nach Paris reisen wollen, wo mein Vater studiert hatte. Er nannte Paris immer die ‚aufgeklärte‘ Stadt. Während meiner ganzen Kindheit hatte ich ein mentales Bild geformt von Paris. Für mich war das die Sorbonne, Louis Pasteur und Marie Curie, Emile Zola und Honoré de Balzac, Gauguin und Degas und all die Cafés. Juleks Bruder Simon und seine Frau lebten in Paris, und wir konnten bei ihnen wohnen. Wir haben die Stadt geliebt."

Ende 1948 fährt die junge Familie nach Triest und besteigt dort das Schiff nach Australien. Fünf Wochen später, in der Mitte des australischen Sommers, erreichen sie Sydney.

„Ich hatte nie zuvor eine so schöne Stadt wie Sydney gesehen – aber es war einfach viel zu heiß für uns, um die Stadt zu genießen. Die Sonne brannte, die Luft war so stickig, dass wir kaum atmen konnten, und unsere Mäntel waren viel zu schwer. Am gleichen Abend bestiegen wir den Zug nach Melbourne – und mussten an der Grenze von New South Wales zu Victoria den Zug wechseln, weil die Spurweite der Gleise unterschiedlich war zwischen den beiden Bundesstaaten. Wir waren verblüfft: Wir waren von Polen über die Tschechoslowakei, Österreich und Deutschland nach Frankreich gereist, ohne dass sich auch nur einmal die Spur geändert hätte – und hier hatten sie unterschiedliche Gleise in einem einzigen Land."

Die unterschiedlichen Gleisanlagen sind nicht das Einzige, das die Neuankömmlinge erstaunt.

„Alles war so völlig anders als in Europa. Die Sonne, die das Land so versengte, die silbrigen Eukalyptusbäume anstatt der sattgrünen Kiefernwälder, die andere Tierwelt und die Vögel, die die Luft mit Gelächter erfüllten wie in einem Irrenhaus,* und die Nacht, die so schnell ohne Dämmerung hereinbrach: In einem Moment war es noch hell, und dann auch schon dunkel."

Die junge Familie hat kein Geld, sie wohnt zunächst bei Juleks Cousinen, die, obwohl sie eine hervorragende Ausbildung haben, als polnische Immigranten keine adäquate Arbeit in Melbourne bekommen konnten und nun eine Hühnerfarm betreiben. Maria spricht kein Englisch, Julek, der in Manchester studiert hat, spricht die Sprache zwar fließend, bekommt aber auch keine Arbeit, die seiner Qualifikation entspricht.

„Der australische Traum fing an, Risse zu bekommen. Julek hatte eine Anzeige in die Zeitung gesetzt: ‚Textilingenieur mit englischem Abschluss sucht Arbeit'. Er hatte viele Interviews, aber jedes Mal, wenn dem Gesprächspartner klar wurde, dass Julek Pole ist, war das Gespräch zu Ende. Die haben ihm geradeheraus gesagt, dass australische Arbeiter ihn nicht in einer Managerposition akzeptieren würden. Und so fing Julek eben

---

* Kookaburras (dt. Lachender Hans).

an, als Arbeiter zu arbeiten. Aber er hat sich nicht beschwert. Ehrlich gesagt war ich diejenige, die unglücklich war. Ich habe auch meine Familie vermisst, die so weit weg war."

Julek arbeitet schwer, und mit der Hilfe einiger Freunde, die ihm Geld leihen, kann er ein kleines Haus für die Familie kaufen. Kurz darauf kommen Bekannte aus Polen mit ihrem fünfjährigen Sohn in Melbourne an, und Maria und Julek sind mehr als froh, die drei bei sich unterzubringen: Franka war Marias Lehrerin gewesen, und zusammen mit ihrem Mann Leon hatte sie heimlichen Unterricht für ihre ehemaligen Schülerinnen im Warschauer Ghetto organisiert. Die beiden Familien teilen das kleine Haus für die nächsten drei Jahre.

Während die Kinder die neue Sprache sehr schnell lernen, tun sich die Erwachsenen schwer – insbesondere Franka und Maria, die nicht arbeiten und daher wenig Kontakt mit den „Aussies" haben.

„Wir mussten noch nicht mal groß das Haus verlassen, um einzukaufen. Milch und Brot wurden täglich geliefert, und zweimal in der Woche kam ein Obstladen auf Rädern und hielt vor der Tür. Der Verkäufer war ein Italiener, und die Konversation ging normalerweise nicht über ‚Geben Sie mir dies' mit Fingerzeigen und ‚Si, si, Signorina' hinaus. Also haben wir uns schließlich entschlossen, Englisch-Unterricht zu nehmen. Leider ist unser sehr guter Lehrer nach kurzer Zeit nach England gegangen und ließ uns mit unserem dürftigen Grundwissen zurück. Aber wenigstens konnte ich schon Bücher lesen – ich habe mit Büchern angefangen, die ich schon aus dem Polnischen kannte."

Maria muss sich ständig selbst daran erinnern, wie gut das Leben doch ist in Australien – jedenfalls im Vergleich zu all dem Horror, den sie und ihre Familie durchgemacht haben während des Krieges. Sie fühlt sich nicht wirklich zu Hause. Sie vermisst Polen, sie vermisst die Kiefernwälder, sie vermisst den Schnee im Winter und die milden, warmen Sommer. Aber in erster Linie vermisst sie ihre Mutter und alle anderen in der Familie, die ihr so lieb und teuer sind.

„Ich habe noch nicht mal Melbourne gemocht, weil ich dachte, es sei eine gesichtslose Stadt ohne Persönlichkeit, fast schon klinisch. Es gab keine kleinen Straßenhändler, keine Straßenkünstler oder -musikanten, keine Bettler und keine Verrückten auf der Straße. ‚Wo waren diese Leute in Australien?‘, fragte ich mich dauernd. Und wann immer ich in die Stadt ging, sah ich natürlich auch keine bekannten Gesichter und traf niemanden – ich kannte ja niemanden."

Maria und Julek hatten Polen in dem Glauben verlassen, dass ihre Familie – oder was von der Familie übrig geblieben war (Juleks Mutter war im Ghetto von Łódź gestorben und sein Vater 1944 aus dem Ghetto heraus in ein Vernichtungslager deportiert worden) – nachkommen würde, sobald die nötigen Papiere vorliegen würden.

„Ich hätte alles gegeben für meine Söhne – inzwischen war mein zweiter Sohn Michael geboren – damit sie eine Großmutter und eine Tante haben. Sie sind wirklich nur mit uns groß geworden, ihren Eltern, und haben nie ihre weitere Verwandtschaft kennengelernt. Eines Tages erhielten wir einen Brief von meiner Mutter, in dem sie erklärte, dass der Mann meiner Schwester als polnischer Journalist in Polen bleiben wolle, dass meine Schwester ein Baby erwarte – und dass meine Mutter deshalb nun auch in Polen bliebe. Das war hart, und ich habe viel geweint."

Lidia Markus bleibt in Łódź, ihre Schwester Olga Zmigrodzki zieht nach Warschau. Beide bleiben in enger Verbindung, fahren gemeinsam in Urlaub und besuchen ihre russischen Verwandten in Moskau. In den siebziger Jahren fliegt Maria nach Polen, um nach langer Zeit ihre Familie wiederzusehen. 1975 stirbt ihre Mutter, Joe und Michael haben ihre Großmutter nie kennengelernt.

Marias Schwester Genia zieht später in ihrem Leben nach Schweden, wohin ihr Sohn aus dem kommunistischen Polen geflohen ist. Marek geht nach Paris, um dort im Fach Elektronik zu promovieren, seine Eltern Vitek und Inka folgen ihm und leben in Paris. Bald nach ihrer Ankunft in Australien fängt Maria an zu nähen, um zum Familieneinkommen beizutragen. Weil sie die Kinder nicht einem Kindermädchen überlassen will, näht sie zu Hause. Julek verkauft seine kostbare Kamera und kauft eine Nähmaschine. Allmählich lernen die beiden auch ein paar Leute kennen, meistens polnischer Herkunft, und Maria beginnt, das ihr zunächst so fremde Land zu mögen. Bald schon können sie ihren „Esky"* gegen einen Kühlschrank eintauschen, und schließlich werden sie stolze Besitzer eines Austin A40. Um unabhängiger zu werden und ein bisschen mehr zu verdienen, kaufen sie eine „Milchbar".** Aber Maria hasst das Geschäft.

„Erstens haben wir nicht großartig verdient, und zweitens hat das Geschäft wirklich unser Familienleben beeinträchtigt. Zum Beispiel konnten wir nicht mehr zusammen essen, weil ja einer immer im Laden sein musste. Ich war sauer auf mich und auf Australien, weil mein Mann und ich unsere produktivsten Jahre damit vergeudeten, Kühlschränke mit Milch und Limonade zu füllen, fehlende Ware in den Regalen nachzufüllen und leere Flaschen zu sortieren. Wir haben den Laden nur ein gutes Jahr lang behalten."

Julek, der inzwischen längst Julian genannt wird, bekommt eines Tages eine Arbeitsstelle vom Institut für Technologie angeboten, die seiner Qualifikation entspricht. Das Institut befindet sich jedoch in Geelong, einer Hafenstadt etwa 75 Kilometer südwestlich

---

* Kühlbox, die die Australier für BBQs am Strand, Picknicks usw. benutzen.
** Australische Tante-Emma-Läden.

von Melbourne. Als Maria Angst vor einem erneuten Neubeginn bekommt, lehnt er die Stelle ab und kauft stattdessen eine Konditorei. Maria fühlt sich lange Zeit unwohl bei dem Gedanken, Julek die Karriere verbaut zu haben. Die Jungs entwickeln sich derweil bestens und werden zu echten „Aussies".

„Die haben Aussie Rules gespielt, die australische Version von Fußball, und außerdem Cricket. Das war ein Spiel, das wir nie richtig verstanden haben!"

Den Australiern begegnet Maria mit Vorsicht und Wachsamkeit. Sie fürchtet, dass es Vorurteile gegen sie und ihre Familie geben könnte, weil sie Immigranten sind – und Juden. Zu ihrem Erstaunen trifft sie jedoch auf keine Ressentiments, die Australier sind freundlich und offen. Eines Tages in den frühen sechziger Jahren allerdings kommt Joe nach Hause und berichtet von einem Klassenkameraden, der antisemitische Reden schwingt. Maria und Julek schreiben einen Beschwerdebrief an den Direktor, der freundlich antwortet, dass er nur dann etwas tun könne, wenn er den Namen des Jungen wüsste. Den aber will Joe nicht preisgeben.

„Ich war wirklich deprimiert, weil ich plötzlich wieder diese Stimmen aus meiner Kindheit im Kopf hatte: ‚Nieder mit den Juden!' Aber ein paar Tage später kam Joe von der Schule nach Hause und erzählte, dass der Direktor eine Serie von Vorlesungen für die oberen Klassen organisiert hatte. Er hatte verschiedene Experten eingeladen, um über den Zweiten Weltkrieg zu

Maria und Julian in ihrem Haus in Melbourne, 1980

berichten. Fantastisch! Da habe ich wirklich gedacht: Was für Glückspilze wir doch sind, dass wir uns in Australien niedergelassen haben, und was für eine gute Entscheidung für unsere Kinder. Ich war sogar bereit, den Australiern für ihr Cricket zu vergeben", lacht Maria.

Maria ist bereits in ihren Fünfzigern, als sie mit einem Projekt beginnt, von dem sie schon als Schulkind geträumt hat: Sie schreibt ein Buch. Sie schreibt es in Englisch – in der Sprache, die sie nie studiert und nur vom Hören gelernt hat. *Come Spring* ist, obwohl als Roman geschrieben, Marias Autobiografie. Das mit einem Literaturpreis ausgezeichnete Buch erscheint 1980 in Melbourne. *No Snow in December* (Kein Schnee im Dezember), ihr zweites Buch über ihre frühen Jahre in Australien, wird ebenfalls ausgezeichnet. Weitere Kinderbücher, Kurzgeschichten und Gedichte erscheinen.

Maria macht sich ebenfalls an die Aufgabe, Jankiel Wierniks Bericht über Treblinka vom Polnischen ins Englische zu übersetzen – kein leichtes Unterfangen, denn es bringt die Erinnerungen an ihre Schulfreundinnen im Warschauer Ghetto zurück, von denen keine überlebte.

In den neunziger Jahren stellt Maria einen Antrag in Yad Vashem, der Holocaust-Gedenkstätte Israels, ihre Tante Olga als „Gerechte unter den Völkern" anzuerkennen – ein Ehrentitel, der an Nichtjuden vergeben wird, die unter Einsatz ihres Lebens während des Holocaust Juden retteten. Der Antrag ist erfolgreich: 1997 wird Aleksandra (Olga) Żmigrodzka, die über mehrere Jahre vier Juden in ihrem Haus versteckt hielt, posthum der Ehrentitel „Gerechte unter den Völkern" zuerkannt. Bis heute wurde dieser Titel an 6.394 Polen verliehen.

1996 beginnt Maria, als ehrenamtlicher Guide im Museum zu arbeiten. Sie findet schnell einen Draht zu Kindern und Jugendlichen, und anstatt mit ihnen über den Horror des Holocaust zu reden, spricht sie über den Mut und die Zivilcourage von Menschen. Es gibt eine kleine Episode, die Maria oft erzählt – eine Episode, die sie persönlich während des Krieges in Warschau beobachtet hat.

„Wir lebten schon außerhalb des Ghettos, und in dem Wunsch, meine Freundin Irma zu sehen, lief ich an der Ghettomauer entlang. Gleich neben dem Ghetto war immer ein Wochenmarkt, und plötzlich sah ich da einen Pulk von Menschen. Als ich näher kam, sah ich, dass ein polnischer Polizist einen kleinen, völlig ausgemergelten Jungen verprügelte. Der Junge lag schon am Boden, neben ihm ein paar Kartoffeln, Karotten und ein halbes Brot. Und der Polizist brüllte: ‚Du dreckiger Jude, dir will ich's zeigen, was es heißt zu stehlen.‘ In diesem Moment erschien ein deutscher Soldat. Der sah den polnischen Polizisten scharf an, schrie ihm etwas zu und verpasste ihm einen solchen Schlag, dass er zu Boden ging. Dann half der Deutsche dem kleinen Jungen auf, half ihm über die Mauer, hob die Kartoffeln, Karotten und das Brot auf und schmiss es hinterher. Dann schaute der Soldat sich um – die Menge hatte stumm zugesehen – ging auf die Marktstände zu, griff sich noch ein bisschen mehr Gemüse und schmiss auch das noch über die Ghettomauer."

Maria hat dieses Erlebnis bis zum heutigen Tage nicht vergessen, und sie hält es wie ein Kleinod in ihrer Erinnerung wach.

„Wie glücklich bin ich doch, dass ich diesen Vorfall miterleben durfte. Dieser deutsche Soldat hat sein Leben riskiert – und mir den Glauben an die Menschheit bewahrt."

Kapitel 3

Die Konzentrationslager: Machtinstrument der Nationalsozialisten

Die Geschwindigkeit, mit der sie gebaut wurden, war atemberaubend: Spätestens ab März 1933, also nur ein paar Wochen nach der Machtübernahme durch die Nationalsozialisten, entstanden in kürzester Zeit über 70 Konzentrationslager im Deutschen Reich. Die neuen Machthaber brauchten sie dringend, um ihre politischen Gegner – Kommunisten, Sozialdemokraten, Gewerkschafter, linke Intellektuelle – einzusperren und auszuschalten. Noch gab es keine einheitliche Verwaltungsstruktur der Lager – vergleichbar untereinander waren sie jedoch hinsichtlich der absoluten Willkür und Entrechtung, der unzureichenden hygienischen Bedingungen, der mangelhaften Ernährung sowie der gezielten Absicht der Wachmannschaften, die Häftlinge zu erniedrigen. Nach der ersten Verhaftungswelle Ende Juli 1933 befanden sich etwa 27.000 Menschen in „vorbeugender Schutzhaft".

Im Frühjahr 1934 wurden die Lager der Leitung von Heinrich Himmler, damals Reichsführer-SS und Chef der Gestapo (ab 1936 auch Chef der deutschen Polizei), unterstellt und damit der Verantwortung der Justiz und der deutschen Polizei entzogen. Himmler ernannte Theodor Eicke, Kommandant des Konzentrationslagers Dachau, zum Inspekteur der Konzentrationslager und SS-Wachverbände. Eicke hatte im Oktober 1933 eine Lagerordnung in Dachau eingeführt – über den täglichen Lagerablauf und das System der Bestrafungen bis hin zu den Aufgaben der SS-Wachen –, die nun in allen anderen Lagern eingeführt wurde. Kleinere Konzentrationslager wurden geschlossen, größere nach dem Dachauer Modell errichtet. Ab Herbst 1933 wurden neben Oppositionellen auch sogenannte „asoziale Elemente", wie es in der Nazi-Terminologie hieß, eingesperrt: Stadtstreicher, Bettler, mehrfach bestrafte Kriminelle. In der zweiten Hälfte der dreißiger Jahre kamen weitere unerwünschte Bürger hinzu: „Zigeuner", Homosexuelle, Zeugen Jehovas, Prostituierte und – ab 1938 – Juden. Allein während der Novemberpogrome 1938 wurden knapp 30.000 Juden inhaftiert.

Die Kriegsvorbereitungen und der Krieg selbst führten zu einer massiven Ausdehnung der Konzentrationslager: Längst waren sie zu einem unverzichtbaren Bestandteil des nationalsozialistischen Herrschaftssystems geworden. Sie wurden nun zusätzlich für die große Anzahl von Personen benötigt, die in den annektierten und besetzten Gebieten verhaftet wurden: tatsächliche oder vermeintliche Gegner des NS-Regimes, Widerstandskämpfer, Juden. Mit Beginn des Krieges gegen die Sowjetunion wurden Tausende von sowjetischen Kriegsgefangenen in KZs verbracht. Bis auf Dachau wurden viele der frühen KZs geschlossen, neue und vor allem größere KZs gebaut: Sachsenhausen (1936), Buchenwald (1937), Neuengamme (1938), Flossenbürg (1938), Mauthausen in Österreich (1938), das Frauenkonzentrationslager Ravensbrück (1939) und Groß-Rosen (1940). Zur gleichen Zeit wurden zahlreiche Lager in den eroberten Gebieten errichtet: in Belgien, in Frankreich, in den Niederlanden und in Jugoslawien, vor allem aber im besetzten Polen, in der Ukraine, in Weißrussland und in der Sowjetunion. Insbesondere das von den Deutschen besetzte und als ‚Generalgouvernement‘ verwaltete Polen sowie die Ukraine waren nahezu übersät mit Lagern – hier lebten deutlich mehr Juden als in ganz Westeuropa. Zwischen 1936 und 1945 umfasste das System der Konzentrationslager 24 Haupt- und über 1.000 Außenlager.

Neben den Konzentrationslagern gab es Sammellager – in der Regel eingezäunte jüdische Wohnbezirke (Ghettos), um die jüdische Bevölkerung räumlich zu konzentrieren und sie alsdann in Konzentrations-

oder Vernichtungslager abzutransportieren. Durchgangslager wie das angebliche „Altersghetto" Theresienstadt lagen gewöhnlich direkt an einer Bahnlinie und dienten dem gleichen Zweck: der Deportation.

Die Nationalsozialisten hatten die Konzentrationslager inzwischen als wichtigen wirtschaftlichen Faktor entdeckt. Die Häftlinge bildeten den Ersatz für die deutschen Männer, die an die Front mussten und der deutschen Industrie fehlten. Sie wurden zunächst insbesondere in Steinbrüchen, später auch für andere zivile und militärische Aufgaben eingesetzt. Mit den großen Verlusten der Deutschen an der Ostfront wurde die Arbeitskraft der KZ-Häftlinge ab 1942 kriegsentscheidend, die IKL (Inspektion der Konzentrationslager) wurde dem neu geschaffenen SS-Wirtschaftsverwaltungshauptamt unterstellt. Es entstanden unzählige weitere Außenlager der bestehenden Stamm-Konzentrationslager, meist in der Nähe von Industriebetrieben. Die Häftlinge wurden nun systematisch zur Zwangsarbeit in der deutschen Industrie und Rüstungsindustrie herangezogen.

Mit Beginn des Krieges verschärften sich die Haftbedingungen in den Lagern rapide. Die Häftlinge wurden gezwungen, bei völlig unzureichender Ernährung bis zur physischen Erschöpfung zu arbeiten, sie wurden medizinisch kaum versorgt, die Baracken waren überfüllt, Misshandlungen und willkürliche Tötungen der Häftlinge waren an der Tagesordnung. Die Vernichtung durch Arbeit war Konzept und Methode. Wer längere Zeit krank wurde oder nicht mehr arbeitsfähig war, wurde in den Krankenbaracken getötet oder in Vernichtungslager geschickt. In Auschwitz und Buchenwald wurden grausame medizinische Experimente an Häftlingen vorgenommen, in deren Folge sie meist starben.

Um die Lager mit den Tausenden von Häftlingen unterschiedlichster Sprache beherrschen zu können, bedienten sich die Nazis der Häftlinge selbst. Die SS zog eine Hierarchieebene von Stuben-, Block- und Lagerältesten ein, die für die Einhaltung der Vorschriften zu sorgen hatten, und besetzte diese Positionen mit sogenannten „Funktionshäftlingen". Das sparte nicht nur Personal und Kosten, sondern erfüllte vor allem den Zweck, die Häftlinge auseinanderzudividieren. Bei guter Führung und Erfüllung ihrer Aufgaben erhielten die Funktionshäftlinge Erleichterungen und Vergünstigungen. Die Art und Weise, wie sich die Funktionshäftlinge und Strafgefangenen, die in der Küche oder in der Krankenstation arbeiteten, gegenüber den übrigen Inhaftierten verhielten, war oft entscheidend für deren Überleben. Viele nutzten die Position, um ihren Mithäftlingen in irgendeiner Form zu helfen, andere suchten ihren eigenen Vorteil. Insbesondere die Kapos, die für die Aufsicht der Arbeitskommandos zuständig waren und für die oft Kriminelle herangezogen wurden, waren für ihre Brutalität bekannt.

Die einflussreichen Posten waren begehrt, und insbesondere die politischen Gefangenen kämpften mit den Kriminellen darum, sie zu besetzen. Meistens waren die Funktionshäftlinge Deutsche oder (in Auschwitz) auch Polen; selten gelang es Russen oder Juden, eine Funktion zu übernehmen.

Die Ankunft in den Lagern war ein Schock für alle Neuankömmlinge: Sie verloren auf der Stelle ihren letzten privaten Besitz, ihre Kleidung, ihre Haare, ihren Namen – kurz: ihre gesamte menschliche Würde. Der Name wurde durch eine Nummer ersetzt, und auf der Häftlingsjacke wurden die Lagerinsassen zusätzlich mit farbigen Winkeln entsprechend ihres Inhaftierungsgrundes gekennzeichnet: rot für politische Häftlinge, grün für Kriminelle, rosa für Homosexuelle, violett für Bibelforscher, schwarz für ‚Arbeitsscheue', blau für Emigranten (ausländische Zwangsarbeiter), gelb für Juden. Der Lageralltag war streng durchorganisiert und bestand aus schwerer physischer Arbeit vom Morgengrauen bis zum Einbruch der Dunkelheit, in der Regel zwölf Stunden. Jeweils vor und nach der Arbeit wurde ein Zählappell durchgeführt, um die Vollständigkeit der Häftlinge zu überprüfen und potenzielle Fluchtversuche zu entdecken. Die Appelle waren gefürchtet, weil sie bei unstimmigen Zahlen mitunter mit stundenlangem Stehen verbunden waren. Viele Häftlinge brachen während der Appelle zusammen und starben.

Geringfügigste Verstöße gegen die Lagerordnung wurden hart geahndet – mit Strafexerzieren, Nahrungsentzug, Einzelhaft im ‚Bunker‘ (teilweise in Stehzellen und ohne Licht) oder mit der Prügelstrafe. Im Bunker wurde zudem oft gefoltert. Eine besonders üble Bestrafungsmethode war das sogenannte „Pfahlhängen", bei der der Delinquent an den Händen an einer Aufhängung hochgezogen wurde. Dabei reißen die Schultergelenke aus, nach einigen Stunden tritt der Tod ein. Um jeden Widerstand im Keim zu ersticken, wurden individuelle Vergehen zudem kollektiv bestraft: Wer nicht zugab, ein Stück Brot gestohlen zu haben, riskierte, dass eine beliebige Anzahl zufällig ausgewählter Häftlinge bestraft wurde. Erschießungen und öffentliches Hängen waren an der Tagesordnung.

Die SS behandelte Juden von Anfang an systematisch schlechter als alle anderen Häftlingsgruppen. Die Chance jüdischer Häftlinge, die Lagerhaft zu überleben, war denkbar gering. Nach der Verhaftungswelle während der Novemberpogrome – 11.000 Juden wurden nach Dachau gebracht, zwischen 10.000 und 12.000 nach Buchenwald und 6.000 nach Sachsenhausen – stieg die Sterblichkeitsrate in diesen Lagern rapide an: Die meisten Toten waren Juden. Polnische Juden, die gleich nach Kriegsbeginn in die KZs Buchenwald und Mauthausen gebracht worden waren, waren nach wenigen Monaten fast alle tot. Im Herbst 1941, als eine medizinische Kommission in Konzentrationslager geschickt wurde, um arbeitsunfähige Häftlinge für den anschließenden Mord in „Euthanasie"-Anstalten zu selektieren, befanden sich unter den Selektierten überproportional viele Juden: Das Auswahlkriterium war weniger medizinisch als rassistisch.

1941 war der Massenmord an den Juden im vollen Gange. Da Erschießungen (außerhalb von Lagern) nicht mehr praktikabel genug und (für die Täter!) psychisch zu belastend waren, hatten die Nazis seit längerer Zeit mit der Tötung durch Gas experimentiert. Mit Hilfe von mobilen Gaswagen nahm Ende 1941 das erste Vernichtungslager in Chełmno seine Arbeit auf. Im Frühjahr gesellten sich, ebenfalls im besetzten Polen, drei weitere Vernichtungslager mit stationären Gaskammern hinzu: Treblinka, Sobibór und Bełżec. In diesen Lagern wurden die Häftlinge sofort nach Ankunft in die als Duschräume getarnten Gaskammern geschickt, in denen sie einen qualvollen Erstickungstod starben. Allein in Treblinka wurden etwa 900.000 Menschen ermordet, weitere 435.000 in Bełżec, 150.000–250.000 in Sobibór, 200.000–250.000 in Chełmno.

Auch die Konzentrationslager Auschwitz und Majdanek waren zu Vernichtungslagern erweitert worden. Ab Sommer 1942 war Auschwitz, das größte der Vernichtungslager, das Hauptziel für die Deportationszüge aus allen besetzten Ländern Europas. Die Juden wurden an der Rampe selektiert, die Arbeitsfähigen zur Zwangsarbeit eingeteilt, die Alten, Kranken, Frauen und Kinder in die Gaskammern geschickt. Mindestens 1,1 Millionen Juden wurden nach Auschwitz deportiert, mindestens eine Million Juden starben. Zehntausende von Sinti und Roma, die von den Nazis ebenso wie die Juden für rassisch minderwertig gehalten wurden, starben ebenfalls in den Gaskammern der Vernichtungslager.

Es gibt keine genauen Zahlen für die Häftlinge, die – außerhalb der Vernichtungslager – in den Konzentrationslagern starben: durch Verhungern, Misshandlungen, körperliche Auszehrung und Erschöpfung oder Erschießungen. Historiker schätzen, dass die Zahl der Häftlinge, die sich zwischen 1933 und 1945 in den Lagern befanden, in die Millionen gehen und dass zwischen 800.000 und 950.000 starben. Im Januar 1945, kurz vor Ende des Krieges, befanden sich noch 714.211 Häftlinge in den Lagern, wie aus einer Statistik der SS hervorgeht. Zwischen 250.000 und knapp 350.000 dieser Häftlinge starben noch in den letzten Kriegsmonaten: auf den sogenannten „Todesmärschen", um Häftlinge vor den heranrückenden Truppen der Alliierten ins Innere des Reiches zu evakuieren; durch die sich katastrophal verschlechternden Bedingungen in den völlig überfüllten Lagern; und durch Massenerschießungen. Viele Häftlinge starben noch Monate nach Kriegsende an den Folgen der KZ-Haft. Die Überlebenden litten oft an bleibenden physischen und psychischen Schäden. Angstattacken, Schlaflosigkeit und schwere Depressionen sind nur einige wenige Symptome des sogenannten „Überlebenden-Syndroms" von KZ-Häftlingen.

„Alle sprechen immer von Überlebenden", berichtet eine ehemalige KZ-Insassin. „Aber das ist falsch. Tatsächlich haben wir lebenslänglich bekommen – physisch und vor allem psychisch. Noch heute wache ich nachts auf und denke, ich bin im Lager."

Der Psychiater William G. Niederland, der sich eingehend mit den Auswirkungen der NS-Verfolgung befasste und den Begriff des „Überlebenden-Syndroms" in die psychiatrische Literatur einführte, bringt es auf den Punkt. Er nennt das Verbrechen, das an den (überlebenden) Häftlingen in den Lagern verübt wurde, schlicht: Seelenmord.

Willy (Wilhelm) Lermer

Willy Lermer ist ein großer, stattlicher Mann. Respekt einflößend und alle anderen Guides überragend sah ich ihn oft am Eingang des Museums sitzen oder mit der Museumsleitung ins Konferenzzimmer hinübergehen: Offensichtlich ein wichtiger Mann. Außer einem kleinen „Guten Tag" oder „Auf Wiedersehen" (Willy Lermer spricht gut Deutsch) kamen wir nicht weiter ins Gespräch. Erst nach längerer Zeit überwand ich meine Scheu und fragte Herrn Lermer, ob er mir seine Geschichte erzählen würde. Natürlich, antwortete er völlig unkompliziert, wann haben Sie denn Zeit?

Willy im Holocaust Museum, Melbourne 2010

In den nächsten Wochen hatte ich Gelegenheit, einen ausgesprochen liebenswürdigen, warmherzigen und aufrichtigen Menschen kennenzulernen. Wir trafen uns mehrfach in Lermers Haus, in dem er nach dem Tod seiner Frau alleine lebt, und saßen in seinem Arbeitszimmer an einem großen Schreibtisch beisammen. Dort erzählte er mir mit seiner sonoren, warmen Stimme aus seinem Leben. Manchmal unterbrach er sich, drehte sich zum Computer auf dem Beistelltisch und zeigte mir Fotos oder andere historische Dokumente von den Lagern, in denen er inhaftiert war. Der Computer ist nicht wegzudenken aus dem Leben des alten Herrn: Hier surft er täglich im Netz, hier schreibt er E-Mails an seine Freunde und Bekannten.

Bei meinem letzten Besuch zeigte mir Lermer eine E-Mail von einem Freund und erzählte mir von einer denkwürdigen Begebenheit. Eine deutsche Touristin hatte das Museum besucht, Willy führte sie durch die Ausstellungsräume, die beiden führten ein lebhaftes Gespräch, und plötzlich erzählte die Dame, dass sie kürzlich den Holocaust-Überlebenden Max Mannheimer in München kennengelernt hätte. Woraufhin Lermer erstaunt fragte: „Max – ja lebt der denn noch?" Die überraschte Dame – Sabine Zürn, damals Programmleiterin beim Ravensburger Verlag – erfuhr, dass Willy

Willy Lermer (l.) und Max Mannheimer (r.) mit ihrem Chef Harry Rubin bei der Jüdischen Wohlfahrtsorganisation Joint in Schleißheim, 1948

und Max sich bei der Befreiung im KZ Dachau kennengelernt, beide für die jüdische Hilfsorganisation Joint gearbeitet, aber über die Jahrzehnte aus den Augen verloren hatten. Sie hatte nun den Kontakt zwischen den beiden wiederhergestellt: Die E-Mail, die Willy Lermer mir zeigte, war von Max Mannheimer aus München.

Ein halbes Jahr später, ich lebte bereits wieder in Deutschland, erhielt ich eines Sonntagmorgens einen Anruf von einem Herrn, den ich nicht kannte und der meine Telefonnummer offensichtlich von Willy erhalten hatte. Er habe davon gehört, dass ich im Holocaust-Museum in Melbourne gearbeitet hätte und sei interessiert zu hören, wer ich sei. Der Herr hatte sich nicht vorgestellt, ich hatte aber eine leise Ahnung. Ich fragte also: „Kann es sein, dass Sie Max Mannheimer sind?" Worauf er antwortete: „Ach herrje, habe ich das gar nicht gesagt – ja, der bin ich", bevor er charmant weiterplauderte. Später lernte ich Max Mannheimer persönlich kennen, und wir sprachen über die Kette von Zufällen, die uns zusammengeführt hatte. Mannheimer hat einen Namen dafür. Er nennt es Mischpochologie.

Willys Geschichte

Wilhelm wird 1923 als Sohn einer jüdisch-polnischen Familie in Krakau geboren. Krakau ist eine wunderschöne alte Stadt im Süden Polens, deren Geschichte bis ins 7. Jahrhundert zurückgeht.

Seit dem Mittelalter ist Krakau auch ein bedeutendes jüdisches Zentrum Europas. Vor dem Zweiten Weltkrieg leben hier etwa 60.000 Juden und machen ein Viertel der Bevölkerung aus. Herschel Lermer, Wilhelms Vater, besitzt und betreibt zusammen mit seinem Bruder Wilek eine Likörbrennerei, das Geschäft ist erfolgreich.

Willys Eltern Channa und Herschel Lermer

„Uns ging es verhältnismäßig gut, wir lebten in einem schönen Apartment mit zwei großen Räumen und einer großzügigen Küche – das war damals fast luxuriös. Ich erinnere mich, dass mir mein Vater ein Dreirad schenkte, als ich drei oder vier Jahre alt war, und da wurde ich von allen Kindern in der Straße beneidet."

1929 wird Wilhelms Schwester Dusia geboren, fast gleichzeitig wird die Familie von der Weltwirtschaftskrise getroffen. Viele Geschäfte gehen pleite, die Arbeitslosigkeitsquote steigt, auch Lermers Likörbrennerei ist nicht zu halten.

„Wir mussten in eine Ein-Zimmer-Wohnung ziehen, und Dusia wurde zur Großmutter nach Myślenice geschickt – das war etwa 30 Kilometer von Krakau entfernt. Ich blieb zu Hause, weil

Das großväterliche Haus in Myślenice, auf dem Balkon Willys Tante und Onkel, 1938

117

ich inzwischen ja schon zur Schule ging. Meine Eltern haben dann einen Laden gemietet und ein koscheres Restaurant eröffnet. Meine Mutter hat gekocht, und mein Vater hat das Essen serviert, die beiden haben schwer gearbeitet."

Nach einiger Zeit können sich die Lermers wieder eine etwas größere Wohnung leisten, Dusia kommt zurück, beide Kinder gehen in die jüdische Schule.

„Ich war im jüdischen Sportverein und habe Fußball, Volleyball und Tischtennis gespielt. Im Winter bin ich Schlittschuh gelaufen. Und jeden Sommer sind Dusia und ich nach Myślenice gefahren und haben die Ferien bei meiner Großmutter verbracht. Sie lebte in diesem wunderschönen Dorf am Fuße der Karpaten, und wir hatten dort auch Cousins. Ich habe meine Großmutter und diese Ferien sehr geliebt."

Im Sommer 1939 fährt Dusia wie gewohnt zur Großmutter, Wilhelm bleibt, wie schon die beiden Jahre zuvor, zu Hause. Mit seinen knapp 16 Jahren will er den Eltern lieber im Restaurant helfen.

„Der Sommer 1939 war sehr angespannt. Jeder redete davon, dass es Krieg geben würde, und so war es ja dann auch."

Als am 1. September 1939 die deutsche Wehrmacht angreift, glaubt jeder Pole an einen raschen polnischen Sieg.

„Man hat uns wieder und wieder erzählt, wie stark die polnische Armee sei und dass wir in Kürze in Berlin stehen würden. Natürlich war das alles Propaganda, wie wir bald herausgefunden haben."

Die polnische Regierung ordnet die Mobilmachung an.

„Wie alle kriegsdiensttauglichen Männer musste sich mein Vater in der Kaserne melden, und ich – patriotisch wie ich war – beschloss, mit ihm mitzugehen. Ich war ja erst 15, sah aber wegen meiner Körpergröße durchaus aus wie 18. Meine Mutter war natürlich strikt dagegen, dass ich freiwillig in den Krieg ziehe, aber ich bestand darauf und meldete mich mit meinem Vater. Ich betrachtete das Ganze als aufregendes Abenteuer."

Polen ist vom Norden, Westen und Süden her von den Deutschen eingekesselt, im Osten befindet sich die mit den Deutschen befreundete Sowjetunion, die nur darauf wartet, Gebiete in Ostpolen zu annektieren. Die polnische Armee ist deutlich schlechter bewaffnet und ausgerüstet, die Deutschen nutzten ihre Luftwaffe intensiv und haben völlige Lufthoheit. Kurz: Die polnische Armee hat keine Chance.

„Mein Vater und ich sollten uns bei einer Armeeeinheit melden, die circa 40 Kilometer entfernt war von Krakau. Wir machten uns also zu Fuß auf den Weg. Die Straßen waren überfüllt von Menschen, die nach Osten flüchteten, und über uns kreisten Flugzeuge, die Bomben abwarfen oder aus Maschinengewehren schossen. Nachdem wir gewarnt worden waren, dass die Deutschen uns schon eingekreist hatten, kehrten wir nach fünf Tagen um."

Innerhalb einer Woche besetzt die deutsche Wehrmacht Krakau. Ende September ist die Hauptstadt Warschau eingenommen, am 6. Oktober kapitulieren die letzten polnischen Truppen. Polen wird nun unter Hitler und Stalin aufgeteilt: Das westliche Polen wird ins Deutsche Reich eingegliedert, Ostpolen fällt an die Sowjetunion, Südpolen mit den Städten Warschau, Kielce, Radom, Lublin und Krakau wird militärisch besetzt und als „Generalgouvernement" von den Deutschen verwaltet. Hans Frank, Jurist und prominenter Nazi mit diversen Parteiämtern, wird am 26. Oktober 1939 zum Generalgouverneur berufen, er macht die Krakauer Burg Wawel, den Stammsitz der polnischen Könige, zu seinem Amtssitz. Unter seiner Ägide beginnt eine beispiellose Terrorherrschaft: Die geistige Elite Polens wird ermordet oder in Konzentrationslager verschleppt, Universitäten und höhere Schulen werden geschlossen,

Polinnen und Polen als Zwangsarbeiter rekrutiert, Juden ghetto-isiert und deportiert.

„Das Leben wurde schlagartig sehr schwierig für uns. Jeden Tag haben die Deutschen neue antijüdische Gesetze verkündet. Eines Tages kamen zwei deutsche Soldaten in unser Restaurant und nahmen sich einfach alle Lebensmitteldosen aus den Regalen – Sprotten, Sardinen und was wir eben so hatten. Als mein Vater nach der Bezahlung fragte, antworteten sie höflich, dass sie am nächsten Tag wiederkommen würden. Wir haben erst später begriffen, in welche Gefahr wir uns mit der Frage nach dem Geld gebracht hatten – die hätten uns schlagen oder gar erschießen können, das ist aus nichtigeren Anlässen oft genug passiert. Einmal habe ich zugesehen, wie zwei SS-Männer einen orthodoxen Juden zusammengeschlagen haben. Unter den anfeuernden Rufen von Zuschauern haben sie dann seinen Bart und seine Schläfenlocken angezündet. Als er bewusstlos auf den Gehsteig fiel, haben sie den Mann mit Wasser übergossen, nur um wieder von vorne beginnen zu können. Einige SS-Leute standen mit einem Fotoapparat dabei und haben fotografiert."

Wilhelm versucht, sich an die Diskriminierungen zu gewöhnen und so normal wie möglich zu leben. Weil die Pferde der Bäckerei, die das elterliche Restaurant mit Brot beliefert, von der polnischen Armee beschlagnahmt worden sind, steht Wilhelm nun jeden Morgen um fünf Uhr auf, um das Brot zu holen. Die Bäckerei ist etwa vier Kilometer entfernt. Auf einem der Besorgungsgänge wird Wilhelm von zwei Polen denunziert.

„Da stand ein SS-Mann, und die beiden Polen richteten also den Finger auf mich und riefen ‚Jude, Jude'. Der Punkt ist nämlich, dass die Deutschen zwar orthodoxe Juden als Juden erkannten, nicht aber jene Juden, die so angezogen waren wie jeder andere auch. Da waren sie auf die Polen angewiesen, und die waren oft sehr hilfreich. Der SS-Mann brachte mich dann zu einer deutschen Polizeidienststelle, und die teilte mich zum Möbelschleppen ein. Wir mussten über mehrere Treppen Möbel schleppen und wurden dabei getreten und geschlagen. Aber am schlimmsten wurden die orthodoxen Juden in unserer Gruppe behandelt. Mittags kriegten wir eine Suppe mit Schweinefleisch, und die rührten die Orthodoxen natürlich nicht an. Darauf hatten die Deutschen aber nur gewartet. Sie schrien so was wie: ,Ihr jüdischen Schweine, wir sind so herzensgut und verköstigen euch hier, und ihr wollt unser Essen nicht.' Und dann ließen sie die tief religiösen Juden zur Strafe exerzieren und schlugen dabei auf sie ein."

Auf Geheiß der Deutschen wird im November ein Judenrat gebildet, der für die Durchsetzung der deutschen Gesetzgebung verantwortlich gemacht wird.

„Alle arbeitsfähigen männlichen Juden mussten sich nun beim Judenrat registrieren lassen, um Zwangsarbeit zu leisten. Ein paar Monate lang habe ich dann mit etwa 500 anderen Männern Gräben für die Kanalisation ausgehoben. Geld haben wir dafür natürlich nicht bekommen."

Ab Mai 1940 beginnen die Deutschen, die Juden aus der Stadt zu jagen – nicht ohne sie vorher ihres gesamten Besitzes zu berauben. Innerhalb eines Jahres sind mehr als 40.000 Juden aus Krakau vertrieben. Die verbliebenen 11.000 Juden werden angewiesen, in den Stadtteil Podgórze im Süden der Stadt zu ziehen – in ein eingezäuntes Wohngebiet, das nicht größer als 400 mal 600 Meter ist.

„Im August 1940 wurde meinen Eltern das Restaurant weggenommen, ein Volksdeutscher* übernahm das, natürlich ohne irgendeinen finanziellen Ausgleich. Und aus der Wohnung sind

---

* Außerhalb des Deutschen Reiches lebende Deutsche, zumeist mit Staatsangehörigkeit des Wohnsitzstaates, hier: Polen.

wir auch rausgeschmissen worden. Wir zogen in eine Wohnung im jüdischen Viertel, die wir uns mit drei anderen Familien teilen mussten, aber zum Glück haben wir dann die Erlaubnis bekommen, zu meiner Großmutter nach Myślenice zu ziehen. Dort haben wir in einem kleinen Haus zusammen mit Tanten, Onkels und Cousins gewohnt. Die Wohnverhältnisse waren ziemlich eng, aber irgendwie haben wir das hingekriegt. Wir mussten uns dort auch wieder beim Judenrat registrieren lassen, und wir arbeiteten praktisch überall da, wo die Deutschen Arbeiter brauchten."

Im Mai 1942 muss sich Wilhelm beim deutschen Arbeitsamt melden, um eine neue Arbeit zugewiesen zu bekommen – das ist nichts Ungewöhnliches und fast Routine für ihn.

„Diesmal war es anders. Wir sind auf einen Lkw verladen und in ein Arbeitslager nach Plaszów, einem Vorort von Krakau gebracht worden. Dort mussten wir für den Regensburger Bauunternehmer Josef Klug eine Brücke über die Weichsel bauen. Es war schwere Arbeit, und wir bekamen wenig zu essen. Der deutsche Ingenieur war ein anständiger Mann, aber den bekamen wir selten zu sehen. Stattdessen wurden wir von den deutschen Aufsehern oft als Schweine beschimpft und geschlagen."

Obwohl die Baracke, in der die Arbeiter untergebracht sind, außerhalb des Arbeitslagers liegt und nicht eingezäunt ist, wagt niemand eine Flucht: Das Risiko, von den Deutschen erwischt oder von Polen denunziert zu werden, ist zu groß, und Flucht wird mit der Todesstrafe geahndet. Zweimal erhalten Wilhelm und seine Mitgefangenen jedoch die Erlaubnis, am Wochenende nach Hause zu gehen.

„Samstagmorgens durften wir los, Montagfrüh mussten wir wieder zurück sein. Wir hatten eine Strecke von 30 Kilometern zu laufen, natürlich gab es keinen Bus oder Ähnliches. Meine Eltern waren überglücklich, mich zu sehen, aber der Abschied war dann umso schmerzlicher. Besonders an dem zweiten Wochenende lag irgendeine Spannung in der Luft – so als ob wir ahnten, dass wir uns nicht mehr wiedersehen würden."

Im August 1942, drei oder vier Wochen nach Wilhelms zweitem Besuch zu Hause, wird die jüdische Bevölkerung von Myślenice aufgefordert, innerhalb von zwei Tagen eine enorm hohe Sondersteuer zu entrichten. Die Juden des Ortes verkaufen ihre letzten Habseligkeiten, um das Geld aufzutreiben. Nachdem sie die Steuer entrichtet haben, müssen sie sich alle auf dem Marktplatz versammeln, wo ihnen mitgeteilt wird, dass sie nunmehr in den Osten evakuiert werden. Dort sollen sie auf Bauernhöfen für die Versorgung der deutschen Wehrmacht arbeiten.

„Wir hörten in Plaszów von den Evakuierungen. Ich bat um eine Besuchserlaubnis, weil ich meine Familie noch einmal sehen wollte, und erhielt tatsächlich einen Eintagespass. Man schickte mich zum Verladebahnhof in der Kreisstadt Skawina, wo die Züge abgingen."

Fünf Kilometer vor der Stadt wird Wilhelm von zwei Polen davor gewarnt, in die Stadt hineinzugehen – die SS würde jeden anwesenden Juden in den Zug verladen oder kurzerhand erschießen. Wilhelm kehrt um und erhält, wieder zurück im Lager, alsbald eine Postkarte von den Eltern.

„Sie schrieben, dass sie sich ihrem Ziel nähern würden und wohlauf seien und versprachen, ausführlich zu schreiben, sobald sie auf dem Bauernhof wären."

Willy hört nie wieder von seiner Familie.

„Heute weiß ich, dass der Transport mit der gesamten jüdischen Bevölkerung von Myślenice nach Bełżec ging."

Bełżec ist, neben Sobibór, Treblinka und Majdanek, eines der vier Vernichtungslager, die im Generalgouvernement errichtet worden sind. Es operierte seit Mitte März 1942 und hatte – nachdem die

Kapazität der Gasöfen nicht mehr ausreichte – gerade neue Gaskammern mit einer Kapazität von bis zu 1.200 Menschen gebaut: Damit konnten ungefähr zehn Waggonladungen voller Juden mit einem Schlag vergast werden. Allein aus Krakau und der Umgebung werden zwischen Juli und Oktober circa 130.000 Juden hierher gebracht.

„Darunter waren meine Eltern, meine dreizehnjährige Schwester Dusia, meine Großmutter und zwei Tanten mit ihren jeweils zwei Kindern."

Im September 1942 wird Wilhelm in das Zwangsarbeitslager Julag I (Judenlager I) überstellt, fünf Gehminuten entfernt vom Hauptlager Plaszów. Julag I steht unter der Leitung des äußerst brutalen SS-Oberscharführers Franz Müller, ist mit Stacheldraht versehen und wird von zumeist ukrainischen SS-Leuten bewacht.

„Müller hatte einen abgerichteten Schäferhund, den ließ er oft auf die Häftlinge los und schaute dann amüsiert zu, wie die von dem Hund zugerichtet wurden. Die Wachen, extreme Judenhasser, waren genauso grausam. Es kam täglich vor, dass jemand 25 Peitschenhiebe erhielt, den Wachen schien das Spaß zu machen. Manchmal musste das Opfer laut die Schläge zählen, und wenn es einen Fehler machte, wurde mit den Peitschenhieben wieder von vorn begonnen. Einmal, das vergesse ich auch nie, wurden 22 Häftlinge von Müller und ein paar Wachen hinter eine Baracke geführt. Dort mussten sie sich ausziehen, in einer Reihe antreten, und Müller nahm sein kleines Maschinengewehr und erschoss sie alle. Uns hat man lapidar erklärt, dass diese Juden nicht mehr arbeitsfähig seien."

Eine Typhusepidemie grassiert im Lager, Wilhelm erkrankt. Er hat hohes Fieber, liegt zwei oder drei Wochen, so genau weiß er es nicht, in der Krankenbaracke, aber er überlebt.

„Das Schlimme war, dass alle meine Habseligkeiten verschwunden waren, als ich in meine Baracke zurückkam. Mein Vater hatte mir eine kleine Holzkiste gemacht mit einem kleinen Vorhängeschloss, und da hatte ich noch ein paar Anziehsachen zum Wechseln drin, es war nicht viel, aber das Wenige bedeutete eben eine Menge damals. Alles was ich jetzt hatte, waren die Sachen, die ich trug: eine Unterhose, ein Hemd und eine Hose – aber keine Schuhe. Ich musste nun barfuß zur Arbeit gehen."

Kurze Zeit später wird das Julag I aufgelöst, die Häftlinge werden ins Stammlager Plaszów gebracht; das Lager, das bisher nicht in das System der Konzentrationslager eingebunden war, wird zum Konzentrationslager. Lagerkommandant ist der völlig skrupellose und brutale Amon Göth, bekannt für seine lustvollen Schießübungen, bei denen er wahllos und aus beliebigem Anlass auf Häftlinge zielt und sie tötet. Die Häftlinge nennen ihn den „Schlächter von Plaszów". Brutale Misshandlungen der Gefangenen sind an der Tagesordnung. Wilhelms Gruppe durchläuft eine Selektion, mindestens zwölf der Mitgefangenen, vielleicht waren es auch vierzehn, erinnert sich Willy, werden sofort exekutiert. Wilhelm kommt durch und kann sich ein Paar Schuhe in der Kleiderkammer abholen.

„Die waren zwar eine Nummer zu klein, aber ich habe mir die Hacken aufgeschnitten, damit ich in den Schuhen laufen konnte."
Er trifft im Lager einige Verwandte wieder: Tante Hanna, deren Mann Leon Roth bereits nach Auschwitz abtransportiert worden war; Tante Bronia, deren Vater im Ghetto erschossen worden war, mit ihren beiden Söhnen Adek und Heniek, und Onkel Moshe. Moshe gibt dem Neffen seinen Mantel – „das vergesse ich ihm nie" –, Tante Bronia arbeitet in der Lagerküche und versorgt Wilhelm mit „dicker" Suppe.

Im November 1943 wird Wilhelm wiederum verlegt – diesmal in ein Arbeitslager in das 150 Kilometer nordöstlich von Krakau gelegene Ostrowiec, wo die Häftlinge in der Stahlindustrie benötigt werden. Sie müssen schwere Arbeit verrichten, werden aber nicht misshandelt. Wilhelm zieht sich eine Lungenentzündung zu, hat aber erneut Glück und erholt sich von der Krankheit.

Ende Juni 1944 werden die Häftlinge beim Appell davon informiert, dass sie in ein anderes Lager transportiert werden, sie erhalten etwas Brot und ein Stück Käse und werden in Güterwaggons verladen.

„Am Nachmittag erreichten wir unser Ziel: Es war Auschwitz-Birkenau. Viele Männer in gestreifter Häftlingskleidung rannten herum, SS-Männer gaben Befehle, Frauen wurden von uns getrennt, wir mussten antreten und unter schwerer Bewachung ins Lager marschieren. Dort wurden wir in ein großes Gebäude gescheucht, und was wir da sahen, war gespenstisch: Eine Unzahl von nackten Männern, die Schlange standen, um komplett rasiert zu werden, und rechts von uns ein Berg von Kleidern. Ich wurde also auch rasiert – Kopf, Achselhöhlen, Schamhaare, und anschließend mussten wir in eine Wanne mit Desinfektionsmittel steigen. Zwei Häftlinge tunkten einen Lumpen in das Desinfektionsmittel, und wischten damit jedem von uns über den Kopf, unter die Arme und zwischen die Beine. Ich bekam etwas von dem Zeug ins Auge, es brannte wie Feuer, und ich dachte einen Moment lang tatsächlich, ich würde blind werden. Aber es war gar keine Zeit zum Nachdenken: Ein SS-Mann gab mir schon einen Tritt und schrie mich an, ich solle gefälligst weitergehen."

Nach einer kurzen Dusche werden die Häftlinge „neu eingekleidet": Sie erhalten eine Hose, ein Hemd, eine Jacke und eine Mütze – Unterwäsche und Socken gibt es nicht; Gürtel und Schuhe hatten die Häftlinge behalten dürfen. Anschließend werden sie in das ehemalige „Zigeunerlager"* gebracht.

„Auf dem Weg dorthin sah ich aus dem Augenwinkel – wir hatten Befehl, den Kopf gesenkt zu halten – Rauch und Feuer, und es lag auch so ein seltsamer Geruch in der Luft. In der Baracke gab es keine Betten, wir mussten auf dem Fußboden schlafen, wo bei weitem nicht genug Platz war für uns alle. Die Nacht war schrecklich, diese Enge, die Dunkelheit, man bekam keine Erlaubnis, zur Toilette zu gehen, oder man musste über andere drübersteigen – viele erleichterten sich einfach an Ort und Stelle."

Der Blockälteste ist ein Pole.

„Der war schon seit zwei Jahren in Birkenau und sorgte zusammen mit zehn Helfern des Stubendienstes für strikte Disziplin. Wer einen Befehl nicht sofort ausführte, wurde grausam geschlagen."

Am nächsten Morgen werden die Gefangenen mit den Lagerregeln vertraut gemacht, insbesondere mit den Verhaltensregeln beim Appell.

„Der Blockälteste baute sich mit einem Knüppel vor uns auf und hielt irgendeine Rede über strikten Gehorsam und die Bestrafungen bei Ungehorsam. Dann mussten wir lernen, wie wir unsere Mützen ab- und wieder aufzusetzen hatten und durften nur ein einziges Geräusch dabei produzieren: das Geräusch nach dem Absetzen der Mütze beim Anlegen an den Oberschenkel. Das war eine echte Herausforderung bei 700 Leuten – Stunde um Stunde mussten wir also ‚Mütze auf – Mütze ab' üben."

Das „Spiel" geht die nächsten Tage so weiter – „Mütze auf – Mütze ab" – und wird lediglich unterbrochen vom Tätowieren: Wilhelm

---

* Abschnitt B II e des Lagers Birkenau, das seit Anfang 1943 zur Unterbringung von „Zigeunern" diente, im Mai 1944 als „Zigeunerlager" aufgelöst und als Durchgangslager für neu eingelieferte Häftlinge benutzt wurde.

ist von nun an Nummer B5068. Die Essensrationen sind extrem mager, an manchen Tagen bekommen die Häftlinge überhaupt nichts zu essen.

„Ich glaube, dass die Blockältesten das Brot manchmal zwischen sich aufgeteilt haben, um es dann gegen Zigaretten zu tauschen. Denen war das egal, ob wir Hunger hatten oder nicht – die haben sich gesagt: ‚Früher oder später sind die sowieso tot.' Und wir hatten ja keinerlei Möglichkeiten, uns zu beschweren. Wenn wir das taten, machten uns die Funktionshäftlinge das Leben zur Hölle. Und wenn sie das wollten, konnten sie uns sogar umbringen. In dem Fall mussten sie nur melden, dass irgendeine Nummer tot war – ansonsten hatte das keine Konsequenzen."

Nach etwa zehn Tagen fragt der Blockälteste, ob sich ein Gärtner unter den Häftlingen befände. Wilhelm meldet sich und muss einen Grünstreifen vor der Baracke in Ordnung halten. Auf dem Weg zum Waschraum, um Wasser zu holen, sieht Wilhelm eine Krankenstation und geht hinein, denn er hat schon seit Längerem Geschwüre an den Beinen.

„Ich habe nicht geahnt, in welche Gefahr ich mich damit begebe. Die schrieben meine Nummer auf und gaben mir eine Salbe und einen Papierverband. Kurze Zeit darauf wurden alle aus unserer Baracke aufgefordert, zum Tor zu marschieren. Am Tor saßen Häftlinge an Tischen, die hatten unsere Karten mit Namen und Nummern in der Hand, jeder musste vortreten und wurde überprüft. Als ich an die Reihe kam, stand ich vor einem Mann, den ich aus Krakau kannte: Salek Kimerling. Der war oft im Restaurant meiner Eltern gewesen und hatte mich manchmal mit zu Fußballspielen genommen. Salek schaute auf die Karte und sagte: ‚Da steht, dass du krank bist. Weißt du, was das bedeutet?' Ich schüttelte den Kopf. ‚Du bist tot', teilte er mir lapidar mit. Ich war wie vor den Kopf geschlagen, aber dann fuhr Salek fort: ‚Ich bringe das für dich in Ordnung‘, nahm eine andere Karte heraus und versteckte das Original. Dann schrie er plötzlich: ‚Geh sofort rüber zu der Gruppe da!‘ Der Mann hat mir das Leben gerettet.“

Die Männer werden in das Männerlager B II d verlegt, Wilhelms neues Zuhause ist Baracke 28, wenigstens gibt es hier Betten, dreistöckige Stockbetten, Wilhelm bekommt ein Bett in der Mitte. Der Blockälteste ist ein polnischer politischer Häftling. Nachdem Wilhelm sich als Hilfsmaurer und Betonbauer ausgibt, wird er einem Arbeitskommando von 25 Männern zugewiesen, das diverse Bauarbeiten im Lager auszuführen hat.

„Wir hofften immer, dass wir nicht außerhalb des Lagers arbeiten müssen, denn die Arbeiter, die wir zurückkommen sahen, waren oft blutüberströmt oder mussten getragen werden, weil sie nicht mehr laufen konnten. Die Kapos, also Häftlinge, die eine Art Vorarbeiter-Funktion hatten, schrien sie dazu noch an: ‚Links-rechts, links-rechts‘, und neben dem Tor, durch das die Häftlinge kamen, spielte zynisch ein Häftlings-Orchester Marschmusik.“

Auch innerhalb des Lagers ist es nicht viel freundlicher.

„Misshandlungen und Schläge gehörten zum Arbeitsalltag, und das Essen war absolut unzureichend. Oft mussten wir noch stundenlang im Freien stehen, bis endlich der Befehl kam, sich zum Essen anzustellen. Überall waren SS-Leute, manche sagten nichts, andere hatten an allem etwas auszusetzen, schlugen zu oder ließen einen ‚Sport‘ machen: laufen, hinfallen, aufstehen, laufen, hinfallen …, in die Hocke gehen, hochspringen – alles begleitet von Schlägen. Nach einer halben Stunde ‚Sport‘ waren wir völlig erledigt und mussten unsere ganze Kraft zusammennehmen, um überhaupt weiterarbeiten zu können.“

In Abständen werden Selektionen unter den Häftlingen durchgeführt.

„Für mich war das gefährlich, weil ich immer noch Geschwüre an den Unterschenkeln hatte. Ich achtete also immer darauf, dass ich meine Hose nur bis zu den Knien runterzog. Da konnte die SS sehen, dass ich keinen Bruch hatte und auch sonst in Ordnung war. Es hat geklappt, ich kam immer durch."

Manchmal wird das Baukommando ins Frauenlager geschickt.

„Da bin ich eines Tages Zeuge geworden, wie die Frauen unerwartet zum Appell antreten mussten. Kurz darauf kamen ein paar SS-Männer und befahlen den Frauen, sich nackt auszuziehen und langsam an den SS-Männern vorbeizulaufen. Ich war geschockt: Ich hatte noch nie zuvor eine nackte Frau gesehen. Aber eigentlich sahen diese Wesen mit den rasierten Köpfen und den dünnen und unterernährten Körpern sowieso nicht so aus wie Frauen."

Einer der SS-Männer trägt einen weißen Kittel, jemand aus Wilhelms Baukommando flüstert den Namen Mengele.*

„Der hatte eine kurze Reitpeitsche in der Hand – und die benutzte er, um die Brüste der Frauen anzuheben. Er wollte wohl sehen, ob die Frauen noch kräftig genug waren. Ich war wirklich geschockt und hab dann nicht mehr hingesehen."

Ein anderes Mal muss Wilhelm im Lager B III arbeiten. Das Lager ist eine unfertige Erweiterung von Auschwitz-Birkenau, das als Durchgangslager für Frauen dient. Die Bedingungen in diesem Lager sind noch übler als in anderen Lagerteilen, es gibt keine Betten, kein Licht und kein Wasser in den Baracken, die Frauen haben keine Kleidung und sind nur in Decken gehüllt, die aus den Koffern der ermordeten Juden stammen. Wegen der bunten Decken wird das Lager unter den Häftlingen auch „Mexiko" genannt.

---

* Josef Mengele, Chef-Lagerarzt von Auschwitz-Birkenau, bekannt für seine pseudo-wissenschaftlichen und menschenverachtenden medizinischen Experimente an Häftlingen.

„Das Lager war eine einzige Baustelle. Der Ort sah fürchterlich aus, voller Dreck, die Lebensbedingungen waren unbeschreiblich, die Frauen wandelnde Skelette. Die Latrine dort war ein Graben von ungefähr 2 mal 4 Metern, und vielleicht eineinhalb Meter tief. Und darüber war, in einem halben Meter Höhe, ein Balken gelegt, das war alles. Keine Wände, kein Dach, nichts. Da hockten also die Frauen drauf. Niemand nahm Notiz davon. Es gab keine Scham und keine Würde, wir waren völlig entmenschlicht. Wir waren zu Tieren geworden."

An einem sonnigen Herbsttag wird Wilhelms Arbeitskommando völlig überraschend noch vor der Mittagspause in seinen Lagerabschnitt zurückbeordert.

„Die SS rannte mit ihren Gewehren im Anschlag herum, der Kapo ließ uns in einer Reihe antreten und ‚Sport‘ machen. Nach einer halben Stunde Kniebeugen mit ausgestreckten Armen schrie er uns schließlich an: ‚Ihr Bastarde, ihr habt einen deutschen Kapo ins Krematorium geworfen und verbrannt.‘ Halb tot durften wir nun in die Baracke gehen, aber wir durften nicht mehr herauskommen. Gerüchteweise hörten wir dann langsam von dem Aufstand an einem der Krematorien."

Wilhelm ist – indirekt – Zeuge geworden vom Aufstand des Sonderkommandos, das an den Gasöfen und Krematorien arbeitet. Mit Hilfe von Äxten, Hämmern und anderen Werkzeugen überfallen die Häftlinge am 7. Oktober 1944 die Wachen und sprengen mit eingeschmuggeltem Sprengstoff ein Krematorium in die Luft. Einige Wachen werden getötet und verletzt, aber nach wenigen Stunden ist der Aufstand beendet, und mehrere hundert Häftlinge des Sonderkommandos werden erschossen.

Inzwischen sehen die Häftlinge Flugzeuge der Alliierten am Himmel und hoffen auf Rettung.

„Einmal heulten während der Arbeit die Sirenen. Wir mussten

uns hinlegen und verstecken. Wir beteten tatsächlich, dass sie ein paar Bomben abwerfen, aber nichts geschah. Stattdessen fielen die Bomben ein Stück weiter in Monowitz, wo die zur Herstellung von Kautschuk dienenden Buna-Werke bombardiert wurden."

Im November 1944 werden die Häftlinge des Männerlagers evakuiert. Man sagt ihnen, dass sie zur Arbeit in Fabriken im Reich verlegt werden, und verfrachtet sie in Güterwaggons. Die Zugfahrt ist entsetzlich, aber Wilhelm ist froh, von dem schrecklichen Ort Auschwitz-Birkenau fortzukommen. Nach einigen Tagen erreicht der Zug das nördlich von Berlin gelegene Oranienburg, und die Häftlinge werden in das nahegelegene Konzentrationslager Sachsenhausen gebracht. Dort bleiben sie drei Wochen, um dann erneut in Güterwaggons weitertransportiert zu werden. Nach zweieinhalb Tagen erreichen sie Kaufering in Bayern, wo sich ein Außenlager des KZs Dachau befindet. Der aus insgesamt elf Lagern bestehende Komplex gehört zu den schlimmsten Konzentrationslagern im süddeutschen Raum, zwischen Juni 1944 und April 1945 sterben hier Tausende von Menschen.

„Es war kalt, und es lag ein Meter hoher Schnee. Das Lager war mit elektrischem Stacheldraht eingezäunt, alle hundert Meter stand ein Wachturm mit Wachen und Maschinengewehren. Die Baracken waren wie Hütten, die in die Erde hineingebaut waren, man musste drei Stufen hinabsteigen, um in die Hütte zu gelangen. Auf dem Boden lagen Bretter und Stroh, in der Mitte war ein schmaler Gang, und rechts und links schliefen je 30 Gefangene wie die Ölsardinen. Man konnte sich nachts nur umdrehen, wenn sich alle anderen auch umdrehten. Immerhin wärmten wir uns so ein bisschen, denn es gab zwar einen kleinen Eisenofen in der Hütte, aber nichts zum Heizen."

In Landsberg am Lech wurden seit 1944 drei halbunterirdische Bunker zur Herstellung von Kampfflugzeugen gebaut. Eigens zu diesem Zweck wurde um Landsberg herum der größte Konzentrationslagerkomplex im Deutschen Reich gebaut. Wilhelm schleppt nun Zementsäcke und Holzbalken für die Münchner Baufirma Moll, die einen der Bunker baut. Das Unternehmen macht seit 1935 gute Geschäfte mit Aufträgen der NS-Regierung und dem Einsatz von Zwangsarbeitern.

Die Lagerbedingungen sind katastrophal. Hunger, seit Langem ein ständiger Begleiter, wird zum beherrschenden Gedanken. „Es gab nun keine einzige Minute mehr, in der ich nicht quälenden Hunger hatte. Der Hunger wurde so wichtig, dass die Angst vorm Sterben völlig in den Hintergrund geriet, ja gar nicht mehr existierte. Wir bekamen morgens vor der Arbeit einen Tee, mittags eine Wassersuppe – mit einigem Glück fand man darin ein Stück Kartoffel oder ein Kohlblatt – und abends wieder eine Suppe und ein Stück Brot. Am Anfang wurde ein Kilogramm Brot zwischen sechs Männern geteilt, dann zwischen acht und schließlich zwischen zwölf Männern. Oft grub ich im Schnee nach etwas Gras oder Unkraut und gab das in die Suppe."

Eines Tages tötet die SS einen ihrer Hunde und befiehlt den Häftlingen mit den Worten „Hunde gehören zu den Hunden", den Hund auf dem Lagergelände zu begraben.

„Das haben wir gemacht, aber nachts haben wir den Hund dann wieder ausgegraben, haben ihn zerlegt, gekocht und dann gegessen. Und weil ich Schmiere gestanden habe, bekam ich einen Knochen mit etwas Fleisch dran. Der Knochen kam dann in meine Suppe – und es war die beste Suppe, die ich je in meinem Leben gegessen habe."

Die Wasserleitungen frieren ein, die Häftlinge können sich nicht mehr waschen. Sie reiben sich mit Schnee ab, versuchen vergeblich, der Läuse Herr zu werden, und wickeln sich leere Zementsäcke um Arme und Beine, um der Kälte zu trotzen. Die Wachmannschaften sind Deutsche, Ukrainer und Litauer, die die jüdischen Häftlinge grausam behandeln.

„Einmal hatte ein Häftling eine Kartoffel aufgehoben, die beim Ausladen vor der Küche auf ihn zugerollt war, und sie in die Tasche gesteckt. Ein Wachmann sah ihn dabei und bestrafte ihn nun, ‚weil er seine hungrigen Häftlingskameraden bestohlen habe'. Er musste mit der Kartoffel im Mund neben dem Wachmann am Tor stehen. Er stand da, als wir zur Arbeit marschierten, und stand immer noch da, als wir zurückkamen. Es waren minus 20 Grad, und aus seinem Mund sickerte Blut."

Die SS ist kreativ, wenn es um Bestrafungen geht. Eine besonders üble Bestrafungsmethode ist das Aufhängen an den Armen.

„Den Häftlingen wurden die Arme hinter dem Rücken zusammengebunden und dann an einem Seil, das an den Handgelenken befestigt war, nach oben gezogen, bis sie etwa 50 cm über dem Boden baumelten. Und während sie da an ihren hochgezogenen Armen hingen, wurden sie von den Wachleuten getreten, so dass sie anfingen zu schaukeln. Die Schmerzen müssen fürchterlich gewesen sein, denn die Schulterknochen brachen und splitterten dabei. Viele sind an dieser Folter gestorben."

Wilhelm ist inzwischen nur noch Haut und Knochen, er kann kaum noch laufen und hat Schwierigkeiten zu atmen.

„Ich hatte das Gefühl, dass ich am Ende meiner Kräfte angekommen war. Ich spürte, dass ich keine weitere Woche mehr überleben würde, obwohl ich es mir sehnlichst wünschte. Aber schon ein paar Schritte waren ein unglaublicher Kraftakt."

Ende April 1945 werden die KZ-Häftlinge evakuiert.

„Wir mussten zum Lager I in Landsberg marschieren, dort wurden alle Häftlinge gesammelt. Alle arbeitsfähigen Männer mussten zum Abmarsch antreten, diejenigen, die nicht mehr laufen konnten, sollten auf den Zug warten. Ich fürchtete, dass der Zug gleichbedeutend war mit Tod durch Erschießen, aber ich hatte keine Wahl, ich konnte nicht mehr laufen. Ich fühlte mich grenzenlos müde und krank – so, als ob meine Seele jeden Moment den Körper verlassen würde."

Bei extremer Kälte und Schneeregen werden die gehunfähigen Männer in einem Güterwagen ohne Dach transportiert.

„Wir waren 80 Männer in dem Waggon, wir konnten uns nicht bewegen. Der Zug fuhr erst nach einigen Stunden ab. Wir hatten keine Toilette, keinen Eimer – der Gestank war unerträglich. Viele starben während der Fahrt – es waren Skelette mit offenen Mündern und Augen, die Angst und Schrecken ausdrückten. Auch ich glaubte, dass dies die letzten Stunden meines Lebens seien."

Die Häftlinge aus dem Außenlager Kaufering werden ins Stammlager Dachau gebracht.

„Als wir in Dachau ankamen, waren mehr als die Hälfte der Leute in dem Waggon tot. Die, die noch lebten, mussten stundenlang in Regen und Kälte warten und wurden wieder und wieder gezählt. Ich war völlig steif gefroren. Endlich wurden wir in eine Baracke geführt und bekamen etwas Suppe und Brot – aber ich konnte nichts essen. Welche Ironie – ich hatte jahrelang Hunger gelitten, und nun konnte ich nichts essen!"

Am nächsten Tag, es ist der 29. April 1945, marschieren Soldaten der US-Armee ins Lager.

„Als ich die Schreie hörte ‚Wir sind frei, wir sind frei – die Amerikaner sind hier', war ich so krank, dass ich gar nicht auf die Freude der Befreiung reagieren konnte. Ich verstand die Situation überhaupt nicht, ich begriff nicht, was los war. Ich war völlig gleichgültig und apathisch. Dennoch werde ich den Tag nie vergessen: Es ist mein zweiter Geburtstag!"

Nach etwa drei Tagen kommen Ärzte der US-Armee ins Lager,

gehen durch die Baracken und bestimmen, welche Häftlinge in ein provisorisches Krankenlager gebracht werden müssen. Auch Wilhelm befindet sich unter diesen Schwerstkranken. Trotz seiner Proteste wird er auf einer Krankentrage in ein Zelt gebracht.

„In dem Zelt wurde ich hinter einen Leinenvorhang gebracht, dort auf einen Tisch gelegt und von zwei weiß bekittelten Männern mit Mundschutz ausgezogen. Ich hatte unvorstellbare Angst. Was hatten die mit mir vor? Die beiden versuchten, mir meinen Essensnapf zu entwinden, den ich fest umklammert hielt. Natürlich waren sie stärker als ich, und als sie mir den Napf wegnahmen, fing ich an zu weinen. Ich dachte: ‚Das ist das Ende. Jetzt werden sie dich töten.‘ Aber plötzlich fühlte ich warmes Wasser – WARMES WASSER: Das Gefühl war so unglaublich schön, dass ich es bis heute nicht beschreiben kann. Mit einem duftenden Handtuch wurde ich abgetrocknet, gegen die Läuse mit DDT besprüht, und anschließend bekam ich einen weichen Flanellpyjama.“ Willy schmunzelt. „Ich erinnere mich heute noch, dass der rosa, blau und beige gestreift war. Das warme Wasser, das Handtuch und der Pyjama haben mich jedenfalls davon überzeugt: Ja, ich bin befreit, und ich lebe im Paradies!“

Wilhelm ist 1,80 Meter groß und wiegt bei seiner Befreiung noch 38 Kilogramm, zudem hat er Tuberkulose. Aber er überlebt.

Willy in Dachau, Ende 1945

„Ich bin den Sanitätern der US-Armee zutiefst dankbar – wir haben die beste nur denkbare medizinische Behandlung bekommen. Sie haben mein Leben gerettet und das vieler anderer. Nach etwa zwei Monaten habe ich mich so langsam wieder erholt."

Während der Rekonvaleszenz kehren die Gedanken an die Familie zurück: an die Eltern, die Schwester, die Großmutter, die Tanten, Onkel, Cousins und Cousinen. Mit Hilfe der UNRRA* und des Roten Kreuzes lässt er Nachforschungen anstellen über den Verbleib seiner Familie. Das Ergebnis ist erschütternd:

„Ich hatte mich verzweifelt an die Hoffnung geklammert, dass sie leben. Aber sie sind alle ermordet worden – in Bełżec, in Auschwitz und in Stutthof. Ich habe mehr als 35 Verwandte verloren. Nur ein paar entkamen: Der Bruder meiner Mutter überlebte mit seiner Frau und seinem Sohn in Russland. Die Schwester meiner Mutter und eine ihrer Töchter starben in Sibirien, aber fünf weitere Kinder überlebten. Auf der väterlichen Seite überlebte nur ein Verwandter, das war der Sohn eines Bruders meines Vaters, er befand sich auf Schindlers Liste.** Also – nachdem ich nun wusste, dass fast meine gesamte Familie ausgelöscht war, fühlte ich mich ziemlich alleine. Es war schwer, aber einer der US-Ärzte half mir dabei, wieder ins Leben zurückzukehren."

Einige Monate lang dient das Lager noch zur Unterbringung und Versorgung von heimatlosen und kranken ehemaligen Häftlingen. Im Juli 1945 errichten die amerikanischen Militärbehörden ein Internierungslager für mutmaßliche Kriegsverbrecher auf dem Gelände des ehemaligen Konzentrationslagers Dachau. Auch Amon

---

* United Nations Relief and Rehabilitation Administration, Hilfsorganisation zur Betreuung entwurzelter Menschen nach Kriegsende.
** Oskar Schindler, deutscher Unternehmer, der Juden in seiner Emaille- und Munitionsfabrik bei Krakau beschäftigte und damit vor dem sicheren Tod rettete.

Göth, der ehemalige Kommandant des Konzentrationslagers Plaszów, ist in Dachau interniert.

Wilhelm bleibt bis zu seiner völligen Genesung im Lager und sucht sich im November 1945 eine Wohnung in Dachau. Gleichzeitig wird er – sein Schulenglisch macht es möglich – als Mitarbeiter bei der US-Armee eingestellt: Er arbeitet als Übersetzer und Guide für Besucher am Eingangstor.

Eines Tages kommt ein US-General nach Dachau, und Wilhelm fällt die Aufgabe zu, ihm das Lager zu zeigen.

„Ich hatte eigentlich nur im Sinn, Göth zu sehen, ich hasste ihn. Also erzählte ich dem General meine Geschichte und fragte ihn, ob wir vielleicht in den sogenannten ‚Bunker' gehen könnten, in dem Göth einsaß. Der General hatte offenbar kein Problem damit. Wir gingen also da rein, ich sah die Zelle mit dem Namen Göth drauf, öffnete das kleine Zellenfenster und rief ein paar deutsche Schimpfwörter in die Zelle hinein. Dann fragte ich den General, ob ich vielleicht mal hineindürfe in die Zelle. Der General antwortete freundlich, dass er mich schon hineinlassen könne, dass er aber ziemlich genau wisse, was ich da vorhätte – und ob ich nicht denke, dass ich mich dann auf die gleiche Stufe stellen würde mit Göth? Und dann hielt er mir einen kleinen Vortrag über das amerikanische Rechtssystem und fragte mich abschließend, ob ich nun immer noch in die Zelle hinein wolle – oder diesen Mann vielleicht doch lieber den Staatsanwälten überlassen sollte. Der General hat mich davon überzeugt, dass ich Göths Brutalität nicht mit Gewalt beantworten sollte, und – ehrlich gesagt – war das die beste Weisheit, die mir je für mein Leben mitgegeben wurde."

Amon Göth wird von den Amerikanern an Polen ausgeliefert, wo er im September 1946 vom Schwurgericht in Krakau zum Tod durch Erhängen verurteilt wird.

Im Januar 1947 bekommt Wilhelm ein Angebot vom Joint[*], als Disponent in der Transportabteilung der Hilfsorganisation zu arbeiten. Er akzeptiert und wird bald zum Transportoffizier befördert. In seiner Freizeit geht er zu Tanzveranstaltungen für KZ-Überlebende im Kulturheim, fährt nach München in die Oper oder schaut sich „seine" Mannschaft, den FC Bayern, auf dem Platz an.

Willys Hochzeit mit Rachel, München 1948

Anfang 1948 lernt Wilhelm durch seine Arbeit beim Joint Rachela Rosenschein kennen – eine polnische Jüdin, die zunächst unter falscher Identität in Warschau gelebt hatte, später jedoch entdeckt, in das Vernichtungslager Majdanek und von dort als Zwangsarbeiterin nach Dinslaken geschickt wurde. Rachela und Wilhelm verlieben sich und heiraten im Dezember 1948 in einer inzwischen wiederhergestellten Synagoge in München. Rachela hat Verwandte in Australien, das junge Ehepaar beschließt, dorthin auszuwandern.

„Mitte Januar 1950 war es soweit: Meine Frau und ich fuhren mit dem Zug nach Genua und schifften uns dort auf der SS Continental ein. Fast zwei Monate später, am 5. März, legten wir dann im Melbourner Hafen an. Rachelas Verwandte hatten schon ein Zimmer für uns gemietet – ein Zimmer mit Küchen- und Badbenutzung."

---

[*] American Jewish Distribution Committee JDC, kurz Joint. US-amerikanische jüdische Hilfsorganisation.

Wilhelm und Rachela atmen auf, nun weit weg zu sein von der Tragödie in Europa, dennoch müssen sie sich an das Leben auf dem so grundverschiedenen Kontinent erst gewöhnen.

„Ehrlich gesagt waren wir ein bisschen geschockt über das Leben in Melbourne. Es war überhaupt nicht großstädtisch. Die Straßen waren abends leer, die Kneipen schlossen um 18 Uhr, sonntags waren sämtliche Geschäfte geschlossen, und auch das Kino blieb zu am Sonntag. Außerdem ging man am Sonntag in die Kirche statt zum Fußball! Aber richtigen Fußball gab es ja auch nicht, es gab nur Aussie Rules oder einfach Footy, dieses australische Zwischending zwischen Fußball und Rugby, das mit einem ovalen Ball gespielt wird. Wohl oder übel musste ich also zu einem völlig anderen Fußballsport überlaufen."

Wilhelm sieht sich sofort nach einer Arbeitsstelle um.

„Arbeit war zwar leicht zu bekommen, aber Migranten bekamen nur Hilfsarbeitsjobs. Ich hatte keine Wahl, ich fing in der australischen Autofirma Holden an. Ein Drittel meines Verdienstes ging für die Miete weg, den Rest brauchten wir für den Lebensunterhalt."

Wilhelm, der inzwischen längst Willy genannt wird, ist nicht glücklich mit seinem Job und er beschließt, sich mit einem Importgeschäft selbständig zu machen. Er hat die Idee, Spielzeug aus Deutschland zu importieren. Aber nachdem die Ware ankommt, wird Australien von einer Rezession getroffen – das Spielzeug verkauft sich nicht.

„Ich hatte ziemlich Probleme, das Spielzeug loszuwerden – und musste nun natürlich auch das Bankdarlehen, das ich aufgenommen hatte, zurückzahlen. Also ging ich zurück zu der Autofirma, aber diesmal bekam ich einen viel besseren Job, ich wurde Qualitätscontroller."

Das junge Ehepaar spart eisern, zwei Jahre nach Ankunft in Australien können sie sich ein Auto kaufen, einen Morris Minor, nach zehn Jahren haben sie das Geld zusammen, um die Anzahlung für ein eigenes Haus zu leisten.

„Wir haben aber trotz des Sparens auch ein tolles Leben gehabt – wir sind tanzen gegangen, hatten viele Freunde, haben uns auch mal ein Essen im Restaurant geleistet, und an den Wochenenden haben wir Ausflüge gemacht mit unserem Morris."

Im Dezember 1950 wird Tochter Anne geboren. Inzwischen gibt es zwei Enkelkinder und drei Urenkel. Rachela stirbt nach langer Krankheit im Jahr 1999.

Nach seiner Pensionierung fängt Willy an, als Guide im jüdischen Holocaust-Museum zu arbeiten, und er ist bis heute als Vertreter der Guides im Vorstand des Museums.

„Ich möchte den Schülern beibringen, diese tödliche Krankheit zu vermeiden, die um die Welt geht: den Hass. Ich fordere sie auf, sich nicht anstecken zu lassen von jeglicher Hasspropaganda. Und ich erzähle ihnen, was für ein gutes Leben sie haben in Australien – und dass sie sich das immer bewusst machen sollen. Manchmal fragen sie mich: Aber hassen Sie die Deutschen denn nicht? Und dann antworte ich immer: Ich kann die Täter nicht vergessen, und ich kann den Tätern nicht vergeben – aber hassen tue ich sie nicht."

Willy ist noch einmal in Europa gewesen nach dem Krieg – aber weder in Polen noch in Deutschland. „Es gab ja keine Verwandten und keine Freunde zu besuchen."

Seinem Fußballklub jedoch ist er treu geblieben: Willy ist nach wie vor Fan von Bayern München.

Kapitel 4

Zwangsarbeit im Deutschen Reich und im besetzten Europa

"Arbeit macht frei"
Toraufschrift am Eingang etlicher Konzentrationslager, unter
anderem in Dachau, Sachsenhausen und Auschwitz

KZ-Häftlinge, Juden, Kriegsgefangene und Zivilpersonen aus allen
besetzten Ländern Europas – über 20 Millionen Menschen mussten
während des Zweiten Weltkrieges Zwangsarbeit für das nationalsozialistische Deutsche Reich leisten. Der NS-Staat raubte, plünderte und
betrachtete die Menschen in den besetzten Gebieten als Kriegsbeute,
er ließ Millionen von Männern, Frauen und Kindern dort entweder in
Ghettos, Konzentrations- und Zwangsarbeitslagern für die deutsche
Kriegsindustrie arbeiten oder verschleppte sie als billige Arbeitskräfte
ins Deutsche Reich. Die Arbeitsbedingungen waren – je nach "Unterbringung" und Herkunft der Zwangsarbeiter – unterschiedlich, gut
waren sie nie. Nach vorsichtigen Schätzungen sind zwischen 1939
und 1945 allein im Deutschen Reich 2,7 Millionen Zwangsarbeiter
und -arbeiterinnen gestorben – an Hunger, Krankheiten, Misshandlungen oder auch durch Mord. Für die besetzten Gebiete gibt es keine zuverlässigen Zahlen der Toten.

Der Einsatz von Zwangsarbeitern war lebensnotwendig für die Aufrechterhaltung der deutschen Industrie. Bereits vor dem Krieg wurden
dringend Arbeitskräfte für die Kriegsvorbereitungen gebraucht, eine
willkommene Ressource waren zunächst KZ-Häftlinge. Tausende von
Oppositionellen, Juden, Sinti und Roma, sogenannten "Asozialen

und Arbeitsscheuen", Homosexuellen und Zeugen Jehovas, die von den Nazis bereits ab 1933 in Konzentrationslager verbracht worden waren und aus erzieherischen Gründen schwere, aber völlig nutzlose Tätigkeiten verrichten mussten, wurden bald zu produktiver Arbeit herangezogen. Meist arbeiteten sie in Steinbrüchen – unter elenden Arbeitsbedingungen und oft ohne adäquates Arbeitsgerät. Viele der KZs, die Mitte der dreißiger Jahre entstanden, wurden ganz bewusst in der Nähe von Steinbrüchen oder Ziegeleien gebaut.

Kurz nach den Novemberpogromen 1938 wurde ein „geschlossener Arbeitseinsatz" für alle arbeitslosen Juden angeordnet (die freilich erst durch die von den Nationalsozialisten erlassenen Berufsverbote erwerbslos geworden waren). Nach Beginn des Krieges wurden umgehend alle jüdischen Frauen und Männer – unabhängig davon, ob sie Sozialleistungen bezogen oder nicht – zur Zwangsarbeit verpflichtet. In Kolonnen wurden sie zu schweren Bau- und Meliorationsarbeiten, zunehmend aber auch in der Rüstungsindustrie eingesetzt. Ab Herbst 1944 schließlich mussten auch alle nichtjüdischen Angehörigen von Juden („Halbjuden" und „jüdisch Versippte") Zwangsarbeit leisten.

Bei Kriegsbeginn – die Größe der Wehrmacht war auf etwa 4,5 Millionen Männer angestiegen – fehlten der deutschen Wirtschaft bereits über eine Million Arbeitskräfte. Trotz erheblicher rassenideologischer Bedenken beschlossen die Nationalsozialisten, ausländische Arbeiter oder „Fremdarbeiter", wie sie im Nazi-Jargon hießen, einzusetzen.

Polnische Kriegsgefangene waren die ersten, die zum Zwecke der Zwangsarbeit ins Deutsche Reich gebracht wurden. Gleichzeitig versuchten die deutschen Arbeitsämter, die sich sofort nach der Besetzung Polens als deutsche Verwaltungsbehörden im Land etabliert hatten, die Bevölkerung mit dem Versprechen guter Arbeitsplätze in das Deutsche Reich zu locken. Das gelang in den wenigsten Fällen, bald schon arbeiteten die Deutschen mit Drohungen, Druck und Gewalt. Ab Frühjahr 1940 begann in Polen eine regelrechte Jagd auf arbeitsfähige Menschen, insbesondere auf Juden. Razzien waren an der Tagesordnung – die Deutschen sperrten Straßen ab, umstellten Marktplätze, Kirchen und Bahnhöfe und fingen willkürlich Menschen ein. Die menschliche Beute wurde anschließend auf Lkws verladen und entweder in Arbeitslager in den besetzten Gebieten oder ins Deutsche Reich verschleppt. Bereits im Sommer 1940 arbeiteten 400.000 polnische Kriegsgefangene und 300.000 polnische Zivilpersonen im Reichsgebiet, überwiegend in der Landwirtschaft.

Währenddessen wurden die Juden in Ghettos konzentriert – zunächst in Polen, später im Protektorat Böhmen und Mähren (Theresienstadt) und insbesondere in der Sowjetunion – und zur Zwangsarbeit für die deutsche Kriegswirtschaft und die Versorgung der Wehrmacht herangezogen. Viele deutsche Firmen hatten sich lokale Betriebe in den besetzten Gebieten einverleibt oder ganze Betriebsteile in die Nähe von Ghettos verlegt, um von den billigen Arbeitskräften profitieren zu können. Allein im Ghetto von Łódź gab es an die hundert Firmen, die unter Ausnutzung der jüdischen Arbeitskraft für die deutsche Kriegswirtschaft produzierten. Ende 1940 arbeiteten bereits 700.000 Juden für die Deutschen. Die Lebens- und Arbeitsbedingungen in den Ghettos waren katastrophal, die Sterblichkeitsziffer war enorm hoch.

Ab April 1940 begannen die Deutschen mit ihren Eroberungsfeldzügen in Westeuropa: Dänemark, Norwegen, die Beneluxländer, Frankreich und Griechenland wurden besetzt. Auch hier wurde die lokale Bevölkerung zur Zwangsarbeit verpflichtet. Die Arbeitsämter, bei denen man sich registrieren lassen musste, um Lebensmittelkarten zu erhalten, zogen ganze Jahrgänge zum „Arbeitsdienst" ein.

Wegen der von ihnen ausgehenden „Gefahr für den deutschen Volkskörper" war der Einsatz von „Fremdarbeitern" für die Nationalsozialisten zunächst nur eine Notlösung. Mit Andauern des Krieges wurde jedoch rasch klar, dass die deutsche Wirtschaft auf die ausländischen Arbeitskräfte angewiesen war.

Besorgt um die „Reinheit" des deutschen Volkes, erließ die Reichsregierung im März 1940 die sogenannten Polen-Erlasse für „Zivilarbeiter und -arbeiterinnen polnischen Volkstums während ihres Aufenthaltes im Reich". Das „Sonderrecht" verbot den Polinnen und Polen unter anderem, ihren Aufenthaltsort zu verlassen, schrieb eine Kennzeichnungspflicht vor (an der Kleidung musste deutlich sichtbar ein „P" getragen werden), untersagte den Polen jeglichen Kontakt mit den Deutschen, den Besuch von öffentlichen Einrichtungen (Kirchen eingeschlossen) sowie die Benutzung von Verkehrsmitteln, und es schrieb niedrige Löhne vor.

Nach dem Angriff auf die Sowjetunion zögerten die Nazis lange, sowjetische Kriegsgefangene als Arbeitskräfte im Deutschen Reich zu verwenden: Sie hielten den Einsatz slawischer Untermenschen in deutschen Firmen für unzumutbar. Bis sich die NS-Regierung im Frühjahr 1942 doch für deren Einsatz entschlossen hatte, weil immer mehr Männer an die Front mussten und dringend Arbeitskräfte-Nachschub benötigt wurde, waren bereits nahezu drei Millionen sowjetische Gefangene verhungert und erfroren. Nun gerieten sowjetische und westeuropäische Zivilpersonen in den Fokus.

Der „Generalbevollmächtigte für den Arbeitseinsatz" Fritz Sauckel legte Quoten für alle besetzten Länder fest und machte die örtlichen Arbeitsverwaltungen für die Erfüllung dieser Quoten verantwortlich. In der Folge nahmen die Zwangsrekrutierungen rapide zu, insbesondere in der Sowjetunion mit den gleichen skrupellosen Methoden wie zuvor in Polen. Spätestens ab 1943 gehörten brutale Razzien aber auch zum Straßenalltag in Italien, Frankreich und den Niederlanden. Männer, Frauen und zunehmend auch Kinder wurden verschleppt, täglich kamen Tausende in deutschen Durchgangslagern an, von denen aus sie verteilt wurden.

Laut Sauckels persönlicher Statistik wurden allein zwischen April und Dezember 1942 1,4 Millionen „Ostarbeiter", wie die sowjetischen Zivilarbeiter von den Nazis genannt wurden, ins Deutsche Reich gebracht: wöchentlich etwa 40.000. Dem Polen-Erlass folgte prompt ein Ostarbeiter-Erlass für die sowjetischen Kriegsgefangenen und Zivilarbeiter, der noch schärfer gehalten war als der Erlass für die Polen. Eine spezielle Sonderstrafrechtsverordnung höhlte das Strafrecht für polnische und sowjetische Zwangsarbeiter zudem völlig aus, Bagatelldelikte wurden mindestens mit der Einweisung in Arbeitserziehungs- oder Konzentrationslager, oft mit der Todesstrafe geahndet. Zuständig für die Verfolgung von Verstößen war nicht die Justiz, sondern die Gestapo, Standgerichte waren legitim, Tausende von Menschen wurden ohne Urteil erhängt. Verbotener „Umgang mit deutschen Frauen" endete oft mit dem öffentlichen Hängen des „Fremdarbeiters", während die deutsche Frau in einem KZ landete.

Mit dem Überfall auf die Sowjetunion hatte im Herbst 1941 der Massenmord an den Juden begonnen. Die hinter der Wehrmacht herziehenden Einsatzgruppen der Sicherheitspolizei und des SD erschossen Hunderttausende von Männern, Frauen und Kindern; kurze Zeit später begann die systematische Deportation aller europäischen Juden in die Todesfabriken von Majdanek, Auschwitz-Birkenau, Chełmno, Bełżec, Sobibór und Treblinka. Gleichzeitig wurde der Arbeitskräftemangel in der deutschen Industrie immer drängender. Konzentrations- und Arbeitslager, mit denen Europa inzwischen nahezu übersät war, wurden nun dem SS-Wirtschafts- und Verwaltungshauptamt unterstellt. Es entstanden unzählige weitere Außenlager der bestehenden Stamm-Konzentrationslager, meist in der Nähe von Industriebetrieben, um die Arbeitskraft der Häftlinge systematisch auszubeuten. Für die Juden bedeutete das einen zeitlichen Aufschub bis zu ihrer Ermordung. In regelmäßigen Selektionen wurden die nicht mehr arbeitsfähigen Juden ausgesondert und in den Tod geschickt.

Im Juni 1943 wurden dem bisherigen „Reichsministerium für Waffen und Produktion" sämtliche Wirtschaftsbereiche unterstellt, als Superministerium für Rüstung und Kriegswirtschaft stand es nun unter der Leitung von Albert Speer. Speer bündelte alle Ressourcen, intensivierte die Rüstungsanstrengungen, verlegte Fertigungsstätten insbesondere für die Raketen- und Flugzeugindustrie untertage, um sie vor Luftangriffen zu schützen, und forderte zunehmend KZ-Häftlinge für die Rüstungsindustrie an. Allein im Konzentrationslager Mittelbau-Dora, das 1943 für die Untertagefertigung der Bomben V1 und V2 errichtet wurde, arbeiteten bis zum Ende des Krieges 65.000 Menschen. In der Nähe der Stollen befanden sich etwa 150 Zwangsarbeitslager – 100 Lager für „Fremdarbeiter", 30 Lager für Kriegsgefangene, 20 Außenlager des KZs Buchenwald für KZ-Häftlinge und ein Straflager für ausländische Arbeiter. 20.000 der Zwangsarbeiter überlebten die harschen Arbeitsbedingungen nicht.

Konservative Schätzungen gehen davon aus, dass zwischen 1939 und 1945 über 13 Millionen ausländische Männer, Frauen und Kinder Zwangsarbeit im „Großdeutschen Reich" geleistet haben, das heißt in Deutschland inklusive der Ostmark und den annektierten Gebieten Polens, Frankreichs, Belgiens und der Tschechoslowakei. Davon waren etwa acht Millionen ausländische Zivilarbeiter, vier Millionen Kriegsgefangene und eine Million KZ-Häftlinge. Hinzu kamen mindestens sieben Millionen Menschen, die in den besetzten Gebieten arbeiten mussten. Insgesamt leisteten also über 20 Millionen Menschen Zwangsarbeit für das nationalsozialistische Deutsche Reich, ein Drittel davon Frauen. Sie arbeiteten in allen Bereichen der deutschen Wirtschaft und Gesellschaft: in den Großbetrieben der Bau-, Rüstungs- und chemischen Industrie, im Bergbau, in mittelständischen Firmen, in kleinen Handwerksbetrieben, in Kommunen und in der Verwaltung, in öffentlichen und kirchlichen Einrichtungen, in Wohlfahrtsverbänden und in Privathaushalten. Es gab also kaum ei-

nen Bereich der deutschen Gesellschaft, der nicht von der Zwangsarbeit profitierte. Gegen Ende des Krieges war jede vierte Arbeitskraft
im Deutschen Reich ein „Fremdarbeiter" oder Kriegsgefangener: Fast
die Hälfte der Arbeiter in der Landwirtschaft, ein Drittel der Arbeiter
in der Rüstungs- und Bauindustrie und ein Viertel der Arbeiter im
Bergbau waren Ausländer.

Die Unterbringung erfolgte meist in Sammelunterkünften – in Ba-
rackenlagern, Kasernen, Fabrikhallen, Gaststättensälen, Scheunen,
zuweilen in Zelten oder unter freiem Himmel. Das gesamte Reichsgebiet war mit einem dichten Netz von Lagern überzogen. Wurden
Zwangsarbeiter privat untergebracht, so fehlte es nicht an diversen Er-
mahnungen an die „Volksgenossen", gehörigen Abstand zu wahren.
Eine Regel verbot zum Beispiel die „Tischgemeinschaft".

Entsprechend ihrer Rassenideologie schufen die Nazis eine deutliche
Hierarchie zwischen den Zwangsarbeitern. Am übelsten ging es den
KZ-Häftlingen, jüdischen Zwangsarbeitern und sowjetischen Kriegsgefangenen. Aber auch die „Ostarbeiter" und die Polen wurden deutlich schlechter behandelt als die Arbeiter aus West- und Nordeuropa.
Die hygienischen Bedingungen in den Lagern waren oft miserabel,
die Essensrationen gering, die Bekleidung war unzureichend, medizinische Betreuung fehlte, und nicht selten wurden Arbeiter misshandelt. Arbeitsschutzbestimmungen wurden ignoriert, und häufig
waren die Zwangsarbeiter Luftangriffen schutzlos ausgesetzt. (Tatsächlich befanden sich unter den Luftkriegstoten überproportional
viele Zwangsarbeiter.) Schwangeren Frauen wurden nach der Geburt
die Säuglinge abgenommen, von denen dann viele durch bewusste
Unterlassung in der Pflege in sogenannten „Säuglingsheimen" starben. Übel erging es auch den 600.000 italienischen Kriegsgefangenen, die nach dem Frontenwechsel Italiens im September 1943 ins
Deutsche Reich verschleppt worden waren. Die Deutschen rächten
sich für den „Verrat", die Italiener lebten unter ähnlich schlechten

Bedingungen wie die sowjetischen Arbeiter, 45.000 von ihnen überlebten das nicht.

Nach Ende des Krieges wurden die Millionen ehemaliger Zwangsarbeiter und KZ-Häftlinge von den westlichen Alliierten als „Displaced Persons" in Lagern untergebracht. Bis September 1945 konnten bereits 80 Prozent der Westeuropäer und Polen repatriiert werden. Von den wenigen überlebenden Juden entschieden sich die meisten zur Auswanderung – bevorzugt nach Palästina, in die USA oder nach Australien. Ein Jahr nach Kriegsende lebten noch immer 765.000 Vertriebene in den Lagern, das letzte Lager – Föhrenwald bei Wolfratshausen – wurde 1956 aufgelöst.

Für die nächsten fünf Jahrzehnte sollte in Deutschland keine Auseinandersetzung mit dem Thema Zwangsarbeit stattfinden. Bis in die späten achtziger Jahre wiesen bundesdeutsche Gerichte Entschädigungsklagen ab, involvierte Industrielle wie zum Beispiel Friedrich Flick beriefen sich auf Befehlsnotstand. In einigen wenigen Fällen wurden außergerichtliche Einigungen erzielt – beispielsweise mit der IG Farben AG, für deren Buna-Werke in Monowitz eigens das Konzentrationslager Auschwitz III gebaut worden war.

Erst auf anhaltenden öffentlichen Druck der nachgewachsenen Generation in Deutschland und als Antwort auf Sammelklagen aus den USA initiierte die Bundesregierung einen Entschädigungsfonds, in den Staat und deutsche Unternehmen gleichermaßen einzahlten. Die vom Deutschen Bundestag im Jahr 2000 gegründete Stiftung „Erinnerung, Verantwortung und Zukunft" übernahm die Aufgabe, etwa 4,4 Milliarden Euro aus dem Fonds an 1.665.000 ehemalige Zwangsarbeiter auszuzahlen. Für viele zu spät. Für die noch Lebenden, die insbesondere in Osteuropa oft in bedrückender Armut leben, gerade noch rechtzeitig. Mindestens ebenso wichtig wie die materielle Vergütung wird für alle ehemaligen Zwangsarbeiter aber die Rede vom damaligen Bundespräsidenten Johannes Rau gewesen sein, die er am

17. Dezember 1999 anlässlich des Zustandekommens des Entschädigungsfonds hielt. Er beendete sie mit den Worten: „Ich gedenke heute aller, die unter deutscher Herrschaft Sklavenarbeit und Zwangsarbeit leisten mussten und bitte im Namen des deutschen Volkes um Vergebung."
Es war – mehr als 54 Jahre nach Beendigung des Krieges – die erste offizielle Entschuldigung Deutschlands bei den Opfern.

Sarah Saaroni

Sarah Saaroni ist eine sportliche, drahtige kleine Person, und mit ihrem kurzgeschnittenen, jungenhaften Haarschnitt sieht sie mindestens zehn Jahre jünger aus, als sie tatsächlich ist. Einmal in der Woche kommt sie ins Museum, um vor Schulklassen zu reden und um sie oder andere Besucher durch das Museum zu führen. Selten kommt sie auf einen Schwatz in die Kaffee-Ecke – die Arbeit im Museum ist „business", und nach getaner Arbeit geht sie wieder nach Hause.

Sarah beim Modellieren, Melbourne 2010

Eines Tages bat ich Sarah, mit mir eine Führung durch das Museum zu machen. Sie willigte bereitwillig ein. Anstatt mich jedoch auf ihre eigenen Bronze- und Lehmarbeiten aufmerksam zu machen, die im Museum ausgestellt sind, lenkte sie meine Aufmerksamkeit auf etwas ganz anderes: auf eine vor einigen Jahren im Museum angebrachte Plakette, die an den australischen

Ureinwohner William Cooper erinnert. Cooper wurde, wie alle Aborigines bis spät ins das 20. Jahrhundert Australiens hinein, schwer diskriminiert. Als Junge wurde er in eine christliche Mission gesteckt, in der er Lesen und Schreiben lernte und die Bibel studierte, später in einem Reservat ghettoisiert, kurz darauf von seinen Eltern getrennt und gezwungen, zunächst als Viehhirte und dann als Kutscher in Melbourne zu arbeiten. Dieser Mann, der sich autodidaktisch weitergebildet und im Jahr 1936 die Australian Aborigines League gegründet hatte, die erste organisierte Vertretung der Aborigines Australiens, las im November 1938 einen Artikel über die Reichspogromnacht in der australischen Presse. Empört marschierte er, gemeinsam mit einer Abordnung der Aborigines League, zum deutschen Generalkonsulat, um eine Protestnote zu übergeben. Der deutsche Konsul Walther Drechsler öffnete freilich nicht. Coopers Aktion blieb der einzige öffentliche Protest in Australien.

Sarah ist eine nüchterne, sachliche Frau, sie macht keine großen Worte. Umso mehr bedeutet ihr Hinweis auf William Cooper. Es ist ihr wichtig zu zeigen, wie hoch die Melbourner Juden den Protest eines Einzelnen, eines selbst Diskriminierten schätzen – ein Thema, das übrigens von allen Überlebenden in ihren Vorträgen vor Schulklassen immer wieder angesprochen wird: „Zeigt Zivilcourage" lautet die Aufforderung, steht nicht abseits, wenn ihr seht, dass Unrecht geschieht.

Als ich Sarah Saaroni interviewen wollte, lud sie mich zu sich nach Hause ein. Sie lebt allein in einem schönen Haus, umgeben von einem natürlich angelegten Garten, in dem sich exotische Pflanzen um selbst modellierte Skulpturen ranken. Natürlich erhielt ich auch die Gelegenheit, einen Blick in die Werkstatt der Künstlerin zu werfen. Hier, inmitten einer beeindruckenden Sammlung von Skulpturen, arbeitet Sarah Saaroni noch heute.

Sarahs Geschichte

Sarah wird 1926 geboren und wächst in Lublin im Osten Polens auf. Lublin ist eine der ältesten Städte Polens, die sich im 16. und 17. Jahrhundert zu einer Hochburg der jüdischen Religionslehre und im 19. und 20. Jahrhundert auch zu einem kulturellen Zentrum des Judentums entwickelt hatte. Am Vorabend des Zweiten Weltkrieges leben etwa 40.000 Juden in der Stadt, das sind ein Drittel aller Einwohner Lublins.

„Ich war das jüngste von vier Kindern. Meine Brüder Julek und Gidal waren sechs und elf Jahre älter, und meine Schwester Zosia neun Jahre älter als ich. Ich war also das Nesthäkchen in der Familie und wurde sehr behütet, verhätschelt und verwöhnt."

Sarahs Eltern Aaron und Esther Fishman besitzen einen Bekleidungsladen, die Familie hat ein gutes Einkommen und wohnt in einem großzügigen Apartment in einem nichtjüdischen Viertel der

Sarah mit acht Jahren

Stadt. Sarah geht in eine polnische Schule, die meisten ihrer Freunde und Freundinnen sind nicht jüdisch. Damit Sarahs jüdischer Name keine antisemitischen Gefühle bei den Freunden aufkommen lässt, nennen ihre Eltern sie Sabca.

„Es gab ja eine Menge Antisemitismus in Polen, und ich hatte davon als Kind auch gehört. Aber irgendwie betraf mich das nicht, ich sah nicht jüdisch aus und war bei meinen polnischen Freunden voll akzeptiert, also hat mich das nicht gestört. Umso schlimmer hat es mich dann getroffen, als ich 1939 mein Zertifikat für die Sekundarstufe in der Hand hielt. Da stand doch tatsächlich, dass ich alle Examina mit ‚sehr gut' bestanden hatte, aber wegen mangelnder Gesundheit nicht auf die höhere Schule

Mit der Mutter und den Geschwistern Zosia (l.), Julek und Gidal, 1932

dürfte. Wegen mangelnder Gesundheit! Ich war ein Wildfang, immer an der frischen Luft, spielte nie mit Puppen, sondern kletterte auf Bäume – ich war ein Ausbund an Gesundheit! Mit 13 Jahren dämmerte mir also, dass ich benachteiligt wurde, nur weil ich Fishman hieß und jüdisch war."

Wütend und desillusioniert, weil sie nicht zum Gymnasium zugelassen wird, fährt Sabca mit ihrer Mutter und ihrem Bruder Julek in die Sommerferien aufs Land. Jedes zweite Wort in den Gesprächen der Erwachsenen ist das Wort „Krieg". Angesichts der sich zuspitzenden Lage bricht die Mutter den Urlaub ab und fährt mit den Kindern wieder nach Hause.

Kurz darauf, am 1. September, wird Polen von der deutschen Wehrmacht überfallen. Am 2. September wird Lublin bombardiert, am 18. besetzen die Deutschen die Stadt.

„Wegen der Luftangriffe mussten wir drei Wochen lang dauernd in den Keller rennen, und ich hatte Angst, fürchterliche Angst. An einem Abend hat dann alles aufgehört, auch das Artilleriefeuer, und da war plötzlich eine ganz unnatürliche Stille. Die ganze Nacht haben wir am Fenster gestanden, weil wir befürchtet haben, dass irgendetwas passiert. Im Morgengrauen hörten wir dann ein entferntes Grollen. Als das näherkam, merkten wir, dass das das Marschieren von Soldaten war – Tausende von Soldaten, das schien kein Ende zu nehmen."

Kaum sind die Deutschen in der Stadt, beginnen sie, die Bevölkerung zu terrorisieren.

„Die sind einfach in die Häuser gestürmt und haben alles mitgenommen, was männlich war – Junge und Alte, Polen und Juden gleichermaßen. Die haben meinen Vater mitgenommen, meinen Bruder Julek und meinen Schwager Ziamka – meine Schwester war damals schon verheiratet. Wir waren wie versteinert. Zosia und ich haben uns dann irgendwann aus dem Haus geschlichen und haben gesehen, dass die Männer alle auf einen großen Platz gebracht worden waren, der mit Stacheldraht umzäunt war."

Es dauert drei Tage, bis die Männer wieder frei gelassen werden. Aber die Fishmans werden nicht lange in Ruhe gelassen.

„Eines Tages gab es ein lautes Hämmern an der Tür, und als wir öffneten, stand da eine polnische Frau, die mit dem Finger auf meinen Vater zeigte und sagte: ‚Das ist der Jude! Das ist er!' Hinter der Frau standen zwei Deutsche, die meinen Vater aufforderten, mit ihnen zu seinem Geschäft zu gehen. Als mein Vater nach ein paar Stunden zurückkehrte, war er ein anderer Mensch – er war völlig gebrochen. Die Deutschen hatten alles in dem Laden konfisziert, alles, und hatten ihn mit einem Stück Papier zurückgelassen, auf dem stand, dass wir nach dem Krieg vielleicht entschädigt würden. Kurz nach diesem Vorfall entschlossen sich mein Bruder Julek und meine Schwester Zosia mit Mann und Kind, in den russisch besetzten Teil Polens zu flüchten. Mein Bruder Gidal war schon 1937 nach Palästina gegangen."

Im November jagen die Deutschen die Juden aus dem Zentrum der Stadt, konfiszieren deren Wohnungen, ergreifen sie zur Verrichtung von Zwangsarbeit. Um den willkürlichen Festnahmen in der Stadt zu entgehen, versuchen etliche Juden, Arbeit in kriegswichtigen Fabriken zu bekommen. Dennoch werden im Sommer 1940 unzählige Juden aufgegriffen und in Arbeitslager an die sowjetische Grenze verschleppt.

„Zosia und Julek bedrängten uns, ihnen über die russische Grenze zu folgen. Mein Vater machte irgendwie einen Polen ausfindig, der uns für Geld über die Grenze schleusen sollte. Bevor er uns aber dem Polen anvertraute, trank er abends zwei Flaschen Wodka mit ihm. Am Ende der zweiten Flasche fing der inzwischen vollends betrunkene Pole an zu weinen und gestand, dass er vorhatte, uns zu verraten. Für meinen Vater, der sowieso nicht wegwollte aus Lublin, war das ein Fingerzeig Gottes. Er machte keinen weiteren Versuch, einen Schleuser zu finden."

Im März 1941 werden zehntausend Juden aus der Stadt vertrieben, Ende März wird im jüdischen Viertel der Stadt ein Ghetto errichtet und die (zusammen mit den Flüchtlingen aus dem Westen Polens) etwa 34.000 verbliebenen Juden in der Stadt in das Ghetto befohlen.

„Eines Morgens gab es wieder ein lautes Hämmern an der Tür, die Deutschen stürmten herein, schlugen meinem Vater so hart über den Kopf, dass er blutete, plünderten und zerschlugen Einrichtungsgegenstände und befahlen uns, die Wohnung bis zum Nachmittag zu verlassen. Wir versuchten also, so viel wie möglich von unseren Sachen zu retten, gaben eine Menge zu Freunden und zogen ins Ghetto. Zunächst hatten wir noch Glück, wir fanden ein Zimmer und eine Küche, aber dieser Luxus dauerte nicht lange. Das Ghetto wurde immer kleiner und immer voller, und innerhalb kürzester Zeit mussten wir das Zimmer mit einer dreiköpfigen Familie teilen. Die Bedingungen im Ghetto waren grässlich: Es war völlig überfüllt, da waren Massen von Menschen, teilnahmslos und apathisch liefen die durch die Straßen, die Armut war entsetzlich, hungrige Kinder weinten, Menschen bettelten und starben."

Die Lubliner Juden gehören zu den ersten Opfern des etwa 130 Kilometer südlich gelegenen Vernichtungslagers Bełżec. Am 17. März 1942 beginnen die Deportationen – jeden Tag werden 1.400 Juden in die Gaskammern von Bełżec transportiert.

„Eines Morgens hat uns mein Vater geweckt, er war blass und zitterte und rief: ‚Steht auf, und zieht euch an, schnell, alle Häuser sind umringt von Deutschen!' Wir zogen uns so viel Kleider an wie möglich, und schon waren die Deutschen in unserem Zimmer und schrien: ‚Ihr verfluchten dreckigen Juden, raus mit euch.' Draußen waren schon Hunderte von Männern, Frauen und Kindern, manche hatten noch nicht mal Zeit gehabt, sich anzuziehen und hatten nur eine Decke oder irgendeinen Lumpen um sich geworfen, die Deutschen stießen und brüllten, Frauen hielten ihre verängstigten Kinder im Arm. Dann brachte man uns zum Grodski-Platz, wo schon Tausende andere warteten. Dort warteten wir und sahen, wie dann und wann eine Gruppe von Menschen weggeführt wurde."

Sabca und ihre Eltern warten den ganzen Tag und werden abends schließlich wieder nach Hause geschickt. Es gelingt ihnen, sich die Nacht über zu verstecken und so den Deportationen am nächsten Tag zu entgehen. Am Tag darauf kleben Plakate im Ghetto, auf denen die Juden aufgefordert werden, das Ghetto freiwillig zu verlassen.

„Eine Menge Juden konnten das natürlich gar nicht machen, weil sie nicht wussten wohin – sie hatten weder Geld noch irgendeine Unterkunft. Mein Vater kannte aber Leute in Zakrzówek, das ist ein kleiner Ort etwa 40 Kilometer von Lublin entfernt, und mietete dort ein Zimmer bei einem Bauern. Wir konnten uns dort frei bewegen, durften aber das Dorf ohne

Erlaubnis nicht verlassen. Nun brauchten wir natürlich Geld, um das Zimmer bezahlen und Lebensmittel kaufen zu können, also mussten wir irgendwie an unsere Sachen kommen, die wir bei etlichen Freunden und Bekannten in Lublin gelassen hatten. Ich übernahm das und fuhr mehrfach nach Lublin. Auf diesen Fahrten musste ich natürlich verbergen, dass ich jüdisch bin. Ich nahm also den Judenstern ab, den wir ja seit den ersten Wochen der Besatzung tragen mussten, zog mich ein bisschen an wie ein Bauernmädel, und brachte Dinge aus unserem Hausstand mit, die mein Vater zu Geld machen konnte."

Die Fishmans sind nur unzureichend über den Verlauf des Krieges informiert – es gibt kein Radio und nur gelegentlich eine Zeitung. Die Post mit der Sowjetunion funktioniert noch, die Familie schreibt Briefe an Zosia und Julek in der russisch besetzten Zone Polens, und über die Sowjetunion werden sogar Briefe mit Gidal in Palästina ausgetauscht. Mit dem deutschen Angriff auf die Sowjetunion im Juni 1941 ist das vorbei, man hört nichts mehr von den Kindern. Im Sommer 1942 werden die Bewohner des Dorfes eines Morgens durch Maschinengewehrfeuer geweckt.

„Es lief das Gerücht, dass die Gestapo im Dorf sei, also sind wir in die Felder gelaufen und haben uns versteckt. Nach mehreren Stunden, als alles ruhig schien, gingen wir wieder nach Hause, und da sahen wir eine Gruppe Menschen auf einer Wiese, die jammerten und weinten. Als wir näherkamen, sahen wir zwölf Männer auf der Wiese liegen. Sie lagen bäuchlings da, und ihnen war in den Kopf geschossen worden – sie waren alle tot. Ein Stückchen weiter lag ein Mädchen, vielleicht so in meinem Alter, die hatte nur einen Slip an, der ganze Hinterkopf war weggeschossen und ringsum lagen Spritzer von ihrem Hirn. Das Ganze war eine Bestrafung dafür, dass diese Leute ohne Erlaubnis ihr Dorf verlassen hatten – und eine Warnung für uns alle."

Am selben Tag werden alle Juden aufgefordert, sich am Bahnhof eines zwölf Kilometer entfernten Dorfes einzufinden. Die Bäuerin bietet Frau Fishman an, Sabca auf dem Bauernhof in ihrer Familie – sie hat selbst vier Kinder – zu lassen. So könnte sie überleben und nach Beendigung des Krieges wieder mit ihren Eltern zusammenkommen.

„Meine Eltern haben das ernsthaft überlegt, aber ich habe fürchterlich geweint und gebettelt, mich nicht allein zurückzulassen. Also sind wir zusammengeblieben. Wir sind aber nicht in dieses Dorf gelaufen, sondern in die andere Richtung, nach Lublin. Wir waren den ganzen Tag unterwegs, irgendwo hat mein Vater dann eine Frau gebeten, ein Versteck für uns zu finden, aber nach einiger Zeit hatte er dann kein Geld mehr, und wir mussten eine andere Lösung finden."

Die Eltern sehen für sich keine andere Lösung als ins Lubliner Ghetto zu gehen. Was sie nicht wissen: Zwischen März und April 1942 haben die Deutschen das Ghetto um 26.000 Juden dezimiert. Mehrere tausend Überlebende der Vernichtungsaktion sind inzwischen in das sogenannte „kleine Ghetto" Majdan Tatarski in einem Vorort von Lublin verlegt worden – das ist ganz in der Nähe des Konzentrations- und Vernichtungslagers Majdanek. Im kleinen Ghetto geht es nahtlos weiter mit Selektionen, in mehreren „Aktionen" werden Tausende weitere Juden nach Majdanek gebracht und ermordet.

Während die Fishmans also beschließen, ins Ghetto zu gehen, haben sie für ihre Tochter andere Pläne.

„Die Polen mussten ja Zwangsarbeiter an Deutschland liefern, also war die Idee meiner Eltern, dass ich als polnische Zwangsarbeiterin nach Deutschland gehe. Sie hatten schon falsche Papiere für mich organisiert. Als ich von dem Plan hörte, war ich wie erstarrt, dass ich von meinen Eltern getrennt werden sollte und weigerte mich. Erst als meine Mutter anfing zu weinen, habe ich gehorcht. Mein Vater gab mir dann alle möglichen Instruktionen, wo ich die Papiere abzuholen hätte, an wen ich mich im Notfall wenden könne usw. Ich hörte das alles wie in Trance, als ob es nicht wirklich passieren würde. Und dann habe ich mit einem kleinen Koffer und ohne überhaupt richtig ,Auf Wiedersehen' zu sagen, das Haus verlassen – so als ob ich nur mal um die Ecke ginge."

Die sechzehnjährige Sabca ahnt zu dem Zeitpunkt nicht, dass sie ihre Eltern nie wiedersehen wird. Sie erhält eine Geburtsurkunde, die auf eine Lidia Wornik ausgestellt ist, lernt alles Notwendige auswendig – Geburtsort, Geburtsjahr, Name und Beruf der Eltern –, zerreißt die Urkunde und lässt sich zur Zwangsarbeit im Deutschen Reich registrieren. Sie verbringt einige Tage in einem Lager und wird, zusammen mit 46 Polinnen, nach Hamburg transportiert.

„Dort haben wir in einer Fabrik gearbeitet, die Tomatensoße und alle möglichen anderen Soßen produziert hat. Die Arbeit war leicht, aber langweilig und monoton: Wir mussten Gläser füllen, Flaschen verkorken und Etiketten aufkleben. Nachts schliefen wir in einem umfunktionierten Ballsaal – das war ein riesiger Raum mit Stockbetten drin. Wir konnten uns frei bewegen, nur nachts wurden wir eingeschlossen. Natürlich gab es andere Restriktionen: Wir mussten ein großes P an der Kleidung tragen, wir durften nicht ohne deutsche Begleitung mit der Straßenbahn oder dem Zug fahren, wir durften nicht ins Kino oder in ein Café gehen, und natürlich war jede Bekanntschaft oder gar Freundschaft mit Deutschen verboten und wurde schwer geahndet."

Else, eine deutsche Frau, hat die Aufsicht über die Mädchen. Sie bringt sie morgens in die Fabrik und abends um 18 Uhr wieder nach Hause. Bis um 21 Uhr haben die Mädchen Ausgang.

„Das Essen war dürftig, aber wir haben nicht gehungert. Meine größte Sorge war, dass ich von einem der Mädchen erkannt werde. Die war nämlich auf meiner Schule in Lublin gewesen, eine Klasse unter mir. Sie schaute mich öfter an und ich betete, dass sie mich nicht erkennt. Laut meiner neuen Biografie war ich ja in einem Dorf in der Ukraine geboren. Ein anderes Problem, das ich hatte, war, dass ich im Schlaf sprach. Ich war also abends immer in Panik einzuschlafen, und versuchte so lange wie möglich, wach zu bleiben."

Die ersten zwei Monate nach ihrer Ankunft in Hamburg erhält Sabca regelmäßig Briefe von ihrem Vater. Aber, zu ihrem allergrößten Kummer, erwähnt er nie, mit keinem Sterbenswort, die Mutter.

„Ich flehte ihn an, etwas über meine Mutter zu schreiben. Diese Ungewissheit konnte ich nicht aushalten. Wenn er geschrieben hätte, dass meine Mutter gestorben sei, hätte meine Seele wenigstens Frieden gefunden. Denn der Tod selbst schreckte mich schon nicht mehr, ich sah den Tod als eine Befreiung von all unserem Leiden, als einen langen friedlichen Schlaf. Aber die Briefe meines Vaters waren immer gleichlautend: Er bedankte sich für meinen Brief, sagte, dass bei ihm alles in Ordnung sei und dass es keine weiteren Neuigkeiten gäbe. In seinem letzten Brief sandte er Grüße von meiner Schwester Zosia und bat mich, ihr zu schreiben. Dadurch wusste ich nun, dass sich Zosia auch in Majdan Tatarski befand."

Nach diesem Brief hört Sabca nichts mehr, weder von ihrem Vater noch von ihrer Schwester, sie ist am Boden zerstört.

„Solange wie ich mit meinem Vater in Verbindung war, hatte ich Hoffnung – es existierte eben noch etwas, auf das ich mich freuen konnte. Nun fühlte ich mich völlig allein und verlassen. Aus völliger Verzweiflung habe ich dann beschlossen, einige unserer polnischen Freunde zu kontaktieren – in der Hoffnung, dass sie etwas über unsere Familie wissen. Ich habe drei Postkarten geschickt, alle unterschrieben mit ‚Sabcia'. Auf den Briefumschlag habe ich Lidia Wornik mit meiner Hamburger Adresse geschrieben."

Kurz nachdem Sabca die Postkarten geschrieben hat, steht Hamburg in Flammen. Mit seinem großen Hafen, den Werften, den U-Boot-Bunkern, der Ölraffinerie und Dynamitfabrik war die Stadt während des gesamten Krieges ein strategisches Ziel für Angriffe der Alliierten aus der Luft gewesen. Vom 25. Juli bis 3. August 1943 fliegen die britische und amerikanische Luftwaffe die bisher schwersten Luftangriffe während des Krieges.

„Wir wurden durch ohrenbetäubenden, schrecklichen donnergleichen Lärm wach, der kein Ende nahm. Das war eine Erfahrung, die man unmöglich beschreiben kann. Das waren Hunderte von Bomben, die da explodierten, ohne Ende, es hörte nicht auf. Die Fenster und Türen waren herausgerissen, mit Rahmen und allem, und vom Himmel fiel ein Regen von Feuer herab. Das ganze Gebäude zitterte, und die Mädchen waren alle hysterisch. Und wissen sie was?" Sarah schaut mich an und lacht. „Ich saß auf meinem oberen Stockbett und habe mich nicht im Geringsten gefürchtet. Im Gegenteil, ich war auf eine Art froh. Ich dachte mir: Vielleicht gibt es ja doch einen gnädigen Gott, der den Deutschen nun heimzahlt, was sie uns angetan haben."

Tag und Nacht werden tonnenweise Bomben abgeworfen, Dächer werden abgedeckt, Fensterscheiben zerbersten, aus Flächenbränden entstehen Feuerstürme – am Ende des Luftangriffs, der unter dem Codenamen „Gomorrha" geführt wird, sind nach Schätzungen der Hamburger Luftschutzleitung 35.000 Menschen gestorben.

„Hamburg kam praktisch zum Stillstand, eine Stadt im völligen Chaos. Sie brannte für die nächsten sechs Wochen. Unser Gebäude brannte bis zur Ruine herunter, man gab uns vorübergehend Unterkunft in der Fabrik, aber unsere Gruppe löste sich irgendwie auf. Eine deutsche Frau, die mit uns gearbeitet hatte, nahm mich und meine Freundin Zosia mit in ihre Familie auf dem Land, etwa 45 Kilometer weg von Hamburg. Zosia war auch jüdisch, wir hatten es beide irgendwie herausgefunden und uns angefreundet. Auf dem Bauernhof sind wir beide dann untergekommen und haben dort gearbeitet. Das Leben war erträglich, wir haben schwer gearbeitet, sind aber gut behandelt worden und hatten auch genügend zu essen."

Da friedliche Leben hält nicht lange an – Hamburg brennt zwar, aber die Polizei arbeitet effizient weiter im Hintergrund, wenn es um die Bekämpfung des jüdischen Feindes geht. Eines Tages erscheint ein Polizist auf dem Bauernhof und nimmt Sarah mit zur Polizeistation im Nachbardorf.

„Dort haben sie mir auf den Kopf zu gesagt: ‚Du bist Saba Fishman.‘ Das kam sehr unerwartet, und mir wurde heiß und kalt. Zum Glück geriet ich aber nicht in Panik und habe das natürlich abgestritten. Dann zeigten sie mir eine der Postkarten, die ich geschrieben hatte. Ich war wie vom Donner gerührt – sie war von der Bauersfamilie in Zakrzówek, die mich aufnehmen wollte –, aber ich zeigte keinerlei Emotionen und blieb dabei, dass ich Lidia Wornik sei. Zwei Tage später haben sie mich dann zum Gestapo-Hauptquartier in Neumünster gebracht, wo sie mich weiter verhört haben. Ich blieb bei meiner Geschichte: dass meine Eltern zu Beginn des Krieges umgekommen seien, dass ich dadurch zu meiner Tante in Lublin gekommen sei (ich gab ihnen sogar eine falsche Adresse) und dass man mich eines Tages einfach gegriffen und nach Deutschland transportiert hätte."

Der Mann bei der Gestapo nimmt Sabca die Kennkarte ab, sagt ihr, dass man die Sache weiter verfolgen würde, aber dass sie bis auf Weiteres auf freiem Fuß sei. Sabca geht nach Hamburg zurück in die Fabrik, weil sie sich in der Anonymität der Stadt sicherer fühlt. Dennoch hat sie Angst, dass die Polizei zurückkommt, und sie beschließt wegzulaufen. Aber wohin? Sie kennt ja niemanden. Ein anderes Mädchen in der Gruppe, das auch jüdisch ist, korrespondiert mit ihrer zukünftigen Schwägerin, die in Gotha arbeitet. Sabca weiß davon, schreibt sich heimlich die Adresse auf, stiehlt sich an einem Sonntagmorgen zum Bahnhof und besteigt einen Zug nach Gotha. In Gotha angekommen, kennt niemand die angegebene Adresse, und so fragt Sabca einen Polizisten nach dem Weg.

„Der Polizist hat mich direkt zum Gestapo-Hauptquartier gebracht. Ein uniformierter Mann mit randloser Brille hat mich dort sofort beschuldigt, Jüdin zu sein. Er legte mir Handschellen an und stellte mich mit dem Gesicht zur Wand – stundenlang, tagelang, waren es zwei oder drei oder mehr Tage? Ich weiß es nicht mehr. Nachts musste ich in den Keller, und am Tage musste ich neben dem Gestapo-Mann an der Wand stehen. Ich durfte nicht sitzen, ich bekam nichts zu essen, ich verlor jegliches Zeitgefühl. Ich begann zu halluzinieren und wollte diese ganze Misere beenden. Plötzlich drehte ich mich also um und sagte zu dem Mann: Sie haben recht. Ich bin Jüdin, und jetzt können Sie mich erschießen.“

Der Gestapo-Mann wird freundlich – „Na bitte – warum denn nicht gleich so?“ – und erklärt, dass er Sarah Fishman nicht erschießen, sondern dahin zurückschicken wird, wo sie herkommt: nach Majdanek. Als Belohnung für ihre Ehrlichkeit bekommt Sabca nun etwas zu essen.

„Das waren drei Kartoffeln mit Senfsoße, ich sehe das noch genau vor mir. Ich versuchte, das zu essen, aber es blieb mir im

Hals stecken, ich kriegte es nicht herunter und musste es stehen-lassen. Bis auf den heutigen Tag kann ich Senf nicht ausstehen – allein schon der Geruch macht mich krank."

Sabca wird ins Gefängnis gebracht.

„Und, seltsamerweise, dort im Gefängnis habe ich meinen Lebensmut wiedergefunden. Es kursierten da Nachrichten, dass die Deutschen sich offenbar an allen Fronten zurückziehen würden. Das hat mich aufgerichtet, und nun wollte ich auch persönlich erleben, wie die Deutschen vernichtet werden."

Nach ein paar Wochen im Gefängnis wird Sabca zusammen mit anderen Häftlingen zum Bahnhof gebracht und über Halle nach Leipzig transportiert. In Leipzig müssen sie eine Nacht in einem Lager verbringen, am nächsten Morgen geht es wieder zum Bahnhof, um nach Lublin weitertransportiert zu werden. Sabca gelingt eine spektakuläre Flucht.

„Vor dem Bahnhof mussten wir in Achterreihen antreten, und ich war in der letzten Reihe. Wir waren umgeben von Polizisten mit Hunden und wurden ferngehalten von der morgendlichen Menge von Menschen, die auf dem Weg zur Arbeit waren. Wir marschierten auf den Bahnsteig, auf dem ein ganz normaler Zug auf uns wartete, an den ein paar Gefängniswagen angehängt worden waren, und plötzlich wurde ‚halt' gerufen. Die ganze Kolonne kam zum Stillstand, und ich merkte auf einmal, dass ich hinter dem Polizisten zum Stehen gekommen war. Da traf ich, im Bruchteil einer Sekunde, eine Entscheidung: Ich lief ein-fach weiter, an den Gefangenen vorbei. Ich hatte die Häftlinge zur Linken und das Gedränge von Deutschen zur Rechten. Ich ging ganz langsam und stocksteif und versuchte, nicht zu atmen. Mein Herz pochte so laut, dass ich überzeugt war, jeder könne es hören. Aber nichts passierte. Plötzlich sah ich eine Toilette – da bin ich rein und habe mich eingeschlossen."

Sabca sitzt auf der Toilette und überlegt fieberhaft, was sie tun soll. ‚Zurück nach Hamburg‘ ist ihre einzige Idee. Irgendwann traut sie sich aus der Toilette heraus und sieht, wie die Häftlinge namentlich aufgerufen werden und dann dem Wachpersonal des Zuges übergeben werden. Auf dem gegenüberliegenden Bahnsteig steht ein Zug, der offenbar im Begriff ist abzufahren. Sabca geht langsam hinüber und steigt in den ersten Waggon.

„Das war ein Erste-Klasse-Wagen, und ich setzte mich in das erstbeste Abteil. Da saß ein Mann in einer braunen Uniform mit einem runden Hut, der musterte mich mehrfach von oben bis unten. Das war auch keine Überraschung – so wie ich aussah: Es war November, es schneite draußen, und ich hatte nur einen schäbigen Sommermantel an, trug Sandalen, hatte keine Strümpfe an, und meine Füße waren blau von der Kälte. Außerdem hatten sie die Nacht zuvor in dem Lager unsere Sachen desinfiziert – also ich stank sicher auch nach diesem Desinfektionsmittel.“

Auf dem Bahnsteig ist plötzlich große Aufregung, Polizisten rennen an dem anderen Zug entlang und schauen in die Abteile der „normalen“ Passagiere.

„Wahrscheinlich war mein Name ausgerufen worden, und es wurde dadurch bemerkt, dass ich fehle. Ich war absolut verzweifelt. Aber genau in diesem Moment setzte sich unser Zug in Bewegung.“

Der uniformierte Mann in Sabcas Abteil verhält sich still: Er verrät das Mädchen nicht. Als der Zug hält, steigt Sabca aus, stellt fest, dass sie in Dresden ist, hat Angst vor der großen Stadt (in der es bestimmt wieder ein Gestapo-Hauptquartier gibt!) und steigt in einen Vorortzug. Nach ein paar Stationen steigt sie aus, in Großröhrsdorf, einem kleinen Ort 20 Kilometer nordöstlich von Dresden.

„Außerhalb der Bahnstation war nichts zu sehen außer verschneiten Feldern weit und breit. Ich sprach einen Eisenbahner an, der offenbar auf dem Weg zur Arbeit war, und fragte ihn, wo ich hier Arbeit finden könne. Der gab mir erst mal ein Brot und einen Apfel aus seiner Frühstücksdose und sagte mir dann, ich solle einfach weiterlaufen, da käme ich dann ins Dorf. Und im Dorf würden viele Polen arbeiten, ich bekäme dort sicher auch Arbeit."

Unterwegs trifft Sabca einen Polen – deutlich sichtbar durch das P an seiner Jacke – und erfährt durch ihn, dass die Bäckerei im Ort dringend eine Aushilfe suche. Er bringt Sabca zu der Bäckerei.

„Als wir in den Laden kamen, hat mich der Duft von dem frischgebackenen Brot fast umgehauen. Und angesichts der vielen Brötchen, Kuchen und Kekse wurden meine Augen ganz groß – ich hatte völlig vergessen, dass es so etwas gibt. Ich bekam tatsächlich erst mal eine Tasse Kaffee und ein großes, mit Marmelade bestrichenes Brötchen. Es war wie im Himmel. Bis heute kann ich das Brötchen vor mir sehen und habe den Duft der Bäckerei in der Nase. Dann sprach die Besitzerin mit mir – eine stattliche Frau, die ihre Haare in einer großen Lockenfrisur hochgesteckt hatte – und hörte sich wohlwollend meine Geschichte an. Ich hatte spontan einen neuen Namen erfunden, Helena Nowak, und erzählte, dass ich seit zwei Wochen in einer Fabrik in Berlin gearbeitet hätte, die aber durch einen Bombenangriff völlig zerstört worden sei."

Frau Freudenberg, die Bäckersfrau, stellt „Helena" ein, gibt dem Mädchen ein paar Sachen und ein Zimmer im Haus. Allerdings muss Sabca noch zum Arbeitsamt, um das Beschäftigungsverhältnis offiziell bestätigen zu lassen. Das Arbeitsamt verfügt, dass sie weiter in der Rüstungsindustrie arbeiten muss und weist sie einer Firma in Großröhrsdorf zu, die Gurte und Bänder für Rucksäcke,

Gasmasken und anderes produziert. Der Chef der Fabrik hat keine Unterkunft für seine neue Mitarbeiterin und bittet die Bäckerin – hier im Dorf kennt jeder jeden –, ob Sabca, also Helena, vielleicht bei ihr wohnen könne. Frau Freudenberg, die Bäckersfrau, stimmt zu. Sabca ist glücklich, arbeitet tagsüber in der Weberei und hilft abends in der Bäckerei aus.

„Die Freudenbergs haben mich quasi adoptiert, sie haben mich so behandelt, als gehöre ich zur Familie. Sie sagten, wenn ich nach dem Krieg bei ihnen bleiben wolle, würden sie mich zur Schule schicken und mich unterstützen, falls ich Kunst studieren wolle. Ich bastelte nämlich immer mit ausgelaufenem Kerzenwachs, und sie meinten, ich hätte künstlerisches Talent. Jedenfalls war die ganze Familie gegen die Nazis, und nachts hörten wir heimlich BBC im Radio, das war ja auch den Deutschen strikt verboten. Als wir im Juli 1944 von dem Attentat auf Hitler hörten, war die Freude groß – wir hatten alle gehofft, dass Hitler tot wäre und der Krieg nun aufhören würde."

Mitte Februar 1945 erlebt Sabca aus der Ferne die Bombennacht von Dresden. In vier großen Wellen wird die Stadt aus der Luft angegriffen und innerhalb von drei Tagen schwer beschädigt, die Innenstadt wird völlig verwüstet.

„Es war eine klare und ruhige Nacht, und bevor ich ins Bett ging, öffnete ich das Fenster. Und plötzlich sah ich in der Ferne große Lichter über Dresden. Ich dachte, es ist ein Feuerwerk, rannte also die Treppe runter und rief: ,Frau Freudenberg, der Krieg ist vorbei!' Wir gingen raus, um uns das anzuschauen, und dann sahen wir, dass die Lichter am Himmel Leuchtkugeln waren, um den Jagdfliegern zu zeigen, wo sie ihre Bomben abwerfen sollen. Frau Freudenberg bedeckte ihr Gesicht mit den Händen und murmelte: ,Mein Gott, mein geliebtes Dresden.' Dann fing sie an zu weinen."

Eines Morgens stehen sowjetische Panzer in Großröhrsdorf. „Ich war so glücklich, die russischen Soldaten zu sehen – und zu erleben, dass die Deutschen besiegt waren. Die ersten Tage waren chaotisch. Die Ausländer – Polen, Ukrainer, Russen – wollten sich rächen und fingen an zu plündern. Die Deutschen hatten alle Angst, es war von Schlägereien die Rede und von Vergewaltigungen. Ich blieb bei den Freudenbergs und versuchte, sie zu beschützen, aber das gelang nur insoweit, als man ihnen physisch nichts tat. Beraubt worden sind sie auch."

Der Krieg ist noch nicht zu Ende, Sabca hat Angst, doch noch den Deutschen in die Hände zu fallen, und schließt sich einem Rote-Kreuz-Transporter der Roten Armee an, wo sie – es gibt viele schwer Verwundete in den letzten Kriegstagen – zur OP-Schwester avanciert.

„Aber mein einziges Ziel und mein einziger Traum waren, nach Hause zu fahren und irgendjemanden von meiner Familie lebend anzufinden. Ich hätte sofort fahren können, habe meine Reise nach Lublin aber immer wieder verschoben, weil ich furchtbare Angst hatte, dass mein Traum zerplatzen könnte."

Sabca kann es nicht länger hinauszögern. Ende August beschließt sie, nach Lublin zu fahren und ihre Familie zu finden. Lublin ist ein Sammelpunkt für überlebende Juden aus der Stadt und aus der Umgebung, für jüdische Partisanen aus den umliegenden Wäldern und für Juden, die in die Sowjetunion geflüchtet waren. Nach langer Bahnreise mit oftmaligem Umsteigen kommt Sabca morgens in Lublin an. Sie geht die alten Straßen entlang, findet aber kein bekanntes Gesicht mehr. Ehemalige Nachbarn erschrecken, als sie Sabca sehen. Sie denken, dass sie wegen des Porzellans gekommen sei und versichern, dass sie es ihrem Vater bezahlt hätten. Auch der jetzige Besitzer des ehemaligen Fishman-Textilladens beteuert, dass er den Laden bezahlt hätte.

„Schließlich ging ich zum Büro einer jüdischen Hilfsorganisation. Die hatten Listen ausliegen von Überlebenden, die sich registriert hatten. Ich ging sie alle durch und plötzlich – ich dachte mein Herz bleibt stehen – fand ich tatsächlich den Namen meines Bruders Julek."

Julek hat Lublin und Polen zu dem Zeitpunkt bereits wieder verlassen, aber Sabca ist froh, weil sie weiß, dass er lebt. Sie wird ihn später in Italien wiedertreffen. Sabcas Eltern haben ebenso wenig überlebt wie die meisten der Verwandten. Von den zusammen 19 Tanten und Onkeln überlebten lediglich zwei Tanten und einige Cousins, die sich in Polen versteckt beziehungsweise in der Sowjetunion und in Frankreich überlebt hatten. Der Rest der großen Familie ist umgebracht worden.

„Es gab auch ganz tragische Schicksale. Einer meiner überlebenden Cousins, Froim, erzählte mir, dass er und seine zwei Brüder als Partisanen in den Wäldern gekämpft hätten. Kurz vor der Befreiung waren sie von einer Gruppe der polnischen militärischen Untergrundorganisation, der Armia Krajowa, aufgebracht worden. Einige von denen waren bedauerlicherweise sehr antisemitisch, jedenfalls haben die zwei der drei Brüder aufgehängt. Froim hatte Glück, er konnte entkommen."

Die inzwischen neunzehnjährige Sabca schließt sich einer jüdischen Gruppe von verwaisten, heimatlosen jungen Menschen in Warschau an, deren Ziel es ist, nach Palästina zu gehen.

„Ich dachte, dass es die beste Idee sei, dieses feindliche Land zu verlassen. Wir Juden waren nicht willkommen in Polen, wir wurden mit Kommentaren bedacht wie: ,Wieso sind denn noch so viele von euch am Leben? Ist es Hitler nicht gelungen, euch den Garaus zu machen?' Oder wir wurden mit Kakerlaken verglichen, die wieder aus den Löchern hervorkommen. Es gab auch schon wieder Ausschreitungen gegen Juden."

Ankunft in Palästina, 1946

Palästina ist zu diesem Zeitpunkt britisches Mandatsgebiet, und Großbritannien hat – ein Zugeständnis an die arabische Seite – enge Quoten für die Einwanderung von Juden festgelegt. Die Gruppe „Kibbutz-Ichud", der sich Sarah angeschlossen hat, vereint sich mit anderen jüdischen Gruppen und versucht, mit einem Schiff vom italienischen Hafen La Spezia aus illegal nach Palästina zu gelangen. Unter der Leitung der Haganah, einer zionistischen paramilitärischen Untergrundorganisation in Palästina, werden 1.014 Menschen auf zwei Schiffe verbracht. Die britischen Behörden erfahren davon und hindern die Schiffe am Auslaufen. Erst nach langen und schwierigen Verhandlungen mit der britischen Verwaltung, nach einem Hungerstreik der Juden, mehreren projüdischen Protestbewegungen der italienischen Bevölkerung und zahlreichen antibritischen Artikeln in der internationalen Presse, lenken die Briten ein und lassen alle Passagiere legal nach Palästina einreisen.

„Ich hatte inzwischen versucht, über das Rote Kreuz meinen Bruder Gidal zu erreichen. Das letzte Mal hatte ich 1941 aus Tel Aviv von ihm gehört. Eine meiner Nachrichten erreichte ihn – sie wurde über den Rundfunk verbreitet, es gab da eine spezielle Sendung, in der Namen von Menschen, die ihre Familien suchten, verlesen wurden. Als wir nun im Hafen von La Spezia festlagen, kamen Reporter aus der ganzen Welt und machten Fotos von uns für die Zeitungen. Mein Bruder Julek, der mich in La Spezia besuchte, schickte eines dieser Fotos an Gidal, damit er mich bei meiner Ankunft erkennt."

Im Mai 1946 erreicht Sabca Haifa, wo sie ihren Bruder Gidal schon von weitem in der Menge sieht. „Das erste Mal nach achteinhalb Jahren habe ich meinen Bruder wiedergesehen. Und das erste Mal nach knapp sechs Jahren hatte ich wieder ein Zuhause."

Sabca, die sich nun wieder Sarah nennt, tritt in die Haganah ein, die antibritische Untergrundoperationen ausführt und die illegale Einwanderung von Juden organisiert. „Das größte Erlebnis für mich überhaupt war dann, als am 14. Mai 1948 der Staat Israel ausgerufen wurde."

Auch privat widerfährt Sarah Glück: Sie trifft Lewi, einen Überlebenden aus Lublin. Auch er hat seine gesamte Familie im Holocaust verloren. Sabca und Lewi verstehen sich auf Anhieb und heiraten, bald werden die Kinder Gideon und Adina geboren. Aber das Leben in Israel ist schwer, das Land kämpft ums Überleben, und Sarahs Bruder Julek, der nach Australien ausgewandert ist, bombardiert seine Schwester mit Briefen, doch nach Australien zu kommen, in das „Land des Friedens und des

Mit Lewi Saaroni, Angehöriger der israelischen Luftwaffe in Ramat David, 1949

Überflusses". Ohne seine Schwester überhaupt zu fragen, arrangiert er Visa für die gesamte Familie, und nach langem Zögern reisen Sarah und Lewi kurz vor Weihnachten 1953 mit den Kindern

Lewi und Sarah Saaroni mit Tochter Adine und Sohn Gideon, 1954

nach Australien – nicht um sich dort niederzulassen, sondern einfach um eine Atempause von den Kriegen in Israel zu haben.

„In Australien mussten wir wieder von vorne beginnen und hatten mit den alltäglichen Schwierigkeiten zu kämpfen, denen sich alle Immigranten ausgesetzt sahen: eine neue Sprache zu lernen, Akzeptanz zu finden, sich in dem fremden Land zurechtzufinden und zu akklimatisieren, und vor allem: Wurzeln zu schlagen. Es war nicht einfach. Aber am Ende der zwei Jahre sind wir geblieben – schlicht und ergreifend, weil wir Angst hatten vor einer erneuten Entwurzelung, vor einem wiederholten Neubeginn."

Am Anfang lebt Sarah mit ihrer Familie bei ihrem Bruder Julek. Aber als die Saaronis genügend Geld zusammenhaben, ziehen sie in eine eigene kleine Wohnung. Lewi liefert Brot aus für eine Bäckerei, später arbeitet er in einem Friseursalon. Sarah näht zu Hause für eine Firma, meistens spätabends, wenn die Kinder im Bett sind. Nach einiger Zeit kauft Lewi seinen eigenen Friseurladen, und sieben Jahre nachdem die Familie in Australien angekommen ist, zieht sie in ihr eigenes Haus.

„Natürlich war das Geld geliehen – wir haben es uns von überall her geborgt. Ich hab mich ehrlich gesagt noch sehr lange schuldig gefühlt, dass wir nicht nach Israel zurückgekehrt sind, aber es hätte wirklich unsere Kräfte überstiegen. Und so sind meine Kinder also als richtige Aussies aufgewachsen – und für mich ist das Land dann auch zu meinem Zuhause geworden."

1981, da ist sie 55 Jahre alt, erfüllt sich Sarah einen heimlichen Traum: Sie meldet sich in einem Töpferei- und Bildhauerkurs an.

„Ich hatte gleich nach dem Krieg in Italien diese wunderschönen Skulpturen gesehen – und seitdem war es mein Traum gewesen, selbst Bildhauerin zu werden. Diese Skulpturen haben eine magische Anziehungskraft auf mich gehabt." Nach dem ersten Semester verlässt Sarah den Kurs. „Die haben da nur getöpfert, und ich wollte eben nur das eine und nichts anderes: bildhauern. Und so hab ich's mir eben zu Hause selbst beigebracht." Von diesem Zeitpunkt an gibt es für Sarah nichts anderes mehr als bildhauern. Sie richtet sich einen Arbeitsraum in ihrem Haus ein, und sie arbeitet rastlos. „Ich war überglücklich, dass ich nun endlich meine Berufung gefunden hatte, die ich ja schon mein ganzes Leben lang in mir gespürt hatte."

Sarah ist sehr talentiert. 1984, bereits drei Jahre nachdem sie mit der Bildhauerei angefangen hat, hat sie ihre erste Ausstellung. Kurz darauf stellt die Melbourner Konzerthalle eine neunzehnköpfige Orchestergruppe von ihr aus. Sowohl das Holocaust-Museum in Melbourne als auch das Museum im „Kibbuz der Ghetto-Kämpfer" in Israel haben einige von Sarahs Skulpturen als Exponate in ihrer permanenten Ausstellung.

Die einzige Zwangspause von ihrer künstlerischen Arbeit gestattet sich Sarah, als sie beschließt, ihre Memoiren zu schreiben. Sie werden 1989 unter dem Titel: „Life goes on regardless …" veröffentlicht (Das Leben geht weiter – trotz alledem …).

Das Schreiben des Buches hat einen für Sarah völlig unerwarteten therapeutischen Effekt. „Unmittelbar nach Ende des Krieges habe ich diese schrecklichen Albträume bekommen. Buchstäblich jede Nacht musste ich alle meine Erfahrungen wieder durchmachen. Das ging immer so: Ich rannte weg vor den Deutschen, versuchte mich zu verstecken – und wurde immer, immer gefunden, ich schaffte es nie. Als meine Kinder geboren wurden, wurde die Qual noch schlimmer: Nun musste ich ja auch meine

Kinder verstecken. Und zu meinem Entsetzen krabbelten die immer wieder aus ihren Verstecken hervor. Ich bin oft in kaltem Schweiß gebadet aufgewacht und konnte nicht mehr schlafen – oder wenn doch, träumte ich den Traum einfach weiter. Ich konnte auch mit niemandem über diese Träume reden – noch nicht mal mit Lewi –, weil ich niemanden beunruhigen wollte. Ich hab einfach versucht, damit zu leben. Jedenfalls: Nachdem ich den letzten Satz meines Buches geschrieben hatte, waren die Albträume weg. Und nach über vierzig Jahren fühlte ich mich auf einmal frei und leicht."

Sarah arbeitet seit 1989 ehrenamtlich als Guide im jüdischen Holocaust-Museum in Melbourne.

Helen (Hela) Leperere

Kitia Altman, eine Dame, die ich im Museum kennengelernt hatte und die inzwischen zu einer guten Freundin geworden war, hatte Helen und mich zu Kaffee und Kuchen zu sich nach Hause eingeladen. Bis dahin kannte ich Helen, die zu der Zeit auch ehrenamtlich im Museum arbeitete, lediglich vom Sehen: eine Frau mit auffallend schönen hellblauen Augen. Nun hatte ich also Gelegenheit, sie näher kennenzulernen. Wir saßen an Kitias gemütlichem Küchentisch, spra-

Helen, Melbourne 2011

chen über dieses und jenes, und plötzlich, aus irgendeiner aktuellen Angelegenheit heraus, waren wir beim Thema Israel gelandet – ein Thema, so war ich zuvor schon gewarnt worden, das man mit Holocaust-Überlebenden besser nicht berührt, jedenfalls dann nicht, wenn man vorhat, sich kritisch zur israelischen Politik zu äußern. Genau das tat ich – wider besseres Wissen – und erlebte zwei heftig (proisraelisch) argumentierende Frauen, die mir gegenüber selbst vor dem Vorwurf des Antisemitismus nicht zurückschreckten.

Als Helen schließlich ging, nahm sie mich in den Arm und sagte: „Nichts für ungut. So sind wir Juden. Wir streiten gerne, aber dann lieben wir uns auch wieder." Auch bei anderer Gelegenheit – einmal ging es um einen inhaltlichen Streit über eine Wanderausstellung im Museum, ein anderes Mal um die Bewertung eines neu erschienenen Romans über die Shoa – konnte ich beobachten, wie scharf und kompromisslos Helen um ihre Position kämpft. Sie ist zweifellos eine unangepasste, starke Persönlichkeit.

Einige Zeit nachdem wir uns kennengelernt hatten, trat Helen mit einer Bitte an mich heran. Sie sei im Besitz von Briefen, die sie im Zwangsarbeitslager von ihrer Familie bekommen hätte – auf Deutsch. Ob ich ihr diese Briefe wohl ins Englische übersetzen könnte? Kein Problem, antwortete ich.

Fast wäre das Übersetzen dann doch zu einem Problem geworden – nicht zu einem sprachlichen, sondern zu einem emotionalen: Die Briefe zerrissen mir fast das Herz.

Helens Geschichte

Hela Zylberberg wird am 25. Dezember 1925 in Sosnowiec geboren – einer Stadt, die im Kohlebecken Polens im Südwesten des Landes liegt. Aufgrund der reichen Kohle- und Eisenerzvorkommen in der Region ist Sosnowiec seit dem Ende des 19. Jahrhunderts enorm gewachsen – am Vorabend des Zweiten Weltkrieges leben hier etwa 130.000 Menschen, davon 28.000 Juden.

Hela wird in eine gut situierte Familie hineingeboren. Die Eltern, Kalman und Sarah Zylberberg, sind Hebräisch-Lehrer. Nach der Heirat eröffnet der Vater jedoch ein Tuchgeschäft in der Stadt, das Unternehmen läuft gut.

Die erstgeborene Tochter Bronia – „das war eine hübsche Brünette mit grünen Augen" – ist drei Jahre älter als Helen. 1927 wird ein drittes Kind geboren, es ist ein Junge, Natan, der in der Familie nur Natek genannt wird, und 1933 kommt ein weiteres Mädchen auf die Welt: Miriam, die den Kosenamen Maniusia erhält. Natan und Miriam sind blond und blauäugig, ganz so wie Hela.

Die Zylberbergs legen Wert auf eine zionistische Erziehung, die Kinder gehen auf eine private jüdische Schule. Am Freitagabend bis zum Ende des Shabbats wird hebräisch zu Hause gesprochen. Hela ist Mitglied in „Hanoar Hatzioni", einem zionistischen Jugendverband. Schon als Kind hat sie fest vor, nach Palästina zu gehen, dort in einem Kibbuz zu leben und zu helfen, Eretz Israel, also das gelobte Land, mit aufzubauen. Aber zunächst mal ist sie ganz einfach ein fröhliches Kind.

Sara und Kalman Zylberberg mit Tochter Bronia, 1925

„Ich hatte wirklich eine tolle Kindheit, und Sosnowiec hatte alles, was wir brauchten. Es gab jüdische Jugendorganisationen und Clubs, im Winter fuhren wir Schlittschuh – der Schulhof wurde immer in eine Schlittschuhbahn umgewandelt –, im Sommer gingen wir in die Eisdiele und in eins der drei oder vier Kinos, wir haben amerikanische Filme mit Shirley Temple gesehen und solche Sachen." Helen fängt an zu lachen. „Ich erinnere mich, wie wir einmal in einen französischen Film gehen wollten, der war aber

Natek und Maniusia, 1934

Bronia mit ihrer Mutter, 1938

erst ab sechzehn, und da haben wir Dreizehn-, Vierzehnjährigen uns aufgestylt, Hackenschuhe, Make-up und alles, und unsere älteren Schwestern haben die Tickets gekauft. Es klappte, wir kamen rein – und dann standen da mitten im Foyer plötzlich unser Schuldirektor und ein paar andere Lehrer. Oh weh – wir haben den Film nie gesehen, und meine Mutter wurde am nächsten Tag in die Schule zitiert. Sie hat noch lange danach lamentiert, wie ich sie so habe blamieren können – ein Mädchen aus gutem jüdischen Hause in sooo einen Film, also wirklich!"

Als die Deutschen im September 1939 Polen überfallen, ist Hela gerade aufs Gymnasium gekommen, wo sie beginnt, Englisch zu lernen. Bronia ist in ihrer Abiturklasse, sie hat seit einigen Jahren Deutschunterricht.

„Was mein Englisch angeht – ich war die beste in der Klasse und wurde sehr gelobt für meine Aussprache. Und nun muss ich vorgreifen: Am 11. November 1939 hielt die britische Königin eine Rede an die Frauen Europas, die vom BBC übertragen wurde. Radio hören war da zwar schon verboten, aber mein Vater lud trotzdem flüsternd, heimlich die Nachbarn ein, um die Rede zu hören. Er tat das mit den Worten: Meine Tochter spricht perfekt Englisch, die wird uns alles übersetzen! Alle kamen also, wir saßen um das Radio herum, ich hatte den Ehrenplatz – und alle Augen waren auf mich gerichtet. Und nun stellen Sie sich das mal

vor: Ich habe kein Wort verstanden, kein Wort! Die Königin hätte genauso gut Chine-
sisch sprechen können. Es war
entsetzlich, und ich wünschte,
ich würde vom Fußboden ver-
schluckt. Zum Schluss habe
ich dann doch drei Worte
verstanden: ,Women have
courage' – Frauen haben Cou-

Helen (2. v. r., einzige Überlebende) mit
ihren Schulfreundinnen, 1939

rage, und das hab ich dann hastig übersetzt. Mein Vater allerdings
wollte wissen, ob sie denn nicht gesagt hätte, dass der Krieg bald
vorüber ist? Ich habe das dann ganz schnell bejaht."

Der Krieg ist nicht schnell vorüber. Am 4. September besetzen die
Deutschen Sosnowiec und beginnen unverzüglich mit der Verfolgung der polnischen Intelligenz und der jüdischen Bevölkerung.
Am 9. September setzen sie die Große Synagoge in Brand, antijüdische Gesetze treten in Kraft, Juden werden beraubt, tätlich
angegriffen und öffentlich gedemütigt, die Stadt wird umbenannt
in Sosnowitz und Ende November 1939 als Teil der preußischen
Provinz Schlesien in das Deutsche Reich eingegliedert.

„Das Erste, was die Deutschen gemacht haben, war, jüdische
Geschäfte zu konfiszieren – die großen wurden von sogenannten ,Ariern' übernommen, natürlich ohne dass die Besitzer davon profitiert hätten. Das Geschäft von meinem Vater wurde
selbstverständlich auch konfisziert. Noch lange, nachdem es
schon nicht mehr existierte, machten die Deutschen immer
noch Razzien in unserem Haus. Dann hämmerte es immer an
die Tür, es wurde ,Aufmachen' gebrüllt, und dann schauten sie
in allen Schränken nach wertvollen Gegenständen. Die haben
unser Kristall, Pelze, gute Wäsche, alles geplündert. Und mein

armer Vater musste, unter den Schlägen der Deutschen, all unsere Wertgegenstände persönlich in deren Hauptquartier bringen. Die Erinnerung an diese physische Gewalt gegen meinen Vater macht mich heute noch krank."

Jüdische Schulen werden geschlossen, gleichzeitig werden Juden vom Besuch öffentlicher Schulen ausgeschlossen.

„Meine kleine Schwester Maniusia war 1939 erst sechs Jahre alt – sie hatte also nie eine Chance, zur Schule zu gehen. Mein Vater hat dann privaten Unterricht für sie zu Hause organisiert, und meinen Bruder Natek hat er selbst unterrichtet. Mutter bat mich, Maniusia doch ein bisschen Klavierunterricht zu geben. Aber ich wollte natürlich lieber mit meinen Freunden spielen, und so schimpfte ich immer nur mit meiner kleinen Schwester, und jede Klavierstunde endete mit Tränen."

Das Geld wird knapp, und die Beschaffung von Nahrungsmitteln zunehmend schwieriger.

„Lebensmittel wurden nur in den polnischen Vierteln entsprechend einer bestimmten Quote verteilt, aber da durften keine Juden hin. Ansonsten gab es den Schwarzmarkt, aber die Lebensmittel dort waren sehr teuer."

Alle vier Kinder wollen das Einkaufen im polnischen Stadtteil übernehmen, aber Bronia mit ihren dunklen Haaren sieht zu jüdisch aus, Natek ist beschnitten (würde also im Fall einer Denunziation den „Hosen-runter-Test" nicht bestehen), und Maniusia ist zu klein. Also entscheiden sich die Eltern für die vierzehnjährige Hela mit ihrem „arischen" Aussehen. Sie geht ohne ihren Judenstern, der inzwischen getragen werden muss, in die polnischen Stadtviertel und stellt sich dort nach Brot, Gemüse und Fleisch an.

„Früh morgens bin ich los, meine arme Mutter brachte mich immer noch die Treppe runter und flüsterte mir unter Tränen hundertmal ins Ohr: Sei vorsichtig, sei bloß vorsichtig! Und dann setzte sie sich oben ans Fenster und wartete dort, bis ich wiederkam – mit oder ohne etwas zu essen."

Auch auf dem Schwarzmarkt gibt es Lebensmittel, aber die sind sehr teuer. Kalman Zylberberg hat ein paar Stoffe gerettet und versteckt, die müssen irgendwie zu Geld gemacht werden.

„Jede Wohnung hatte irgendwie ein Versteck. Unser Versteck war eine doppelte Wand hinter dem Bad – da hatte Vater die Stoffe. Und ich habe es dann übernommen, diese Stoffe zu schmuggeln. Ich habe sie unter meiner Kleidung versteckt, zu Kunden gebracht und bin dann mit ein bisschen Geld nach Hause gekommen. Das war ziemlich riskant. Einmal hat mir ein polnischer Kunde den Stoff aus der Hand gerissen und mir mit den Worten: ,Weißt du denn nicht, dass Juden nicht handeln dürfen? Wenn du nicht sofort verschwindest, zeige ich dich an!' die Tür vor der Nase zugeknallt. Auf dem Weg nach Hause habe ich fürchterlich geweint – diese Demütigung, diese Wut und Hilflosigkeit –, ich konnte nicht aufhören zu weinen. Dieses Gefühl, dass ich meine Familie jämmerlich im Stich gelassen habe, hat mich einfach übermannt. Ich wusste ja, wie sehr wir diese paar armseligen Zloty brauchten."

Der Judenrat, der auf Anweisung der Besatzer gebildet werden muss, gründet ein Kinderzentrum für diejenigen Kinder, deren Eltern abgeholt worden sind, und versorgt die Kinder mit warmem Essen.

„Unser Schuldirektor hat dieses Zentrum geleitet. Er hat unter anderem Bronia und mir die Aufgabe übertragen, auf die Kinder aufzupassen, sie zu beschäftigen und Spiele mit ihnen zu machen. Wir haben ein bisschen Geld dafür bekommen und haben auch Maniusia immer mitgenommen, sie hatte Spaß mit den anderen Kindern. Ich erinnere mich an lange Schlangen von Menschen vor dem Zentrum, die in der bitteren Kälte anstanden, um einen Platz und warmes Essen für ihre beziehungsweise die Kinder ihrer Freunde oder Verwandten zu bekommen."

Auf Anordnung Heinrich Himmlers wird Sosnowiec im Oktober 1940 zum Sitz der Organisation Schmelt, deren Aufgabe es ist, den Zwangsarbeitseinsatz von Juden in Oberschlesien und im Sudetenland zu koordinieren. Der SS-Brigadeführer Albrecht Schmelt errichtet ein Netz von 177 Lagern, Tausende von Juden werden in Arbeitslager deportiert.

Bis Anfang Januar 1942 geht alles gut für die Zylberbergs.

„Aber dann kam diese schreckliche Nacht, in der gegen die Tür gebummert und nach Bronia gerufen wurde – Bronia Zylberberg, raus, raus! Meine Mutter befahl meinem Vater und Bronia, sich hinter der doppelten Badwand zu verstecken und öffnete die Tür. Zwei SS-Männer mit Gewehren stürmten herein und riefen wieder nach Bronia. Da sagte ich zu meiner Mutter: ,Ich gehe' und zog mich warm an. Ausgerechnet mein verwöhnter Bruder Natek gab mir seine Winterstiefel, die er gerade erst als einziges Geschenk zu seiner Bar-Mizwa bekommen hatte, er bewies da wirklich Großmut, ich zog sie also an und dann ging ich zur Tür. Meine Mutter verhandelte noch mit den zwei SS-Männern und bat sie, mich doch nicht mitzunehmen. ,Sie ist doch nur ein Kind', bettelte sie, aber sie wurde von den Männern brutal weggestoßen und taumelte zur Seite. Von hinten kam Maniusia angerannt, die meine Mutter auffangen wollte – meine kleine, kleine Schwester. Sie stand dort in einem langen Flanellnachthemd, barfuß, und – ich sehe es noch heute – ihre Augen füllten sich mit Tränen, die rollten langsam an ihrem blassen, dünnen Gesichtchen herunter. Inzwischen kam auch mein Vater, seine Augen waren voller Verzweiflung. Er hielt meine Mutter und sagte leise zu ihr: ‚Lass sie gehen, sie ist ein Kind, und Kinder werden sie sofort zurückschicken.' Und dann sah mich Maniusia an und sagte tapfer durch ihre Tränen hindurch zu mir: ‚Ja, Hela hab keine Angst, morgen früh bist du zurück, wir müssen doch in das Kinderzentrum gehen.' So habe ich meine Familie verlassen. Und ich habe sie nie wiedergesehen. Keinen. Nie wieder."

Die sechzehnjährige Hela wird von den zwei SS-Männern durch die Kälte eskortiert.

„Es hatte geschneit, und die Männer stapften mit mir durch den hohen Schnee. Schnee kann ja sehr schön und friedlich sein. Aber auch sehr beängstigend. Nämlich dann, wenn es sich mit dem Geräusch von schweren Stiefeln verbindet … Wann immer ich jetzt Schnee sehe – in Melbourne gibt's ja keinen, aber auf Fotos oder auf Gemälden –, dann höre ich das Geräusch von diesen schrecklichen Stiefeln."

Hela wird in eine Schule gebracht – Sammelpunkt für Frauen, die zur Zwangsarbeit verschleppt werden.

„Wir wurden in einen Raum gepfercht, in dem wir nur stehen konnten. Drei Tage lang haben sie uns dort stehen lassen, wir bekamen Wasser und ein bisschen Wassersuppe. Am ersten Tag versammelten sich die Familien vor dem Gebäude, die riefen die Namen ihrer Angehörigen und versuchten, sie zu Gesicht zu bekommen. Es gelang mir, mich zum Fenster durchzukämpfen, und da stand tatsächlich auch mein Vater. Ich rief ihm zu, er solle sich keine Sorgen machen, aber ich weiß nicht, ob er mich gesehen und gehört hat. Er winkte irgendwann, sagte aber kein Wort. Er sah so alt und grau aus an dem Tag. Er hat mir dann noch einen Kassiber reingeschmuggelt, auf dem stand, dass er und Mutter alles nur menschenmögliche versuchen würden, um mich hier rauszuholen."

Helen lehnt sich zurück. Sie ist nachdenklich.

„Ich habe eigentlich erst verstanden, was meine Eltern durchgemacht haben, als ich selbst meine Tochter bekam. Dieses Dilemma – das Kind ohne Judenstern auf die Straße schicken zu müssen, was ja sehr gefährlich war, oder zu verhungern, meine Güte; oder eben noch schlimmer: mit anzusehen, wie das Kind mitten in der Nacht weggeschleppt wird – einfach grausam."

Am vierten Tag werden die Frauen zum Bahnhof getrieben und dort in Güterwaggons verfrachtet.

„Wir waren mehrere Tage in diesen Viehwaggons unterwegs. Ein paar Mal wurden wir rausgelassen, um unsere Notdurft verrichten zu können – vor den Augen der SS-Leute. Ich weiß nicht mehr, wie lange wir fuhren – einige Frauen meinten fünf Tage, aber es hätten genauso gut fünf Jahre sein können."

Die Reise geht in das Zwangsarbeitslager Gabersdorf in Nordostböhmen in der von den Deutschen besetzten sogenannten „Rest-Tschechei". Das Lager gehört zur Dienststelle Schmelt, und die hier internierten Frauen müssen für die nahegelegene Textilspinnerei J.A. Kluge und die Vereinigten Textilwerke Barthel & Co. arbeiten.

„Am Anfang war es sehr schwer für mich, mit meinen sechzehn Jahren war ich ja wirklich noch ein Kind. Und nachdem ich gleich am Anfang zusammen mit einem anderen Mädchen mit einer Nagelbürste den Boden schrubben musste, hatten sie mich irgendwie kleingekriegt. Ich wusste auch nicht, wie ich meine Sachen – damals hatten wir noch unsere eigene Kleidung – waschen musste, und ich weinte und weinte. Ich gab mein Essen weg an Frauen, die meine Unterwäsche für mich wuschen – zu Hause hatte die immer sauber auf einem Stuhl gelegen, so war ich das gewöhnt. Dann nahm sich unsere Judenälteste, Pola hieß sie und war neunzehn, meiner an. Sie schmiss mir die nasse Unterwäsche hinterher und machte mir klar, dass ich hier kein Essen weggeben dürfte und selbst waschen müsse – und wenn ich es nicht könne, müsse ich es eben lernen."

Die Frauen wohnen in Baracken, immer zwei teilen sich ein Bett, und sie arbeiten zwölf Stunden am Tag. Morgens um fünf ist Wecken, von morgens um sechs bis abends um sechs wird gearbeitet, unterbrochen von einer halbstündigen Mittagspause, in der es eine wässrige Suppe oder etwas Brot gibt. Der halbe Sonntag ist frei, aber da muss die Fabrik saubergemacht werden.

„Ich musste in einer Abteilung arbeiten, in der aus rohem Flachs Baumwolle gemacht wurde. Das war eine große Halle mit riesigen Maschinen auf beiden Seiten. Neben jeder Maschine stand ein großer Container mit heißem Wasser, da lief der Flachs durch auf großen Rollen, und der wurde dann durch Walzen hindurch auf kleinere Spulen gewickelt. Unsere Aufgabe war es aufzupassen, dass die Fäden nicht rissen. Wenn das passierte, mussten wir die laufenden Spulen anhalten und den Faden wieder mit dem Flachs verbinden."

Die Arbeit ist nicht leicht, die Frauen müssen mit großen und schweren Gummischilden arbeiten, um sich vor Verletzungen an den rollenden Spulen zu schützen.

„Auch bei der Arbeit habe ich ständig geweint. Pola hielt sich immer in meiner Nähe auf und wiederholte dauernd, dass ich aufhören müsse zu weinen, weil man mich sonst umbringen würde. Sie spornte mich an, immer weiterzumachen, einfach immer weiter. Ich verdanke Pola eine Menge. Mit der Zeit hörte ich auf zu weinen. Aber ich wurde ja auch älter – ich verbrachte insgesamt dreieinhalb Jahre in Gabersdorf."

Oft werden die Frauen drangsaliert und misshandelt. Die Aufseherinnen machen sich einen Spaß daraus, die Frauen nach der Arbeit

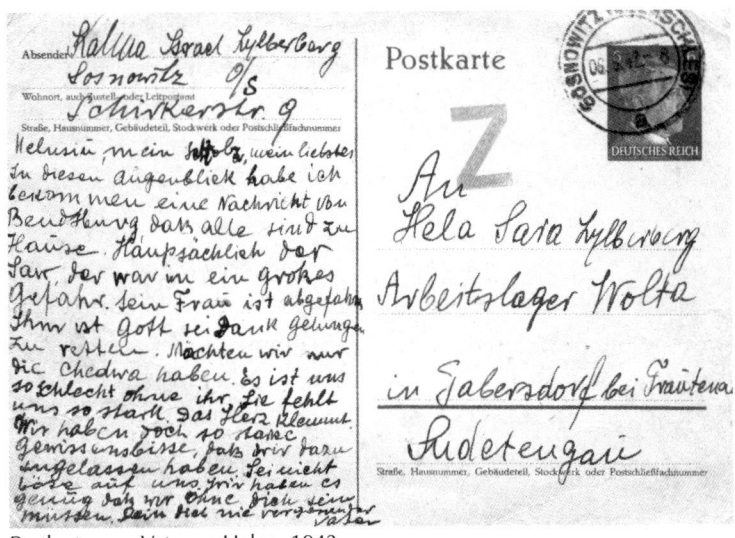

Postkarte vom Vater an Helen, 1942

Dauerlauf in die Baracken machen zu lassen und sie dabei zu schlagen, Hela wird mit einem Eimer kaltem Wasser übergossen, weil sie – sie hat Durchfall – keine Erlaubnis erhält, auf die Toilette zu gehen und weil sie trotzdem rennt.

„Ein Zwischenfall hat uns besonders erschüttert. Es gab da eine junge Frau namens Hassada, ein kleines, dünnes Mädchen, das extrem religiös war. Die hat sich zu Jom Kippur, dem höchsten jüdischen Feiertag, geweigert zu arbeiten und stattdessen gebetet. Sie hat an einer Wand gestanden und gebetet. Da haben uns die Deutschen zum Appell gerufen und haben Hassada in die Mitte vom Appellplatz gestellt. Sie befahlen ihr, sich auszuziehen, und dann hat ein Herr Reis, das war ein sehr brutaler Aufseher, sie ausgepeitscht. Hassada hat keinen Laut von sich gegeben. Ein paar Tage später war sie tot."

Einmal im Monat dürfen die Frauen einen Brief von zu Hause erhalten. Im Juni 1942 schreibt der Vater:

„Mein teuerstes Kind!
Schon ist ein halbes Jahr verflossen, seid Du uns verlassen hast.
6 Monate habe ich Dich mein liebes, schönes Kind nicht gesehen Deine süße Stimme nicht gehört. Es ist uns so schlecht
ohne Dir. Das Herz klemmt und bangt. Die Tränen reißen sich
aus den Augen als ich diese Zeilen schreibe. Du mein Lieb-
lings-Kind, sollst mit uns nicht zusammen sein. Kannst mir
heilig glauben, daß den ganzen Tag hindurch, keine Stunde des
Tages geht nicht durch, in der ich an mein liebstes Kind nicht
denken soll. Was macht jetzt, was tracht jetzt mein, mein schönes Kind? Ist sie ruhig? Weint sie oder lacht sie? Wie glücklich wäre ich, wenn ich könnte wenigstens ein Augenblick Dich
ansehn an die Drahtverzäunung in Gabersdorf stehn bei der
Fabrik und nur sehn mein Kind, als es von der Arbeit in die
Baraki zurückkehrt, nur Dich durchgehn sehn. Ja, Helusia, auch
Du hast schon uns ein halbes nicht gesehn. Sechs Monaten wie
Du lebst in andere Bedingungen, weit von Deine Eltern, von
Deine Familie, von Deine liebe Heim. Wir möchten so gerne
wissen, wie Du fühlst sich körperlich, fisisch? Hast Du sich
viel geändert? Siehst Du schlimmer aus? Mich, Dein Vater und
noch mehr die Mutter wirst Du gewiß nicht erkennen. Wir sind
aber gesund. Sieh mein Kind, daß Du nur gesund sein sollst.
Wir können Dir leider jetzt gar nicht schicken und wir fürch-
ten, daß es soll nur Dir nicht schaden. Heluchina! Ein halbes
Jahr ist durch, hoffentlich, daß noch so lange wird die Chedra*
schon nicht sein entfernt von uns. Das ist klar wie der Tag daß
die Geula** ist nahe. Sei nur gesund und kümmer sich nicht. Es
wird kürzlich die Chedra vollkom gesund werden. Unser liebstes

---

* Hebräisch: Hela.
** Hebräisch: Erlösung.

Kind muß doch vor allem gesund sein. Schreibe uns viel mehr von Dein … (??) Dorf. Wann Du arbeitest. Schläfst Du gut? Ich bitte Dich, schreibe uns genauer und ausführlicher über Dein Leben dort. Grüße mir das Frl. Spielman und Frl. … (?) und sei froh. Dein nie vergessender Vater."

Weil jüdische Frauen und Männer inzwischen den Mittelnamen „Sara" beziehungsweise „Israel" annehmen müssen, ist die Postkarte an Hela Sara Zylberberg gerichtet, Absender ist Kalma Israel Zylberberg.

Auch Bronkas Freund Abram Fiszer schreibt an Hela:

„… Wie schön aber war daß, als von diesem Instrument [das Klavier im Haus der Eltern, Anm. d. Verf.] Ihr herrliches Spielen uns alle erquickt und beseelt hat. Wenn Sie also nach diesem Instrument bei verschiedenen Asotiationen denken, ist auch unser Denken, um Ihr Spielen zu hören, nicht kleiner.

Die Bronka hat mir immer erzählt, daß für Ihre Eltern war die größte Genugtuung sich auf die Sofa hinzusetzen, um dem Spielen Ihrer beiden sich anzuhören …

,Die Kinder spielen', welche Zufriedenheit war das damals und welche Hoffnungen knüpfen Sie an die Zukunft. Heute ist das Instrument stumm und stumm ist es auch im Herzen geworden. …

Als Sie also wissen werden, daß auch andere sehr oft betrübt sind, finden Sie sich nicht einsam und allein verunglückt.

So ist das Leben.

Wir wollten Sie gerne beim Klavier schon wieder sehen.

Bronka und ich grüßen Sie und wünschen das beste. …

Bleiben Sie gesund.

A. Fiszer"

Die Briefe müssen auf Deutsch geschrieben werden und werden strikt zensiert.

Hela erinnert sich an einen Brief, der nur noch die Anrede „Unsere liebste Tochter" enthielt und die Unterschrift „Dein Dich liebender Vater und Familie", alles andere war ausgeschwärzt.

„Und dann wurde ich in das Büro der Lagerleiterin beordert und verhörmäßig befragt, wieso mein Vater endlos wiederholt, wie sehr ich zu Hause vermisst werde. Sie hätte so etwas noch nie gehört ... Meine Familie und ich haben dann schnell ein System gefunden, wie wir uns heimlich etwas mitteilen können. Wir benutzten hebräische Worte, um etwas auszudrücken, zum Beispiel: Besucht Dich Herr Raav sehr oft? Raav ist hebräisch für Hunger."

Im Mai 1942 werden die ersten 1.500 Juden aus Sosnowiec nach Auschwitz deportiert, im Juni folgt ein weiterer Transport mit 2.000 Juden. Am 12. August werden alle verbliebenen Juden aus der Stadt und der Umgebung angewiesen, sich auf dem großen Platz in der Stadtmitte zu versammeln – angeblich, um ihre Papiere mit einem gültigen Stempel versehen zu lassen. Was stattdessen in den nächsten Tagen folgt, ist eine große Selektion: Nach einer knappen Woche, am 18. August 1942, werden 8.000 Juden nach Auschwitz transportiert. Darunter sind Helas Eltern. Bronia arbeitet in einer deutschen Uniformfabrik und wird vermutlich dank ihrer Arbeitskarte nicht deportiert. Auch der inzwischen fünfzehnjährige Bruder Natek und die neunjährige Maniusia bleiben wie durch ein Wunder verschont. Vielleicht hält Bronias Freund Abram, der beim Judenrat arbeitet, die Hand über die beiden. Statt der Eltern schreibt nun Bronia an ihre Schwester:

„Ich schlafe nicht im Hause. Ich schlafe jetzt beim Abram und Abram bei uns. ... Gestern war ich nicht bei die Arbeit, ich habe Angst gehabt, ich war den ganzen Tag beim Abram. Heute wollte ich auch nicht zum Arbeit gehen, aber ich habe auch Angst nicht gehen zu die Arbeit. Mit viel Angst habe ich also zu die Arbeit gekommen. Ich kann mir nicht verstehen was wird sein, mit die zwei Kinder, wenn ich nicht hier sein wird. Jetzt bin ich ruhig, ich weise das sei nicht so hungerig sind. Wir haben doch keine Familie hier ... Wir haben nur dem Abram, von alle alle Menschen. Bei unsere Unglück ist er immer bei uns. Er gibt uns Mut zu leben und er ist der Wirt im Hause. Man hat uns einige Sachen genommen, und wenn nicht die energische Intervention von Abram, werden wir ohne Sachen geblieben. Ja, die Menschen sind jetzt sehr schlechte, so schlechte, das man nicht verstehen können. Ich bin auch schlechte, für Freunde habe ich kein Verständnis. Nur wenn ich an unsere liebste denke, kann ich nicht ruhig sein. Auch viel mus ich an dir denken ... Mania ist doch ein Kind. Sie macht jetzt alles im Hause und sorgt im Küche so wie eine große alte Frau ... Der Natek hat alles selbst von die „dzialki"* nach Hause gebracht, aber wir haben sehr wenig alles ... Ich selbe habe nicht grosem Angst von dem Morgen. Natürlich ich bin jung, und wollte noch gute Zeiten haben. Ich bin aber auf alles vorbereit. Das schlechtse was kann mir passieren ist vorüber, schlechste Sache oder schlechtes Überlebnis gibt es schon nicht. Und darüber bin ich ruhig ... Wir haben doch in die letzte Zeiten so viel mitgelebt, das in ruhige Zeiten, im 100 Jahren, kann mann das alles nicht durchleben. Ja, wir sind sehr sehr Jung, wir haben gar nicht gelebt ... Und wir auch sind sehr alt, wir haben so viel durchgelebt, viel mehr wie unsere Großmutti, und wir wissen schon wie schwer ist das Leben. Unsere l[iebe] Vati hat sich zusammengebrochen wenn er das alles sah ... Wir, Du und ich, müssen Leben uns Starck sein für unsere l[ieben] und teuerste Eltern ... Und vielleicht werden sie unsere Hilf brauchen, sollen wir können sie das zu geben.

---

* Von zionistischen Jugendorganisationen am Rande der Stadt angelegte Gemüsebeete.

Vieleich werden wir noch können etwas für unsere liebste zu machen. Das ist meine größte und starckste Wunsch. Dafür lebe ich noch und nur das halt mir bei Leben. Und wir müssen auch für die Kinder leben ... Bleibt gesund und stark. Deine Bronka." Im Frühjahr 1943 werden die in Sosnowiec verbliebenen Juden in ein Ghetto im Stadtteil Środula verbracht, auch Bronia, Natek und Maniusia sind darunter. Hela erhält noch Post von Bronia aus dem Ghetto. Am 1. August 1943 beginnen die Nazis, das Ghetto zu liquidieren, nach zwei Wochen sind alle Ghettobewohner nach Auschwitz abtransportiert.

„Der letzte Brief, den ich erhielt, war von Maniusia. Sie, dieses Kriegskind, das nie auf eine Schule gehen konnte, hatte also gelernt, in gebrochenem Deutsch zu schreiben. Sie schrieb, dass sie krank sei, dass sie hohes Fieber hätte und Schmerzen in all ihren Muskeln. Und dann war Stille. Keine Briefe mehr, kein einziges Lebenszeichen. Weder von Maniusia noch von Bronia noch von irgendjemand sonst. Stille. Das war 1943. Die Stille hält bis heute an."

1943 erfahren die jüdischen Zwangsarbeiterinnen, dass das Zwangsarbeitslager Gabersdorf in ein Konzentrationslager umgewandelt werden soll. Im August 1944 wird die Drohung zur bitteren Wahrheit: Das Lager wird zu einem Außenlager des Konzentrationslagers Groß-Rosen in Niederschlesien umfunktioniert. Die Umstände im Lager ändern sich dramatisch.

„Die SS-Aufseherinnen waren zur ‚höheren Ausbildung' in das Frauenkonzentrationslager Ravensbrück geschickt worden. Als sie zurückkamen, waren sie völlig verändert. Sie waren zu Tieren geworden. Sie liefen mit Stöcken und Peitschen herum und benahmen sich schrecklich. Hinzu kam, dass von nun an Selektionen stattfanden. Wir nannten es die ‚Modeschau'. Wir mussten uns komplett ausziehen und nackt in einem Kreis herumspazieren, während ein Arzt und seine Helfer in der Mitte standen und mit einem Stock auf Frauen zeigten, die raustreten mussten. Zum Glück war ich jung und sah gesund aus. Aber von den Frauen, die da selektiert wurden, hörten wir nie wieder was."

Die Textilspinnerei schließt – es gibt keine Kohle mehr, um die Maschinen zu betreiben –, und die Frauen werden nun zu Schachtarbeiten herangezogen: Sie heben Luftschutzgräben aus für die Flugabwehr.

„Wir mussten nun Nummern um unseren Hals tragen und hatten keine Schuhe mehr. Wir bekamen stattdessen Holzpantinen. Damit mussten wir draußen arbeiten – das war schwere Arbeit, die Erde war oft gefroren. Und in unseren Betten wurden wir bei lebendigem Leib von den Wanzen und Läusen gefressen. Die krochen in Massen einfach so auf unseren Matratzen herum."

Die Frauen wehren sich gegen die Brutalität der Aufseherinnen. Eine erhalten gebliebene Anzeige gegen einige der jüdischen Frauen, darunter Hela, erhellt den Ton, der im Lager herrschte.

K. Ortsgruppenleiter
Gegenstand: Anzeige

An die Lagerkommandantin
des jüd. Zwangsarbeitslagers

Frl. Charlotte Ressel
in WOLTA

Gabersdorf, den 15.11.1944

Von seiten einiger, bei der Firma K.H. Barthel beschäftigten SS-Aufseherinnen wurde mir, als Ortsgruppenleiter, folgende Anzeige erstattet. Freitag, den 10.11.1944 sah sich die SS Aufseherin Martha Pohl bemüssigt einer Jüdin eine Rüge zu erteilen. Diese Jüdin erdreistete sich der Aufseherin folgendes zu entgegnen: Was willst Du schon wieder von mir Du Luder, du Aas du verrücktes u.a.m. Zur Strafe wurden dieser Jüdin Samstag die Haare mittels einer Schere kurz geschnitten indes wäre dieser Fall soweit in Ordnung gebracht worden.

Den darauf folgenden Montag kamen jedoch die Jüdinnen aus dem selben Zimmer wo sich die bestrafte Jüdin befand und hatten sich untereinander aus Sympathie, oder besser gesagt als Protest ihre Haare ein wenig zugestutzt. Die Aufseherinnen sahen darin eine erneute beleidigend-freche Herausforderung der Judenweiber des Zimmers Nr. 9 ihnen gegenüber und ersuchten mich, dahin zu wirken, dass jene Jüdinnen einer scharfen Bestrafung zugeführt werden. Da mir selbst, als Vorgesetzten dieses Betriebes diese Jüdinnen welche ich Ihnen zum Schluß noch namentlich anführe, als besonders frech bekannt sind, sehe ich diese Handlungsweise als eine gemeine Provokation an und stimme dem Vorschlag der SS Aufseherinnen, diese Judenschädel kahl zu scheren, bei.

Diese Jüdinnen sind aus dem ganzen Lager die intelligentesten und wissen daher ganz genau, was sie verfolgen, auch ist ihnen bewusst, daß sie gewissermaßen tonangebend auf die Stimmung und das Verhalten der anderen wirken. Nun will ich Ihnen die Namen derjenigen anführen, welche sich an dieser Provokation beteiligten:

Szpinak Hanny, Brafman Pola, Zgnilek Bella,
Muszynska Guta, Dancyger Fela, Silberberg Hella.

Es wird vielleicht nötig sein, daß Sie sich in dieser Angelegenheit mit Ihrer vorgesetzten Dienststelle ins Einvernehmen setzen, um den Jüdinnen die gerechte Strafe und den deutschen Frauen Genugtuung zu verschaffen.

Einer Stellungnahme Ihrerseits und eventl. Ihrer vorgesetzten Dienststelle entgegensehend grüsse ich mit

Heil Hitler
K. Ortsgruppenleiter.

Anfang Mai 1945 ist das Spiel aus für die Deutschen.

„Durch den Stacheldraht hindurch beobachteten wir, dass die Deutschen, offenbar in völliger Konfusion, in alle Richtungen davon rannten. Und dann hörten wir das Getöse von Motorrädern und Panzern – die Russen waren da. Der Kommandant von dem ersten Panzer, der in das Lager rollte, war ein russischer Jude. Der verkündete dann, dass wir alle frei seien. Da kroch Panik in mir hoch. Das Lager verlassen? Wohin denn? Wo sollte ich denn hin? In der gleichen Fabrik, in der wir gearbeitet hatten, arbeiteten ein paar englische Kriegsgefangene, die warteten jetzt darauf, nach Hause gebracht zu werden – zurück in ihre Heimat, zu ihren Eltern, zu ihren Bräuten. Wie ich die beneidet habe!"

Hela möchte nicht nach Polen zurückkehren, sie ahnt, dass niemand von ihrer Familie mehr am Leben ist. Mit Hilfe des Roten Kreuzes und Vermisstensendungen im Radio sucht sie nach ihren Angehörigen, doch vergeblich. Die einzige Überlebende der Familie ist eine Schwester der Mutter, Helas Tante also, die vor dem Krieg nach Südafrika ausgewandert war. Sie war mit einem jungen Mann durchgebrannt und als solche das sogenannte „schwarze Schaf" in der Familie gewesen. Von dieser Tante wird Hela später die wenigen Familienfotos aus der Vorkriegs- und Kriegszeit bekommen, die sie heute besitzt. Wenigstens also die Fotos, denn

Hela kann sich trotz größter Anstrengungen nicht an die Stimmen ihrer Eltern erinnern.

Zusammen mit vier Freundinnen aus dem Lager möchte Hela nach Palästina auswandern, die englischen Kriegsgefangenen raten den Mädchen, sich nach Paris durchzuschlagen und sich dort an die Britische Botschaft zu wenden. Auf abenteuerliche Weise – mit Armeejeeps und Lkws, mit Zügen und zu Fuß illegal über Grenzen, von der russischen Zone in die englische, wieder zurück in die russische und dann in die amerikanische Zone – gelangen die Mädchen nach acht Wochen tatsächlich nach Paris. Doch anders als erwartet hilft die Britische Botschaft nicht im Geringsten. Die britische Regierung hält fest an ihrer Politik, nur eine sehr geringe Zahl von Juden nach Palästina einreisen zu lassen. Die Mädchen geraten in die bürokratischen Mühlen, müssen in Quarantäne, sich untersuchen lassen, Fragebogen ausfüllen – und bekommen endlich den Status, staatenlose Flüchtlinge zu sein. Sie werden im Luxushotel Lutetia untergebracht, dem Hotel, das bis vor Kurzem Sitz der deutschen Abwehr und Gegenspionage war.

„Unten im Foyer waren riesige Menschenmengen, es war ein einziger großer Treff von Familien, die sich wiedergefunden hatten, die zurückgekommen waren aus Lagern, Gefängnissen, Armeen. Die Wände waren tapeziert mit Suchmeldungen und auch aus Lautsprechern wurden unentwegt, in allen möglichen Sprachen, Suchmeldungen durchgesagt."

Die Mädchen sind sprachlos ob des Luxus im Hotel – weiße Bettwäsche, duftende Seife und Handtücher, ein Fahrstuhl. Sie genießen es. Aber nach fünf Tagen werden sie gebeten, das Hotel zu verlassen. Sie bekommen ein paar Francs und ein Metroticket für sechs Monate und dann sind sie auf sich selbst angewiesen. Zunächst wohnen sie in einem Flüchtlingsheim der jüdischen Wohlfahrt.

„In der ersten Etage wohnten die Frauen, in der zweiten Herren und in der dritten Jungs aus dem KZ Buchenwald. Und irgendwie verloren sich die Herren auf dem Weg zum zweiten Stock immer im ersten – die Leute waren einfach ausgehungert nach menschlichem Kontakt und vor allem: ausgehungert nach Familie. Wir haben oft Paare erlebt, die sich gerade erst kennengelernt hatten, und nach der ersten Nacht in einem schmalen Bett verkündeten: Wir heiraten und gehen nach Palästina!"

Es gelingt Hela, einen Job bei der amerikanischen Armee zu bekommen – als Telefonistin in der internationalen Telefonzentrale. Kurz darauf trifft sie Lon, einen polnischen Juden, der unter dem Namen Jan Karas mit falschen Papieren in Warschau überlebt hat.

„Als beschnittener Jude in Warschau in den Untergrund zu gehen, dazu brauchte es wirklich eiskalten Mut und starke Nerven – aber das hat auch lebenslange Spuren bei diesen Menschen hinterlassen."

Die beiden verlieben sich und heiraten im November 1946.

„Wir beide bekamen ein Zimmer in dem Flüchtlingsheim, es waren ja inzwischen schon viele abgereist. Und dann haben wir ein paar Gäste in dieses Zimmer eingeladen. Sie mussten alle ihr eigenes Besteck mitbringen – naja, das hatten sie in der Kantine gemopst, und ich kochte in der kleinen Küchenecke am Ende des Ganges auf dem Flur tatsächlich ein 3-Gänge-Menü – wie ich das gemacht habe, ist mir heute noch ein Rätsel."

Kurz nach der Hochzeit beantragen Hela und Lon Visa für Amerika und für Australien – Lon möchte so weit wie möglich weg von Europa. Im März 1949 wird Tochter Nanette geboren, die Freude der Eltern ist unbeschreiblich. „Aber neben diesem absoluten Hochgefühl beschlich mich auch Traurigkeit. Als ich mein Baby im Arm hielt, habe ich gleichzeitig geweint und nach meiner Mutter gerufen."

Die Lebensumstände sind äußerst bescheiden, die junge Familie lebt in einem Zimmer mit einer Couch, einem Kinderbett, einem Tisch, drei Stühlen, und einem Waschbecken mit kaltem Wasser. Quer durch das Zimmer sind ständig zwei Leinen gezogen für die Windeln.

Die strahlenden Eltern mit Baby Nanette, Paris 1949

„Und dann kamen dauernd Freunde zu Besuch, da wurde geraucht in dem Zimmer und diskutiert und geredet, dass es eine Freude war. Und das Baby schlief. Ich muss oft darüber lachen, wenn ich sehe, was für ein Wirbel heutzutage um Kindererziehung gemacht wird."

1950 erhalten Hela und Lon einen Bescheid von der US-amerikanischen Einwanderungsbehörde: Das Visum ist abgelehnt. 1951 bekommen sie eine Arbeitserlaubnis für Frankreich, die sie nach Ablauf von zehn Jahren dazu berechtigen wird, die französische Staatsangehörigkeit zu erhalten. Kurz darauf treffen die vor langer Zeit beantragten australischen Visa ein.

„Die Entscheidung war nun nicht mehr rückgängig zu machen – aber ich muss sagen, ich hatte schon sehr gemischte Gefühle. Wir hatten ja inzwischen eine ganze Menge Freunde in Paris, und in Australien kannten wir niemanden außer meiner Freundin Pola aus dem Arbeitslager. Die hatte einen australischen Kriegsgefangenen geheiratet, der mit einer Gruppe von englischen Kriegsgefangenen in unserem Lager inhaftiert war. Natürlich waren wir von denen strikt getrennt, aber die Männer brachten jeden Morgen die leeren Spulen für den Flachs, und in den Boxen fanden wir manchmal kleine Briefchen und auch etwas zu essen. Na jedenfalls hat sich da ein Flirt zwischen Pola und Noel entwickelt, und gleich nach der Befreiung des Lagers hat Noel seinen Antrag gemacht. Die beiden wohnten Anfang der fünfziger Jahre aber irgendwo in New South Wales fernab von jeder Stadt." Lon und Hela verlassen Paris mit ihrer zweijährigen Tochter, es ist ein tränenreicher Abschied. Sie reisen nach Italien und schiffen sich in Genua auf der Ravello ein, es ist ein Containerschiff, das auch Passagiere befördert. Hela ist sechs Wochen lang seekrank, bis das Schiff endlich in Fremantle, Australiens wichtigstem Hafen an der Westküste, anlegt.

„Da standen tatsächlich Australier am Pier, die nach Arbeitskräften Ausschau hielten. Sie boten auch eine Unterkunft an und versuchten, uns alle davon zu überzeugen, dass Perth die schönste Stadt im ganzen Commonwealth sei. Aber wir blieben an Bord. Eigentlich sollte die Reise ja nach Sydney gehen, aber die wenigen Leute, mit denen wir uns an Bord ein wenig angefreundet hatten, stiegen nun alle in Melbourne aus. Irgendwie kriegte ich da Panik, weil wir schon wieder Freunde verloren, und verhandelte völlig hysterisch mit den Einreisebeamten, dass wir in Melbourne vom Schiff wollen. Und irgendwann haben die dann tatsächlich nachgegeben."

Die junge Familie zieht in ein einfaches Apartment-Hotel mit gemeinsamer Küchen-, Toiletten- und Badezimmerbenutzung auf dem Flur. Es liegt im Süden Melbournes, ganz in der Nähe vom Meer.

„Wir wohnten in der St. Kilda Road, die Leute erzählten mir, dies sei die Champs-Élysées von Melbourne. Aber abends war es völlig dunkel auf dieser Straße, und keine Menschenseele war zu sehen. Ich fragte immer: Wo sind denn all die Menschen? Man hörte nur Hunde bellen. Samstagnachmittag konnte man nicht einkaufen, da war alles geschlossen – am Samstagnachmittag, wenn doch alle Berufstätigen einkaufen wollen! Einmal, erinnere ich mich, haben uns Freunde in den Nachtclub Eden eingeladen. Da standen lauter lange Tische mit weißen Papierdecken, und auf den Tischen standen Untertassen mit Bechern drauf. Und die Männer kamen alle mit Taschen rein, die sie unter den Tisch stellten. In den Taschen war Schnaps – den musste man selbst mitbringen, weil der Club keine Alkohollizenz hatte. Es gab ja überhaupt ganze Stadtteile in Melbourne, in denen Alkoholverbot herrschte. Um zehn Uhr erinnerte der Clubbesitzer dann alle Anwesenden nervös daran, die Flaschen wieder in die Taschen zu stellen und nun bitte nichts mehr zu trinken, weil jetzt gleich ein Kontrolleuer käme. Um zehn Uhr", lacht Helen, „da begann das Nachtleben in Paris gerade erst!"

Der Anfang ist nicht leicht für die Neuankömmlinge.

„Ich habe immer nur geweint, ich saß mit Nanette in diesem kleinen Zimmerchen, sie war oft krank, und ich konnte nicht arbeiten. Ich habe eigentlich immer nur Briefe nach Frankreich geschrieben, und wenn ich dann Antwort bekam, weinte ich wieder. Meinem Mann fiel es leichter, er fühlte sich in Australien sehr schnell zu Hause. Er zeigte uns immer die schönen Parks oder die hübschen Vorgärten oder die Palmen am Strand von St. Kilda. Aber ich vermisste einfach die geschäftigen Straßen von Paris, die Franzosen, die wunderschönen Läden – auch wenn ich nur, wir hatten ja kein Geld, die Auslagen betrachten konnte –, und ich vermisste auch die französische Sprache. Und dann natürlich: In Paris traten ja nach dem Krieg all die berühmten Künstler auf, Sänger, Tänzer, Entertainer – und ich liebte es, diese großen Plakate mit den berühmten Namen und all die Leuchtreklamen bei Nacht zu sehen."

Lon macht sich mit einer eigenen Textilfertigung selbständig, ist aber nicht sehr erfolgreich. Er wechselt den Beruf, verkauft Werkzeuge für industrielle Maschinen und wird ein guter Vertriebsmann. Als Nanette in die Schule kommt, fängt Hela, die hier von allen Helen genannt wird, wieder an zu arbeiten. Sie bekommt einen guten Job bei der Australian Jewish News[*] und ist nach relativ kurzer Zeit für die Marketing-Abteilung verantwortlich. Sie arbeitet dort bis 1988. Es ist, wie sie sagt, die beste Zeit ihres Lebens.

Helen und Lon, Melbourne 1978

„Wir haben uns relativ schnell nicht mehr als Immigranten gefühlt, wir haben unser Französisch auch bald verloren. Aber als Nanette ein Teenager wurde, fand sie uns immer sehr peinlich. Wir waren eben anders – unser Englisch hatte einen seltsamen Akzent, und wir aßen andere Sachen. Die Hühnchenbrote, die sie mit in die Schule nahm, tauschte sie immer gegen Rote-Bete-Sandwiches oder Ähnliches. Aber zum Glück waren wir ja nicht die einzigen Eltern in Melbourne, die von einem anderen Planeten waren."

Sehr viel später, da ist Nanette schon aus dem Haus, tritt Helen einer Intergenerations-Gruppe bei. Sie begreift, wie „geschädigt" auch die Nachkommen der Überlebenden sind.

---

[*] Australische jüdische Wochenzeitschrift.

„Sie mussten sich mit neurotischen Eltern herumschlagen, mit Überlebenden des Horrors, die obendrauf auch noch Immigranten waren. Wir haben versucht, unsere Schmerzen zu betäuben – mit harter Arbeit, mit wilden Partys und was-weiß-ich – aber die Schmerzen waren immer noch da. Mit den Kindern haben wir nicht über den Horror gesprochen, weil wir sie davor schützen wollten; und die Kinder haben uns nicht gefragt, weil sie dachten, sie reißen Wunden auf. Eine Kommunikationslücke über die normale Generationslücke hinaus."

Im November 1986 stirbt Lon an Lungenkrebs. 1997, elf Jahre später, fängt Helen an, ehrenamtlich im Holocaust-Museum zu arbeiten. Sie arbeitet in der Zeitzeugen-Abteilung, in der sie Video-Zeitzeugenberichte in den Computer transkribiert. Als es in der jüdischen Gemeinde eine Initiative gibt, die eigenen Memoiren zu schreiben, nimmt Helen teil. 2002 wird ihre Autobiografie unter dem Titel „Memoirs and Reflections" (Memoiren und Reflektionen) herausgegeben. Im Jahr 2011 zieht Helen zu ihrer Tochter nach Sydney und muss deshalb ihre Arbeit im Museum aufgeben.

„Unser Anfang in Melbourne war schwer. Aber trotzdem: Ich habe diesen Zufluchtsort, den uns Australien geboten hat – nach allem, was wir durchgemacht haben – wirklich schätzen gelernt. Dieses friedliche und demokratische Land, in dem die Menschen so tolerant und freundlich sind. Wir verdanken Australien alles. Meine zwei Enkelkinder Lara und Jared sind hier geboren. Sie sind ein krönendes Geschenk für mich. Nur manchmal, wenn ich sie so anschaue, beschleicht mich Angst um sie. Und dann wünschte ich, dass eine magische Hand mir die Ängste aus meinem dummen Kopf zieht. Dann muss ich mich selbst ganz schnell daran erinnern, dass ich hier nicht im besetzten Polen von 1939 bin, sondern im freien Australien."

Kapitel 5

Die Verwundbarsten unter den Opfern: Kinder im Holocaust

„Selbst in den barbarischsten Zeiten glomm ein menschlicher Funken in den Herzen der Menschen, auch unter den grobschlächtigsten unter ihnen, und die Kinder blieben verschont. Aber die Hitler'sche Bestie ist völlig anders. Sie verschlingt unsere Liebsten – die, die das größte Mitgefühl erregen: unsere unschuldigen Kinder."

So lautet ein Tagebucheintrag, den der polnisch-jüdische Historiker Emanuel Ringelblum im Jahre 1942 im Warschauer Ghetto machte. Der Eintrag ist Teil des Untergrundarchivs „Oneg Schabbat" (Freude am Sabbat), von Ringelblum gegründet und geleitet, um das Leben im Warschauer Ghetto für künftige Generationen und Historiker zu dokumentieren. Ringelblum, seine Frau und sein zwölfjähriger Sohn wurden ermordet; große Teile des vergrabenen Archivs konnten nach dem Krieg geborgen werden.

Kinder im Deutschen Reich und im besetzten Europa waren, zusammen mit den Alten und Kranken, die verwundbarsten, gefährdetsten und ungeschütztesten Opfer der Nazis. Historiker gehen davon aus, dass während der Zeit des Nationalsozialismus bis zu 1,5 Millionen Kinder in ganz Europa ermordet wurden: Zehntausende von „Zigeunerkindern", von behinderten Kindern, von polnischen und russischen Kindern sowie über eine Million jüdische Kinder. Zwar war es das Ziel der Nazis, alle Juden der sogenannten „Endlösung" zuzuführen, jedoch hatten Erwachsene eine größere Chance als Kinder zu überleben. Die Überlebenschance für Kinder unter dreizehn Jahren war minimal. Während 33 Prozent der jüdischen Erwachsenen in Europa überlebten, gelang das Schätzungen der Holocaust-Enzyklopädie des United States Holocaust Memorial Museum zufolge nur zwischen sechs und elf Prozent der jüdischen Kinder. In Polen allein überlebten von einer Million jüdischer Kinder nur etwa 5.000. In Frankreich überlebten 72.400, das waren immerhin 86 Prozent aller jüdischen Kinder, in den Beneluxstaaten überlebten etwa 9.000 Kinder (jüdische Bevölkerung in den Niederlanden: 160.000; in Luxemburg: 3.700; in Belgien: 65.000, davon 7.805 Kinder).

Kinder und Säuglinge fielen den Massenerschießungen durch die Einsatzgruppen in Polen und in der Sowjetunion gleichermaßen zum Opfer wie Frauen und Männer.

Kinder verhungerten und erfroren in den Ghettos. „Der erste Frost hat eingesetzt, und die Bevölkerung hat Angst vor der Kälte. Der schrecklichste Anblick ist der von erfrierenden Kindern. Kleine Kinder, mit bloßen Füssen, bloßen Knien und zerfetzten Kleidern, stehen weinend auf der Straße. Heute, am 14., habe ich drei oder vier von ihnen jammern hören. Morgen früh wird man sie vermutlich erfroren auf der Straße finden. Anfang Oktober, als der erste Schnee fiel, hat man etwa 70 Kinder erfroren auf den Stufen von Häuserruinen gefunden. Das ist nun schon ein Alltagsphänomen ..." (Ringelblum, November 1941).

Als unproduktive und unnütze Esser gehörten Kinder zu den ersten, die von den Nazis auf die Deportationslisten gesetzt und aus den Ghettos in Konzentrations- oder Vernichtungslager transportiert wurden. Dort angekommen, überstanden die wenigsten die Selektion. Zusammen mit Alten, Kranken und schwangeren Frauen wurden sie sofort ins Gas geschickt. Diejenigen, die die Selektion überstanden, mussten sehr schnell die Lagerregeln begreifen, einen Überlebensinstinkt entwickeln – und viel Glück haben. Von den schätzungsweise 216.000 jüdischen Kindern, die nach Auschwitz deportiert wurden,

wurden 6.700 Halbwüchsige zu Zwangsarbeit herangezogen, alle anderen wurden vergast. Als Auschwitz im Januar 1945 befreit wurde, fanden die Soldaten der Roten Armee noch 451 Kinder unter den 9.000 Häftlingen, die zu schwach für den Evakuierungsmarsch gewesen waren und sich noch im Lager befanden.

Trotz ihrer Verletzlichkeit entwickelten Kinder oft Phantasie und Findigkeit, um zu überleben. In den Ghettos wurden Sieben- bis Achtjährige zu den Rettern von ganzen Familien, indem sie – unter Lebensgefahr – mit wenigen Habseligkeiten aus dem Ghetto entwischten, um diese gegen Nahrungsmittel und Medikamente zu tauschen und anschließend hereinzuschmuggeln. Leon Berensohn, ein bekannter jüdischer Rechtsanwalt, der im Warschauer Ghetto starb, vertrat die Meinung, es müsse nach Kriegsende ein „Denkmal für das unbekannte Kind" errichtet werden: für das Schmugglerkind im Warschauer Ghetto.

Etliche Kinder machten sich älter, als sie waren. Im Ghetto konnten sie dadurch arbeiten, die spärlichen Essensrationen der Familie aufbessern und (zunächst) einen Deportationsschutz durch die Arbeitsbescheinigung erlangen; im Konzentrationslager gelang ihnen mit der Angabe eines höheren Alters der Sprung über die Hürde der ersten Selektion. Wiederum andere Kinder flohen – mit oder ohne ihre Eltern – von zu Hause in die umliegenden Wälder und lebten dort in Partisanencamps. Jugendliche flohen aus den Ghettos und schlossen sich Partisanengruppen an.

Die meisten Kinder, die überlebten, waren entweder durch Flucht ins neutrale Ausland oder durch Flucht in die Illegalität gerettet worden. Letzteres bedeutete, entweder im Versteck zu leben oder unter Annahme einer falschen Identität, also mit gefälschten Papieren. Beidem ging in der Regel eine schwerwiegende Entscheidung der Eltern voraus: Sofern sie nicht gemeinsam mit den Kindern in die Illegalität gehen konnten (was meistens nicht realisierbar war), mussten sie sich entschließen, sich von ihren Kindern zu trennen und sie in fremde Hände zu geben. Sowohl für die Eltern, aber mehr noch für die Kinder bedeutete die Trennung enorme seelische Qualen. Jüdische Familien waren sehr eng miteinander verbunden, und unter dem Druck der Verfolgung stieg dieses Zugehörigkeitsgefühl. Oft trafen Eltern eine ganz andere Entscheidung, nämlich: Was immer passiert – wir bleiben zusammen. Es gibt etliche Berichte von Kindern, die sich weigerten, mit fremden Menschen, die ihre Hilfe angeboten hatten, mitzugehen.

Abgesehen von den emotionalen Schwierigkeiten gab es jede Menge logistische und organisatorische Probleme: Falsche Papiere und Taufbescheinigungen mussten beschafft, Verstecke und Helfer gefunden werden. Oft nutzten jüdische Familien ihre eigenen Kontakte und baten Freunde oder Nachbarn, in großer Not auch Unbekannte um Hilfe. Daneben gab es jüdische und nichtjüdische Organisationen und Oppositionsgruppen im besetzten Europa, die Hilfsnetzwerke knüpften, um Juden zu retten. Kinder wurden in Klöstern und Konvents untergebracht, in kirchlichen Waisenhäusern und in privaten Familien. In nicht wenigen Fällen mussten die Helfer bezahlt, häufig auch gewechselt werden, weil das Versteck nicht mehr sicher war oder den Helfern das Risiko und die Belastung zu groß wurden. Kinder, die sehr jüdisch aussahen oder die Sprache des Landes nicht oder nur unzureichend sprachen, konnten nicht offen bei ihren Helfern leben und wurden in Kellern, Dachböden, Scheunen, Waldhütten oder Hühnerställen versteckt.

Sowohl für Helfer als auch für Versteckte war das Unternehmen mit enormen Risiken verbunden, die Folgen bei Entdeckung waren gravierend und endeten oft mit der Deportation in Vernichtungslager. In Polen wurden das Verstecken von Juden und jegliche andere Hilfe für Juden mit der Todesstrafe geahndet – für die Helfer und oft deren gesamte Familie.

Angst war ein ständiger Begleiter. Von den Kindern verlangte das Leben in der Illegalität eine enorme Lern- und Anpassungsfähigkeit. Sie durften ihre jüdische Identität unter keinen Umständen preisgeben, mussten sie vor der Polizei, vor Nachbarn ebenso wie vor Klassenkameraden, dem engsten Freund oder der engsten Freundin verbergen. Der kleinste Lapsus konnte sie verraten. Schnell lernten die Kinder die Rituale und Gebete der christlichen Religion.

Sie beobachteten die Erwachsenen, sie analysierten Situationen, und sie wussten präzise, was von ihnen erwartet wird. Bereits im Alter von vier Jahren war ihnen klar, dass sie im Versteck keinen Laut von sich geben durften. Oft fand eine Rollenumkehr zwischen Eltern und den Heranwachsenden statt, indem letztere zu den Beschützern oder Ernährern ihrer Eltern wurden: Sie waren kleine Erwachsene mit großer Verantwortung.

Diejenigen Kinder, die zu den vermeintlich glücklichen Überlebenden des Holocaust gehören, haben tatsächlich einen hohen Preis gezahlt. Ihre Erfahrung der zunehmenden Isolierung, Entrechtung und des völligen sozialen und wirtschaftlichen Abstiegs der eigenen Familie sowie das plötzliche Verschwinden oder der Tod von Verwandten und Freunden gipfelte in der Erkenntnis, dass die Eltern keinen Schutz mehr boten – eine extreme seelische Erschütterung für Kinder. Es folgten Jahre der Ghettoisierung, Trennung, KZ-Haft und Zwangsarbeit, oftmals geprägt von akuter Todesangst. Kinder wurden an fremde Personen übergeben, erhielten falsche Namen, lebten in einer Atmosphäre der ständigen Gefahr und Bedrohung. Sie waren Hunger und Kälte in den Ghettos ausgesetzt, sahen Frauen, Männer und Kinder auf den Straßen sterben. Sie wurden in Vernichtungslager deportiert und nach tagelanger Fahrt in Viehwaggons brutal von ihren Eltern und Geschwistern getrennt. In den Lagern waren sie der unbegreiflichen Grausamkeit der Nazis ausgesetzt und erlebten, wie ihre Mithäftlinge in die Gasöfen geschickt wurden. Die Angst vor der nächsten Selektion beherrschte jeden Häftling.

Ärzte wie Psychologen sind sich darüber einig, dass Kinder, die noch in der emotionalen und geistigen Entwicklung begriffen sind, von der Wucht traumatischer Erlebnisse ungleich stärker betroffen sind als Erwachsene. Child Survivors – Holocaust-Überlebende, die bei Ende des Krieges jünger als sechzehn Jahre alt waren – haben oft ihr ganzes Leben lang mit den Folgen ihrer Erfahrungen zu kämpfen. Die Symptome sind komplex. Nach außen hin sind Child Survivors zwar oft angepasst und funktionieren gut. Tatsächlich sind sie jedoch oft hilflos, fühlen sich abhängig, ausgeliefert, isoliert und verlassen, kapseln sich emotional ab, haben Identitätsschwierigkeiten. Sie leiden unter ihrer verlorenen Kindheit und den fehlenden Kindheitserinnerungen, und sie sind auf der Suche nach ihren Wurzeln. Viele brauchen ärztliche und psychotherapeutische Hilfe.

Die Odyssee der Kinder, die überlebt hatten, war nach dem Kriege nicht vorbei. Unterstützt von Hilfsorganisationen begann eine hektische Suche nach Überlebenden und Familienangehörigen. Wenn es um Kinder ging, die versteckt worden waren, die ihre Verstecke aber mehrfach wechseln mussten, zog sich die Suche oft über Monate, zuweilen über Jahre hin. Neben wunderbaren „Happy Ends" spielten sich Tragödien ab: Eltern mussten erfahren, dass ihre Kinder ermordet worden oder aber unauffindbar waren. Kinder wiederum erhielten oftmals die verstörende Nachricht, dass ihre Eltern nicht überlebt hatten. Jene Kinder, die im Babyalter in Pflege gegeben worden waren und keine Erinnerung an ihre Eltern hatten, sträubten sich, mit den Eltern mitzugehen und wollten stattdessen bei ihren Pflegefamilien bleiben. Eine schwierige Identitätsfindung begann.

Die Mehrzahl der überlebenden Kinder waren Waisen. Oftmals hatten sie nicht nur ihre Eltern, sondern die ganze Familie und Verwandtschaft verloren – Geschwister, Großeltern, Tanten, Onkel, Cousins und Cousinen. „Die Seele fasst es nicht und rettet sich in Erstarrung", so fasst der namhafte Psychoanalytiker Tilman Moser, spezialisiert auf seelische Spätfolgen von NS-Zeit und Krieg, die Erlebniswelt von Holocaust-Überlebenden zusammen.

Dem „Unbekannten Kind" im Warschauer Ghetto ist (bisher) kein Denkmal errichtet worden.

Eine weltumspannendere Idee wurde jedoch kürzlich in den Niederlanden geboren und in die Tat umgesetzt. Auf Initiative des niederländischen Künstlers Herman van Veen wurde im September 2004 ein Internationales Monument für das Unbekannte Kind in Arnheim enthüllt, das an alle Kinder erinnern soll, die kaum oder nie Kind sein durften oder viel zu früh starben – sei es durch Hunger, Krieg, Kinderarbeit, Prostitution oder häusliche Gewalt. Das Denkmal besteht aus einem Kreis von Steinen mit einem Kunstwerk, einer Rose, in der Mitte, und lädt alle Länder dieser Welt ein, sich am Gedenken zu beteiligen: Jedes Land, das einen Stein beisteuert, erhält eine Kopie der Rose, mit der es nun sein eigenes nationales Denkmal errichten kann. Stein für Stein entsteht so ein weltweites Netz von Erinnerungsorten. Im Juni 2005 steuerte Deutschland einen Stein zum Denkmal bei, kurz darauf wurde das deutsche Denkmal für das Unbekannte Kind in Münster eingeweiht.

Floris und Arie Kalman

Als ich Floris treffe, ist Arie, ihr Ehemann, bereits im Pflegeheim und nicht mehr ansprechbar: Er hat Alzheimer im fortgeschrittenen Stadium. Floris besucht ihn regelmäßig. Gelegentlich kann sie ihm bei ihren Besuchen eine Geste, einen Blick oder ein Wort entlocken – das sind für sie dann Zeichen, dass sie noch von Arie erkannt wird und dass er sie versteht. Für mich zu spät, Arie Kalman kennenzulernen – ich muss mir seine Geschichte von Floris erzählen lassen.

Floris ist eine introvertierte, wenngleich aufgeschlossene Frau. Als ich sie um ein Interview bitte, lädt sie mich sofort zu sich nach Hause ein.

Das Haus ist voller Erinnerungen an Arie, an den Wänden hängen Fotos, Diploma und berufliche Ehrungen. Und während Floris – mit leiser Stimme – offen über sich und ihr Leben spricht, ist es ihr eigentlich doch vordringlicher, mir aus Aries Leben zu erzählen. Nur in Andeutungen erfahre ich, dass Floris sich stets für unwichtig und Arie für den wichtigeren Menschen in ihrer Beziehung gehalten hat. Lange Zeit hat sie einen Psychotherapeuten aufgesucht. Den brauchte sie nicht mehr, nachdem sie 1990 Mitglied in der frisch gegründeten „Child Survivor"-Gruppe in Melbourne gewor-

Floris und Arie mit ihren Kindern und Schwiegerkindern

den war – ein Zusammenschluss von jüdischen Holocaust-Überlebenden, die bei Kriegsende nicht älter als 16 Jahre waren. In der Gemeinschaft mit Menschen, die Ähnliches erlebt haben wie sie, löst sich ein Knoten bei Floris: Sie kann plötzlich über ihre Kindheit reden, sie erforschen und reflektieren, andere hören ihr verständnisvoll zu. Vieles Unverstandene wird für sie bewusst und emotional begreifbar.

Im Jahre 1999 veröffentlicht die „Child Survivor"-Gruppe eine Anthologie mit biografischen Kurzgeschichten einiger ihrer Mitglieder unter dem Titel „Silent no more" (Nicht länger stumm). Das Buch ist seit Längerem vergriffen. Nach Aries Tod im August 2010 trägt sich Floris mit dem Gedanken, eine Neuauflage des Buches – erweitert um eine Erzählung über Arie – zu finanzieren.

Erst kürzlich erfahre ich von einer euphorischen Floris, dass sie die Neuauflage des Buches, das ihrem verstorbenen Ehemann gewidmet ist, im August 2012 in einer feierlichen Veranstaltung im Melbourner Holocaust-Museum vorgestellt hat.

Floris' Geschichte

Floris kommt 1934 in Brüssel auf die Welt. Ihre Eltern Rivka und Nachman Gryfenberg sind polnische Juden, die fünf Jahre zuvor ihrer Heimat sowie ihren Familien und Freunden in Polen den Rücken gekehrt haben und nach Belgien ausgewandert sind. Der Entschluss war nicht leicht gewesen – schuld war die Weltwirtschaftskrise, die die Arbeitslosigkeit in Polen dramatisch in die Höhe getrieben hatte: Nachman, ein gelernter Handschuhmacher, konnte keine Beschäftigung in Polen finden. In Brüssel gelingt es ihm, sich mit einer kleinen Handschuhproduktion eine eigene Existenz zu schaffen.

„Ein Zimmer in unserer Wohnung war zur Werkstätte umfunktioniert, und da arbeitete mein Vater zusammen mit zwei jungen Männern. Als kleines Kind habe ich es geliebt, in die Werkstatt zu gehen – die jungen Leute hatten immer gute Laune und

Rivka und Nachman Gryfenberg mit Baby Floris, Brüssel 1934

sangen und machten ihre Witzchen. Ich ‚half‘ dann gerne und suchte die abgefallenen Lederstreifen vom Fußboden auf, bis es meinem Vater zu viel wurde. Dann setzte er mich kurzerhand auf den Schrank, der im Zimmer stand."

Beide Eltern haben ihre religiösen Wurzeln abgestreift, als Mitglieder des „Allgemeinen Jüdischen Arbeiterbunds", kurz „Bund"*, sind sie bekennende Sozialisten. Floris und ihre Schwester Danielle, die 1939 geboren wird, wachsen zweisprachig auf: Sie sprechen Französisch und Jiddisch.

Am 1. September 1939 überfällt die deutsche Wehrmacht Polen, acht Monate später, am 10. Mai 1940, marschiert sie in Belgien ein. Die Invasion wird mit einem heftigen Luftbombardement eingeleitet.

„Ich war da sechs Jahre alt, und ich erinnere mich gut daran. Es fielen Bomben, und wir mussten alle in einen Luftschutzkeller rennen. Es war sehr beängstigend – soweit ich zurückdenken kann, war das das erste Mal, dass ich richtige Angst empfunden habe."

Innerhalb von wenigen Tagen werden die Stellungen der belgischen Armee von den Deutschen überrannt, Belgien kapituliert am

---

* 1897 in Vilnius gegründete jüdische Arbeiterpartei.

28. Mai. Die Deutschen etablieren eine Militärverwaltung, die in den nun folgenden zwei Jahren 18 antijüdische Gesetze und Verordnungen erlässt: Es wird definiert, wer dem Gesetz nach Jude ist, ein Zensus wird durchgeführt, um Juden zu registrieren (Oktober 1940); Juden müssen ihre Geschäfte kennzeichnen und ihr gesamtes Vermögen erklären (Mai 1941); Juden werden aus öffentlichen Ämtern, Anwaltsberufen und aus der Presse entfernt (Mai 1941); eine Vereinigung der Juden, die *Association des Juifs en Belgique* (AJB) wird zwangsgegründet, in der jeder Jude Mitglied werden muss (November 1941); jüdische Kinder dürfen keine öffentlichen Schulen mehr besuchen (Dezember 1941); Juden dürfen das Land nicht mehr verlassen (Januar 1942); Juden müssen Zwangsarbeit leisten (März 1942) und den gelben Stern tragen (Mai 1942).

„Anfang 1942 wurden die Dinge dann wirklich unangenehm. Mein Vater durfte seinen Beruf nicht mehr ausüben, und wir mussten alle den gelben Stern tragen. Meine Eltern bläuten mir ein, meinen Schulranzen so zu tragen, dass er den Stern verdeckt. Aber es dauerte nicht lange, und dann durfte ich auch schon nicht mehr zur Schule gehen."

Nach der Wannsee-Konferenz im Januar 1942 plant das Reichssicherheitshauptamt (RSHA) die gezielte, systematische Verschleppung der Juden aus dem Deutschen Reich und aus allen besetzten Gebieten Europas. Im Juli wird die *Association des Juifs en Belgique* aufgefordert, ein Büro einzurichten, um die Einberufung der Juden zum „Arbeitseinsatz" zu koordinieren. Zu diesem Zeitpunkt leben noch etwa 56.000 Juden in Belgien, darunter 7.805 Kinder.

Floris mit ihrem Vater, 1942

Während das belgische Kabinett geflüchtet ist und in London eine Exil-Regierung gebildet hat, intervenieren die Königinmutter und die belgischen Verwaltungsbehörden zugunsten der Juden mit belgischer Staatsangehörigkeit. Das sind die wenigsten, nämlich nur sechs Prozent der Juden im Land. Als auch die deutsche Militärregierung befürchtet, dass eine Deportation der belgischen Juden für Unruhe in der Bevölkerung sorgen könnte, geben die SS-Behörden nach und versprechen, sie von den Deportationen auszunehmen. Die Deportationen beginnen im August 1942 und dauern über ein Jahr an. Sie enden im September 1943 mit dem Bruch des Versprechens und dem Abtransport auch der belgischen Juden. Die Transporte gehen im Wesentlichen in das Konzentrations- und Vernichtungslager Auschwitz, aber auch in die Konzentrationslager Buchenwald, Ravensbrück und Bergen-Belsen.

„Das Leben wurde hochgradig gefährlich für unsere Familie, obwohl ich das als achtjähriges Kind natürlich noch nicht verstand. Meine Eltern beschlossen jedenfalls unterzutauchen, und am Ende des Schuljahres, im Juli 1942, fanden sich meine Schwester Danielle und ich plötzlich in einem Ferienheim wieder, ohne dass wir wussten, wie uns geschah. Und ohne unsere Mutter und unseren Vater! Da waren eine Menge Kinder, die rannten herum und lärmten und spielten auf dem Kinderspielplatz und hatten Spaß – aber ich fühlte mich entsetzlich allein und hatte schreckliches Heimweh. Ich verstand ja überhaupt nicht, warum ich in diesem Heim war – unsere Eltern hatten uns nicht vorbereitet auf diese Situation und gaben uns auch keine Erklärungen."

Insgesamt werden 44 Prozent der registrierten Juden in Belgien deportiert – ein gemessen an anderen von den Deutschen besetzten Ländern geringer Prozentsatz. Das ist zum einen der engagierten Arbeit von Widerstandsorganisationen zu verdanken, zum anderen der aktiven Hilfe von Teilen der Bevölkerung und insbesondere der katholischen Kirche.

Im Juli 1942, kurz vor Beginn der ersten Deportation am 4. August, bildet sich die jüdische Untergrundorganisation *Comité de Défense des Juifs* (CDJ, Komitee zur Verteidigung der Juden), die aktiv mit dem belgischen Widerstand zusammenarbeitet. Das CDJ macht es sich zur wesentlichen Aufgabe, Verstecke für Juden zu suchen. 138 vorwiegend katholische Institutionen und 700 Familien bieten Unterschlupf. Auch außerhalb des CDJ gibt es Privatpersonen, die helfen. Alle Initiativen führen dazu, dass in Belgien mehr als 26.000 Juden versteckt werden.

Für Floris und Danielle ist es der Anfang einer Odyssee, die über zwei Jahre dauern soll. Von nun an bis zur Befreiung Belgiens im September 1944 können die Mädchen nicht mehr mit ihren Eltern zusammenleben. Sie werden bei verschiedenen nichtjüdischen Familien untergebracht, die bereit sind zu helfen.

Floris' Eltern haben einen belgischen Freund, der sie dabei unterstützt, immer wieder neue Verstecke ausfindig zu machen – für sie selbst und für die Kinder. Allein für Floris müssen sechs verschiedene Verstecke gefunden werden – entweder, weil sie zu gefährlich geworden sind oder weil das Mädchen nicht mit den Pflegefamilien zurechtkommt.

„Während eines Sonntagsbesuchs in dem Ferienheim stellte meine Mutter fest, dass für ihren Geschmack viel zu viele jüdische Kinder hier waren. Sie hielt das für gefährlich, nahm uns mit und schickte uns zu einer Familie aufs Land. Ihr Instinkt war richtig: Tatsächlich wurde in dem Heim kurz darauf eine Razzia von der deutschen Militärpolizei durchgeführt."

Die Familie, bei der die Mädchen nun wohnen, verdient ihren Unterhalt mit der Unterbringung von Kindern. Außer Floris und Danielle sind acht andere jüdische Kinder dort.

„Die Familie hat das wohl hauptsächlich wegen des Geldes gemacht – sie haben sich jedenfalls überhaupt nicht um uns gekümmert, und die meiste Zeit waren wir auch hungrig. Und der Herr im Haus ängstigte uns oft, indem er uns sagte: ‚Wenn die Deutschen euch finden, nehmt ihr ein schreckliches Ende!‘"

Die Mädchen sind todunglücklich bei der Familie, so dass ihre Mutter sie wieder nach Hause holt. Aber das Glück, wieder bei den Eltern zu sein, ist von kurzer Dauer. Rivka und Nachman Gryfenberg leben selbst im Versteck. Sie haben zwar falsche Papiere, wegen seines jüdischen Aussehens verlässt der Vater jedoch nie die Wohnung, die Mutter wagt sich nur selten, mit breitkrempigem Hut, nach draußen. Kurzum: Es ist zu gefährlich, die Kinder bei den Eltern zu lassen. Die Gryfenbergs finden neue Familien, die bereit sind zu helfen – diesmal jedoch müssen die Kinder getrennt werden.

„Ich kam zu einer Familie van den Borren, die mit ihrer Tochter Marianne, dem amerikanischen Schwiegersohn Safford Cape und den drei Enkelkindern Anne, Philippe und Miquette zusammenlebten. Hier hatte ich eine wundervolle Zeit. Frau van den Borren kümmerte sich um uns Kinder – wir nannten sie Nana, und sie hatte immer so ein breites Lächeln im Gesicht. Außerdem entdeckte ich das Lesen. Ich durfte ja nicht zur Schule gehen, man hielt das für zu gefährlich. Aber das Haus war voller Bücher, auch Kinderbücher gab es eine Menge. Ich las also den ganzen Tag, und man ließ mich auch. Die Bücher führten mich einfach für eine Weile in eine andere Welt."

Eines Tages wird der amerikanische Schwiegersohn von den Deutschen abgeholt. Bei der Gelegenheit fällt ihnen ein schwarzhaariges Mädchen unter den drei rotblonden Kindern auf: Floris. Der Unterschlupf ist nicht mehr sicher genug für Floris, die Eltern holen sie nach Hause.

„Das war aber nicht mehr mein altes Zuhause, wie ich es kannte. Meine Eltern lebten ja selbst im Versteck – in einer Wohnung zusammen mit vier anderen Erwachsenen. Die Nervosität und die Angst, entdeckt zu werden, waren zum Greifen, das war furchtbar. Die meiste Zeit, so empfand ich es jedenfalls, wurde damit verbracht zu üben, wie schnell alle in das Versteck gelangen können – das Versteck war ein Hohlraum unter der Treppe, der durch einen Schrank verstellt war."

Die Gryfenbergs suchen nach einer neuen Möglichkeit, das Kind irgendwo unterzubringen, und eine Freundin der Vermieterin, eine alleinstehende Dame, erklärt sich schließlich dazu bereit.

„Es war wie eine Erlösung für mich, als ein neues Versteck für mich gefunden wurde, ich konnte diese allgegenwärtige Angst nicht mehr aushalten. Mademoiselle Madeleine, wie ich sie nennen sollte, machte eigentlich auch einen ganz netten Eindruck. Ich freute mich darauf, bei ihr zu wohnen."

Das schon etwas ältere „Fräulein" ist strenggläubige Katholikin, lebt allein und geht regelmäßig in die Kirche, oft früh am Morgen und nochmals am Abend. Sie nimmt Floris jedes Mal mit.

„Ich habe den Weg in die Kirche genossen, wir mussten da durch einen sehr schönen Park gehen. Und in der Kirche selbst habe ich mich immer wunderbar sicher gefühlt, und das ganze katholische Zeremoniell fand ich auch schön. Ich wollte mich dann unbedingt taufen lassen und habe die Welt nicht mehr verstanden, als meine Mutter darüber ärgerlich wurde."

Die belgische Mademoiselle hat keine Erfahrung mit Kindern.

„Sie war sehr unnahbar und strikt. Ich musste aufs Wort gehorchen, und ich spürte weder Zuneigung noch Wärme von dieser Frau. Als gute Katholikin brachte sie mir den Katechismus bei – das war einfach, den habe ich in Windeseile auswendig gelernt. Aber dann – ich durfte ja nach wie vor nicht zur Schule gehen –

versuchte sie, mir auch Bruchrechnung beizubringen, und das habe ich einfach nicht verstanden. Wenn ich die Aufgaben nach mehrfacher Erklärung nicht lösen konnte, schickte sie mich einfach in ein anderes Zimmer, und ich hatte Stubenarrest – so als ob ich ungezogen gewesen wäre. Ich empfand das als sehr unfair und wurde dann natürlich auch störrisch."

Als Floris ihrer Pflegemutter an den Kopf wirft, dass sie sie ja nur wegen des Geldes versorgen würde, verschlechtert sich die Beziehung.

„Dann habe ich einmal ins Bett genässt, habe das aber ihr gegenüber bestritten – ich konnte diese Schmach als Zehnjährige ja nicht ertragen – und war dann also nicht nur eine Bettnässerin, sondern eine Lügnerin obendrauf. Ich erinnere mich, dass ich einen ganzen Nachmittag auf dem Bett gelegen und geweint habe."

Floris' Mutter, die öfter zu Besuch kommt, kann es nicht mit ansehen, wie unglücklich ihre Tochter ist, und holt sie wieder nach Hause. Sie hat inzwischen auch das Quartier gewechselt und lebt mit ihrem Mann versteckt in einem kleinen Hinterhofzimmer.

„Das Leben bei meinen Eltern war sehr beklemmend. So strikt das Leben bei Mademoiselle gewesen war – aber sie hatte ein Radio besessen, wir hörten jeden Tag die Nachrichten und markierten mit Nadeln auf einer Landkarte, welche Gebiete die Alliierten erobert hatten. Das Hören von Feindsendern war natürlich illegal, aber für mich daher umso aufregender. Bei meinen Eltern dagegen stand die Zeit still. Ich vermisste auch die schönen Klassik-Sendungen im Radio, die ich bei meinem Fräulein hören durfte. Die Musik hatte mich immer – wie der Besuch in der Kirche – in Trance und in eine andere Welt versetzt."

Rivka und Nachman finden das nächste Versteck für Floris, es ist das fünfte, bei einer Dame, die in einem Vorort von Brüssel wohnt und ein Café besitzt. Sie hat keine Kinder, der Mann ist zur Zwangsarbeit ins Deutsche Reich verpflichtet worden.

„Ich hab's dort nicht besonders gut gehabt, die Frau hat mich ein bisschen als Haushaltshilfe benutzt. Ich musste das ganze Haus und das Café saubermachen – das hat zwei volle Tage in Anspruch genommen –, und ich hab gebügelt und Gemüse geputzt und am Wochenende, wenn das Café voll war, Bier aus dem Keller geholt. Meine Mutter kam regelmäßig, um Geld für meinen Unterhalt zu bringen. Bei einer dieser Gelegenheiten brach ich dann zusammen und weinte bitterlich. Das nächste Mal, als meine Mutter kam, war es wie im Märchen. Sie sagte: ‚Pack deine Sachen und komm.'"

Es ist Juni 1944, Floris' Eltern haben inzwischen Unterschlupf bei einer sehr netten belgischen Familie namens Preud'homme gefunden, deren Schwester bereit ist, Floris bei sich unterzubringen.

„Tante Laure war Augenoptikerin, sie arbeitete den ganzen Tag, aber ihr Vater kümmerte sich um mich. Und das war toll – der Vater erzählte mir fantastische Sachen über Geografie und Geschichte, und er hatte ein kleines Gemüsebeet hinter dem Haus, und da nahm er mich immer mit und brachte mir bei, wie man Unkraut jätet und wie man pflanzt. Wir hatten viel Spaß miteinander, und die Familie war wirklich gut zu mir. Manchmal machte ich – das war ja nun etwas, das ich gelernt hatte – das dreistöckige Haus ein bisschen sauber und erntete dafür viel Lob und Anerkennung. Lob und Anerkennung – das war eine völlig neue Erfahrung für mich."

Im September 1944 werden Brüssel und Antwerpen, im November ganz Belgien von den Alliierten befreit.

„Ich erinnere mich genau. Es war der 3. September, ein Sonntag. Die Wohnung von Tante Laure befand sich an einem großen Boulevard in Brüssel, aber es war absolut niemand auf der Straße, es war eine unheimliche Stille. Am Abend standen wir dann am Fenster und sahen die gepanzerten Wagen der Alliierten den Boulevard herunterkommen – und Leute kletterten auf die Panzer und warfen den Soldaten Blumen zu. Komischerweise konnte ich überhaupt nichts empfinden, kein bisschen Freude, gar nichts."

Im Oktober finden die Gryfenbergs eine kleine Wohnung, und Floris wechselt ihre Adresse und Umgebung ein letztes Mal: Sie zieht nach mehr als zwei Jahren endlich nach Hause und ist wieder mit ihren Eltern und ihrer Schwester Danielle vereint. Doch auch dieser Umzug wird eine Enttäuschung.

„Ich hatte ja kein Feuerwerk an Emotionen erwartet oder große Willkommensgesten – aber ein bisschen Freude darüber, dass wir überlebt haben und nun wieder zusammen sind, wäre ja schon schön ge-

Familie Gryfenberg wieder vereint, Brüssel 1946

wesen. Stattdessen taten meine Eltern so, als wäre nichts passiert. Sie sprachen einfach nicht darüber. Wir lebten einfach so weiter, als sei nichts gewesen. Sie fragten mich auch nicht, wie es mir denn ergangen war in all den anderen Familien. Erst später, als ich erwachsen war, begriff ich, dass meine Eltern wohl in dieser ersten Nachkriegszeit erfahren haben, dass außer einem Bruder und einer Schwester meines Vaters die gesamte Verwandtschaft meiner Eltern in Polen umgebracht worden war. Ich nehme an, das muss es sehr schwierig für sie gemacht haben, über das ganze Thema zu sprechen."

Floris hat die dritte und vierte Klasse versäumt, ihre Eltern schulen sie in der vierten Klasse ein.

„Niemand wusste offenbar, dass ich zwei Schuljahre versäumt hatte, ich verstand vieles nicht und war sehr ängstlich. Ein Mädchen aus meiner Klasse hat mir ein bisschen Nachhilfe gegeben. Nach Abschluss der fünften Klasse war ich dann so gut, dass mein Lehrer vorschlug, ich solle die sechste überspringen. Mein Vater platzte bald vor Stolz, aber für mich bedeutete das natürlich, dass ich entwicklungsmäßig hinter den anderen Mädchen in meiner Klasse hinterher war."

Die staatliche belgische Schule organisiert Sommerlager am Meer, an denen Floris gerne teilnimmt. Außerdem tritt sie in die Jugendorganisation der jüdischen Arbeiterpartei „Bund" ein, in der ihre Eltern Mitglied sind.

„Trotz alledem war ich ein sehr zurückgezogenes Kind und immer sehr ernsthaft. Ich habe viel gelesen und mich für klassische Musik interessiert. Ich glaube, die anderen Kinder hielten mich für ein bisschen arrogant – und dabei wollte ich doch nichts anderes als eine beste Freundin haben!"

Die wirtschaftliche Situation im Nachkriegs-Belgien ist nicht rosig, Nachman ist arbeitslos. Auch die politische Lage stimmt nicht besonders optimistisch, denn zwischen den Westmächten und dem Ostblock entwickeln sich ernsthafte Konflikte: Der sogenannte „Kalte Krieg" bahnt sich an. Wie so viele andere Europäer auch, haben die Gryfenbergs Angst vor einem neuen, „heißen" Krieg. Sie wollen so weit wie möglich weg von Europa.

Nachmans Schwester und deren Mann, die bei Ausbruch des Krieges in die Sowjetunion geflüchtet waren, von den Sowjets nach Sibirien deportiert wurden und dort überlebt hatten, ist es inzwischen gelungen, illegal aus dem kommunistischen Polen heraus nach Belgien zu gelangen. Nachmans Bruder und dessen Braut war eine abenteuerliche Flucht nach Shanghai geglückt. Nach Kriegsende wandert er nach Australien aus und ist nun dabei behilflich, Visa für die überlebende Familie in Belgien zu beantragen. Im April 1949 ist es soweit: Die Familie schifft sich in Marseille auf der „Luciana Marana" ein und erreicht Melbourne vier Wochen später am 15. Mai.

„Ich war begeistert, dass wir nun am Meer wohnten. Ich habe das Meer geliebt. Und ich habe das Ganze so ein bisschen als Abenteuer betrachtet. Ich war ja eine sehr gute Schülerin, hatte das Glück, auf die University High School gehen zu dürfen, das war ein sehr renommiertes Gymnasium, und sah meinem neuen Schülerdasein selbstbewusst entgegen. Was ich nicht vorausgesehen hatte, war das Gefühl der totalen Fremdheit, das mich überkam. Ich bin mal gefragt worden, was für mich an der Emigration nach Australien schwierig war. Und da hab ich kurz und schnell geantwortet: ‚Alles!'"

Floris trinkt einen Schluck von dem italienischen Kaffee, den sie gebrüht hat, schüttelt den Kopf und sagt:

„Ich habe mich ja wirklich in so vielen fremden Umgebungen befunden während des Krieges – aber hier konnte ich mich irgendwie überhaupt nicht einfinden. Plötzlich fühlte ich das Ausmaß dessen, was ich verloren hatte. Mein Platz als Klassenbeste in der Schule! Meine Freunde – auch wenn es nur eine Handvoll war und nicht mal so enge Freunde. Meine Fähigkeiten, mich in meiner Sprache auszudrücken und an einem Gespräch teilzunehmen! Und dann: In meiner Klasse in Belgien waren wir 16 Schüler – hier waren es 38, und niemand nahm Notiz von mir."

Das Ziel der australischen Einwanderungspolitik heißt zu dieser Zeit „Assimilierung": Die Immigranten sollen die australische Kultur annehmen und ihre alte Kultur vergessen. (Erst viel später wird man eine Politik der Integration und des Multikulturalismus verfolgen.)

„Die Immigranten, die alle als ,neue Australier' bezeichnet wurden, sollten völlig australisiert werden. Mir wurde gesagt: ,Vergiss Dein Französisch, das brauchst du jetzt nicht mehr.' Und so sehr das auch wehgetan hat – ich musste das so akzeptieren. Ich denke, ich habe dann wirklich erwartet, dass ich in Kürze ein ,dinkum Aussie' werde, wie man hier sagt, ein echter Australier eben, obwohl ja nicht so ganz klar war, was das eigentlich ist. Nach ein paar Jahren hab ich dann begriffen, dass ich nie so sein würde wie ein hier geborener Australier und wie absurd diese Erwartung überhaupt war. Zum Glück gab es die Alliance Française in Melbourne, das ist ein Verband zur Verbreitung der französischen Sprache im Ausland. Die hatten eine Bibliothek und Kurse – und das war ein bisschen wie eine Fluchtburg für mich."

Floris tut sich schwer und ist nicht besonders glücklich in der Schule.

„Der Verlust der Sprache war wirklich immens. Die Tatsache, dass ich eine gute Schülerin war, machte ja sozusagen meine Persönlichkeit aus – und das fiel nun weg. Im Ergebnis hab ich die Schule gehasst und das ganze Bildungssystem. Der Standard war niedriger als in Belgien, die Werte anders. Ich mochte die Uniform nicht, die wir tragen mussten, und ich konnte zum Lunch nicht nach Hause, weil es zu weit war und wir auch nachmittags Unterricht hatten."

Auch für die Eltern ist es nicht einfach.

„Australien war ja das Land der großen Möglichkeiten, wo man ein Haus, ein Auto, einen Kühlschrank und ein elektrisches Bügeleisen besitzen konnte. Aber wir kamen doch mit buchstäblich nichts an, und meine Mutter, die bisher Hausfrau gewesen war, musste plötzlich, mit 41, in einer Fabrik arbeiten gehen, fünf Tage die Woche, von morgens bis spätabends. Mein Vater versuchte sich wieder in seinem Handschuhgeschäft, das florierte aber nicht in Melbourne. Das Klima war zu warm für Handschuhe, die brauchten die Leute nicht. Er hat dann eine kleine Schneiderei aufgemacht und hat es eigentlich meiner Mutter zu verdanken, die nämlich ausgezeichnet nähen konnte, dass das funktioniert hat. Beide haben wirklich schwer gearbeitet."

Floris' Englisch wird, mit der Hilfe eines Tutors, deutlich besser, dennoch beschließt sie, mit siebzehn von der Schule abzugehen, und sie arbeitet in der elterlichen Firma. Gleichzeitig besucht sie die Abendschule, um ihr Abitur nachzuholen, und studiert anschließend Französisch und Latein. Mit ihrem Abschluss in der Tasche beginnt sie, als Sprachenlehrerin zu arbeiten.

„Ich dachte, das würde mir Spaß machen. Aber die Klassen waren groß, und die meisten Schüler hielten eine Fremdsprache für unsinnig. Mein Problem war es, Disziplin zu halten in der Klasse, viele Schüler haben den Unterricht einfach dauernd gestört. So was kannte ich nicht aus Belgien – da hatte man Respekt vor dem Lehrer."

Inzwischen hat Floris einen jungen Mann kennengelernt, für den sie sich interessiert – und der sich auch für sie interessiert.

„Noch im gleichen Jahr, als wir in Melbourne angekommen sind, habe ich an einem Treffen des Jugendverbandes vom ‚Bund' auf Phillip Island teilgenommen, einer beliebten Urlaubsinsel südöstlich von Melbourne. Dort hab ich ‚ihn' getroffen, einen achtzehnjährigen jüdischen Emigranten aus Polen – kennengelernt kann man nicht sagen, denn ich habe kaum zehn Worte mit ihm gesprochen. Aber ich erinnere mich, dass er ein damals ganz bekanntes Lied gesungen hat: ‚Rolling around the world, looking for the sunshine …' und dass ich völlig beeindruckt war von dem guten Englisch, das er nach erst einem Jahr in Australien schon sprach. Erst 1955 habe ich Arie dann wiedergetroffen – zufällig. Und da haben wir dann festgestellt, dass wir die gleichen Interessen hatten: klassische Musik, Tanzen, Lesen, Kino. 1957 haben wir geheiratet."

Aries Geschichte

Arie hat den Holocaust als jüdisches Kind in Polen überlebt. Angesichts der Tatsache, dass nur etwa zehn Prozent der polnischen Juden überhaupt und davon nur ein Bruchteil der Kinder überlebt hat, grenzt das an ein Wunder. Er wird 1931 geboren, sein Bruder Peretz kommt 1936 auf die Welt. Die Familie lebt in Łódź. Bei Kriegsausbruch flüchtet sein Vater, der nicht nur Jude, sondern auch Kommunist ist – eine denkbar üble Mischung in den Augen der Nazis –, in die Sowjetunion. Aries Mutter Shaindl zieht mit ihren beiden drei und acht Jahre alten Söhnen zu den Eltern in Piotrków Trybunalski, einer Stadt im Süden von Łódź. 1939 leben hier etwa 18.000 Juden, das ist ein Drittel der Bevölkerung. Am 8. Oktober erhalten alle Juden den Befehl, in ein von den Deutschen abgegrenztes Gebiet in der Stadt zu ziehen. Damit wird Piotrków Trybunalski zur ersten Stadt Polens, in der ein Ghetto errichtet wird.

Im März 1942 beginnen die Nazis mit den Deportationen der Ghettobevölkerung Polens in die Vernichtungslager. Das Ghetto von Piotrków Trybunalski wird im Morgengrauen des 13. Oktober von deutschen und ukrainischen SS-Leuten und polnischer Polizei umstellt, bis zum 21. Oktober werden etwa 20.000 Menschen in das Vernichtungslager Treblinka deportiert. Ungefähr fünfhundert Juden gelingt die Flucht in die umliegenden Wälder, circa zweitausend verstecken sich im Ghetto.

„Arie und seine Familie versteckten sich auf einem Dachboden, aber es half nichts, sie wurden gefunden wie alle anderen auch und dann in die Synagoge gesperrt. Arie hat mir erzählt, dass dann Deutsche gekommen seien und arbeitsfähige Frauen gesucht hätten und dass einige mitgegangen wären und ihre Kinder zurückgelassen hätten. Aber seine Mutter hat das eben nicht gemacht – ihr gelang es stattdessen, einen Wachmann zu bestechen, der ihnen Zugang zu den zwei noch existierenden Arbeitslagern am Ort verschaffte. Die anderen in der Synagoge wurden alle in den umliegenden Wäldern umgebracht, Aries Großvater war auch dabei."

Shaindl verlässt die Synagoge mit Arie an der Hand und Peretz im Rucksack. Der Fünfjährige lebt von nun an als „Illegaler" im Arbeitslager, bei den regelmäßigen Durchsuchungen versteckt ihn die Mutter vor den Deutschen. Der elfjährige Arie gibt an, dass er bereits dreizehn Jahre alt wäre und „darf", wie auch seine Mutter, in der Glasfabrik arbeiten. Bis zum Oktober 1944 leistet er dort Schichtarbeit. Als sich die Rote Armee nähert, wird das Lager geräumt. Im Chaos der Räumung wird Arie von seiner Mutter und seinem Bruder getrennt. Unter den Tausenden von Häftlingen, die im Rahmen der Evakuierungen im Januar 1945 aus anderen KZs nach Buchenwald strömen, sind auch einige hundert Jugendliche und Kinder – darunter Arie. Für sie wird eine separate Baracke bereitgestellt,

Arie als Vierzehnjähriger in Bergen-Belsen

225

der sogenannte „Kinderblock 66". Die meisten dieser Kindergefangenen überleben.

„Auch Arie kam in die Kinderbaracke und erlebte die Befreiung am 11. April. Da war er noch keine vierzehn. Und dann hatte er noch mal Glück, denn auch seine Mutter und sein Bruder hatten überlebt. Sie befanden sich im Lager für Displaced Persons in Bergen-Belsen, und Arie stieß dann zu ihnen. Lehrer aus Palästina haben bald eine Schule im Lager gegründet, und Arie, der vor dem Krieg ja überhaupt nur zwei Jahre zur Schule gegangen war, wurde ein exzellenter Schüler. Alle Fächer wurden in Hebräisch unterrichtet – er sprach die Sprache dann fließend."

Aries Mutter hat eine Schwester in Melbourne – die Entscheidung, nach Australien zu gehen, liegt also nahe. Im Januar 1949 kommt sie mit ihren beiden Söhnen in Melbourne an. Arie ist siebzehn – und fasziniert von dem Land.

„Er konnte überhaupt nicht aufhören, sich darüber zu wundern, dass sich niemand darum kümmerte, wo er herkam und ob er nun Jude war oder nicht. Seine Kollegen interessierten sich einfach nur dafür, ob er nett oder ein guter Kumpel war, basta. Und als sie seinen Namen hörten, sagten sie: ‚Ach was, wir nennen dich einfach Harry.‘"

Arie und Peretz nach ihrer Ankunft in Australien

Floris und Arie: Gemeinsames Leben in Australien

Arie findet nach seiner Ankunft in Australien sofort Arbeit, studiert aber nebenbei.

„Er ist sieben Jahre lang auf die Abendschule gegangen – das brauchte wirklich eine enorme Menge an Ausdauer und Beharrlichkeit. Als er dann sein Ingenieursdiplom in der Tasche hatte, hat er als Elektroingenieur bei der Elektrizitäts-Kommission vom Bundesstaat Victoria angefangen. Inzwischen waren wir auch Eltern geworden: Unsere Tochter Naomi ist 1958 geboren, 1960 kam unser Sohn Jonathan auf die

Hochzeit von Floris und Arie Kalman, Melbourne 1957

Welt und dann, 1969, noch mal unser kleiner Nachkömmling Julie. Mit dem Unterrichten hab ich nach eineinhalb Jahren aufgehört. Da war Naomi unterwegs, und damals musste man sich ja als Schwangere noch verstecken und Kleider wie Zelte tragen. Ich hab später, als unsere Jüngste dann zur Schule ging, noch mal drei Jahre unterrichtet, aber nach einer Operation den Lehrerberuf endgültig an den Nagel gehängt. Dann hab ich gemacht, was mir wirklich Spaß macht: Ich habe wieder studiert."
Es ist eine glückliche Familie, Arie oder Harry, wie er nun heißt, hat vielseitige Interessen, macht Sport und Musik mit den Kindern, man fährt zusammen zum Camping, macht Buschwanderungen und redet über alles – nur nicht über die eigenen Erfahrungen im Holocaust.
    „Arie hat sich nicht als Holocaust-Überlebender betrachtet und dachte auch nicht, dass seine Erlebnisse irgendwelche Auswirkungen auf seine Psyche gehabt hätten. Er hatte mir natürlich

erzählt, dass er im Lager war, aber ohne irgendwelche Einzelheiten. Ich habe nicht gewagt, Fragen zu stellen – aus Angst, irgendwelche bösen Erinnerungen in ihm wachzurufen. Und über mich selbst habe ich schon gar nicht geredet, denn im Vergleich zu Arie war das doch lächerlich, was ich erlebt hatte. So dachte ich jedenfalls. Arie hatte doch schließlich, als Kind, ein Arbeits- und ein Konzentrationslager durchgemacht, und ich hatte nur bei fremden Familien gelebt. Und da wir beide nicht darüber redeten, redeten wir natürlich auch nicht mit unseren Kindern über unsere Vergangenheit. Unser Englisch war ja gut. Und so habe ich nie gedacht, dass unsere Kinder denken könnten, dass wir ,anders‘ seien. Aber sie wussten es. Und ich bin sicher, dass das auch alles Auswirkungen auf sie hatte."

1990, da ist sie bereits Großmutter, findet Floris heraus, dass sich in Melbourne eine Selbsthilfegruppe „Child Survivor" unter der Leitung von Paul Valent – Psychiater, Psychotherapeut, Traumatologe und selbst Überlebender des Holocaust – gegründet hat. Sowohl Arie als auch Floris treten ein, Arie wird sofort in die Leitung gewählt.

„Für mich war das, als wenn ein Wehr gezogen worden wäre – endlich, endlich konnte ich sprechen und fand so viel Verständnis in der Gruppe für das, was ich erlebt hatte. Erst damals habe ich verstanden, wie sehr mich eben doch meine instabile Kindheit beeinflusst und beeinträchtigt hat. Über lange Jahre fühlte ich mich immer als ein Außenseiter und von allen verlassen; ich hatte mich in mich zurückgezogen, war angepasst, habe mich versteckt und unsichtbar gemacht, um kein Missfallen zu erregen. Ich habe da fast eine Tugend draus gemacht. Die Öffnung in der Gruppe war wie eine späte Befreiung."

Floris fängt an, ehrenamtlich für das Holocaust-Museum zu arbeiten. Zunächst arbeitet sie in der Abteilung der Kuratorin, später ist sie Mitherausgeberin der „Centre News", einer zweimonatlich vom Museum herausgegebenen Zeitschrift. Arie hat sich inzwischen zum graduierten Psychologen weitergebildet und führt seine eigene Praxis zu Hause.

In den neunziger Jahren beginnt sich die jüngste Tochter Julie mit Ahnenforschung zu befassen und stolpert über eine Website, auf der ein junger Schotte mit russischem Namen nach der Herkunft seiner Familie forscht. Er berichtet, dass sein Großvater Hillel Kalman 1939 aus Polen in die Sowjetunion geflüchtet sei. Arie ist fassungslos: Hillel Kalman war sein Vater. Er war Soldat in der Roten Armee geworden, hatte gegen die Deutschen gekämpft und hatte überlebt. In der Annahme, dass seine Frau und seine Söhne umgekommen waren, hatte er eine russische Frau geheiratet und eine Tochter und einen Sohn mit ihr. Aries Vater starb 1981 – nicht wissend, dass seine beiden Söhne in Melbourne lebten und er sechs Enkelkinder hatte.

„Unsere Tochter Julie hat dann eine Tochter und einen Enkel von Hillel in Europa und New York getroffen, während Arie und ich nach Los Angeles reisten, um uns mit der Schwiegertochter und einem anderen Enkelsohn zu treffen. Die waren total verblüfft, als sie Arie sahen – der sah mit seinen siebzig Jahren offenbar genauso aus wie sein Vater. Von unserer neuen Familie bekamen wir dann auch die wenigen Fotos aus Aries Kindheit."

Ende der Neunziger wenden sich Floris und ihre Schwester Danielle mit dem Antrag an Yad Vashem, die staatliche Holocaust-Gedenkstätte Israels, einigen der belgischen Familien, die sie und ihre Eltern versteckt haben, den Ehrentitel „Gerechte unter den Völkern" zu verleihen. Dieser Titel wird von Yad Vashem an nichtjüdische Personen vergeben, die während der Zeit des Nationalsozialismus ihr Leben einsetzten, um Juden zu retten (siehe auch Kapitel 12 in diesem Band). Den Anträgen wird entsprochen:

Leon und Marguerite Preud'homme, Laure und Pierre Demarteau sowie Charles und Madeleine van den Borren erhalten den Ehrentitel, ihre Namen werden in Yad Vashem auf einer Ehrentafel im Garten der Gerechten eingraviert.

„Die Zeremonien fanden 1998 und 2001 in der Israelischen Botschaft in Brüssel statt. Ich hatte die Ehre, bei beiden Feiern dabei zu sein, zusammen mit den Familien bzw. Nachkommen der Familien, das war alles sehr bewegend. Marguerite Preud'homme lebte noch und nahm mit 95 Jahren an der Verleihung teil. Tante Guite, wie wir sie immer nannten, fand, dass wir viel zu viel Lärm um die ganze Geschichte machten, und war sehr dankbar. Aber dankbar wofür denn? *Wir* sind schließlich diejenigen, die diesen Familien dankbar sind, dass sie uns versteckt haben. Ich saß damals da und dachte: ‚Diesen Menschen verdanke ich wirklich mein Leben.'" Nach einigem Nachdenken fügt Floris hinzu: „Eines muss ich ja auch sagen: Einige Familien waren nett, und andere waren weniger nett. Aber mutig waren sie alle."

Im Oktober 2004 wird die Diagnose „Alzheimer" bei Arie gestellt. Es gelingt ihm, noch ein paar Monate zu arbeiten, muss dann jedoch seine Praxis aufgeben. Er verändert sich im Verhalten, zieht sich völlig zurück, ist verwirrt. Für Floris eine Situation, die sie körperlich und seelisch sehr mitnimmt. Sie ist verzweifelt und fühlt sich hilflos. Nach drei Jahren muss sie Arie in ein Pflegeheim geben, er stirbt im August 2010.

Seit einigen Jahren arbeitet Floris als Guide im Museum.

„Auf der ganzen Welt gibt es leider immer noch so viele Kinder, die gezwungen sind zu arbeiten, die in Gefängnissen sitzen, die missbraucht werden, denen man weder Interesse noch Aufmerksamkeit oder Verständnis schenkt. Ich halte es für absolut wichtig, jungen Menschen mit auf den Weg zu geben, wie verletzlich und ungeschützt Kinder sind und dass man alles dafür tun muss, um jeglichen Missbrauch von Kindern zu beenden. Das ist meine Mission – und darüber rede ich im Museum."

Lusia Haberfeld

Wir sind in ihrer Wohnung verabredet, und ich stehe zur vereinbarten Zeit vor einem eleganten Apartmentblock in Caulfield – einem Stadtteil Melbournes, in dem viele Juden wohnen. Der Eingang zu dem Gebäude ist mit einem Tor aus massiven Eisenstäben versperrt, das sich erst auf mein Klingeln hin öffnen lässt. Als ich im zweiten Stock aus dem Lift trete, steht, etwa zehn Meter von mir entfernt, eine schlanke, sportlich wirkende Dame vor ihrer Apartmenttür. Ich stutze einen Moment und denke: Das kann sie nicht sein, sie ist zu jung für eine Achtundsiebzigjährige. Aber ich irre mich: Die Dame spricht mich an, es ist Lusia Haberfeld. Sie bittet mich in ihre modern eingerichtete Wohnung und eröffnet mir, dass es schwierig für sie sei, sich zu erinnern, da sie nichts besitzt, worauf sie sich stützen könne – außer ihrem Gedächtnis. Sie habe keinerlei Fotos, Briefe oder andere kleine Dinge, an denen sie hing und die jetzt Erinnerungen wecken würden, aus ihrer Vergangenheit retten können. Das einzige Foto,

Lusia Haberfeld

das sie besitzt, ist ein Foto von ihrem Bruder Rysio, der als Sieben-jähriger in Majdanek ermordet wurde. Auf dem Foto ist er etwa vier Jahre alt. Lusias Cousine Genia, die den Holocaust überlebte, fand das kleine Foto nach dem Krieg in der Wohnung der Eltern. Lusia ließ das Bild vergrößern, rahmte es und hängte es in ihrer Wohnung auf, wo es noch heute hängt. Ihrer Mutter, die selten über Rysio sprach, weil sie es nicht ertragen konnte, ersparte sie eine Rahmung des Fotos.

Lusia ist eine sichtbar nervöse, unruhige Frau. Sie macht mir einen Tee, entschuldigt sich, dass sie nichts zum Knabbern da hat und sagt mit einem Blick auf die Uhr, dass sie leider nicht viel Zeit hätte. Sie müsse unbedingt zu ihrem Hausarzt, der sie zu einem Facharzt überwiesen hätte. Dieser Facharzt sei aber Araber, und es sei für sie undenkbar, dass sie dort hinginge. Das müsse ihr Arzt doch auch wissen? Ich bin zunächst verblüfft, so eine Aussage von einer Frau zu hören, die Schüler und Studenten jede Woche im Holocaust-Museum darum bittet, jeglicher Form von Rassendis-kriminierung in der Schule, an der Universität, am Arbeitsplatz oder im Wohnviertel beherzt entgegenzutreten. Erst allmählich begreife ich, dass es sich hier nicht um Diskriminierung, sondern um etwas ganz anderes handelt: um Angst. Mehr als sechzig Jah-re nach dem Holocaust wird Lusias Leben von Angst beherrscht. Beim Anblick eines Schornsteins denkt sie an die Gasöfen von Auschwitz, beim Anblick eines Schäferhundes an die Hunde, die die SS auf Menschen hetzte.

Lusia schottet sich ab, hat wenig Freunde und scheint die Freude am Leben verloren zu haben.

Manchmal schreibt sie Gedichte. Nachdem ich ihr sage, dass ich gerne eines hören würde, liest sie mir ein paar ihrer Gedichte vor. Während sie liest, entspannen sich ihre Gesichtszüge. Sie wirkt mit einem Mal völlig gelöst und fast heiter.

Lusias Geschichte

Lusia wird 1931 als erstes Kind einer gut situierten jüdischen Familie in Łódź geboren. Die Eltern Adas und Adele Hasman führen ein Bekleidungsgeschäft für Damenmode und Pelze in der *Piotrkowska*-Straße – der Hauptstraße im Geschäfts- und Einkaufsviertel der Innenstadt.

„Direkt hinter dem Geschäft befand sich – durch ein Büro verbunden – unsere Wohnung. Das Geschäft war sehr elegant, meine Eltern arbeiteten beide darin, und zusätzlich gab es einen Assistenten und einen Laufjungen. Zu Hause hatten wir ein polnisches Mädchen namens Pola. Ich erinnere mich, dass Pola morgens, wenn ich frühstückte, oft Nudelteig machte. Dann gab sie mir immer ein kleines bisschen Teig, das ich auf den heißen Herd legte und mir so mein eigenes kleines Plätzchen buk. Ich habe das geliebt!"

Lusia ist fünf, als ihr kleiner Bruder Rysio geboren wird. Für ihn wird ein Kindermädchen eingestellt.

„Sie hieß Rosa, ich mochte sie sehr, sie hat uns immer so schöne Geschichten erzählt. Manche waren lustig und manche traurig, und ich denke, alle diese Geschichten hatten eine kleine ,Moral' für uns Kinder. An ein paar dieser Geschichten erinnere ich mich noch heute."

Lusia hat eine sorgenlose und glückliche Kindheit.

„Ich denke heute noch daran zurück, wie mich mein Vater, Tatus nannte ich ihn, verwöhnt hat. Er kaufte mir alles Mögliche, was ich haben

Łódź, Pjotrkowska 121 – das ehemalige Geschäft und Apartment der Familie Hasman

233

wollte – Bücher, Buntstifte und schönes Bastelpapier. Manchmal, wenn er mit mir ein Stück spazieren gehen wollte, hing
er mir ‚Obwarzankis' – das waren kleine Kekse mit Löchern
in der Mitte – an die Knöpfe von meinem Mantel, so dass ich
unterwegs was zum Naschen hatte. Er war lustig, machte oft
Scherze und brachte mich zum Lachen." Lusia hält ein Weilchen inne. „Ich versuche immer, mich zu erinnern, wie mein
Vater aussah. Noch als ich viel jünger war als heute, lag ich
abends oft still im Bett, versuchte mich zu konzentrieren und
sein Gesicht wieder ins Gedächtnis zu holen – aber es war vergeblich. Ich kriege seine Gesichtszüge einfach nicht zusammen.
Ich wünschte so sehr, dass ich wenigstens ein einziges Foto von
ihm hätte."

Zwei Jahre lang – bis der Krieg ausbricht – geht Lusia auf eine
private jüdische Schule.

„Der einzige Unterschied zu einer staatlichen polnischen Schule war, dass wir jüdische Geschichte lernten. Ansonsten hatten
wir die gleichen Fächer, wurden zu kleinen polnischen Patrioten
erzogen und sprachen Polnisch. Ich liebe die polnische Sprache
bis heute."

Lusia ist acht Jahre alt, als die Deutschen am 1. September 1939
Polen überfallen.

„Mit Ausbruch des Krieges fingen dann meine Ängste an. Zunächst wurde mein Vater einberufen, ich vermisste ihn natürlich
und hatte irgendwie Angst, dass ich ihn nie wiedersehen würde.
Dann war da die Angst vor den Bomben, es gab auch Gerüchte,
dass die Deutschen Gasbomben auf Łódź werfen würden. Wir
mussten die Fenster nachts verdunkeln, und jeder machte sich
Stoffmasken gegen das tödliche Gas. Wenn die Sirenen anfingen zu heulen, rannten wir hinunter in den Keller. In unserem
großen Häuserblock gab es eine Menge Mieter, der Keller war

also total voll, laut und stickig. Es war schrecklich, ich war total verängstigt und zitterte oft vor Angst."

Am 8. September marschieren die Deutschen in Łódź ein und beginnen sofort mit einer brutalen Judenverfolgung. Willkürliche Gewalt gegen Juden auf der Straße, in Geschäften, Büros und Wohnungen ist an der Tagesordnung; bereits am 18. September wird eine Serie von antijüdischen Gesetzen und Verordnungen erlassen.

„Alle Leute mussten ihr Radio abgeben, aber ich erinnere mich, dass mein Vater seines behalten und, obwohl das ziemlich gefährlich war, heimlich BBC gehört hat. Dann wurde eine Sperrstunde für Juden verhängt – nach fünf Uhr nachmittags durften wir das Haus nicht mehr verlassen. Bestimmte Straßen durften wir auch nicht mehr benutzen – und dazu gehörte die Piotrkowska, auf der unser Geschäft war. Zum Glück hatten wir Leszek, unseren Laufburschen, der kaufte dann für uns ein. Mein Vater hat damals viel Zeit im Keller verbracht, weil die Deutschen einfach in die Häuser stürmten und die Männer wegholten. Und dann haben sie die Juden völlig ausgeraubt – Tag und Nacht sind die mit Lkws in unseren Hof gefahren und haben Möbel, Gemälde, Teppiche, Porzellan und alles, was irgendeinen Wert hatte, mitgehen lassen. Und schließlich haben sie uns natürlich auch das Geschäft weggenommen."

Der Verkäufer im elterlichen Geschäft, der nicht nur Angestellter, sondern auch Freund der Familie Hasman ist, taucht mit einer Hakenkreuzbinde am Arm auf; Pola darf als Polin nicht mehr für Juden arbeiten und verlässt die Familie; das jüdische Kindermädchen Rosa zieht zur Familie aufs Land – die Hasmans hören nie wieder von ihr.

Als Łódź im November 1939 ins Deutsche Reich eingegliedert wird, beschließen die Hasmans, über Warschau in die Sowjetunion zu fliehen.

„Mein Vater ging zunächst alleine nach Warschau, um eine Bleibe für uns alle zu organisieren. Aber wir konnten sein ‚grünes Licht' gar nicht mehr abwarten, denn plötzlich wurde es Juden verboten, die Stadt zu verlassen. Meine Mutter versuchte, einen der letzten Busse, die die Stadt in Richtung Warschau verließen, zu erwischen. Der Bus war voll, und der Busfahrer weigerte sich, uns mitzunehmen. Erst als meine Mutter drohte, sich selbst und ihre beiden Kinder – also mich und meinen Bruder Rysio – umzubringen, gab der Busfahrer nach. Er war ein früherer Kunde von uns."

Es ist ein bitterkalter Winter, die Temperaturen fallen auf minus 28 Grad, die Kinder haben Frostbeulen an den Beinen. So beschließen die Hasmans, die einstweilen Unterschlupf bei Verwandten gefunden haben, die Flucht in die Sowjetunion zu verschieben. Anfang Oktober 1940 werden alle Juden Warschaus aufgefordert, in ein abgegrenztes Wohngebiet in der Stadtmitte Warschaus zu ziehen.

„Nun wohnten wir also im Ghetto. Am Anfang war die Situation da noch erträglich, aber mehr und mehr Menschen, auch aus der Umgebung Warschaus, wurden in das Ghetto gepfercht, Hunger setzte ein, Kinder mit völlig ausgemergelten Körpern lagen sterbend in den Straßen. Meine Eltern hatten zum Glück noch ein paar von ihren Stoffen aus dem Geschäft und ein bisschen Schmuck verkaufen können, davon lebten wir nun."

Lusia trifft ihre alte Lehrerin wieder. Panna* Viera fängt an, sechs ihrer ehemaligen Schülerinnen täglich zu unterrichten. Auch Lusia nimmt an den Schulstunden teil.

„Da schulische Erziehung strikt verboten war, fand der Unterricht heimlich statt, und wir trafen uns jeden Tag an einem

---

* Frau.

anderen Ort. Es durfte eben nicht auffallen. Ich habe den Unterricht geliebt. Panna Viera hat die Welt zu uns gebracht, und durch ihre Augen habe ich die russische Steppe, Notre-Dame, den Amazonas und den Schnee auf dem Kilimandscharo gesehen. Ich kannte, ohne dass ich Polen je verlassen hatte, die schönsten Orte der ganzen Welt."

Im Sommer 1942 beginnen die Massendeportationen aus dem Warschauer Ghetto – von den Nazis getarnt als „Umsiedlung" in den Osten. Zwischen Ende Juli und Anfang August werden 300.000 Bewohner des Ghettos zusammengetrieben, zum sogenannten Umschlagplatz am Güterbahnhof, dem Sammelplatz für Deportationen, gebracht, dort in Güterwaggons gepfercht – 100 Personen pro Waggon – und nach Treblinka transportiert. Treblinka ist ein Vernichtungslager etwa 100 Kilometer im Nordosten Warschaus. Dort werden die Bewohner des Ghettos sofort nach ihrer Ankunft vergast.

Die Hasmans arbeiten in einer Fabrik, die Socken für die deutsche Wehrmacht herstellt, und sind aufgrund ihrer Arbeitsbescheinigung während der ersten Deportationswelle noch geschützt: Laut Bekanntmachung der Deutschen werden nur die arbeitslosen Juden „evakuiert". Auch Lusia arbeitet in der Sockenfabrik, sie arbeitet in der Nachtschicht, weil es da eine zusätzliche Essensration gibt.

„Aber dann nahmen sie zunehmend Leute mit, die eben auch Arbeit hatten. Mein Vater ging kein Risiko ein, er verbarrikadierte uns hinter einer Ziegelsteinwand auf dem Dachboden. Die Deutschen waren ein paar Mal im Haus und kamen auch die Treppe hoch – wir haben Todesangst ausgestanden und haben uns nicht mal getraut zu atmen."

Als die Deportationen Mitte September aufhören, befinden sich noch etwa 60.000 Menschen im Ghetto, darunter sind auch die Hasmans.

„Inzwischen gab es schon diese schrecklichen Gerüchte darüber, dass die Leute nicht etwa zu Arbeitszwecken ‚umgesiedelt‘, sondern vergast werden. Mein Vater wollte, dass wir Bescheid wissen, er hat mir das erzählt. Wir hatten also enorme Angst vor der nächsten Deportation, und deshalb baute mein Vater zusammen mit zwei Freunden einen Bunker für uns. Mit Hilfe eines außerhalb des Ghettos wohnenden Polen gelang es meinem Vater, alles Lebensnotwendige in den Bunker zu schmuggeln, so dass wir eine Weile darin hätten überleben können.“

Lusias Eltern planen, nach dem Passahfest im April 1943 in den Bunker überzusiedeln, der sich in einem anderen Teil des Ghettos befindet.

„Leider kam es ganz anders. Am Vorabend des Passahfestes stürmten die Deutschen ins Ghetto, um auch die letzten Ghettobewohner abzutransportieren, und trafen auf jüdischen Widerstand, der sich in der Zwischenzeit formiert hatte. Es gab also Kämpfe, unser Bunker war unerreichbar, und wir konnten uns nur noch in unseren eigenen Keller retten. Dort saßen wir dann mit circa 100 anderen Leuten und hörten die Schießereien.“

Es ist der Beginn des knapp vier Wochen währenden Aufstands im Warschauer Ghetto. Ein paar hundert völlig unzureichend bewaffnete Ghettobewohner greifen die Deutschen an und liefern sich mit ihnen Gefechte. Um der Partisanentaktik der Widerstandskämpfer Herr zu werden, beginnt die SS, das Ghetto Haus für Haus mit Flammenwerfern niederzubrennen.

„Auch unser Haus brannte. Wir rannten auf den Dachboden und von dort in andere Häuser, die Häuser waren alle miteinander verbunden. Manchmal fielen brennende Dachbalken herunter, und wir mussten auf dem Dach weiterlaufen. Wenn ich heute solche Szenen in einem Film sehe, muss ich den Fernseher ausmachen, ich kann das nicht aushalten. Wir versteckten uns dann in anderen leeren Häusern, aber schließlich kamen sie und holten uns. Und dann stellten sie uns an die Wand und durchsuchten uns nach Wertsachen und vielleicht ja auch nach Waffen, ich weiß es nicht – jedenfalls zogen sie mir meinen kleinen Rubinring, den ich mal von meinen Eltern zum Geburtstag bekommen hatte, brutal vom Finger."

Die Hasmans werden, zusammen mit Hunderten anderer Ghettobewohner, zum Umschlagplatz am Güterbahnhof gebracht, in einen bereitstehenden Zug gepfercht und in das Konzentrationslager Majdanek abtransportiert.

„Die Zugfahrt war schrecklich, sie war lang, und es waren viel zu viele Menschen in dem Wagen. Wir kriegten keine Luft, da es nur ein winziges kleines Fenster gab. Einige Leute wurden buchstäblich verrückt, die schrien und zogen sich alle ihre Kleider aus." Lusia spricht plötzlich schnell und laut. „Und was in Majdanek passierte, werde ich nie, in meinem ganzen Leben nicht vergessen, nicht mal nach meinem Tod. Sie haben uns getrennt. Sie haben uns für alle Ewigkeit getrennt – Frauen auf die eine Seite, Männer auf die andere. Rysio ging mit meinem Vater und ich mit meiner Mutter."

Die Frauen müssen in Fünferreihen antreten und abmarschieren. Bei der Gelegenheit wird Lusia von ihrer Mutter getrennt.

„Ich befand mich plötzlich inmitten von fremden Leuten, die selbst unter Schock standen und natürlich keinerlei Notiz von mir nahmen. In dem Augenblick entstand eine Angst in mir, die mich nie wieder losgelassen hat und die ich heute noch in mir trage: diese Angst, völlig allein zu sein in der Welt."

Eine weitere Selektion findet statt, und die zwölfjährige Lusia landet auf der Seite der Alten, Kranken und Kinder. Sie ahnt, was das bedeutet, nähert sich mehrfach den Wachmännern und sagt ihnen, dass sie 16 sei und arbeiten könne. Als die Wachmänner eine kleine

Pause machen und sich miteinander unterhalten, holt ein tschechischer Häftling Lusia aus der Gruppe der zum Tode Bestimmten heraus und schiebt sie zu den anderen Frauen.

„Das ging alles in Sekundenschnelle, der Mann hat mir das Leben gerettet, und ich kann mich noch nicht mal an sein Gesicht erinnern. Später in den Baracken habe ich dann meine Mutter wiedergefunden, weinend haben wir uns in den Armen gelegen."

Die Häftlinge müssen morgens stundenlang beim Appell stehen, sinnlose und schwere Arbeit verrichten – sie tragen große Steine hin und her –, das Essen besteht aus Brot und Wassersuppe.

„Das Schlimmste war, dass dauernd Selektionen stattfanden. Ich sah mit meinen zwölf Jahren keineswegs wie sechzehn aus, und da wir bei den Selektionen immer nackt sein mussten, war das bei meinem Kinderkörper noch offensichtlicher. Aber die Blockälteste, eine polnische Frau, versteckte mich immer auf einer der oberen Pritschen. Ich bin ihr heute noch unendlich dankbar dafür."

Eines Tages bekommt Adele Hasman eine gekritzelte Nachricht von ihrem Mann.

„Es war ein Kuss für meine Mutter und ein langer, langer Blick für seine Lusienka. Es war das letzte Mal, dass meine Mutter und ich von meinem Vater gehört haben."

Später werden Adele und Lusia durch das Rote Kreuz nach Adas Hasman suchen lassen, aber es wird nie irgendeine Spur von ihm gefunden.

Nach drei Monaten, im Juli 1943, wird ein Transport von zweitausend Häftlingen zusammengestellt, darunter sind Lusia und ihre Mutter. Der Zug geht nach Auschwitz. Auschwitz ist das größte der von den Nazis errichteten Konzentrationslager und liegt 60 Kilometer westlich von Krakau in Oberschlesien. Der weitläufige Komplex besteht, neben diversen Außenlagern, aus drei Hauptlagern:

Zwei davon, das Stammlager Auschwitz I und das KZ Auschwitz-Monowitz (Auschwitz III), sind Konzentrationslager, das dritte, Auschwitz-Birkenau (Auschwitz II) ist ein Vernichtungslager. Hier befinden sich die Gaskammern und die Krematorien. Zwischen Januar 1942 und November 1944 werden in Birkenau über eine Million Menschen vergast, davon knapp eine Million Juden. Die anderen Opfer sind Polen, Roma und Sinti, sowjetische Zivilisten und Kriegsgefangene, Tschechen, Jugoslawen, Franzosen, Deutsche, Österreicher. Nach Ankunft in Auschwitz durchlaufen die Häftlinge eine Selektion, in der sie zur rechten Seite (Zwangsarbeit) oder zur linken (Gaskammer) dirigiert werden. Die meisten werden – per Augenschein – für arbeitsuntauglich gehalten und noch am gleichen Tage in die als Duschräume getarnten Gaskammern geschickt und ermordet. Lusia und ihre Mutter überleben die Selektion und durchlaufen die in Auschwitz übliche Prozedur: Die Haare werden geschoren, und es werden Häftlingsnummern auf die Unterarme tätowiert.

„Als sie meine Haare geschoren haben, habe ich geweint, aber meine Mutter hat mich fest angeschaut und gesagt: ‚Lusia, solange wir unsere Köpfe haben, wachsen auch die Haare wieder!‘ Und dann ließ sie sich als Erste tätowieren, damit ich sah, dass es nicht wehtat. Sie bekam die Nummer 48702 und ich die 48703.“ Kurz nach der Ankunft in Auschwitz bekommt Lusias Mutter Malaria, ein Umstand, der sich eigentümlicherweise als glücklich herausstellen soll. Zunächst jedoch ist die zwölfjährige Tochter verzweifelt.

„Wir brauchten dringend Chinin, aber der Preis dafür war unerschwinglich – eine einzige Tablette kostete ein ganzes Brot. Das letzte Mal aber, dass wir ein ganzes Brot überhaupt zu Gesicht bekommen hatten, war, bevor wir nach Majdanek kamen. Es war eine hoffnungslose Situation.“

Ein Mithäftling rät Lusia, sich an das sogenannte „Sonderkommando" zu wenden – das Arbeitskommando, das an den Gaskammern und an den Krematorien arbeitet. Die Häftlinge dort haben Zugang zu den letzten Habseligkeiten der Menschen, die ins Gas geschickt werden, können damit die SS-Wachen bestechen und oftmals kleine Wunder bewirken.

„Das Gelände mit den Gaskammern und Krematorien war durch einen Graben und einen Stacheldraht von unserem Lager abgetrennt, und es war verboten, auch nur in die Nähe des Zauns zu gehen. Ich habe mich trotzdem hingeschlichen – ich hatte ja keine Wahl. Und dann kam da ein Mann an den Zaun, der mich fragte, wie alt ich sei. Und dann sagte er, dass ich ihn an seine kleine Tochter erinnere, die die Deutschen umgebracht hätten und dass er mir helfen würde."

Lusia und ihre Mutter haben enormes Glück. Vier Stunden nach dem Gespräch am Zaun wird Lusia zur Blockältesten gerufen, die ihr eine große Flasche Chinin, ein Stück Kuchen und ein Spielzeug aushändigt.

„Die Blockälteste selbst hat ein Parfüm und andere Kosmetika bekommen – zusammen mit der Bitte, ein Auge auf mich und meine Mutter zu haben und uns vorerst nicht zur Arbeit zu schicken. Und ich bekam außerdem einen wundervollen Brief von diesem Mann – er hieß Chaim Kaminski und war Arzt –, und es war so, als hätte er an seine eigene Tochter geschrieben. Für meine Mutter und mich war das ein unglaubliches Geschenk, denn wir fühlten uns nun beschützt, wir hatten jemanden, der Strippen ziehen konnte. Wir nannten das ‚protekcja'."

Durch den Mann vom Sonderkommando erhält Lusia eine gute Arbeit in der Bekleidungskammer. Die Bekleidungskammer ist ein Lagergebäude, in das das von den Deportierten mitgebrachte Gepäck verbracht wird, das sie an der Laderampe stehen lassen müssen. Wegen des Symbols für Wohlstand wird das Gebäude im Lagerjargon „Kanada" genannt. Weibliche Häftlinge sortieren hier die Kleidung und die Wertsachen der Bestohlenen. Die guten Sachen werden zurück ins Deutsche Reich geschickt, die abgetragenen, schäbigen bleiben im Lager. Der sogenannte „Kapo" in der Bekleidungskammer – ein von der SS eingesetzter „Funktionshäftling", der die anderen Häftlinge beaufsichtigt – ist eine tschechische politische Gefangene.

„Sie hieß Schmidt und wurde von allen ‚Schmitka'genannt. Sie hatte richtigen Einfluss im Lager, und Chaim Kaminski war wohl mit ihr befreundet. Jedenfalls stellte Schmitka mich ein als sogenannte ‚Läuferin' für ihre Vorgesetzte, die SS-Aufseherin der Bekleidungskammer. Für die hatte ich von nun an Botendienste zu machen."

Der Job erweist sich als lebensrettend.

„Von den normalen Essensrationen konnte niemand länger als ein paar Monate überleben. Durch die Arbeit in der Bekleidungskammer war ich nun aber in der Lage, heimlich Kleidungsstücke mitgehen zu lassen – und die tauschte ich mit den polnischen Mädchen in der Küche gegen Margarine und Brot. Oder ich tauschte mit nichtjüdischen Häftlingen, die Päckchen von ihren Angehörigen erhalten durften. Mit den Sachen habe ich auch die Blockälteste bestochen, so dass meine Mutter nicht arbeiten musste. Das war unbezahlbar, denn die Zwangsarbeit war mörderisch."

Das Wichtigste aber ist: Als Läuferin ist Lusia befreit von den grausigen, sich in regelmäßigen Zeitabständen wiederholenden Selektionen. SS-Ärzte entscheiden dabei im Bruchteil einer Sekunde über Leben oder Nichtleben der Lagerinsassen und schaffen rigoros Platz für den nicht abreißenden Strom an neu ankommenden Häftlingen aus Schlesien, der Slowakei, Frankreich, den Niederlanden, Belgien, Jugoslawien, Griechenland, Polen, Deutschland und aus dem Ghetto Theresienstadt. Die Kranken und Geschwächten, ohnehin nur unnötige Esser und eine Belastung für die Krankenbaracke, müssen den Neuankömmlingen weichen, die sich in noch relativ guter körperlicher Verfassung befinden. Diejenigen Häftlinge, die auf die linke Seite befohlen werden, haben kein Entkommen: Sie werden in die Gaskammern geschickt und ermordet.

„Wenn ich durch die Selektionen gemusst hätte, hätte ich als zwölfjähriges Mädchen vermutlich nie 18 Monate Auschwitz überlebt. Ich verdanke Kaminski und Schmitka mein Leben." Lusias Glück wird jäh unterbrochen, als sie beim Stehlen erwischt wird. Schmitka ist außer sich und entlässt Lusia. Von nun an wird das Leben für Mutter und Tochter schwer, Lusia nimmt rapide ab, ist fast dürr, verliert – Ergebnis einer Vitaminmangelerkrankung – ihre Haut, die sich in Fetzen von ihrem Körper ablöst. Die Gefahr, die nächste Selektion nicht zu überstehen, ist extrem hoch. Einer der SS-Ärzte, die regelmäßig Selektionen durchführen, ist der für seine Menschenversuche berüchtigte Lagerarzt Josef Mengele.

„Für die Selektionen mussten wir uns immer völlig entkleiden, und so wie ich aussah, hatte ich überhaupt keine Chance. Bei der nächsten Selektion mussten wir dann also nackt an diesem Mengele vorbeiparadieren – der saß mit lässig übereinandergeschlagenen Beinen auf einem Tisch, hatte eine Pferdepeitsche in der Hand und deutete mit der Peitsche entweder nach links oder nach rechts. Meine Mutter kam durch – sie war noch jung und sah gut aus –, aber ich schaffte es nicht. Ich war auf der falschen Seite – auf der Seite derjenigen, die ins Gas geschickt werden sollten."

Die Nummern der fürs Gas bestimmten Häftlinge werden auf eine Liste geschrieben, die Häftlinge zunächst in ihre Baracke zurückgeschickt. Sie wissen, dass sie in absehbarer Zeit aufgerufen, eingesammelt und in die Gaskammern gebracht werden.

„Das war also das Ende. Ich war in einer entsetzlichen Verfassung – wir wussten ja, was mit uns passieren würde. Mir fielen natürlich sofort Kaminski und Schmitka ein, und ich ließ sie wissen, was passiert war. Und dann kriegte ich tatsächlich einen Kassiber von Schmitka zurück, ich solle mich beruhigen, sie hätte mich durch den Lagerschreiber von der Liste streichen lassen. Eigentlich hätte ich nun froh sein können, aber dann hörte ich, dass es drei Kopien von der Liste gab, und ich hatte doch keine Ahnung, welche der vier Listen sie benutzen würden. Ich war voller Todesangst."

Zwei Wochen nach der Selektion wird nach dem täglichen Abendappell eine Blocksperre verhängt, das heißt, keine der Frauen darf den Block mehr verlassen.

„Danach kamen sie, um ihre Opfer zu holen, und begannen, die Nummern zu verlesen. Ich saß auf unserer Pritsche, die wir mit vier anderen Frauen teilten und zitterte am ganzen Körper, während meine Mutter mich eisenhart umklammerte. Irgendwann war das Ganze dann vorbei, und meine Nummer war nicht vorgelesen worden. An dem gleichen Abend bin ich noch zu Schmitka gelaufen und habe sie mit meinem Dank überhäuft. Sie war so gerührt, dass sie mich wieder ‚eingestellt' hat. Und so wurde ich wieder ‚Läuferin' in Birkenau."

Im Oktober 1944 kommt es zu einem Aufstand unter den Häftlingen des Sonderkommandos, in dessen Verlauf einige SS-Leute getötet und verwundet werden und eines der Krematorien gesprengt wird. Innerhalb weniger Stunden wird der Aufstand niedergeschlagen, alle Beteiligten an dem Aufstand – mehrere hundert Häftlinge – werden erschossen. Auch Chaim Kaminski überlebt nicht. Im November 1944 erteilt SS-Führer Heinrich Himmler den Befehl, die Vergasungen in Auschwitz zu stoppen – wohl kaum eine Reaktion auf den Aufstand, sondern eine Maßnahme im Hinblick auf die bevorstehende Niederlage des Krieges. Dennoch werden noch am 6. Januar vier junge Frauen – Häftlinge, die für den Aufstand des Sonderkommandos kleine Mengen an Sprengstoff aus einer Waffenfabrik in das Lager geschmuggelt haben – öffentlich gehängt.

„Wir mussten alle auf dem Appellplatz antreten und zusehen, es war schrecklich. Aber die Frauen waren so mutig. Eine von ihnen, ihr Name war Roza Robota, rief noch ‚Vergeltung‘ vor ihrem Tod."

Mitte Januar 1945 beginnt die Rote Armee eine Offensive auf Krakau und Auschwitz, und die Nazis organisieren ihren hastigen Abzug aus Auschwitz. Auch die Häftlinge werden zum Verlassen des Lagers gezwungen. Unter widrigsten Umständen, bei klirrender Kälte, Eis und Schnee, ohne entsprechende Kleidung oder ausreichende Nahrung müssen sie lange Märsche zurücklegen und werden dabei bis zur völligen Erschöpfung getrieben. Gefangene, die aus der Kolonne treten, um ihre Notdurft zu verrichten, werden erschossen, ebenso diejenigen, die keine Kraft mehr haben zum Weitermarschieren. Weil auf den unzähligen Evakuierungsmärschen gegen Ende des Krieges insgesamt etwa 250.000 Häftlinge sterben oder getötet werden, werden sie später auch „Todesmärsche" genannt.

„Man hat jedem von uns eine Decke gegeben, ein Brot und eine Büchse Wurst. Die Wurst war so salzig, dass wir sie wegschmeißen mussten. Zu trinken gab es nichts, aber es lag Schnee, und so haben wir den Schnee gegessen. Wir sind Kilometer um Kilometer gelaufen, die Deutschen neben uns mit ihren Schäferhunden. Wer nicht mehr konnte oder hinfiel, wurde erschossen, oder die Hunde stürzten sich auf die Gefallenen. Noch heute kommen die Erinnerungen an all den Horror in mir hoch, wenn ich einen Schäferhund sehe."

Die Auschwitz-Häftlinge marschieren unter scharfer Bewachung entweder in das 55 Kilometer entfernte Gleiwitz im Nordosten oder in das 63 Kilometer entfernte Loslau im westlichen Oberschlesien, von dort aus werden sie weiter in verschiedene Konzentrationslager transportiert – nach Flossenbürg, Groß-Rosen, Buchenwald, Dachau, Mauthausen und Bergen-Belsen. Von den über 60.000 Häftlingen sterben mindestens 15.000. „Wir kamen durch Siedlungen und kleine Dörfer, und da standen Menschen, die uns anstarrten. Aber die zeigten überhaupt keine Reaktion, nichts, nicht das kleinste Zeichen, dass sie mit uns mitfühlten. Die Erinnerung daran gibt mir heute noch dieses elendige Gefühl, von der ganzen Welt verlassen zu sein. Irgendwann kamen wir dann jedenfalls an einem Bahnhof an, und wir wurden auf offene Güterwagen geladen. Es war bitterkalt, und es schneite, und ich weiß nicht mehr, wie lange wir gefahren sind. Ein paar Mal hielt der Zug auf offener Strecke, und uns wurde erlaubt, auszutreten. Aber die Frauen, die davon Gebrauch machten, kamen nicht zurück – die wurden sofort erschossen. Einmal stiegen wir dann um, in Hannover, da wusste ich, dass wir in Deutschland sind, und dann kamen wir irgendwann in Celle an."

Lusia und ihre Mutter enden in Bergen-Belsen. Bergen-Belsen ist seit 1941 Kriegsgefangenenlager für französische, belgische und vorwiegend russische Soldaten, und seit April 1943 zusätzlich ein sogenanntes „Aufenthaltslager" für jüdische Personen, die zum Austausch gegen deutsche Zivilinternierte im Ausland vorgesehen sind. Die Häftlinge dienen darüber hinaus als potenzielle Handelsobjekte für Devisen und kriegsnotwendige Güter beziehungsweise als diplomatisches Druckmittel schlechthin. Nur wenige der inhaftierten Juden kommen tatsächlich frei, die meisten werden in Vernichtungslager deportiert.

Im März 1944 wandelt sich Bergen-Belsen zunehmend zum Konzentrationslager: Aus anderen KZs werden die nicht mehr arbeitsfähigen Häftlinge geschickt, weshalb das Lager im SS-Jargon auch „Erholungslager" genannt wird. Tatsächlich sind die Bedingungen im Lager grausam, die Sterblichkeitsziffer ist extrem hoch und wird durch die Brutalität von kriminellen Kapos noch weiter in die Höhe getrieben. Als ab Dezember 1944 Tausende von evakuierten Häftlingen in das Lager strömen, wird die Situation im Lager zur Katastrophe: Die Häftlinge haben kein Dach über dem Kopf, es gibt kaum zu essen und zu trinken, eine Typhusepidemie grassiert. Allein zwischen Januar und April 1945 sterben 35.000 Menschen, darunter die fünfzehnjährige Anne Frank und ihre drei Jahre ältere Schwester Margot.

„Bergen-Belsen war grausam. Wir schliefen ohne Decken auf dem Fußboden, wir hungerten, jeden Morgen lagen Tote um uns herum – Menschen, mit denen wir am Abend zuvor noch gesprochen hatten. Wir fragten uns eigentlich nur, wann wir an der Reihe sind. Und in dieser Situation passierte das Wunder: Ich traf Schmitka, die gleichfalls nach Bergen-Belsen gebracht worden war und auch hier wieder verantwortlich für die Bekleidungskammer zeichnete. Schmitka stellte mich und meine Mutter sofort ein – ich war wieder die Läuferin –, und jeden Mittag um 12 Uhr gab sie uns ein wenig Brot und ein paar Speckstückchen. Das hielt uns am Leben, denn der Hunger in Bergen-Belsen war absolut unbeschreiblich. Wir hörten gerüchteweise von Fällen von Kannibalismus."

Am 15. April 1945 wird Bergen-Belsen von der britischen Armee befreit.

„Da kam ein Panzer ins Lager gerollt, und der Soldat auf dem Panzer hatte eine Uniform an, die wir noch nie in unserem Leben gesehen hatten. Zunächst rührte sich niemand von uns – aus Angst, dass die Deutschen hier wieder irgendeine Falle ausgeheckt hatten. Aber dann rannten doch einige Frauen auf den Panzer zu und riefen ‚englisch, englisch'. Und da verstanden wir: Wir sind befreit. Es war der 15. April 1945 – und ich war noch nicht mal vierzehn."

Die britischen Soldaten sind geschockt von dem, was sie sehen. Von den etwa 60.000 Insassen des Lagers befinden sich die meisten in kritischem Zustand, über das ganze Lager sind Leichen verstreut. In den ersten fünf Tagen sterben 14.000 Menschen, in den nächsten Wochen sterben weitere 14.000, denen nicht mehr geholfen werden kann.

„Die Soldaten haben uns zu essen gegeben, das war natürlich falsch, das hätte unter medizinischer Aufsicht geschehen müssen, aber wer wusste das damals schon, die Soldaten haben es ja gut gemeint. Sie waren sehr nett zu uns, sie kamen in unsere Baracke, sie hatten Musikinstrumente dabei, machten Musik und sangen – sie versuchten, uns eben ein bisschen aufzumuntern. Zu unserer Genugtuung musste das SS-Lagerpersonal helfen, all die herumliegenden Leichen in Massengräbern zu vergraben."

Nach der Befreiung wird das Lager in ein sogenanntes „DP-Lager"* für all die Überlebenden eingerichtet, die völlig entwurzelt und heimatlos sind.

„Da kamen dann junge Lehrer aus Palästina, und eine Schule wurde gegründet, und ich ging wieder zur Schule. Es war nicht

---

* Lager für „Displaced Persons", nach dem Ende des Krieges eingerichtet für die vorübergehende Unterbringung von Millionen entwurzelter Zivilisten, in der Mehrzahl KZ-Häftlinge und Zwangsarbeiter.

einfach, weil die alles auf Hebräisch machten, und ich verstand zunächst kein Wort. Aber trotzdem war es eine tolle Zeit, und wir hatten immer ein schönes Mittagessen, und ich habe so viel Schokolade gegessen, dass ich richtig pummelig wurde. Und dann kamen auch richtig berühmte Leute nach Bergen-Belsen, zum Beispiel Yehudi Menuhin, der ein Konzert für uns Überlebende gab. Und dann kam David Ben Gurion, der später der erste israelische Premierminister wurde, und hielt eine flammende Rede. Ich war so begeistert von ihm, dass ich auf der Stelle zur Zionistin wurde!

Sehr gut erinnere ich mich auch noch an die erste Hochzeit im Lager. Tausende Menschen waren da, jeder hielt eine Kerze, und es war eine überwältigende Feier – wir feierten ja nicht nur die Hochzeit, sondern so viel mehr."

Viele der Lagerinsassen fahren nach Polen, um nach Überlebenden in ihren Familien zu suchen. Auch Lusia und ihre Mutter wollen fahren. Die Reise wäre kein leichtes Unterfangen, denn inzwischen haben die beiden die polnische Staatsbürgerschaft abgelegt und könnten die Grenze nur illegal überqueren. Als sie im Juli 1946 von einem neuen antijüdischen Pogrom in der polnischen Stadt Kielce hören, lassen sie ab von ihrem Plan. Stattdessen studiert Adela Hasman alle Listen mit Überlebenden und wendet sich an das Rote Kreuz, um herauszufinden, ob ihr Mann und ihr Sohn noch leben, aber sie bleiben vermisst. Sie erfährt, dass sowohl ihre Geschwister als auch die ihres Mannes nebst Kindern ermordet worden sind. Lediglich eine Nichte und ein Neffe haben überlebt.

„Inzwischen hatte uns jemand angesprochen, der uns erzählte, dass er zu einer Gruppe Überlebender gehöre, die sich in Konstanz angesiedelt hatten. Aber hauptsächlich seien es Männer, und sie wären auf der Suche nach Frauen aus ihrer Heimatstadt

Łódź. Er fragte, ob wir unser neues Leben nicht in Konstanz beginnen wollten." Adele Hasman fährt nach Konstanz, um einen Eindruck zu gewinnen, findet es sehr schön dort und zieht mit ihrer Tochter in die Stadt am Bodensee.

„Wir lebten dort in einer Gemeinde von 120 Juden, in der meine Mutter schnell Freunde fand. Ich war allerdings ziemlich allein, weil es nämlich niemand in meinem Alter gab.

Lusia in Konstanz, siebzehn Jahre alt

Ich sollte zwar zur Schule gehen, aber ich habe mich geweigert, mich mit deutschen Schülern auf eine Schulbank zu setzen. Stattdessen ging ich nach Gailingen, das war ein kleiner idyllischer Ort an der Schweizer Grenze, in dem junge Juden auf die Auswanderung nach Palästina vorbereitet wurden. Sie wohnten in ehemaligen jüdischen Sanatorien und hatten dort verschiedene Kibuzzim gebildet. Ich trat in den Kibbuz ‚Moledet‘* ein und stieß dort auf ungefähr 40 junge Leute aus allen Teilen Polens und aus der Tschechoslowakei. Wir lernten alles von Hebräisch über Jüdische Geschichte und Literatur, wir machten Sport bei Wind und Wetter, wir lernten, jüdische Feste zu feiern, und wir diskutierten über Gott und die Welt. Wir bauten unser eigenes Gemüse an, und wir hielten Kühe, Schweine und Hühner. Ich hatte die beste Zeit meines Lebens in Gailingen."

---

* Hebräisch: Mutterland.

Hochzeit von Lusia und Chanek Haberfeld, Oktober 1949

1948, kurz vor der Gründung Israels, wird der Kibbuz aufgelöst, die meisten Teilnehmer gehen nach Palästina, einige in die USA. Auch Lusia möchte nach Palästina auswandern, aber ihre Mutter erlaubt es nicht: Eine Trennung kommt für sie nicht in Frage, denn sie und ihre Tochter sind schließlich die einzigen Überlebenden der ehemals großen Familie. Lusia geht also nach Konstanz zurück und zieht das große Los: Sie findet die Liebe ihres Lebens. Chanek – aus dem hebräischen Namen wird später Harry – ist ein polnischer Jude, der den Holocaust als einziger von sechs Geschwistern überlebt hat.

„Wir heirateten an meinem achtzehnten Geburtstag, und Harry war für die nächsten 49 Jahre mein Ehemann – der beste Ehemann und später der beste Vater auf der ganzen Welt. Und er war nicht nur mein Ehemann, er war auch mein Vater, mein Bruder und mein bester Freund – alles zusammen."

Das junge Paar ist glücklich, will aber nicht in Deutschland bleiben.

„Wir hatten wunderschöne Flitterwochen in Bayern, aber so schön alles war – so richtig wohl fühlten wir uns doch nicht in Deutschland. Die Erinnerungen waren zu frisch und zu mächtig, und wir hatten auch Angst vor einem neuen Krieg. Wir wollten so weit wie möglich weg von Europa."

Auch Lusias Mutter, die sich inzwischen wieder verheiratet hat, will weg aus Deutschland. Sie beantragt die Einreise nach Palästina, in die USA und nach Australien, und die Familie beschließt gemeinsam, in das Land auszuwandern, das als Erstes die Visa erteilt. Es ist Australien.

„Wir waren glücklich, dass es Australien war. Vor dem Krieg hatte meine Mutter einen Freund, der nach Sydney ausgewandert war und der Australien liebte. Weil er seine Familie vermisste, kam er leider nach Polen zurück, was ihn das Leben kostete. Aber die Geschichten, die er erzählt hatte, hatten einen tiefen Eindruck bei meiner Mutter hinterlassen."

Ende 1949 verlassen Mutter und Tochter mit ihren Ehemännern Europa. Sie schiffen sich in Genua auf der „Continental Panama" ein, die über Port Said in Ägypten durch den Suezkanal fährt, weiter über Aden in Jemen, Colombo in Ceylon und Fremantle im Westen Australiens. Sechs Wochen später legt das Schiff in Melbourne an.

„Die letzten Tage an Bord wurden etwas ernster. Wir dachten an unsere Zukunft als Emigranten, wir hatten weder Verwandte noch Freunde hier, und weder Harry noch meine Mutter oder mein Stiefvater sprachen Englisch. Auch waren gerade Wahlen gewesen, und es gab einen Wechsel an der Regierung – wir wussten nicht so genau, was das für uns bedeuten würde."

In den Parlamentswahlen am 10. Dezember 1949 war die australische Arbeiterpartei zugunsten der Konservativen abgewählt worden. Ben Chifley, der bisherige Premierminister, hatte als Erster eine Umkehr von der rassistischen Politik des „Weißen Australien" eingeläutet, die die Einwanderung nichtweißer ethnischer Gruppen stark eingeschränkt hatte. Die Sorgen der vier Emigranten sind jedoch unbegründet, denn der konservative Nachfolger Robert Menzies führt die multiethnische Immigrationspolitik fort. Allein von 1945 bis 1954 nimmt Australien über 180.000 Flüchtlinge vor allem aus Osteuropa auf.

„Ich werde nie meinen ersten Eindruck von Melbourne vergessen: eine herrlich grüne Stadt mit wundervollen Parks und Bäumen. Aber trotzdem hatten wir natürlich so etwas wie einen Kulturschock, Australien war ja so ganz anders als Europa – die weit verstreuten Häuser; die Straßen, die sowohl am Tage wie auch am Abend völlig menschenleer waren; die fehlenden Straßenlaternen, die einen Abendspaziergang unmöglich machten; die fremde Sprache, die unterschiedlichen Sitten und Gebräuche und das Essen. Der einzige Käse, den es gab, war Cheddar von Kraft, der schmeckte wie Seife. Und dann das Klima, und sogar die Bäume waren ja anders!"

In Australien werden Arbeitskräfte gesucht, und so ist es nicht schwer für Lusia und Harry, einen Job zu finden. Lusia fängt an, in einer Kleiderfabrik namens „Golden Rose" im Stadtteil Carlton zu arbeiten, wo sie an einer Nähmaschine sitzt und Ärmel an Herrenanzüge näht. Harry arbeitet zunächst an der Montagelinie für die in Australien ansässige amerikanische Autofirma General Holden, hat aber das Ziel, sich selbständig zu machen, wechselt häufiger seinen Job und kauft schließlich einen Tante-Emma-Laden in St. Kilda.

„Wir zogen nun auch in eine kleine Wohnung in St. Kilda, die wir uns eigentlich gar nicht leisten konnten, denn ich war schwanger und konnte nicht arbeiten. Aber wir haben dann eins von den drei Zimmern, die die Wohnung hatte, untervermietet. Und obwohl wir wirklich schwer arbeiteten – damit waren unsere Träume eigentlich in Erfüllung gegangen: Harry war selbständig, und ich wohnte in St. Kilda, in das ich mich sofort bei Ankunft in Melbourne verliebt hatte."

St. Kilda ist ein pulsierendes Stadtviertel direkt am Strand, in dem sich nach dem Krieg viele jüdische Emigranten ansiedeln. In den fünfziger Jahren eröffnen russische Juden das Café Scheherazade,

das in ganz Melbourne Berühmtheit erlangt. Hier werden osteuropäische Speisen nach alten Familienrezepten gekocht – Kohlrou-
laden, Kartoffelpuffer, Borschtsch, Cholent (ein langsam gekochter
Eintopf aus Kartoffeln, Bohnen und Gerste) –, es gab Mandeltorte
und Kirschkompott. Das Café wird zum Zuhause für die Emigranten: Bei einer Tasse Kaffee sitzen sie hier stundenlang zusammen,
schwatzen und diskutieren auf Jiddisch, Russisch und Polnisch.

1950 und 1954 werden Lusias Söhne Michael und Les geboren,
nach und nach lernen Lusia und Harry Freunde kennen, können
sich irgendwann eine Eigentumswohnung und später ein eigenes
Haus kaufen.

„Trotz allem, was die Deutschen uns angetan haben, ist es uns
gelungen, eine Familie zu gründen und ein normales Leben zu
führen. Das ist mehr als wir erwarten konnten. Dennoch – Hitlers Arm ist lang. Es ist ja bekannt, dass Holocaust-Überlebende
eine Menge an Ängsten und psychischem Druck auf ihre Kinder übertragen. Man nennt die Kinder von Holocaust-Überlebenden auch ,die zweite Generation'. Meine Kinder werfen mir
zum Beispiel vor, dass ich eine überbehütende Mutter sei. Aber
wenn ich meine entzückenden Enkelkinder Isobel und Daniel
so anschaue, dann denke ich wirklich, dass sich mein Überleben
gelohnt hat."

Nachdem Harry 1998 stirbt,
entschließt sich Lusia, ihre
Memoiren zu schreiben, sie erscheinen 2002 unter dem Titel
„Lauferin. The runner of Birkenau" („Die Läuferin von Birkenau"). Außerdem beginnt sie, als
Guide im Holocaust-Museum
zu arbeiten. 2005 wird sie vom

Lusia Haberfeld beim Signieren ihres Buches, Melbourne 1993

255

Bürgermeister der Gemeinde Caulfield für ihr kommunales Engagement geehrt.

„Ich habe es nie über mich gebracht, noch einmal nach Europa zu reisen. Ich trage wirklich die Last der Vergangenheit mit mir herum. Aber für umso wichtiger halte ich es, jungen Menschen zu erzählen, was passiert ist – damit sie eine bessere, tolerante Welt gestalten, eine ohne Rassenhass.

Ich gehe jeden Montag ins Museum – und hinterher bin ich völlig erschöpft. Aber wenn ich das Museum dann hinter mir lasse und in die Straßen von Melbourne eintauche, dann befinde ich mich in einer anderen Welt. Und ich weiß: Hier, in Australien, bin ich zu Hause."

Kapitel 6

Mit falschem Namen und im Versteck: Überleben in der Illegalität

Die Nationalsozialisten vertrödelten keine Zeit – es war ihnen eilig mit der Umsetzung ihres ideologischen Rassenwahns. Nach ihrer Machtübernahme im Januar 1933 erließen sie in rascher Folge Gesetze und Verordnungen, die die Grundlage dafür bildeten, die etwa halbe Million in Deutschland lebenden Juden auszugrenzen, sie zu entrechten, auszuplündern und zu verfolgen. Erklärtes Ziel der nationalsozialistischen Politik war es zunächst, die jüdischen Mitbürger aus dem Deutschen Reich zu vertreiben. Während die Emigration jedoch einerseits forciert wurde, wurde sie andererseits von den Nazis behindert, indem sie den Juden vor ihrer Ausreise praktisch das gesamte Vermögen raubten: Reichsfluchtsteuer, Judenvermögensabgabe, Zwangsverkäufe von Wertpapieren und Sperrkonten für Bankeinlagen führten zu einer regelrechten Verarmung der Ausreisewilligen. Mittellose Juden jedoch waren in keinem Einwanderungsland erwünscht. Bis 1937 verließen nur etwa ein Viertel der deutschen Juden das Land.

Mit dem „Anschluss" Österreichs im März 1938 sahen sich auch die 185.000 österreichischen Juden einer brutalen Verfolgung ausgesetzt, und die Zahl der zur Ausreise gezwungenen Menschen stieg enorm an. Im Juli 1938 berief der amerikanische Präsident Franklin D. Roosevelt daraufhin eine Flüchtlingskonferenz in Évian ein, auf der er an die Bereitschaft der internationalen Staatengemeinschaft appellierte, die Grenzen für jüdische Immigranten zu öffnen. Der Versuch jedoch, die 32 Teilnehmerstaaten dazu zu bewegen, ihre Quoten für die verfolgten deutschen und österreichischen Juden zu erhöhen, scheiterte kläglich.

Bis zum Kriegsausbruch gelang es dennoch 126.000 von 185.000 österreichischen Juden, und bis zum endgültigen Ausreiseverbot im Oktober 1941 etwa 275.000 deutschen Juden zu emigrieren oder ins Ausland zu flüchten. Im gleichen Monat begannen die ersten Deportationen – aus dem Deutschen Reich, Österreich und dem inzwischen annektierten tschechoslowakischen Gebiet Böhmen und Mähren.

Mit dem Beginn des Zweiten Weltkrieges und der Besetzung weiter Teile Europas durch die deutsche Wehrmacht weiteten die Nationalsozialisten die Judenverfolgung ohne Ausnahme auf alle besetzten Gebiete aus: Juden wurden mit dem Judenstern kenntlich gemacht, in Ghettos und Judenhäusern konzentriert und von dort in Arbeits-, Konzentrations- und Vernichtungslager deportiert.

Mit dem Überfall auf die Sowjetunion im Juni 1941 hatten die Massenmorde an den polnischen und russischen Juden begonnen. Die Wannsee-Konferenz im Januar 1942 lieferte die anschließende Legitimation für den systematischen Völkermord: Unter der Leitung des Chefs der Sicherheitspolizei und des Sicherheitsdienstes Reinhard Heydrich wurde – gemeinsam mit vierzehn Vertretern wichtiger Parteiämter und Ministerien – beschlossen, dass anstelle der Auswanderung der europäischen Juden nun die „Evakuierung nach dem Osten" treten solle. „Unter entsprechender Leitung", so das Protokoll der Konferenz, „sollen [...] die Juden in geeigneter Weise im Osten zum Arbeitseinsatz kommen [...,] wobei zweifellos ein Großteil durch natürliche Verminderung ausfallen wird. Der allfällig endlich verbleibende Restbestand wird, da es sich bei diesem zweifellos um den widerstandsfähigsten Teil handelt, entsprechend behandelt werden müssen." Laut Plan sollte „Europa vom Westen nach Osten durchkämmt" werden, eine angefügte Länderstatistik lieferte Zahlen: „Im Zuge dieser Endlösung der Judenfrage kommen rund 11 Millionen Juden in Betracht [...]."

Die meisten Juden im besetzten Europa hatten keine Chance, rechtzeitig zu emigrieren – das Zeitfenster war kurz (die polnischen Juden durften bereits ab Oktober 1940 nicht mehr legal ausreisen), und mit Beginn des Krieges schränkten die USA aus Angst vor feindlichen Agenten ihre Einwanderungsquote drastisch ein; andere Staaten wie Chile und Brasilien folgten. Australien machte die Grenzen komplett zu, die neutrale Schweiz und das neutrale Schweden verschlossen ebenfalls ihre Türen, Spanien und Portugal erlaubten einer sehr eingeschränkten Zahl von Flüchtenden aus Frankreich einen Transit.

Die Briten, die das Völkerbundsmandat für Palästina innehatten, begrenzten die jüdische Einwanderung nach Palästina in ihrem Weißbuch von 1939 auf 75.000 Juden für die nächsten fünf Jahre. Das hatte verschiedene Gründe – zum einen gab es in dem Mandatsgebiet heftige politische Spannungen und Konflikte zwischen Arabern und Juden, zum anderen sollte der deutschfreundliche Großmufti von Jerusalem angesichts des bevorstehenden Krieges auf die britische Seite gezogen werden. Die Lage der Juden in Europa wurde bei der Entscheidung jedenfalls ignoriert.

Die einzige noch offene Möglichkeit für polnische Juden war die Flucht in die Sowjetunion (und von dort, mit viel Glück und dank Tausender vom Vizekonsul der japanischen Botschaft in Kaunas ausgestellter Transitvisa, weiter nach Japan und Shanghai).

Meistens jedoch blieben die verzweifelten Versuche der europäischen Juden, ihren Häschern zu entkommen, erfolglos.

Für diejenigen Juden, die in der Falle saßen, gab es – um der drohenden Deportation und Ermordung zu entgehen – nur noch die Möglichkeit, unterzutauchen. Sie konnten entweder versuchen, mit gefälschten Papieren durchzukommen, oder sie mussten ein sicheres Versteck finden. Beides war genauso schwierig wie gefährlich, beides erforderte enormen Mut.

Falsche Pässe halfen nur dann, wenn man nicht jüdisch aussah – und die Sprache des Landes perfekt sprach. Letzteres war in Polen, dem Land mit der größten jüdischen Bevölkerungsgruppe Europas, keinesfalls die Norm. Die überwiegende Mehrheit der polnischen Juden war nicht assimiliert und sprach Jiddisch, der kleinste Akzent in der polnischen Sprache war verräterisch.

Ob im Versteck oder mit gefälschten Pässen: Beide Versuche, den Nazis zu entkommen, erforderten ein Netzwerk von Helfern, die bereit waren, Menschen Unterschlupf zu gewähren, falsche Papiere zu organisieren, Lebensmittel zu beschaffen, neue Verstecke und mögliche weitere Helfer zu finden. Wem konnte man vertrauen? Die Angst vor Entdeckung und Denunziation war allgegenwärtig. Bei Ausweiskontrollen musste man ruhig und souverän bleiben; die unter normalen Umständen belanglosesten Zufälle (die Begegnung mit einem früheren Bekannten), die kleinsten Fehler (ein Räuspern oder Niesen im Versteck, ein Patzer in der – falschen – Biografie, Inkorrektheiten beim Beten in einer christlichen Kirche) bargen die Gefahr der Enttarnung; Nachbarn standen hinter Gardinen und konnten entscheiden, ob sie weggucken oder bei der Polizei Meldung erstatten; die Gestapo arbeitete mit Spitzeln. Allein in Warschau gab es 3.000 bis 4.000 sogenannte „Szmalkowniks": Menschen, die Juden erpressten oder für ein Handgeld an die Polizei verrieten. Der Test bei der Polizei, ob ein denunzierter Mann Jude ist oder nicht, wurde in aller Regel durch das Herunterlassen der Hose entschieden: Das Schicksal der meist beschnittenen männlichen Juden war damit besiegelt. Das Leben der Menschen in der Illegalität war ein Glücksspiel. Viele Juden wählten den Freitod.

Auch für die Helfer – insbesondere diejenigen, die Juden über einen längeren Zeitraum versteckten – änderte sich das Leben dramatisch. Die logistischen Anstrengungen, Lebensmittel zu organisieren – ohne Besitz von Lebensmittelkarten und ohne dass der erhöhte Verbrauch auffiel –, waren eine tagesfüllende Aufgabe für sich allein. Alles musste heimlich geschehen; Geräusche, weinende Kinder waren ebenso ein Problem wie der Arzt im Notfall, Toiletten befanden sich oft im Hof oder auf halber Treppe. Beengte Wohnverhältnisse, knappe Lebensmittel und die ständige Angst vor Entdeckung stellten eine zuweilen unerträgliche Belastung für alle Beteiligten dar.

Wegen der bestehenden Rechtsunsicherheit waren die Risiken für die Helfer im Deutschen Reich unkalkulierbar. Bei Entdeckung konnten sie mit drei Monaten Haft im Konzentrationslager, Gefängnis- oder Zuchthaus oder mit kurzer Haft im Gestapo-Gefängnis bestraft werden, manchmal kamen sie mit Verwarnungen und Geldbußen davon. Anders in Polen: Hier verhängten die Nazis im Oktober 1941 die Todesstrafe für jede Person, die Juden versteckte. Bei Entdeckung wurde oft die gesamte Helferfamilie hingerichtet.

In ganz Europa gab es Organisationen, Institutionen und Menschen, die Juden geholfen haben – Widerstandsgruppen, jüdische Institutionen, kirchliche Waisenhäuser und Konvents verschiedener Orden. Einzelne Helfer kamen aus allen Gesellschaftsschichten: Sie waren Industrielle und einfache Arbeiter, Professoren und Analphabeten, Sozialdemokraten, Kommunisten und Mitglieder der NSDAP, Christen, Muslims und Ungläubige, Diplomaten, Oppositionelle, Soldaten und Offiziere der deutschen Wehrmacht. Sie alle halfen aus politischer Überzeugung, aus ihrem religiösen Glauben heraus oder aufgrund ihrer humanitären Grundhaltung – nur wenige versprachen sich Vorteile.

Die meisten Helfer waren „gewöhnliche" Menschen – unter ihnen ein hoher Prozentsatz von Frauen –, die einfach ihrem Gewissen folgten. Manchmal halfen sie nur einmal oder gelegentlich, aber dann in einem entscheidenden Moment, manchmal halfen sie über einen längeren Zeitraum. Es gibt spektakuläre und weniger spektakuläre Rettungsgeschichten, geglückte und gescheiterte – allesamt sind sie eindrucksvoll und verlangen uns den höchsten Respekt ab. Arno Lustiger hat viele von ihnen in seinem Buch „Rettungswiderstand" zusammengetragen.

Nach Schätzungen Lustigers beteiligten sich im besetzten Europa mehr als 100.000 Menschen an der Rettung von Juden; unklar bleibt, wie viele Juden letztlich durch die Hilfe anderer überlebten. Herausragend ist das Beispiel Dänemarks, wo 98 Prozent der etwa 8.000 dänischen Juden mit Hilfe großer Teile der Bevölkerung – Fischer, Seeleute, Studenten, Ärzte, Geistliche – über das Meer nach Schweden gerettet wurden. In Frankreich überlebten – dank der Hilfe von vielen französischen Bürgern, der Résistance, der katholischen und evangelischen Kirche, dank der Hilfe von Diplomaten und dank der Hilfe jüdischer Organisationen – mehr als zwei Drittel der 300.000 vor der deutschen Besatzung im Land lebenden Juden. Vielen wurde zur Flucht ins Ausland verholfen, viele überlebten im Versteck. In Polen überlebten schätzungsweise 50.000 Juden dank fremder Hilfe.

Im Deutschen Reich tauchten etwa 12.000 Juden unter – wie viele von ihnen überlebten, ist nicht genau bekannt. Genauere Zahlen gibt es für die Reichshauptstadt Berlin, in der etwa 7.000 Juden als sogenannte „U-Boote" lebten. Nur 1.500 von ihnen überlebten den NS-Terror.

Diejenigen, die sich der Deportation durch den Sprung in die Illegalität entziehen konnten, werden zuweilen etwas leichtfertig als die „Glücklichen" bezeichnet. Tatsächlich hat die Schwere der Erlebnisse – die ununterbrochene Angst, das Gehetztsein, das Ausgeliefertsein, die Enge und Stille im Versteck; die zwanghafte Furcht, etwas falsch zu machen – bei allen Überlebenden tiefe Narben hinterlassen: körperliche und seelische.

Halina Zylberman

Der dicke, rote Haarschopf ist schon von weitem ein Blickfang. Er rahmt ein zartes, hellhäutiges Gesicht mit wunderschönen hellblauen Augen ein: Halina Zylberman ist eine hübsche Frau und sieht deutlich jünger aus als sie ist. Ich lernte sie bei meinem zweiten Museumsbesuch kennen, als mich jemand mit den Worten „Gehen Sie nur hinein hier, eine unserer Guides hält gerade einen Vortrag" durch eine Tür schob. Ich sah mich um: Ich befand mich in einem Vortragssaal, in dem etwa 30 bis 40 Schüler

Halina in ihrem Wohnzimmer, Melbourne 2010

saßen. Auf dem Podium stand eine elegante Dame hinter einem Pult und erzählte. Ich fühlte mich ein bisschen wie ein Eindringling – aber mein spätes Erscheinen schien die Dame nicht weiter zu stören. Ich setzte mich also leise hin und hörte zu. Die Dame erzählte offensichtlich aus ihrem Leben, ich hörte Dinge über gefälschte Papiere, katholische Gebete und die Ängste eines Kindes. Nach dem Vortrag kam Frau Zylberman auf mich zu – sie war interessiert zu wissen, was mich denn ins Museum geführt hätte. Wir kamen ins Gespräch, und als ich erfuhr, dass sie ein Buch geschrieben hat, kaufte ich es: Sie hatte mich neugierig gemacht, und ich wollte mehr über ihr Leben wissen.

Halina Zylberman ist leise im Auftreten, ihre Sprache ist fein und gebildet. Sie ist eine introvertierte, zurückhaltende und einfühlsame Frau. Sobald sie mich von nun an im Museum sah, kam sie auf mich zu, umarmte mich und gab mir das Gefühl, dass ich dazugehöre. Ich denke, sie spürte, dass ich mich insbesondere am Anfang, als ich gerade begonnen hatte, im Museum zu arbeiten, noch „sehr deutsch" und unsicher fühlte unter den jüdischen Überlebenden. Halinas einladendes Verhalten half mir und wärmte mich. Ich bin ihr bis heute dankbar dafür.

Halinas Geschichte

Halina wird 1928 als einzige Tochter von Ignac und Wisia Neuberg geboren. Die Familie lebt in Krakau, einer der ältesten Städte Polens.

Krakau ist seit dem Mittelalter ein bedeutendes Zentrum jüdischer Kultur in Europa. Ungefähr ein Viertel der 250.000 Einwohner Krakaus sind jüdischen Glaubens. Halina wird in einer assimilierten, gut situierten und gebildeten Familie groß.

Familienfoto mit Halinas Mutter (2. Reihe l.), Großmutter (1. Reihe r.) und Halina im Vordergrund, Krakow 1932

„Mein Vater war ein promovierter Jurist, und meine Mutter hatte Musik studiert und ihren Abschluss am Wiener Konservatorium gemacht. Sie war eine sehr gute Pianistin. Mein Vater war auch musikalisch, er hatte das absolute Gehör, und wenn er irgendeine Melodie hörte, konnte er die sofort auf dem Klavier nachspielen. Er nahm meine Mutter also immer ein bisschen auf den Arm, dass sie nur nach Noten spielen konnte. Beide gingen jedenfalls oft ins Konzert und hatten eine große Sammlung von Schallplatten. Als ich neun war, hab ich Klavierunterricht erhalten."

Ignac Neuberg betreibt zusammen mit seinen Eltern einen Juwelen-Großhandel. Man lebt großzügig in einem modernen Apartment, es gibt Bedienstete und immer ein Kindermädchen für Halina. Alle in der Familie und in der weiteren Verwandtschaft sprechen mehrere Sprachen, einschließlich Deutsch.

Halina mit Kindermädchen, Krakow 1932

„Meine Großmutter väterlicherseits lernte sogar Esperanto. Sie war eine bekannte Persönlichkeit in Krakau. Sie war die Leiterin des jüdischen Waisenhauses, war in allen möglichen sozialen Kreisen aktiv und unterstützte diverse Wohlfahrtsverbände."

Halina fühlt sich jedoch mehr zu ihrer Großmutter mütterlicherseits hingezogen.

„Sie lebte in Lvov, im Osten Polens, zusammen mit ihrer Tochter Stasia. Mein Großvater war schon tot, ich habe ihn nicht mehr kennengelernt. Während meiner Schulferien sind wir jedenfalls oft zu meiner Großmutter und zu Tante Stasia gefahren. Die haben mich verwöhnt, das war immer toll da. Stasia besaß und betrieb ein eigenes Fitnessstudio. Sie war sechs Jahre jünger als meine Mutter und behandelte mich mehr als ihre Freundin denn als ihre kleine Nichte – sie ging mit mir in Cafés und stellte mich ihren Freunden vor. Sie war sehr hübsch, und ich weiß, dass sie einen polnischen Liebhaber hatte. Aber einen

Mann heiraten, der nicht jüdisch war – das war natürlich tabu in der Familie."

Halina erinnert sich gerne an Krakau mit seiner schönen Altstadt. „Die Stadt hatte sehr viel Charme. Vom Marktplatz aus gingen die Straßen sternförmig weg, und die ganze Altstadt war von einem Park umgeben. An diesen Park habe ich meine schönsten Kindheitserinnerungen. Meine Freundin Zula und ich haben dort Schwäne, Tauben und Eichhörnchen gefüttert. Auf dem Markt mit seinen vielen Ständen haben wir die schönen Spielsachen bestaunt, die glitzernden Hals- und Armkettchen und die bunten Papiergirlanden; und wir hörten immer dem Trompeter zu, der jede Stunde sein Lied vom Kirchturm der nahen Marienkirche spielte."

Der Trompetenruf ertönt bis heute um jede volle Stunde vom Turm der Marienkirche – und wird täglich um 12 Uhr im polnischen Rundfunk übertragen.

„Ich erinnere mich, dass wir damals – wir waren so ungefähr zehn Jahre alt – Pläne für die Zukunft machten. Zula wollte Ärztin werden und ich Straßenbahnschaffnerin – ich fand es irgendwie faszinierend, die Tickets der Leute zu lochen."

Die Zukunft wird anders, als es sich die Mädchen vorstellen. Im September 1939, ein paar Monate nach Halinas elftem Geburtstag, marschieren die Deutschen in Krakau ein.

„Mein Vater und ich waren unter der schweigenden Menge, die den Einmarsch der Soldaten beobachteten", erinnert sich Halina. „Als ein Offizier fragte: ‚Gibt es hier irgendjemanden, der Deutsch spricht?', trat mein Vater – ein Bewunderer der deutschen Kultur – einen Schritt nach vorn. Das Ganze wurde jedoch zu einem verstörenden Erlebnis für ihn, denn der Offizier fragte ihn nun, wie viel Juden denn in der Stadt leben würden und wo genau in Krakau sie denn wohnten. Nach einer ausweichenden Antwort meines Vaters antwortete der Offizier: ‚Keine Sorge, wir werden die Juden hier bald unter Kontrolle haben.‘“

Im Oktober wird Krakau zur Hauptstadt des Generalgouvernements erklärt – des Teils Zentralpolens, der nicht in das Deutsche Reich eingegliedert, aber von den Deutschen verwaltet wird. Eine Serie von antijüdischen Gesetzen wird erlassen, in Bekanntmachungen an den Häuserwänden wird die Bevölkerung davon informiert, dass Juden vom 1. Dezember an unter Androhung strengster Strafe weiße Armbänder mit dem blauen Davidstern darauf tragen müssen. „Ich erinnere mich genau an das erste Mal, als ich dieses Band um meinen Arm machen musste. Ich fühlte mich wie ein gebrandmarktes Stück Vieh. Wir waren ja nicht besonders religiös gewesen, und ich fühlte mich mehr polnisch als jüdisch. Also warum wurde ich dann ausgesondert? Manchmal warf ich dieses Armband zu Hause auf den Fußboden, trat mit meinen Füßen darauf herum und rief: ‚Warum muss ich denn jüdisch sein?‘“

In der Stadt werden unterdessen täglich Juden zusammengetrieben, die die Straßen reinigen oder andere erniedrigende oder schwere Arbeiten verrichten müssen. Halinas Eltern entschließen sich, ihre Tochter ohne das Judenarmband auf die Straße gehen zu lassen. Halina hat Sommersprossen, rote Haare und blaue Augen und geht damit gut als Polin durch. Das Mädchen fühlt sich befreit – bis eines Tages die Sekretärin ihres Vaters von der anderen Straßenseite herüberruft: „Halina – du hast vergessen, dein Armband umzumachen!“

„Ich habe sie angefleht, nicht so zu schreien, und habe ihr erklärt, dass es sicherer für mich sei, ohne das Armband auf der Straße zu sein. Aber sie insistierte: ‚Halina, es ist Gesetz, du MUSST es tragen.‘ Nach diesem Vorfall habe ich mein Armband dann wieder getragen. Aber meine Mutter hat ein Elastikband drangemacht mit der gleichen Farbe meines Mantels – für den Fall, dass ich deutsche Soldaten sehe, die Juden einfangen. Dann konnte ich das Armband einfach umdrehen."

Über die nächsten eineinhalb Jahre möchte Halina nicht sprechen. „Es war eine sehr traumatische Zeit, und ich möchte sie nicht wieder durchleben. Ich bitte um Verständnis, wenn ich die Zeit einfach überspringe und da weitermache, wo meine Eltern und ich in die Illegalität gingen."

Am 1. Mai 1940 erlässt die deutsche Zivilverwaltung eine Verordnung, nach der die jüdischen Bürger Krakaus die großen Boulevards und Plätze der Stadt nicht mehr betreten dürfen. Zur gleichen Zeit beginnen sie, die Juden aus der Stadt zu jagen. Bis zum Frühjahr 1941 vertreibt die SS mehr als 40.000 Juden. Am 3. März wird verkündet, dass die 11.000 in Krakau verbliebenen Juden in ein Ghetto im Stadtteil Podgórze ziehen müssen. Sie werden – zusammen mit 5.000 weiteren Juden aus der Umgebung – in ein 400 mal 600 Meter großes Gebiet gepfercht, in dem früher 3.000 Menschen lebten. Das Platzproblem ist kritisch, viele Menschen müssen auf der Straße leben, die sanitären Bedingungen sind katastrophal. Das Ghetto wird mit einer Mauer und Stacheldraht umgeben und am 20. März 1941 geschlossen.

Kurz vor der Schließung des Ghettos beschließen Halinas Eltern unterzutauchen.

„Die Tatsache, dass wir assimilierte Juden waren, stellte sich nun als sehr vorteilhaft heraus: Meine Eltern hatten eine Reihe von engen Freunden, die nicht jüdisch waren. Während falsche Papiere für uns organisiert wurden, versteckte uns ein Nachbar – das war ein Richter mit seiner Frau – zwei Monate lang in seiner Wohnung. Bis wir die Papiere hatten, brachten uns die Nachbarn sämtliche christlichen Gebete und Rituale bei – in einem tief katholischen Land wie Polen war das von nun an sehr wichtig für uns zu wissen."

Was Halina zu dem Zeitpunkt nicht weiß: Der Richter ist ein aktives Mitglied des polnischen Untergrunds. Er wird später verhaftet, in ein Konzentrationslager eingeliefert und überlebt nicht.

„Dann erhielten wir unsere Papiere. Mein Vater erhielt ‚echte‘ Papiere – die von einem Herrn Kucharska, der war im ersten Kriegsjahr gefallen. Die polnische Untergrundorganisation hat nur das Foto mit dem Foto meines Vaters ausgetauscht. Ich bekam gefälschte Dokumente unter dem Namen ‚Halina Kucharska‘. Die Kirche, in der ich angeblich getauft worden war, war ausgebombt, also gab es keine Möglichkeit, das Gegenteil zu beweisen. Meine Mutter stand als Ehefrau mit auf dem Pass meines Vaters.“

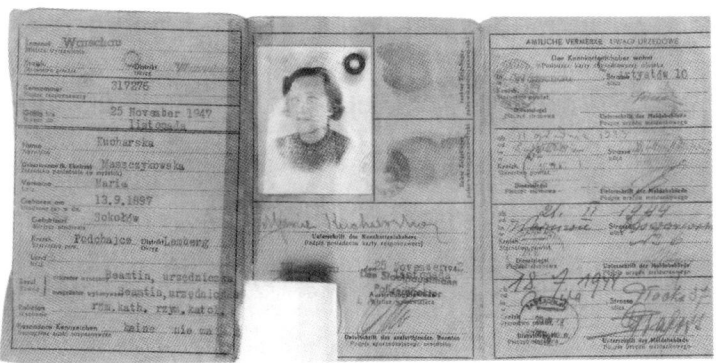

Gefälschte Kennkarte von Wisia Neuberg alias Maria Kucharska

Nachdem Familie Neuberg die Papiere in Händen hält, reist sie aus Krakau ab – zu viele Leute kennen sie hier – und ziehen nach Warschau, um dort unerkannt als Familie Kucharska zu leben. Während der Zugfahrt werden sie mehrfach von der SS kontrolliert. Halina ist versteinert vor Angst. Aber die Familie übersteht alle Kontrollen und kommt sicher in Warschau an.

„Ich habe mich sofort in diese große Stadt verliebt. Ich hatte nie zuvor so viel Verkehr auf den Straßen gesehen und so viele elegant gekleidete Männer und Frauen. Es gab Theater, Kirchen und Parks, und überall war ein geschäftiges Treiben – das war fantastisch. Ich fing an, mich wieder frei zu fühlen; frei, zu tun und zu lassen, was ich will."

Durch den befreundeten Richter erhalten die Neubergs eine Kontaktadresse, sie wohnen die ersten beiden Nächte bei einer Frau Ratomska, deren Mann, ein patriotischer Pole, nach London geflohen ist. „Frau Ratomska hasste die deutschen Besatzer und hatte Mitgefühl mit denen, die von den Deutschen verfolgt wurden. Ich denke, sie hat auch anderen Leuten geholfen." Halinas Vater sucht nach einer Unterkunft für seine Familie. Frau Ratomska rät, dass er sich – um die Gefahr der Entdeckung zu minimieren – von seiner Familie trennen solle.

„Ein Mann, von dem vermutet wurde, dass er Jude sei, hatte bei der Polizei keine Chance, wenn er beschnitten war. Polen waren nie beschnitten – also eine Beschneidung war der Beweis dafür, dass man jüdisch war."

Ignac Neuberg nimmt den Rat an, sucht getrennte Unterkünfte und findet ein kleines Zimmer für sich und ein kleines Zimmer für seine Frau und seine Tochter.

„Ich hab meinen Vater dann oft in Kirchen, Parks oder Museen getroffen, bei ihm ,zu Hause' ging es nicht, weil seine Vermieterin dachte, er sei ein Junggeselle. Ich war dann quasi der Briefträger zwischen meinen Eltern. Ich erinnere mich, wie wir in Kirchenbänken knieten, so taten, als ob wir beteten und dabei unsere Informationen austauschten. Manchmal ließ ich ein Päckchen mit Essen unter der Kirchenbank stehen, das meine Mutter gekocht hatte. Meine Mutter sah meinen Vater mehrere Monate lang nicht."

Halina ist dreizehn, ihre Mutter färbt ihr die Haare blond und meldet sie wieder in der Schule an – absichtlich zwei Jahre unter ihrer Klassenstufe, damit sie keine Probleme bekommt.

„Leistungsmäßig habe ich tatsächlich keine Probleme gehabt, aber ich war sehr isoliert in der Klasse. Ich hatte Angst vor zu engem Kontakt mit meinen Mitschülern und hatte immer Hemmungen, über mich selbst zu reden, über meine Familie, über meine Vergangenheit. Da war immer diese Angst, dass ich mich selbst verraten könnte. Ich war nie hübsch angezogen, habe selten gelacht und hatte keine Freunde, denen ich mich anvertrauen konnte."

Wisias Schwester Stasia ist es gelungen, aus dem Ghetto in Lvov zu entkommen, und taucht in Warschau auf. Halina ist begeistert und verbringt viel Zeit mit ihrer Tante. Aber Stasia bringt auch schlechte Nachrichten mit: über die elenden Bedingungen im Ghetto und über die Transporte in den Osten, um die Juden angeblich dort anzusiedeln.

„Meine Eltern versuchten, die schlimmsten Nachrichten von mir fernzuhalten, aber ich habe natürlich doch mitbekommen, dass meine Großmutter, die ich so abgöttisch geliebt habe, in einem Viehwaggon in den Osten abtransportiert worden war."

Wisia erklärt ihrer Schwester, dass sie nicht mit ihr und ihrer Tochter wohnen könne und dass sie sich ihr eigenes Zimmer suchen müsse.

„Meine Tante war daraufhin ziemlich verärgert – sie hatte so viel durchgemacht und hatte gehofft, dass ihre ältere Schwester sich um sie kümmern würde. Aber Tante Stasia sah eben ein bisschen jüdisch aus, und meine Eltern dachten, dass sie meinetwegen jede nur erdenkliche Vorsichtsmaßnahme treffen müssten."

Stasia findet ein kleines Zimmer für sich, in dem sie sich aber reichlich allein und eingezwängt fühlt. Sie ist eine kontaktfreudige, extravertierte Person und vermisst ein wenig Geselligkeit. Sie beschließt, für zwei Wochen Urlaub auf dem Land zu machen.

„Meine Mutter war höchst besorgt darüber und legte meiner Tante ans Herz, diese Urlaubsidee fallen zu lassen. Aber meine Tante schlug die Warnung in den Wind, sie hatte genug von ihrem kleinen Zimmerchen, in dem sie sich fühlte wie in einem Gefängnis."

Stasia kommt nie von ihrem Urlaub zurück.

„Als meine Mutter schließlich das Hotel anrief, hieß es, dass Stasia das Hotel unter sehr ungewöhnlichen Umständen verlassen hätte – nämlich in Begleitung eines Mannes, der höchstwahrscheinlich für die deutsche Geheimpolizei arbeitete. Außerdem hatte man im Hotel einen Zettel mit der Adresse von Frau Kucharska gefunden."

Halinas Mutter ist alarmiert, kündigt die Unterkunft auf der Stelle und sieht sich nach einem neuen Zimmer um. Mutter und Tochter werden von nun an des Öfteren umziehen: Wann immer sie befürchten, dass ihre Identität angezweifelt wird, ziehen sie wieder um. Einfach ist das nicht im überfüllten Warschau, und die Vermieter sind misstrauisch. Letztlich überwiegt aber doch der Wunsch, ein bisschen Geld mit der Untervermietung zu verdienen.

„Ich hab nie darüber nachgedacht, wie schwer das eigentlich für meine Mutter war, immer wieder ein neues Zimmer zu finden. Nach dem Krieg hat sie mir mal gesagt, dass sie jedes Mal Todesängste ausgestanden hat, wenn sie dem neuen Vermieter ihre Papiere zeigen musste. Jeder Wohnungswechsel musste ja den Behörden gemeldet werden. Meine Mutter hatte extra drei Koffer gekauft und die dann mit Zeitungspapier gefüllt, um zu demonstrieren, dass wir anständige Bürger sind."

Eines Tages wird Wisia Neuberg alias Kucharska von einem Polizisten auf der Straße angehalten. Sie zeigt ihre polnische Kennkarte, aber der Polizist ist ungerührt und sagt ihr aufs Gesicht zu: „Ich weiß, dass Sie Jüdin sind. Schauen Sie mal über die Straße – da in dem Café sitzt eine Frau, die kennt Sie aus Lvov."

„Tatsächlich erkannte meine Mutter diese Frau. Sie konnte es nicht glauben – die Frau war selbst jüdisch – warum in Gottes Namen wurde sie von dieser Frau denunziert? Alles, was meiner Mutter in dieser Situation übrig blieb, war der Versuch, den Polizisten zu bestechen. Sie nahm ihren Ehering ab, ihre goldene Uhr und die Kette mit dem goldenen Kreuz und drückte dem Polizisten alles in die Hand. Der nahm es und verschwand."

Kurz nach diesem Vorfall wird Halina auf ihrem Weg von der Schule von einem Jungen angehalten. Er pöbelt sie an, wirft ihr vor, eine Jüdin zu sein, und will ihre Papiere sehen.

„Ich habe keine Ahnung, wo ich all den Mut hergenommen habe – aber ich habe den laut angebrüllt, dass ich ihm sehr wohl meine Papiere zeigen könne – aber auf der Polizeistation, wo ich mich dann auch gleich über ihn beschweren würde."

Halina ist erfolgreich, der Junge verschwindet.

Halina und ihre Mutter fühlen sich nie wirklich sicher. Einmal werden sie Zeugen, wie andere Mieter vom Vermieter aus dem Haus geworfen werden, ein anderes Mal müssen sie miterleben, wie Untermieter von der Gestapo abgeholt werden.

„Das war ein schreckliches Erlebnis", erinnert sich Halina. „Es war ungefähr zwei Uhr nachts, als wir von einem furchteinflößenden Hämmern an der Tür geweckt wurden. Wir wussten sofort, dass es die Gestapo war, und wir waren gelähmt vor Angst. Die haben ein Ehepaar im Haus verhaftet, mit denen wir uns ein wenig angefreundet hatten. Dieses Ehepaar hatte uns tatsächlich gestanden, dass sie vor der Deportation geflüchtet waren – die beiden waren aus dem Viehwaggon gesprungen. Jedenfalls hörten wir lautes Geschrei, Schläge und Pistolenschüsse. Als die

Gestapo weg war, sind wir zu dem Zimmer unserer Bekannten gerannt – die Tür stand offen, und ich habe alles gesehen: Neben einem zerbrochenen Stuhl schwamm eine riesige Blutlache." Halina schüttelt den Kopf. „Ich habe fast gebrochen. Diese Nacht hat mich für lange, lange Zeit in meinen Albträumen verfolgt."

Die deutschen Besatzer sind erfindungsreich, wenn es darum geht, alle bis auf den letzten Juden in ihre Gewalt zu bekommen. Sie haben eine neue Idee, wie sie Juden, die sich versteckt halten, aus ihren Schlupflöchern locken können: Im Mai 1943 bieten sie südamerikanische Visa an und versprechen, dass ein Inhaber eines solchen Visums Warschau verlassen könne.

„Während eines unserer Treffen erzählte mir mein Vater von diesem Angebot der Deutschen. Sie hatten ein Büro im Hotel Polski aufgemacht für diejenigen Juden, die sich registrieren lassen wollten. Gerüchten zufolge hatten einige Leute Warschau schon verlassen."

Die perfide Idee erhält enorme Glaubwürdigkeit dadurch, dass die Deutschen eine große Summe Geld für die Visa verlangen.

„Mein Vater dachte ernsthaft darüber nach, ob er uns drei registrieren sollte. Aber nach ein paar Tagen entschloss er sich, der plötzlichen Freundlichkeit der Deutschen keinen Glauben zu schenken."

Ignac Neuberg fällt die richtige Entscheidung. Von den ungefähr 3.000 Juden, die sich um ein Visum bewerben, überleben nur wenige Hundert. Die Mehrheit wird entweder im Warschauer Gefängnis oder in Auschwitz ermordet.

Inzwischen entschließt sich Ignac Neuberg zu einer Operation, die seine Beschneidung kaschieren soll. Frau Ratomska arrangiert ein Treffen mit einem Chirurgen. Sein Name ist Kurt, er ist Volksdeutscher – und Arzt in der deutschen Wehrmacht. Die

Operation wird im Haus seiner polnischen Freundin Barbara durchgeführt.

Die Operation rettet Ignac Neuberg das Leben. Am Weihnachtsabend 1943 wird er denunziert und zur Polizei gebracht, von dort zum Gestapo-Hauptquartier. Er wird verhört, die Leute von der Gestapo haben ihren Spaß: Sie fragen Zygmunt Kucharska über sein Leben aus, befehlen ihm, katholische Gebete aufzusagen, und fangen an jiddisch zu reden, um ihn aus der Reserve zu locken. Als sie ihn auffordern, zwei polnische Bekannte zu nennen, die bezeugen können, dass er nicht jüdisch sei, nennt er einen polnischen Freund – und Barbara.

Über die Weihnachtsfeiertage wird er ins Gefängnis gebracht, wo es ihm gelingt, einen Gefängniswärter zu bestechen: Er bittet den Wärter, eine Notiz mit der Bitte um Hilfe zu Barbara zu bringen. Es ist ein hohes Risiko.

Nach den Weihnachtsfeiertagen wird Ignac Neuberg wieder ins Gestapo-Hauptquartier gebracht. Auch der polnische Freund und Barbara sind dort und machen ihre (wahrheitswidrige) Aussage, dass sie „Zygmunt" schon lange kennen würden und dass er Christ sei. Gleichzeitig wird ein Arzt geholt, der begutachten soll, ob Zygmunt Kucharska beschnitten ist oder nicht. Der Arzt ist sich nicht sicher. Die Leute von der Gestapo werden ungeduldig, da sehen sie einen zweiten Arzt in Wehrmachtsuniform auf dem Gang. Sie bitten ihn um eine zweite Meinung. Der Arzt diagnostiziert, dass Kucharska als Junge eine venerische Krankheit hatte, aber definitiv nicht beschnitten sei. Ignac Neuberg ist ein freier Mann.

„Der zweite Arzt war Kurt. Ich bin sicher, dass Barbara und Kurt Mitglieder des polnischen Untergrund waren, aber natürlich hat man solche Dinge damals weder gefragt noch besprochen."

Familie Neuberg geht langsam das Geld aus. Der letzte Schmuck ist verkauft, es ist nichts mehr da, was noch versetzt werden könnte.

Halinas Vater dreht Zigaretten zu Hause, später gelingt es ihm, als Pianist in einer Tanzschule für Kinder anzuheuern. Einige der Kinder in der Tanzschule sind deutsch. Halinas Mutter wird von einer Nachbarin eine Arbeit in einer Fabrik angeboten, die Farben herstellt. „Die Arbeit war dreckig und vermutlich nicht sehr gesund, aber meine Mutter war froh, dass sie das Geld für unseren Unterhalt verdienen konnte."

Im April 1943, als die Deutschen die noch verbliebenen 60.000 Juden aus dem Warschauer Ghetto deportieren wollen, beginnen jüdische Widerstandskämpfer einen Aufstand. Obwohl die Aufständischen im Ghetto nur über ein paar wenige Pistolen, Handgranaten und Gewehre verfügen, brauchen die Deutschen fast einen Monat, um den Aufstand niederzukämpfen. Der Partisanen-Taktik nicht gewachsen, brennen sie zum Schluss das ganze Ghetto nieder, Haus für Haus, und treiben die Bewohner mit Gasgranaten aus Bunkern. Von der „arischen" Seite der Ghettomauer aus wird Halina Zeugin des Aufstands.

„Ich war auf meinem Weg zur Schule und habe auf die Straßenbahn gewartet. Und da habe ich dicke schwarze Rauchwolken aufsteigen sehen vom Ghetto – das war nur etwa zwei Blocks weg von mir. Und dann sah ich Menschen aus den Häusern springen, die sahen aus wie menschliche Fackeln, und ich hörte sie schreien. Und gleichzeitig – da war ein Spielplatz hinter mir – versuchten Kinder, auf der Schaukel so hoch wie möglich zu schaukeln, um einen Blick darauf zu erhaschen, was sich hinter der Mauer abspielt. Dieses Bild hat sich in mein Gehirn eingebrannt. Ich war starr vor Schreck. Und ich erinnere mich an nichts, was in den nachfolgenden Wochen passierte."

Das Leben im Untergrund wird zunehmend schwieriger. Die Nazis suchen nach Juden, die aus dem Ghetto geflohen sind. Als Vergeltungsmaßnahme für die Aktionen des jüdischen Widerstands werden viele Menschen verhaftet und getötet. Leute aus Krakau, die für die Nazis arbeiten und sich darauf spezialisiert haben, Juden zu entdecken und an die Nazis zu verraten, kommen nach Warschau, um hier ihrem dreckigen Gewerbe nachzugehen. Als Wisia Neuberg mit ihrer Tochter erneut umziehen muss und ein Zimmer ganz in der Nähe der Ghettoruinen findet, ist Halina kaum noch in der Lage, den Druck auszuhalten.

„Ich befand mich wohl in einer völligen Depression und bestand wirklich nur noch aus Angst. Ich konnte all diesen Horror um mich herum einfach nicht mehr verarbeiten. Ich verlor mein Selbstvertrauen total und musste manchmal meine Hände in den Taschen verstecken, weil sie nur noch zitterten. Aber als wir dann gehört haben, dass der polnische Untergrund einen Aufstand gegen die Deutschen plane, rappelte ich mich irgendwie wieder auf."

Am 1. August 1944 – die Rote Armee ist bis zur Stadtgrenze Warschaus vorgestoßen – beginnt die Armia Krajowa, die größte militärische Widerstandsorganisation im besetzten Polen, einen Aufstand gegen die deutschen Truppen in der Stadt. Die polnischen Widerstandskämpfer erwarten Unterstützung von der nahenden Roten Armee, wider Erwarten aber bleiben die sowjetischen Truppen am Stadtrand stehen. Anfangs gelingt es der polnischen Heimatarmee, wesentliche Gebiete im Zentrum der Stadt unter ihre Kontrolle zu bringen, ist aber – ohne externe Hilfe – nicht in der Lage, die Stellung zu halten. Die deutsche Gegenoffensive ist enorm, die Straßenkämpfe sind erbittert und brutal. Die deutsche SS, Polizei und Teile der Wehrmacht üben Massenterror aus und töten Zehntausende von Zivilisten hinter den militärischen Linien. Nach 63 Tagen ist der Warschauer Aufstand niedergeschlagen. Als die Kampfhandlungen am 2. Oktober aufhören, sind 150.000 Zivilisten tot, und die Armia Krajowa hat

20.000 Kämpfer verloren. Im Nachgang werden alle Bewohner Warschaus evakuiert, Zehntausende Polen werden in Arbeits- und Konzentrationslager deportiert.

Während des Aufstands verkriechen sich Halina und ihre Mutter zusammen mit 30 bis 40 anderen Bewohnern im Keller ihres Mietshauses.

„Nach zwei Wochen stürmten drei deutsche Soldaten in den Keller und zwangen uns herauszukommen. Mit vorgehaltenem Gewehr marschierten die dann mit uns an den Stadtrand von Warschau – wir liefen und liefen und ließen das brennende Warschau hinter uns. Irgendwann wurde uns befohlen, stehen zu bleiben – vor einer Scheune. Als sie uns dann in diese Scheune trieben, verfiel ich in totale Panik. Ich bin zu einem der Soldaten gerannt und hab den völlig hysterisch angeschrien: ‚Lassen Sie mich arbeiten! Ich kann alles, bitte!‘ Der Soldat drohte, mich zu erschießen, aber dann fragte meine Mutter – total entsetzt über mein Verhalten – in perfektem Deutsch, ob sie einen Offizier sprechen könne. Ich kann das immer noch nicht glauben, aber die haben wirklich einen Offizier geholt und die Verhandlungen meiner Mutter mit ihm – ich habe keine Ahnung, was sie ihm erzählt hat – haben tatsächlich gefruchtet: Wir wurden in der Küche der deutschen Wehrmacht eingestellt. Ich weiß nicht, was mit den anderen in der Scheune passiert ist – einige Leute erzählten uns, dass sie erschossen worden seien."

Halina und ihre Mutter finden bald heraus, dass sie bei einer Einheit der Division Hermann Göring gelandet sind – einer Panzer-Elite-Einheit, die unter der Führung des Oberbefehlshabers der deutschen Luftwaffe steht.

„Einige Zeit, nachdem wir dort in der Küche gearbeitet hatten, denunzierte uns der deutsche Koch, der uns für Juden hielt. Daraufhin bat der Major der Division meine Mutter zu sich, und meine Mutter wies die Unterstellung natürlich von sich. Der Major entschuldigte sich – und ließ die Sache fallen. Ein paar Tage später ließ er den Koch in einen anderen Heeresteil abkommandieren. Meine Mutter und ich haben immer gerätselt, ob der Major die Wahrheit ahnte und uns beschützte."

Nach einigen Wochen setzt sich die Division in Bewegung, weg von der Front.

„Zu unserer Verwunderung wurde meiner Mutter und mir befohlen, in einen Panzer zu steigen. Aber nach zwei Tagen wollten sie uns dann loswerden. Sie hielten einen polnischen Pferdewagen an und befahlen dem Mann, uns mitzunehmen. Der war zwar nicht erfreut über zwei polnische Frauen, die aus einem deutschen Panzer kletterten, aber er nahm uns mit und setzte uns in Pionki ab, einer kleinen Stadt außerhalb von Warschau."

Halina lacht. „Später musste ich oft denken: Was für eine ungewöhnliche Erfahrung – ein jüdisches Mädchen wird von einem Panzer der Division Herman Göring in Sicherheit gebracht."

Ende Januar 1945 haben sich die Deutschen aus der Gegend zurückgezogen.

„Menschen strömten in die Stadt – unter ihnen auch etliche Juden, die entweder im Versteck oder in Lagern überlebt hatten. Wir mischten uns nicht unter sie. Meine Mutter entschied, dass wir unsere Identität noch ein Weilchen länger verbergen sollten. Sie hielt die Gefahr noch nicht für vorüber."

Halina und ihre Mutter bekommen Nachricht vom Roten Kreuz.

„Sie gaben uns ein Bündel Briefe von meinem Vater. Wir haben geweint vor Freude. Wir hatten ja jede Verbindung mit meinem Vater verloren und wussten nicht, ob er den Warschauer Aufstand überlebt hatte. Er schrieb, dass er in Kielce sei, einer Stadt nördlich von Krakau, und dass es ihm gut ginge."

Ein paar Wochen später ist die Familie wieder vereint.

„Wir sahen alle schrecklich aus. Mein Vater war abgemagert und entkräftet, meine Mutter war auch schmal geworden und völlig erschöpft, ich hatte Abszesse am ganzen Körper und mir wegen von Läusen verursachten und infizierten Blasen auf dem Kopf sämtliche Haare abrasiert. Aber es machte nichts – wir drei hatten überlebt. Wir hatten eine Zukunft."

Halina und ihre Eltern kehren nach Krakau zurück. Am 8. Mai wird über Lautsprecherwagen auf den Straßen verkündet, dass das Deutsche Reich kapituliert hat. Unglaubliche Szenen des Jubels folgen.

„Einige Leute weinten hysterisch, andere gebärdeten sich geradezu verrückt, sprangen auf und ab und schrien dabei, andere wieder sangen und tanzten, tranken und küssten sich. Mein Vater, meine Mutter und ich haben eher still gefeiert. Ich hatte meine Großmutter in Lvov verloren, meine Krakauer Großeltern und meine geliebte Tante Stasia. Und ich weiß noch nicht mal, wann und wo sie ermordet worden sind."

Halina, zwanzig Jahre alt, Krakow 1948

Halina sucht nach ihren alten Freundinnen, kann aber niemanden finden.

„Nach und nach begann ich, die Tatsache zu akzeptieren, dass sie wohl alle tot sein mussten. Aber zu meiner großen Freude kehrten ein Jahr nach der Befreiung drei meiner Freunde nach Krakau zurück. Zula, Irena und Ala hatten mit ihren Familien in der Sowjetunion überlebt."

Das Leben im Nachkriegs-Krakau ist nicht leicht. Neubergs alte Wohnung wird von Polen bewohnt. Um die Wohnung wiederzuerhalten, prozessiert Halinas Vater, verliert den Prozess jedoch. Wegen anhaltendem Antisemitismus in Polen beschließt die Familie, vorerst ihre polnische Identität beizubehalten. Im Juli 1946 findet ein hässliches Pogrom in Kielce statt. Die wenigen überlebenden Juden in der Stadt werden tätlich von Polen angegriffen, die Ausschreitungen enden mit dem Tod von 42 jüdischen Frauen, Männern und Kindern. Halinas Eltern glauben nicht mehr an eine Zukunft für Juden in Polen.

„Wir wollten auswandern, aber wir hatten niemanden, der uns helfen konnte. Meine Eltern wussten zwar, dass es entfernte Verwandte gab in Südafrika und Australien, aber sie wussten weder die Adresse oder auch nur den ungefähren Wohnort. Und es war niemand mehr am Leben, der uns hätte sagen können, wo sich diese Verwandten niedergelassen hatten."

Freunde, die nach Australien ausgewandert sind, werden zu Rettern in der Not: Sie machen zwei Cousins der Neubergs ausfindig, die in Melbourne leben und sofort Visa für die Verwandten organisieren. 1948 verlassen die Neubergs ihr Heimatland Polen – über Katowice, Prag und Paris geht es nach Brüssel und von dort weiter mit dem Flugzeug nach Melbourne. Passagierflüge stecken noch in den Kinderschuhen: Mit mehreren Zwischenaufenthalten und einer Übernachtung in Karachi dauert es sechs Tage von Brüssel nach Melbourne.

Das Leben auf dem fremden Kontinent ist nicht einfach.

„Keiner von uns hat englisch gesprochen. Mein Vater war schon über fünfzig, und er machte so ziemlich jeden Job, den er kriegen konnte. Meine Mutter und ich haben in Kleiderfabriken gearbeitet und haben Mäntel und Hemden genäht. Später, als mein Vater mich drängte, einen Beruf zu lernen, bin ich dann Friseuse geworden. Aber ich hab das nie gemocht, umherkommandiert zu werden, die Haare zu waschen oder andere Zuarbeiten zu machen. Am Anfang wurde ich immer ‚die Ausländerin' genannt – ich habe das gehasst."

Halina beginnt, in der Melbourner Kommission für Forstwirtschaft zu arbeiten. Dort lernt sie einen Mann aus Krakau kennen, die beiden heiraten, Sohn Mark wird geboren. Nur neun Jahre später stirbt Halinas Mann.

Halinas traumatische Kindheit wirft Schatten. Sogar in Australien verheimlicht sie lange Jahre, dass sie jüdisch ist. Sie hat wiederkehrende Albträume bis sie längst über vierzig ist – meistens träumt sie, dass sie von der Gestapo abgeholt wird.

„Ich weiß auch nicht, aber irgendwie habe ich eine angeknackste Psyche zurückbehalten. Ich denke immer noch, dass blonde Haare und blaue Augen einfach die überlegenen Gesichtszüge sind, sogar im multikulturellen Australien."

Halina macht eine lange Pause. Dann sagt sie:

„Niemand sollte wirklich im Stande sein können, so etwas zu tun, was die Nazis uns angetan haben. Sie haben mir alles genommen – meine Kindheit, mein Vertrauen in Menschen und meinen Glauben an die Menschheit schlechthin. Fünf Jahre lang konnte ich mich nicht wie ein normales Kind entwickeln, ich hatte kein normales Leben und hatte keine Ahnung, was Spaß und Vergnügen eigentlich bedeuten. Mit siebzehn Jahren war ich immer noch ein Kind, anstatt ein Teenager zu sein."

Halina mit ihrem Mann und Vater anlässlich des juristischen Abschlussexamens ihres Sohnes

Halina schweigt über ihre Vergangenheit – bis sie anfängt, als

Guide im Holocaust-Museum zu arbeiten. Da ist sie sechzig. Es fällt ihr zunächst schwer, vor Studenten über ihr Leben zu reden. Aber schon nach den ersten Malen fühlt sie sich nahezu erleichtert.

„Es hat mir tatsächlich geholfen, meinen Minderwertigkeitskomplex zu bekämpfen. Aber darüber hinaus denke ich natürlich auch, dass es wichtig ist, dass ich meine Erfahrungen mit anderen Menschen teile, insbesondere mit jungen Leuten. Die Jungen sind schließlich diejenigen, die dafür sorgen müssen, dass nie wieder etwas Vergleichbares passiert in der Welt." Und dann, wie um das eben Gesagte zu unterstreichen, fügt sie hinzu: „Ich denke, Bildung ist das einzige Gegengift, um vernunftlosen Hass zu bekämpfen."

Während sie im Museum arbeitet, erfährt Halina, dass die israelische Holocaust-Gedenkstätte Yad Vashem seit 1963 den Ehrentitel „Gerechter unter den Völkern" an alle Nichtjuden vergibt, die Juden während der Jahre der Verfolgung durch die Nationalsozialisten geholfen haben. Halina stellt einen Antrag für Emilia Ratomska – die Polin, die ihnen mehrfach während ihrer Jahre in der Illegalität geholfen hat. Der Antrag ist erfolgreich, kann 1993 aber nur noch posthum verliehen werden. Emilia Ratomskas Sohn Roman reist nach Israel, um das Ehrenzertifikat „Gerechte unter den Völkern" für seine Mutter entgegenzunehmen.

„Romek hatte uns damals sein Bett zur Verfügung gestellt, als wir die ersten beiden Nächte in Frau Ratomskas Wohnung verbrachten. Er war sechzehn und sah gut aus – und ich habe ein bisschen für ihn geschwärmt."

Als ihr zweiter Mann krank wird und stirbt, schreibt Halina ihre Memoiren.

„Ich habe immer gern geschrieben, und tatsächlich fand ich es sehr einfach, meine Lebenserinnerungen aufzuschreiben. Es war

für mich wie ein emotionaler Erguss von allem, was ich durchgemacht habe."

Ihr Buch „Swimming under water" („Schwimmen unter Wasser") wurde 2001 veröffentlicht. Jetzt schreibt Halina ihr zweites Buch.

Sala Balter

Herschel Balter hatte dem jüdischen Holocaust-Museum einige
Korrespondenzen aus dem Zweiten Weltkrieg gestiftet – Briefe
und Postkarten aus dem Jahr 1940, die zwischen seinen Eltern in
Polen und seinem Bruder Jonathan in Vilnius geschrieben worden waren. Jonathan war es gelungen, aus Polen nach Litauen zu
fliehen. Später konnte er über Kaunas, Wladiwostok, Kobe und
Shanghai nach Palästina flüchten.

Die Korrespondenzen waren in Deutsch abgefasst – vermutlich
eine Auflage der deutschen Besatzer –, und ich übersetzte sie für das
Museum ins Englische. Um die Familiengeschichte, die sich hinter
den Briefwechseln verbirgt, ausführlich zu recherchieren, machte
ich einen Termin aus mit Herrn Balter. Herschel Balter, knapp
neunzig zu dem Zeitpunkt, lud
mich zu sich nach Hause ein,
und ich fand einen vor Energie
nur so sprühenden, lebendigen
und kontaktfreudigen Mann vor.
Wir verbrachten mehrere Vor-
und Nachmittage zusammen,
Herschel breitete Familienfotos
und alte Briefe auf dem großen

Sala und Herschel, Melbourne 2010

Esstisch im Wohnzimmer aus, und wir redeten stundenlang. Nach und nach fand ich heraus, dass Herschels Vater in Auschwitz, und zwei seiner Schwestern in Treblinka ermordet worden waren. Oft war Herschels Frau Sala in der Wohnung, meist in der Küche, wo sie den Lunch vorbereitete oder einen Kuchen buk. Sie kam nur ins Wohnzimmer, um uns Getränke anzubieten, und unterbrach uns ansonsten nie. Aber jedes Mal, wenn ich dort war – es war eine unumstößliche Regel – wurde ich zum Lunch eingeladen: Wenn Herschel und ich einen Vormittagstermin hatten, musste ich zum Lunch bleiben, wenn wir uns nachmittags trafen, musste ich vorher zum Lunch kommen.

Während einer dieser gemeinsamen Mittagszeiten unterhielten wir uns einmal über einen Vorfall, der sich kürzlich in Melbourne ereignet hatte: Einem Juden, der auf dem Weg in die Synagoge war, wurde unter wüsten antisemitischen Pöbeleien der Hut vom Kopf geschlagen. Während Herschel das Ganze nicht sehr ernst nahm und es als einen isolierten Einzelfall betrachtete, sagte Sala, sichtlich erregt: „Das hört nie auf."

An dieser Stelle wandte sich Herschel zu mir und sagte: „Siehst du Hannah, du solltest wirklich Sala interviewen und nicht mich. Sie hat Entsetzliches mitgemacht während des Holocaust."

So kam es, dass ich Sala fragte, ob sie mir ihre Geschichte erzählen würde. Sie war zögerlich und stimmte, widerstrebend, erst dann zu, als ich ihr versprach, dass wir das Interview an jeder Stelle abbrechen könnten.

Wir brauchten das Interview nicht abzubrechen, aber es war deutlich, dass Sala über manche Dinge nicht sprechen konnte oder nicht sprechen wollte. Noch heute lebt sie in Angst und Furcht vor neuerlicher Verfolgung, sorgt sich um ihre Familie, namentlich um die Enkelkinder. Insbesondere im Vergleich zu Herschel, der Optimismus und Lebensfreude ausstrahlt, wirkt sie verzagt und hilflos: eine Frau, der man mehr Lebensmut und Fröhlichkeit wünscht.

Salas Geschichte

Sala wird als jüngstes von vier Kindern im Juni 1928 geboren. Ihre drei Brüder Majer, Jakob und Soniek sind zwei, sieben und neun Jahre älter als sie. Die Familie lebt in Rawa Mazowiecka, einer Stadt etwa 55 Kilometer östlich von Łódź, in der sich bereits in der ersten Hälfte des 16. Jahrhunderts Juden angesiedelt hatten. Yidel Balban, der Vater, ist Schneider und hat eine kleine Werkstatt im Hinterhof. Dort näht er Hosen, Jacken, Kleider, Röcke und Blusen, die er zusammen mit seiner Frau Toba auf dem Markt verkauft.

„Wir lebten in einem Zwei-Zimmer-Apartment in einem großen Gebäude, in dem sich auch die Jüdische Schule befand. Ich fand es toll, dass ich die Schule im Haus hatte: Da waren immer eine Menge Kinder, und als ich dann eingeschult wurde, hatte ich die Schule sozusagen vor meiner Nase, und ich musste nicht erst hinlaufen."

Das gegenseitige Auskommen zwischen Polen und Juden in Rawa Mazowiecka war nicht immer störungsfrei. Insbesondere im Zuge der Weltwirtschaftskrise in den dreißiger Jahren wurden jüdische Geschäftsleute boykottiert, und es fanden schwere Ausschreitungen gegen die Juden am Ort statt. An den Markttagen wurden die jüdischen Händler zuweilen bestohlen und physisch bedroht.

Sala hat jedoch nur schöne Erinnerungen.

„Markt war immer dienstags und freitags, und manchmal durfte ich da eben auch mitgehen. Ich fand das toll – es war immer so interessant und geschäftig auf dem Markt. Überhaupt war ich ein fröhliches Kind, und ich hatte viele Freunde – jüdische und nichtjüdische. Mein Großvater lebte gegenüber von uns, der machte Butter und lieferte Milch aus. Als Kinder haben wir da oft geholfen, die Butter zu machen." Sala ist elf, als die Deutschen Polen überfallen. Rawa Mazowiecka wird heftig bombardiert, die Zivilbevölkerung ist ungeschützt und schwer von den Bombardements betroffen.

„Ich werde diese Bombardements nie vergessen, es war einfach so angsteinjagend. Nicht weit von uns war eine ganze Straße weggebombt, es war schrecklich." Die Deutschen marschieren am 8. September in die Stadt ein und beginnen vom ersten Tag an, die Juden am Ort zu terrorisieren. Sie treiben jüdische Männer auf dem Marktplatz zusammen, schneiden ihnen die Bärte ab, befehlen ihnen, sich mit dem Gesicht zum Boden auf die Straße zu legen – und drohen, sie zu erschießen, sobald sie sich rühren. Sie sperren jüdische Frauen in die Synagoge und missbrauchen sie dort – der sadistische Einfallsreichtum der kultivierten Deutschen ist groß. Hochstehende jüdische Persönlichkeiten werden festgenommen, misshandelt, erschossen, andere müssen unterschreiben, dass sie Handlanger der Sowjetunion sind. Auf der Suche nach billigen Arbeitskräften werden jüdische Wohnungen durchkämmt – und alle Männer in Zwangsarbeitslager verschleppt.

„Die Deutschen stürmten also in unsere Wohnung, schnappten sich meine zwei Brüder Majer und Jakob und nahmen sie mit. Wir hatten ja keine Ahnung, was mit ihnen geschehen würde – meine Eltern haben verzweifelt nach ihnen gesucht. Nach ein paar Monaten kamen sie dann aus einem Arbeitslager im Süden Polens zurück. Sie waren völlig verdreckt und verlaust und sahen grauenvoll aus."

Inmitten des Terrors – inzwischen holen die Deutschen wahlweise Juden aus ihren Wohnungen und erschießen sie – erlebt Sala einen Moment von unerwarteter Mitmenschlichkeit.

„Ich suchte mit einer Freundin nach Zigarettenstummeln auf der Straße, um sie zu verkaufen. Da kam plötzlich ein deutscher Soldat auf mich zu und gab mir ein Stück Brot. Ich muss ihn wohl völlig erstaunt angeschaut haben, denn er sagte dann zu mir: ‚Du erinnerst mich an meine Tochter.'"

In den ersten Monaten der deutschen Besatzung fliehen ein paar hundert Juden aus der Stadt. Salas Familie entschließt sich zu bleiben.

„Aber meine Eltern trauten sich jetzt nicht mehr, auf den Markt zu gehen. Unsere Kunden – übrigens jüdische und nichtjüdische – kamen nun zu uns nach Hause."

Anfang 1941 funktionieren die Deutschen das jüdische Viertel der Stadt in ein Ghetto um. Alle Juden, die außerhalb dieses Viertels wohnen, müssen ins Ghetto ziehen – so auch Salas Familie.

„Dieser Befehl kam ja ohne jede Vorwarnung, wir mussten auf der Stelle ins Ghetto ziehen und konnten deshalb überhaupt nur ein paar wenige Sachen mitnehmen. Immerhin hatten wir am Anfang zwei Zimmer. Aber dann kamen immer mehr Juden, die aus den umliegenden Dörfern flüchteten, in unser Ghetto, der Strom an Flüchtlingen hörte überhaupt nicht auf."

In Kürze ist das Ghetto hoffnungslos überfüllt. Während im Oktober 1940 etwa 2.700 Juden in Rawa Mazowiecka wohnen, sind es im Mai 1941 bereits 3.360, und bis 1942 steigt die Zahl auf 4.000. Es ist nicht genug Platz im Ghetto, um alle Flüchtlinge aufzunehmen, viele erhalten keine Erlaubnis und ziehen illegal ins Ghetto. Weil sie nicht registriert sind, erhalten sie auch keine Lebensmittelkarten.

„Wir mussten unsere zwei Zimmer nun mit anderen Leuten teilen, die von überallher kamen. Und dann klopften auch dauernd Leute an die Tür und bettelten um ein bisschen was zu essen. Meine Mutter gab ihnen immer was. Ich verstand das alles überhaupt nicht, ich war völlig konfus."

Das Ghetto ist umzäunt, aber nicht abgeriegelt. Um sich irgendwie über Wasser zu halten, versuchen viele Bewohner, außerhalb des Ghettos Arbeit zu finden. Einigen gelingt es – sie verlassen das Ghetto tagsüber und arbeiten entweder für Polen oder auch für die Deutschen.

„Mein Vater hat seine kleine Werkstatt verloren, aber er konnte ein bisschen Stoff retten. Den verkaufte er nach und nach an die Leute in der Stadt."

Die Deutschen treiben täglich Bewohner des Ghettos zusammen, um sie zur Zwangsarbeit zu rekrutieren. Sie müssen entweder Feldarbeit auf den umliegenden Farmen verrichten oder werden in Arbeitslager verbracht. Manche von ihnen kommen nach einiger Zeit wieder, andere bleiben für immer verschwunden. Die, die zurückkommen, schleppen Typhus ein. Eine Typhusepidemie bricht aus, viele Menschen sterben.

Anfang 1942 wird das Ghetto abgeriegelt. Die Lebensmittel werden knapp, und, nachdem die Deutschen die Versorgung der Ghettobevölkerung völlig stoppen, wird die Lage für die Juden kritisch. Das Schmuggeln von Nahrungsmitteln ist die einzige Möglichkeit, um zu überleben. Das Verlassen des Ghettos ist jedoch illegal – wer ergriffen wird, wird erschossen. In dieser Situation bilden sich Gerüchte im Ghetto, dass die Nazis alle Juden umbringen wollen.

„Meine Eltern wurden sehr ängstlich und unruhig. Sie schlichen sich also aus dem Ghetto und klopften an jede Menge Türen, um zu fragen, ob die Leute vielleicht bereit wären, uns zu verstecken – meine Eltern waren ja sehr bekannt in der Stadt. Nachdem die Deutschen die Sowjetunion überfallen hatten, dachte wohl jeder, dass der Krieg nur noch eine Sache von Monaten sein könne. Und so fanden meine Eltern tatsächlich Leute, die bereit waren, uns zu verstecken: Eine polnische Familie wollte meine beiden Brüder Majer und Jakob verstecken, eine andere polnische Familie meinen Vater und Soniek, und ein Volksdeutscher erklärte sich bereit, meine Mutter und mich aufzunehmen." Im Schutze der Dunkelheit flieht die Familie im Oktober 1942 aus dem Ghetto, trennt sich und begibt sich zu den drei Helferfamilien. Zwei Tage später, am 27. Oktober, werden die Gerüchte zur schrecklichen Realität: Deutsche und polnische Polizei umstellt das Ghetto. In den folgenden Tagen wird die gesamte Ghettobevölkerung auf dem Marktplatz zusammengetrieben, in bereitstehende Güterzüge gepfercht und in das Vernichtungslager Treblinka transportiert. Nur einigen wenigen gelingt es zu fliehen.

„Wir haben die ganze Zeit die Schießereien gehört, nach ungefähr einer Woche hat es sich dann beruhigt. Und nachdem es sich beruhigt hatte, sagte der Deutsche zu uns, dass er uns nun nicht mehr behalten könne – das sei zu gefährlich. Da hat mich meine Mutter dann zum Ghetto geschickt – sie dachte wohl, ein Mädchen würde nicht so schnell auffallen –, um nachzuschauen, ob es sicher sei, zum Ghetto zurückzukehren. In der Stadt haben mich eine Menge Leute gekannt, also hab ich einen Schal um mein Gesicht gewickelt, um mich darin zu verstecken. Ich hatte fürchterliche Angst, mein ganzer Körper hat den ganzen Weg lang gezittert."

Das Ghetto ist nach wie vor von der Polizei umstellt. Salas Mutter weiß keinen anderen Ausweg, als zum Versteck ihres Mannes zu gehen.

„Mein Vater und mein Bruder Soniek waren bei einem polnischen Bauern namens Jozef Galach versteckt. Galach war verheiratet – die Frau war sehr krank – und hatte drei Kinder. Er nahm uns auf – es war ein strohgedecktes kleines Haus und wir, also mein Vater, meine Mutter, mein Bruder und ich, waren im Dachboden versteckt. Aber nach etwa einem Monat hielt der Bauer den Dachboden nicht mehr für ein sicheres Versteck. Er hat dann in seiner Scheune ein Loch gegraben – gerade groß genug, um eine von diesen hölzernen Kartoffelkisten darin zu versenken. Und über dieses Loch mit der Kartoffelkiste drin hat er dann seine Häckselmaschine gestellt. Von nun an haben wir vier in dieser Kartoffelkiste gesessen. Die war vielleicht 3 mal 1 Meter groß, an der Seite war ein Loch, damit etwas Luft reinkam, und wir konnten da gerade so drin sitzen, aber nur gebeugt, und der Holzdeckel lag genau über unseren Köpfen."

Sala, ihre Eltern und ihr Bruder sitzen 27 Monate in der Kartoffelkiste.

„Da waren eine Menge Nachbarn in der Nähe, und das Risiko, denunziert zu werden, war groß. Wir durften also nur nachts aus der Kiste steigen – um unsere Notdurft zu verrichten und um unsere Beine etwas auszustrecken. Die meiste Zeit saßen wir in dieser Kiste. Feliksa, die älteste Tochter des Bauern, kümmerte sich um uns und brachte uns immer was zu essen."

Im Sommer 1943 erfahren die Balbans von dem Bauern Galach schreckliche Neuigkeiten.

„Meine Tante Liebel, mein Onkel Mottel und mein zehnjähriger Cousin Abraham, die ein Versteck im Nachbardorf gefunden hatten, waren aus ihrem Versteck geworfen worden. Daraufhin sind sie von den Deutschen gefunden und umgebracht worden. Herr Galach sagte uns, es gäbe Gerüchte, dass die Deutschen die ganzen Dörfer der Umgebung durchkämmen würden und dass es nun – für uns und für ihn – zu gefährlich wäre, wenn wir in dem Versteck blieben."

Jozef Galach sieht keine andere Wahl, als seine vier jüdischen „Gäste" auszuquartieren. Er bittet sie, sich für eine gewisse Zeit im Kornfeld zu verstecken.

„Es war im Sommer 1943, das Korn stand hoch. In der Nacht führte uns Herr Galach mitten in das Kornfeld hinein – und sagte uns, dass wir dort bleiben sollten. Wir sind vier Wochen in diesem Kornfeld geblieben. Während dieser Zeit brachte uns Feliksa jeden Abend etwas zu essen. Wenn es regnete und die Ähren herunterhingen, mussten wir uns flach hinlegen, damit uns niemand sieht."

Nachdem sich die Gerüchte gelegt haben, werden die Balbans von Feliksa geholt und zurück in die Scheune gebracht. Sala, Soniek und ihre Eltern klettern wieder in die Kartoffelkiste.

„Das Leben in dieser Kiste war nicht zum Aushalten. Jeden Tag haben wir auf das Ende des Krieges gewartet – oder darauf, dass wir sterben. Einmal hörten wir meine kleine siebenjährige Cousine draußen nach uns rufen – sie war mit meinem Onkel irgendwo im Versteck gewesen. Wir wussten nicht, was passiert ist, aber wir konnten ja nicht aus unserer Kiste raus. Das war absolut grausam."

Eines Tages kommen Deutsche auf den Bauernhof. Sie verschaffen sich Zutritt zum Haus und verhaften Jozef Galach.

„Wir konnten die Deutschen im Haus hören, und wir waren starr vor Angst. Aber wir hatten Glück: Sie kamen nicht in die Scheune, sie verließen den Hof einfach wieder – allerdings mit Herrn Galach. Ich habe keine Ahnung, warum er verhaftet wurde. Er war so eine Art Dorfältester – vielleicht hatte es damit zu tun. Jedenfalls blieb er zwei Wochen im Gefängnis. Während dieser Zeit kam sein Bruder und wollte uns aus dem Versteck rausschmeißen. Aber mein Vater ließ sich nicht dazu bewegen.

Er sagte: ‚Wenn sie uns umbringen, bringen sie euch auch um.'
Und wir blieben."

Galachs Bruder gibt den Balbans kaum etwas zu essen. In völliger
Verzweiflung wagen es Sala und ihr Bruder, ins nächste Dorf zu
laufen.

„In unserer Angst hatten wir völlig vergessen, dass die SS in diesem Dorf stationiert war. Während wir überlegten, wo wir etwas
zu essen herbekommen könnten, liefen wir praktisch am Gebäude
der SS vorbei. Aber zum Glück sah uns niemand. Wir klopften
dann an die Tür einer polnischen Familie, die wir kannten und
die meinem Vater Geld schuldete. Die bekreuzigten sich, als sie
uns sahen, denn es war einfach so unwahrscheinlich, dass hier
noch Juden in der Gegend lebten. Wir sagten ihnen, dass wir kein
Geld wollen, nur ein bisschen was zu essen, und das bekamen wir
auch. Das war übrigens in der Weihnachtszeit, ich erinnere mich,
dass wir einen Weihnachtskuchen bekamen. Mein Bruder war so
hungrig, der aß auf dem Rückweg dauernd von diesem Kuchen."

Als Jozef Galach aus dem Gefängnis kommt, normalisiert sich das
Leben für die Balbans wieder, Tochter Feliksa bringt jeden Tag Essen in die Scheune.

„Aber des Öfteren habe ich Herrn Galach eben doch sagen hören: ‚Wenn ich gewusst hätte, dass der Krieg so lange dauert,
hätte ich diese Juden nie versteckt.' Und einmal hörte ich ihn
sogar weinen. Mir hat das sehr viel Angst gemacht."

Eines Nachts im Herbst 1944 stehen Salas Brüder Majer und Jakob in der Scheune. Die Familie, die sie versteckt hatte, hat sie
rausgeworfen. Jetzt hocken sie also zu sechst in der Kiste – eine
unannehmbare Situation.

„Wir hatten ja keine Alternativen, wir wussten wirklich nicht,
was tun. In ihrer Verzweiflung ist meine Mutter dann einfach

mit meinen zwei Brüdern zu einem der Nachbarn gegangen und hat gefragt, ob sie sie verstecken würden. Und das Wunder passierte: Sie haben meine Mutter und meine Brüder für die nächsten zwei Monate versteckt."

Am 18. Januar 1945 kommt Jozef Galach in die Scheune, um den Balbàns die Nachricht zu überbringen, auf die sie alle warten: Die Rote Armee hat Rawa Mazowiecka befreit.

„Zunächst wollten wir das nicht glauben und trauten uns nicht aus unserem Versteck. Aber schließlich krochen wir doch aus unserer Kiste, und meine Mutter und meine Brüder kamen aus dem Nachbarhaus zu uns. Meine Familie lief dann die drei Kilometer nach Rawa Mazowiecka – während ich zunächst zurückbleiben musste. Ich konnte wegen der langen Zwangshaltung nicht mehr richtig laufen. Meine Eltern gingen jedenfalls zur Gemeinde, und wir bekamen zwar nicht unsere alte Wohnung zurück, aber ein Zimmer gleich gegenüber von unserer früheren Wohnung."

Pesia, die Schwester von Herschel Balter (3. v. l.), bei der Befreiung in Auschwitz

Von den etwa 2.700 Juden, die 1940 in Rawa Mazowiecka gelebt hatten, überleben ein paar Dutzend. Sie kehren zurück, werden aber nicht willkommen geheißen in einer Stadt, in der es bereits vor dem Krieg beträchtliche Ausschreitungen gegen Juden gegeben hat.

„Wie hatten unsere ganze Familie und alle Freunde in Rawa verloren. Und wenn die Leute in der Stadt uns häufig mit Erstaunen fragten: ‚Oh, ihr seid noch am Leben?‘, dann hatte diese Frage immer einen unguten Beigeschmack. Also sind wir gegangen. Erst gingen wir nach Stettin an der deutsch-polnischen Grenze, von dort in ein DP-Lager* in der Nähe von Berlin und schließlich in ein DP-Lager in Bayern. Wir sind bis 1950 in diesem Lager geblieben."

Sala ist siebzehn, als der von den Deutschen angezettelte und barbarisch geführte Krieg vorüber ist. Es entbehrt nicht einer gewissen Ironie, dass sie nun ausgerechnet in Deutschland ihre Jugend nachholt: Sie geht ins Kino, zu Konzerten und zum Tanzen, sie hat Freunde. Sie ist ein fröhliches, ausgelassenes Mädchen und genießt das Leben. Währenddessen beantragen Salas Eltern Visa für Australien. Majer ist der Erste, der ein

Sala mit Freunden nach dem Krieg

Visum bekommt. Er verlässt Deutschland im Jahr 1950, kurz darauf folgen Soniek und Sala, 1951 reisen auch Jakob und die Eltern nach Australien.

---

* Lager zur vorübergehenden Unterbringung von „Displaced Persons" – Menschen, die durch den Krieg heimatlos geworden waren, im Wesentlichen KZ-Häftlinge und Zwangsarbeiter.

Sala mit einem Freund nach dem Krieg

Drei Jahre nach ihrer Ankunft in Australien heiratet Sala den polnischen Immigranten Herschel Balter. Herschel ist selbst ein Überlebender des Holocaust. Kurz nach der Eheschließung macht sich Salas Trauma bemerkbar.

„Ich wollte keine Kinder haben, weil ich schreckliche Angst hatte, dass sie das gleiche mitmachen müssen wie ich. Mein Mann musste mich beharrlich davon überzeugen, dass Australien ein sicheres Land sei, in dem keinerlei Rassenhass geduldet wird. Irgendwann hab ich nachgegeben, und dann haben wir vier Kinder bekommen: Rita, Helen, Pearl und Sooly."

Heute ist Sala mehr als glücklich über ihre vier Kinder. Aber ihre Ängste haben sie nicht verlassen. Sie kreisen nun um ihre Enkelkinder.

Bis heute ist Sala der polnischen Familie, die sie, ihren Bruder und ihre Eltern versteckt hat, unendlich dankbar. Sie weiß, dass sich Jozef Galach in extreme Gefahr begeben hat und nicht nur sein eigenes Leben, sondern auch das seiner ganzen Familie riskiert hat.

„Ehrlich gesagt weiß ich nicht, ob ich den Mut gehabt hätte, eine Familie zu verstecken."

Sala hat nie den Kontakt verloren zur Familie Galach und hat, über all die Jahre hinweg, viele Päckchen nach Polen geschickt – an Jozef Galach, seine Kinder, seine Enkel und inzwischen an seine Urenkel.

Onkel, Tante, die Eltern Yidel und Toba Balban, Sala und Herschel Balter mit
Tochter (v. l.)

In den neunziger Jahren erfährt Sala, dass Israels Holocaust-Gedenkstätte Yad Vashem den Ehrentitel „Gerechter unter den Völkern" an alle Nichtjuden verleiht, die während der NS-Diktatur –
unter Einsatz ihres Lebens – Juden halfen. Sie wendet sich an Yad
Vashem und erzählt die Geschichte ihrer Rettung.

1996 erhält der polnische Bauer Jozef Galach den Ehrentitel „Gerechter unter den Völkern", zwei Jahre später erhält ihn auch seine
Tochter Feliksa Karczewska. Beide Namen sind auf der Ehren-
mauer in Yad Vashems „Garten der Gerechten" eingraviert.

Kapitel 7

„Unternehmen Barbarossa" und der Beginn des Massenmords an den Juden

In den frühen Morgenstunden des 22. Juni 1941 begann das „Unternehmen Barbarossa": der Angriff der deutschen Wehrmacht auf die Sowjetunion. Während der englische Premierminister Winston Churchill und der amerikanische Präsident Roosevelt den Angriff der Deutschen als brutal, verbrecherisch und ehrlos geißelten, schöpften die Juden Europas Hoffnung: Diesen Krieg konnte Hitler nicht gewinnen, das Kriegsende und damit das Ende der Judenverfolgung war nahe.

Die Juden irrten sich. Tatsächlich war das „Unternehmen Barbarossa" ein dramatischer Wendepunkt für die Juden: Die Nazis begannen mit ihrer systematischen Vernichtung. Bis Kriegsende sollten noch knappe vier Jahre vergehen – genügend Zeit für den millionenfachen Judenmord.

Hitler hatte gegenüber dem Oberkommando der Wehrmacht deutlich gemacht, dass es sich bei dem bevorstehenden Krieg um einen Kampf zwischen zwei ideologischen Weltanschauungen handele, der nicht nur durch militärische Erfolge, sondern auch durch die Vernichtung der jüdisch-bolschewistischen Elite dieser Ideologie gewonnen werden könne. Mit letzterer Aufgabe betraute er den Reichsführer-SS und Chef der deutschen Polizei Heinrich Himmler. Im Vorfeld des Überfalls hatte die SS bereits vier Einsatzgruppen A–D in einer Gesamtstärke von 3.000 Mann aufgestellt, die unter direkter fachlicher und disziplinarischer Leitung des Chefs der Sicherheitspolizei und des SD Reinhard Heydrich standen. Rekrutiert wurden Männer von der

Sicherheitspolizei, der Kriminalpolizei, vom Sicherheitsdienst, der Ordnungspolizei und der Waffen-SS. Auftrag der Einsatzgruppen war es, sicherheitspolitische Aufgaben im rückwärtigen Teil des Heeres zu übernehmen, wozu die Hinrichtung von allen kommunistischen Funktionären und Politikern sowie allen jüdischen Amtsträgern aus Partei und Staat gehörte, wie es in einer schriftlichen Arbeitsanweisung Heydrichs vom 2. Juli an die Einsatzgruppenleiter heißt. Ob die Anweisung zur Ermordung aller Juden ohne Unterschied schriftlich oder nur mündlich gegeben wurde, ist unklar.

Die Soldaten der deutschen Wehrmacht drangen zügig auf sowjetisches Gebiet vor, dicht gefolgt von den Einsatzgruppen der SS. Am 24. Juni erreichte die Einsatzgruppe A die kleine Grenzstadt Gargždai in Litauen. Unter dem Kommando von SS-Brigadeführer Franz Walter Stahlecker verübten die Männer ihr erstes Massaker: Sie erschossen 201 überwiegend jüdische Männer. (Die etwa 300 jüdischen Frauen und Kinder wurden kurz darauf im September erschossen).

Nur wenige Tage später gelangten die Einsatzgruppen in die litauischen Städte Kaunas und Vilnius, wo sie – unter großer Unterstützung der litauischen Bevölkerung – augenblicklich das große Morden begannen. Im Laufe des Juli wurden 5.000 Juden der Stadt Vilnius in Ponar abgeschlachtet, einem hübsch gelegenen Ausflugsort vor den Toren von Vilnius. Das war lediglich der Auftakt. Während das Schlachten in Vilnius weiterging, setzte ein Massenmorden im gesamten Baltikum, in Weißrussland und in der Ukraine ein.

SS-Einheiten und Bataillone der Ordnungspolizei schürten Pogrome und mordeten – im Beisein oder auch mit Hilfe der einheimischen Bevölkerung, mit Gruppen der ortsansässigen Polizei oder auch mit Unterstützung der deutschen Wehrmacht. In größeren Städten wie zum Beispiel in Vilnius oder Rowno wurde die jüdische Bevölkerung zunächst ghettoisiert, um dann in mehreren Tötungsaktionen liquidiert zu werden. In den Dörfern und Kleinstädten wurde die gesamte jüdische Bevölkerung oft auf der Stelle umgebracht.

Mitte September wurden mehrere Tausend Juden in Kaunas – im Wesentlichen Frauen und Kinder – von der Straße geholt und in die Synagoge gesperrt. Nach drei Tagen wurden sie in Massengräbern, die auf dem Fußballplatz ausgehoben worden waren, erschossen. Am 4. Oktober wurde das Ghetto durchkämmt, 1.500 Juden wurden festgenommen und in der nahegelegenen Festungsanlage Fort IX erschossen. Am 28. Oktober wurden weitere 10.000 Ghettobewohner in Fort IX erschossen. Mit den Kranken machte man sich keine Umstände: Das Krankenhaus wurde verschlossen und angesteckt – Patienten, Ärzte und Schwestern verbrannten gleichermaßen.

In Winniza, einer Stadt in der Ukraine, wurden an einem einzigen Tag im September 28.000 Juden ermordet. Am 27. und 28. September wurden die Kiewer Juden durch Plakate in der Stadt dazu aufgefordert, sich am 29. morgens um 8 Uhr an einem näher bezeichneten Ort in der Stadt einzufinden. Etwa 100.000 Kiewer Juden war es gelungen zu fliehen, 60.000 befanden sich noch in der Stadt – hauptsächlich ältere Männer, Frauen und Kinder. Mehr als 30.000 Juden erschienen am Versammlungsort. Sie wurden zur Schlucht Babyn Jar außerhalb der Stadt geführt, wo sie sich entkleiden, ihre Wertsachen abgeben und in Zehnerreihen an den Rand der Schlucht stellen mussten. Dort wurden sie erschossen. Innerhalb von 36 Stunden ermordeten Männer des Sonderkommandos 4a – SS-Leute, Waffen-SS, deutsche und ukrainische Polizei – 33.771 Juden.

Auf Anweisung des Höheren SS- und Polizeiführers des Ostlands Friedrich Jeckeln wurde in den frühen Morgenstunden des 29. November damit begonnen, die Bevölkerung des Rigaer Ghettos zu dezimieren. Die Juden wurden in das naheliegende Wäldchen Rumbula geführt, wo zwölf Scharfschützen im Schichtdienst arbeiteten. Gegen Abend war die Hälfte der Ghettobevölkerung tot – 15.000 erschossene Juden lagen in den zuvor von russischen Kriegsgefangenen ausgehobenen Gruben. Binnen weniger Tage wurden weitere 12.000 lettische Juden abgeschlachtet. Sie schufen Platz für die ersten Juden, die aus dem Deutschen Reich in den Osten deportiert wurden. Währenddessen wurde in Vilnius unerbittlich weiter gemordet, bis Dezember 1941 waren mindestens 33.000 Juden der Stadt nicht mehr am Leben.

Das Vorgehen folgte dabei einem Muster: Die Juden wurden zusammengetrieben und mit Lkws zu vorbereiteten Erschießungsstätten (verlassene Infanteriestellungen, Panzergräben, natürliche Bodenvertiefungen oder auch von den Opfern selbst ausgehobene Gruben) gebracht. Dort mussten sie sich entkleiden, die Wertsachen abgeben, sich mit dem Kopf nach unten in die Grube legen und wurden dann mit gezieltem Schuss in den Hinterkopf getötet. Die nächste Gruppe von Opfern musste sich auf die Leichen der soeben Getöteten legen und dort auf ihren Todesschuss warten. Zuweilen mussten sich die Juden auch an den Grubenrändern aufstellen und wurden in die Gruben hineingeschossen.

Die Statistik der Morde liest sich schauerlich – die Einsatzkommandos führten Buch und meldeten dem Reichssicherheitshauptamt bis zum Ende des Jahres 1941 knapp 600.000 Exekutionen.

Das Erschießen der Opfer – insbesondere der Frauen und Kinder – ging nicht spurlos an den Tätern vorüber. Um ihre grausigen Aktionen überhaupt irgendwie ertragen zu können, tranken die Männer nach, zuweilen aber auch vor den Massenerschießungen große Mengen an Alkohol. Selbst Heinrich Himmler, der Zeuge einer Erschießungsaktion von 100 Juden bei Minsk gewesen war, blieben die Probleme nicht verborgen: Er machte sich Sorgen um die psychische Gesundheit seiner SS-Leute. In einem Schreiben vom 14. Dezember 1941 an die Leiter der Einsatzkommandos heißt es: „Heilige Pflicht der höheren Führer und Kommandeure ist es, persönlich dafür zu sorgen, dass keiner unserer Männer, die diese schwere Pflicht zu erfüllen haben, jemals verroht ..."

Himmler begann, nach effizienteren Massenmordmethoden zu suchen, die gleichzeitig eine geringere psychische Belastung für seine deutschen Männer darstellte. Die Lösung war Giftgas, das bereits im „Euthanasie"-Programm erfolgreich verwendet worden war, um psychisch kranke Patienten umzubringen. Das Kriminaltechnische Institut des Reichssicherheitshauptamtes entwickelte Lastwagen mit geschlossenem Aufbau, in das die Motorgase eingeleitet werden konnten. Die Lkws wurden somit zu mobilen Gaskammern. Pro Operation konnten auf diese Weise 40 Menschen erstickt werden. Die „Sonderwagen", wie sie genannt wurden, wurden zunächst an sowjetischen Gefangenen im Konzentrationslager Sachsenhausen erprobt. Von November 1941 bis Juni 1942 wurden insgesamt 20 Gaswagen pro Einsatzgruppe geliefert.

Von der Nutzung mobiler Erstickungsfahrzeuge bis zur Verwendung von stationären Gaskammern, in die man Kohlenmonoxid einleitete, war es kein großer gedanklicher Sprung mehr. Am 1. November 1941 wurde mit dem Bau des Vernichtungslagers Bełżec begonnen – es war das erste Lager mit einer fest installierten Gaskammer. Drei Monate vorher, im September 1941, hatte man in Auschwitz begonnen, mit dem Schädlingsbekämpfungsmittel Zyklon B zu experimentieren. Vom 15. September 1947 bis zum 10. April 1948 fand der sogenannte „Einsatzgruppen-Prozess" statt – der neunte von zwölf Nürnberger Nachfolgeprozessen. Er richtete sich gegen 24 Kommandeure der Einsatzgruppen der Sicherheitspolizei und des SD. Das Gericht verhängte 14 Todesurteile, zwei lebenslängliche Haftstrafen und Freiheitsstrafen zwischen zehn und zwanzig Jahren. Vier Todesurteile wurden vollstreckt, die anderen zehn in Haftstrafen umgewandelt. Die letzten Inhaftierten wurden im Mai 1958 aus der Haft entlassen.

Phillip (Fala) Maisel

Es dauerte lange, bis ich Phillip kennenlernte – wir waren uns offiziell nie vorgestellt worden. Sein „Tonstudio" lag neben dem Büro der Kuratorin, und wenn die Tür offen stand, was häufig geschah, sah ich ihn bei der Arbeit. Meistens saß er dann vor einem Monitor und bearbeitete ein Zeitzeugeninterview. Wir grüßten uns freundlich im Vorübergehen, und damit hatte sich die Sache. Eines Tages musste ich mir für eine Zeitzeugenrecherche eine Video-CD von Phillip ausleihen und stellte mich – endlich – vor. Es sollte nicht lange dauern, bis mich Phillip im Gegenzug ansprach: Ob er mich vielleicht einmal zu einem Kaffee einladen könne? Er wäre so neugierig, wie

Phillip bei der Arbeit im Museum, März 2010

es im heutigen Deutschland aussähe und er hätte einfach so viele Fragen an mich!

Wir gingen einen Kaffee trinken – in der nahe gelegenen Glenhuntly Road, die mit ihren Cafés, Bäckereien und Restaurants die jüdische Fressmeile von Melbourne ist –, und kaum standen Cappuccino und ein Stück Kuchen vor uns, begann Phillip seine Fragen zu stellen: wie Juden heutzutage in Deutschland leben, wie das Verhältnis von Juden und Nichtjuden in Deutschland ist, wie stark die Neonazis in Deutschland sind, warum sie überhaupt erlaubt und nicht verboten sind. Natürlich kam auch die unweigerliche Frage, wie denn ausgerechnet die Deutschen – dieses hochentwickelte, gebildete, kultivierte und zivilisierte Volk – den Völkermord an den europäischen Juden verüben konnten.

An der Beantwortung dieser Frage haben sich diverse Holocaust-Forscher versucht, Phillip kennt die einschlägige Literatur. Historiker haben die Geschichte analysiert und kleine wie große Rädchen in einem Räderwerk benannt, die allesamt dazu beigetragen haben, den beispiellosen Massenmord an den Juden möglich zu machen. Begreiflich werden die horrenden Verbrechen dennoch nicht – weder für Phillip noch für jeden anderen, der sich mit dem Thema beschäftigt. Natürlich muss auch ich passen und kann keine befriedigende Antwort geben.

Phillip ist ein interessanter Gesprächspartner. Er hat einen wachen Geist, er ist neugierig und wissbegierig. Nie geht er vor Mitternacht ins Bett, weil die Zeit so kurz ist, weil er noch im Internet surft oder ein Buch liest. Noch oft haben wir uns nach diesem ersten Gespräch angeregt bei einem Kaffee unterhalten, auch über tagespolitische Themen und durchaus kontrovers.

Nie durfte ich auch nur einen einzigen Kaffee bezahlen: Phillip ist der vollendete Kavalier, für ihn ist es selbstverständlich, dass der Herr für die Dame zahlt – alles andere wäre nicht akzeptabel.

Ich vermisse die Gespräche mit Phillip – diesem klugen, verschmitzten und charmanten alten Mann.

Phillips Geschichte

Falk Maisel ist ein Zwilling. Fala, wie er von Geburt an genannt wird, und seine Schwester Bella werden am 15. August 1922 in Vilnius geboren.

Samuel Maisel, der Vater, ist ein in Minsk aufgewachsener russischer Jude. Nachdem er ein mittelloses Mädchen kennenlernt und es heiraten will, kommt es zum Bruch mit dem Vater. Samuel, pfiffig und geschäftstüchtig, macht sich selbständig. In der Gegend um

Minsk wächst der beste Flachs Europas, er beginnt ein Exportgeschäft mit Deutschland – und heiratet Slava Mischaloff, Falas zukünftige Mutter. Zunächst wird jedoch Josef geboren. Als Josef ein Jahr alt ist, fliehen die Maisels vor der Revolution – sie mögen die Kommunisten nicht und ziehen nach Vilnius, seit 1918 Hauptstadt der unabhängigen Republik Litauens, die infolge von Grenzkriegen zwischen der Sowjetunion und Polen zu jener Zeit jedoch zu Polen gehört. Vilnius, auch das „Jerusalem Litauens" genannt, ist seit

Bella, Josef und Falk Maisel, um 1926

dem Ende des 19. Jahrhunderts eines der bedeutenden Zentren religiösen und kulturellen jüdischen Lebens in Osteuropa.

Gemeinsam mit einem Geschäftspartner macht Samuel Maisel in Vilnius wieder eine Firma auf und exportiert Flachs. Josef, Bella und Fala wachsen in einem behüteten, wohlhabenden Elternhaus auf, sie sprechen Polnisch und Russisch zu Hause. Die Zwillinge gehen zunächst in einen französischen Kindergarten, bevor sie in eine jüdische Schule eingeschult werden. Als sie zehn Jahre alt sind, stirbt die Mutter. Der Vater verheiratet sich wieder.

In der elften Klasse wechselt Fala auf ein polnisches Gymnasium.

„Auf dieser Schule habe ich dann das erste Mal Antisemitismus erfahren. Nachdem ich mir zunächst wirklich zweitklassig unter all den Polen vorkam, habe ich das Ganze dann aber umgedreht und in einen Anreiz für mich verwandelt, diszipliniert und zielstrebig zu lernen. Ich wollte es den anderen zeigen – und ich wurde der Beste in der Klasse."

Am 23. August 1939 wird der deutsch-sowjetische Nichtangriffspakt zwischen dem Deutschen Reich und der Sowjetunion geschlossen. Der Pakt garantiert den Deutschen Neutralität bei kriegerischen Auseinandersetzungen mit Polen und den Westmächten und gestattet der Sowjetunion, im Ersten Weltkrieg verloren gegangene Territorien wiederzugewinnen. In einem geheimen Zusatzprotokoll, das nach dem Angriff der Deutschen auf Polen durch einen deutsch-sowjetischen Grenz- und Freundschaftsvertrag erweitert wird, legen beide Länder die Aufteilung Polens, des Baltikums und Bessarabiens in beiderseitige Interessenssphären fest. Ostpolen und das Baltikum fallen an die Sowjetunion. Kurz nach Beginn des Überfalls auf Polen am 1. September 1939 besetzt die Rote Armee Ostpolen, und Litauen erhält Vilnius zurück. Im Sommer 1940 wird das gesamte Baltikum, einschließlich Litauen, von der Sowjetunion annektiert.

„Von nun an war Klassenkampf angesagt. Die Sowjets eliminierten die Intelligenz, die akademische und professionelle Elite sowie führende politische Köpfe von Parteien – praktisch alle, die sozusagen als potenzielle Köpfe einer antibolschewistischen Widerstandsbewegung gelten konnten. Tausende von ‚Volksfeinden' wurden nach Sibirien transportiert. Ziel der antikapitalistischen Kampagne waren natürlich auch die Selbständigen. Mein Vater wurde also enteignet, und im Austausch dafür bekam er einen Hilfsjob: Er durfte Benzin für Lkws verkaufen."

Das Leben für die etwa 250.000 in Litauen lebenden Juden (darunter etwa 15.000 Flüchtlinge aus Polen) ändert sich ebenfalls dramatisch. Während sie einerseits durchaus in der neuen Regierung, in der Verwaltung, im Bildungswesen und bei der Polizei repräsentiert sind, beenden die Sowjets jedoch das gesamte jüdische Leben:

Jüdische Schulen, Organisationen und Parteien werden verboten, darunter auch die jüdische Arbeiterpartei „Bund", eine bedeutende sozialistische Partei, die 1897 in Vilnius gegründet worden war. Das Studium der Judaistik (Hebräisch, Jüdische Geschichte und Religion) wird untersagt, die Enteignungen von privaten Geschäftsleuten betreffen im Wesentlichen Juden (83 Prozent kleine Unternehmungen und 57 Prozent der Fabriken sind in jüdischer Hand). Insbesondere die Flüchtlinge unter den ansässigen Juden bemühen sich um Ausreisevisa, ungefähr 6.500 von ihnen gelingt es, nach Palästina, in die USA, nach China oder Japan zu emigrieren.

„Mein Bruder Josef war zu der Zeit zum Glück gar nicht mehr im Lande. Er hat Litauen schon 1934 verlassen, um in Frankreich Maschinenbau zu studieren. Und meine Stiefmutter war kurz nach der Besetzung durch die Russen gestorben."

Im Juli 1940 macht Fala sein Abitur.

„Da Vilnius ja nun wieder zu Litauen gehörte, habe ich es übrigens komplett in litauischer Sprache abgelegt, obwohl wir zuvor ja alles in Polnisch gelernt hatten. Eigentlich hatte ich dann Ökonomie studieren wollen, um anschließend das Geschäft meines Vaters zu übernehmen. Aber das mit der Geschäftsübernahme hatte sich ja nun erübrigt. Außerdem habe ich mich wegen meiner ‚bourgeoisen' Herkunft nicht so recht getraut, mich an der Universität zu bewerben. Meine Schwester hat's gemacht – sie wollte Medizin studieren und hat einen Studienplatz bekommen. Ich hab mich stattdessen nach einem Job umgeschaut, und ein russischer Vorgesetzter in der Arbeitsbehörde entschied, dass ich ein geeigneter Verkäufer sei. Man steckte mich in einen Papierladen. Dort habe ich dann bis zum Juni 1941 gearbeitet."

Am 22. Juni 1941, keine zwei Jahre nach Abschluss des Nichtangriffspakts, greift die deutsche Wehrmacht die Sowjetunion an.

Am 24. Juni, zwei Tage nach dem Überfall, marschieren die Deutschen in Vilnius ein. Innerhalb weniger Tage besetzen sie ganz Litauen. Tausende fliehen vor der deutschen Besatzungsmacht ins Innere der Sowjetunion, große Teile der Bevölkerung begrüßen die Deutschen jedoch als Befreier von der sowjetischen Herrschaft. Sie hoffen darauf, ihre Unabhängigkeit wiederzuerlangen.

„Mein Vater, Bella und ich besprachen, was wir tun sollten. Die Meinung meines Vaters war klar – er hielt große Stücke auf die Deutschen. Während er also sagte: ‚Lieber esse ich trocken Brot unter den Deutschen als Kuchen unter den Kommunisten‘, beschlossen meine Schwester und ich zu flüchten. Weit kamen wir aber nicht. Die deutschen Truppen marschierten mit einem solchen Tempo nach vorne, dass wir sie plötzlich schon vor uns hatten. Da war kein Entkommen mehr – wir drehten um und kehrten nach Vilnius zurück. Ich sehe noch heute meinen Vater auf der Treppe stehen – er sah um zehn Jahre gealtert aus."

Innerhalb kürzester Zeit werden antijüdische Gesetze erlassen – es wird Pflicht, einen Judenstern zu tragen, es gelten begrenzte Einkaufszeiten für Juden, eine abendliche Sperrstunde tritt in Kraft, bestimmte Straßen dürfen nicht mehr betreten, und ein Judenrat muss gebildet werden. „Wir haben uns aber irgendwie noch mit der Situation arrangiert, lebten ja noch in unserer komfortablen Wohnung und bekamen auch Lebensmittelkarten."

In den ersten Julitagen erreichen die Einsatzgruppen die Stadt, und beginnen – mit Unterstützung der litauischen Polizei und anderen willigen Helfern – mit den ersten Massenerschießungen von Juden, die den ganzen Sommer und Herbst über andauern sollen. Im September beschließen die deutschen Behörden, das traditionell jüdische Viertel in der Altstadt in ein Ghetto zu verwandeln. Sie erschießen 8.000 Bewohner des Viertels, zäunen es ein – und treiben alle jüdischen Bewohner der Stadt in das Ghetto.

„Am 6. September, ich erinnere mich, dass es ein schöner sonniger Tag war, stand plötzlich die litauische Polizei vor unserer Tür und forderte uns auf, ins jüdische Stadtviertel umzuziehen – innerhalb von 20 Minuten, so lautete der Befehl. Wir durften zwar mitnehmen, was wir wollten, aber was kann man schon einpacken in der kurzen Zeit? Ich wollte mein Briefmarkenalbum mitnehmen und meine Bücher – aber mein Vater überstimmte mich: ,Nur Lebensmittel und Kleidung!' Wir haben dann nicht einmal mehr Koffer genommen, einfach nur Bettlaken, und da haben wir alles reingeschmissen."

Als Fala, seine Schwester und sein Vater am Ghetto ankommen, sind die Tore bereits verschlossen, Tausende Juden stehen vor dem Ghetto.

„Irgendwie haben wir geahnt, dass es gefährlich war, wenn wir nicht ins Ghetto gelangen würden. Wir haben es dann tatsächlich geschafft, durch ein Fenster ins Ghetto zu klettern – mit uns noch etwa 20 weitere Leute. Ein paar Wochen später haben wir erfahren, dass die anderen, die draußen blieben, alle erschossen worden waren."

Die Lebensbedingungen im Ghetto sind entsetzlich.

„Das Ghetto befand sich ja im ärmsten Viertel der Stadt. Und da, wo vorher ein paar tausend Juden gelebt hatten, lebten jetzt über 40.000. Wir haben ein Zimmer gefunden, das wir mit 20 Leuten teilen mussten, die Küche wurde von 60 Leuten benutzt."

Die Deutschen beginnen, Arbeitsbescheinigungen an diejenigen Juden auszugeben, die eine Arbeit nachweisen können. Die Arbeitsbescheinigung schützt nicht nur den Inhaber, sondern darüber hinaus den Ehepartner und zwei Kinder – oder die Eltern des Inhabers. Diejenigen, die nicht durch den Schein geschützt sind, fallen sogenannten „Aktionen" zum Opfer und werden in Ponar erschossen.

„Wir nannten diese Arbeitsbescheinigungen ‚gelbe Scheine‘, weil sie auf gelbem Papier gedruckt waren. Der Besitz eines solchen Scheins war lebensrettend, ohne Schein war man vogelfrei, und man wurde bei der nächsten ‚Aktion‘ ausgesondert und abgeholt.“

Niemand in der Maisel Familie hat einen gelben Schein. Die Mutter eines Schulfreundes kommt zu Hilfe.

„Die Mutter meines Freundes war Witwe. Sie und ihre Schwester, die unverheiratet war, hatten einen gelben Schein. Die Witwe erklärte meinen Vater zu ihrem Mann und mich zu ihrem Sohn, und die Schwester gab Bella als ihre Tochter aus. Mein Vater hat dann schnell erkannt, wie wichtig ein praktischer Beruf ist – er hat mich bei einem Bekannten im Ghetto Autoelektriker lernen lassen und mir damit etwas später das Leben gerettet. Innerhalb von sechs Monaten hatte ich meinen Beruf gelernt.“

Bis zum Ende des Jahres 1941 werden in mehreren aufeinanderfolgenden „Aktionen“ über 33.000 jüdische Bewohner der Stadt Vilnius erschossen. Viele der Ghettobewohner wissen nicht oder wollen nicht wissen, was mit denen, die aus dem Ghetto geholt werden, geschieht.

„Im Grunde haben wir von den Erschießungen in Ponar bereits in den ersten paar Wochen, in denen das Ghetto errichtet worden war, gehört. Aber nicht jeder konnte das glauben. Warum sollten Juden einfach erschossen werden? Die Leute dachten, das seien falsche Gerüchte. Und der Judenrat versuchte, die grausame Wirklichkeit auch über Monate hinweg zu verbergen.“

Abba Kovner, ein dreiundzwanzigjähriger jüdischer Dichter ist einer der Ersten, der die richtigen Schlüsse aus den Massakern von Vilnius zieht: Er geht davon aus, dass Hitler plant, alle Juden Europas zu vernichten – und die Tausenden Juden Litauens nur die ersten Opfer seien. Er ruft zu bewaffnetem Widerstand auf und gründet mit Gleichgesinnten im Ghetto die Vereinigte Partisanenorganisation (FPO). Ein nennenswerter Widerstand jedoch scheitert im Wesentlichen an der Einstellung der Ghettobevölkerung und des Chefs der jüdischen Polizei, die annehmen, dass eine Kooperation mit den Deutschen die bessere Überlebensstrategie darstellen würde.

„Es gab ja eine ganze Menge Widerstandsgruppen im Ghetto, aus den unterschiedlichsten politischen Strömungen – linke Zionisten, rechte Zionisten, Leute vom ‚Bund‘, Kommunisten etc. Sie besorgten Waffen und buchstäblich alles, was im Kampf mit den Deutschen, den Litauern, Ukrainern und allen, die sonst kollaborierten mit den Deutschen, nützlich sein konnte. Der Widerstand war in kleinen Zellen von drei bis vier Leuten organisiert. Einer aus der Gruppe gehörte zu einer zweiten Gruppe usw. Auf diese Weise war die Kommunikation sichergestellt, ohne dass andere Zellen – im Falle einer Verhaftung und eines erpressten Geständnisses – gefährdet waren."

Anfang 1942 befinden sich noch etwa 20.000 Juden im Ghetto – 12.000 im Besitz von gelben Scheinen, 8.000, die sich versteckt halten. 3.500 sind nach Weißrussland geflohen oder leben außerhalb des Ghettos im Versteck. Eine Periode relativer Ruhe kehrt ein, ein Theater wird gegründet, es gibt Kunstzirkel und Konzerte.

„Wie die meisten Leute im Ghetto habe auch ich die Veranstaltungen im Theater besucht. Irgendwie hat uns das geholfen, die extrem deprimierende Wirklichkeit für ein paar Stunden zu vergessen. Das Leben im Ghetto bestand ja nur aus Hunger, wir hatten kein Holz zum Heizen und zum Kochen, und wir vegetierten unter den primitivsten hygienischen Bedingungen. Und dann lebten wir ja dauernd unter dieser Angst vor neuen ‚Aktionen‘, also davor, in Ponar erschossen zu werden."

Die „Ruheperiode" ist von kurzer Dauer. Bereits im April 1943 sorgt die Nachricht, dass mehrere kleine Ghettos in der Umgebung von Vilnius liquidiert und deren Bewohner – 5.000 Juden – in Ponar erschossen worden seien, für neues Entsetzen unter den Bewohnern des Ghettos. Bella flieht und versteckt sich bei einer befreundeten christlichen Familie außerhalb des Ghettos, kehrt aber öfter ins Ghetto zurück, weil sie extreme Angst hat, denunziert zu werden. Fala bleibt im Ghetto, um für den Vater zu sorgen.

„Das Verhältnis zwischen Eltern und Kindern hat sich ja völlig umgedreht. Oft war es ja so, dass die jüngeren Leute eher eine Arbeit bekamen – entweder in kleinen Betrieben im Ghetto, oder auch außerhalb des Ghettos in litauischen Firmen oder auch bei den Deutschen. Jedenfalls waren die Jungen dann das Rückgrat der Familie, und die Eltern wurden auf diese Weise völlig abhängig von ihren Kindern. Das war übrigens auch der Grund, warum viele Jugendliche nicht zu den Partisanen in die Wälder flohen: Wenn sie ihre Eltern nicht dem unweigerlichen Tod überlassen wollten, mussten sie im Ghetto bleiben."

Am 21. Juni 1943 befiehlt Heinrich Himmler die Liquidierung sämtlicher Ghettos im Baltikum und in Weißrussland. Die arbeitsfähigen Juden sollen in Konzentrationslager deportiert, die anderen „nach dem Osten evakuiert" werden – ein Euphemismus für deren Vernichtung.

„Am 1. September wurde unser Ghetto von estländischer Polizei eingekreist. Ich wurde von ,meiner' Widerstandsgruppe davon informiert, dass ich in einen kleinen Hof kommen und, wenn die Deutschen kommen, diesen Hof zusammen mit ein paar anderen Widerständlern verteidigen solle." Phillip grinst. „Zur Verteidigung hatte ich drei Glühbirnen mit Säure drin, die sollten also explodieren, wenn man sie auf den Boden schmiss. Damit konnten wir natürlich keinen Widerstand leisten. Die

Esten kamen mit Gewehren, und es war zwecklos, sie führten uns aus dem Hof ab. Ich konnte dann zwar noch mal ausreißen und versuchte, eine zweite Widerstandsgruppe zu erreichen, die das Krankenhaus mit Gewehren und Handgranaten verteidigte, aber ich wurde wieder festgenommen und mit vielen anderen zum Bahnhof gebracht. Dort wurden wir dann in Viehwaggons verladen, 80 Leute in einen Waggon."

Im Verlauf mehrerer „Aktionen" im August und September werden knapp 11.000 Ghettobewohner in estländische Konzentrationslager gebracht und 4.000 Frauen, Kinder und alte Männer in das Vernichtungslager Sobibór deportiert. 2.500 Männer werden zurückbehalten, um für die deutsche Wehrmacht zu arbeiten, mehrere hundert alte Menschen und Kinder werden in Ponar erschossen, 80 Männer bleiben, um für die Deutschen die Spuren der Massenerschießungen zu beseitigen: Sie müssen die Massengräber in Ponar öffnen und die Leichen verbrennen.

„Mein Vater, der sich während der ‚Aktion' am 1. September in einem Bunker versteckt hatte, wurde am 23. September, das war der Tag, an dem das Ghetto endgültig liquidiert wurde, nach Estland in das Konzentrationslager Klooga deportiert."

Der Zug, in dem Fala sitzt, setzt sich zum Entsetzen der darin Eingesperrten in Richtung Ponar in Bewegung.

„Das hat natürlich große Ängste bei uns allen ausgelöst. Die Deutschen hatten uns gesagt, falls jemand versuchen sollte zu fliehen, würden alle anderen im Waggon erschossen werden. Wir konnten also nichts tun, aber zu unserer Erleichterung fuhr der Zug dann an Ponar vorbei. Wir hatten alle ein Brot und drei kleine Flaschen Wasser bekommen, und in der Ecke stand ein Kübel, der als Toilette diente. Zum Glück waren nur Männer in unserem Waggon. Wir waren drei Tage unterwegs, dann hielt der Zug in Estland."

Die Gefangenen werden zunächst in das Konzentrationslager Vaivara, etwa 190 Kilometer östlich der Hauptstadt Tallin gebracht, und von dort aus in verschiedene Nebenlager weitertransportiert. Fala landet in Kiviõli.

„Ich wurde mit 30 anderen Leuten in einem Zelt untergebracht, und wir mussten – unter der Aufsicht eines österreichischen SS-Mannes – aus vorgefertigten Teilen Holzbaracken bauen. Mein Plan war, aus dem Lager auszubrechen, mich irgendwie zurück nach Vilnius zu schlagen, um den anderen – ich wusste ja nicht, wie viele noch im Ghetto waren – Bescheid zu sagen, dass wir tatsächlich im Arbeitslager sind. Denn die Angst davor, in Ponar erschossen zu werden, war überwältigend." Es kommt anders. „Eines Tages kam der Blockälteste, der ja selbst ein Häftling war, und fragte, ob ein Mechaniker unter uns wäre. Ich meldete mich und sagte, dass ich ein Automechaniker sei. ,Kannst du auch einen Reifen wechseln?', fragte der Blockälteste. Als ich mit meiner Antwort zögerte, half er mir aus und sagte: ,Natürlich kannst du einen Reifen wechseln!' Damit hat er mir enorm zum Überleben verholfen."

Fala bekommt eine Arbeit in einer mobilen Autowerkstatt, die Autos für die deutsche Wehrmacht repariert. So ist er nur nachts, zum Schlafen, im Lager.

„Das hatte enorme Vorteile: Ich wurde nicht geschlagen, ich durfte anstatt der dünnen Anstaltskleidung einen Overall tragen, und die Deutschen behandelten mich wie einen Arbeiter – nicht wie einen Juden. Manchmal ließen die Deutschen auch ein bisschen Essen auf dem Tisch liegen, oder Fahrer, die zufrieden waren mit ihrem reparierten Fahrzeug, gaben mir ein bisschen Essen. Manchmal hab ich auch versucht, Decken gegen Essen zu tauschen. Als wir im Lager ankamen, haben wir nämlich alle eine Decke bekommen. Die Bedingungen im Lager waren aber so schrecklich, dass die Menschen starben wie die Fliegen – und da hatten wir eben diese vielen Decken. Die waren natürlich voller Flöhe, so dass die niemand wollte – noch nicht mal für die Pferde –, aber von den Esten haben wir doch wenigstens noch ein Stück Brot dafür bekommen."

Im August 1944, während die Rote Armee näher rückt, wird die Autowerkstatt ins Deutsche Reich zurückverlegt. Auch Fala wird „evakuiert" und ins Konzentrationslager Stutthof bei Danzig gebracht.

„Dort habe ich dann die einzigen Fotos, die ich noch besaß, verloren. Ich hatte sie immer in meinem Schuh gehabt. Aber nun mussten wir uns alle nackt ausziehen, wir wurden entlaust, rasiert und desinfiziert – und dann zu einem großen Gebäude gescheucht. Ich werde nie vergessen, dass mich der Mann neben mir fragte, ob wir nun vergast würden. Ich wusste ja selbst nicht, was die mit uns vorhaben, sagte aber schlichtweg ‚nein'. Ich wollte den Mann nicht aus der Fassung bringen."

In dem Gebäude befinden sich Duschen – und es sind wirklich Duschen. Fala bleibt vier Wochen in Stutthof und wird dann ins Konzentrationslager Dautmergen südlich von Stuttgart weitertransportiert. Das Lager ist ein Außenlager des KZs Natzweiler-Struthof und Teil eines Industriekomplexes im Rahmen des „Unternehmens Wüste": Die Nationalsozialisten wollen den für die Kriegswirtschaft dringend benötigten Treibstoff aus Ölschiefer gewinnen. Zu diesem Zweck bauen sie verschiedene Ölschieferwerke am Rande der Schwäbischen Alb auf. Für den Bau der Werke und den Abbau des Schiefers werden KZ-Häftlinge herangezogen.

„Das Lager war besonders entsetzlich. Das Schlimmste waren die morgendlichen Appelle. Manchmal mussten wir morgens um vier raus, manchmal um sechs, dann in Reihen antreten und durchzählen. Wenn die Zahlen nicht stimmten, mussten wir

Stunden stehen. Die Menschen sind dort beim Appell gestorben."

Phillip schaut mich an und sagt:

„Gelegentlich werde ich gefragt, wie ich den Holocaust überlebt habe. Ehrlich gesagt – manchmal wollten wir nur den Appell überleben. Nach dem Appell ging es dann gleich zur Arbeit, und auf dem Weg dorthin starben wieder Menschen. Manchmal wurden wir mit kaltem Wasser übergossen, damit wir schneller marschieren."

Hunger, Erschöpfung und dauernde Misshandlungen der Häftlinge führen zu einer extrem hohen Sterblichkeitsrate in Dautmergen.

„Unter den Schlägen der SS und ihren dauernden Rufen ‚schneller, schneller, schneller' mussten wir Züge mit Gestein und Sand beladen. Das war schwere Arbeit, und damals war ich wirklich fast am Ende. Nach ein paar Wochen hat dann aber ein Mithäftling eine Arbeit in einer Autowerkstatt bekommen und hat mich dort angefordert – das hat mich dann erneut gerettet. Dort in der Werkstatt haben wir Autos repariert und mit Treibstoff experimentiert, aber das hat nicht funktioniert, das Öl war zu minderwertig. Trotzdem haben wir weiter experimentiert. Die 20 bis 25 Leute vom NSKK* hatten nämlich keine Lust, an die Front abkommandiert zu werden."

Wegen der katastrophalen Bedingungen im Lager bittet der Leiter der Autowerkstatt darum, die Häftlinge in ein anderes Lager zu verlegen. Der Bitte wird stattgegeben, Fala und sein Mithäftling werden in das nahe gelegene Konzentrationslager Frommern verlegt – eines der sieben Lager, die dazu dienten, Rohöl zu gewinnen.

---

* Nationalsozialistisches Kraftfahrkorps, eine paramilitärische Gliederung der NSDAP.

„In dem Lager waren viele politische Häftlinge – Belgier, Holländer, Franzosen und auch Deutsche – und die Bedingungen dort waren deutlich besser. Wir wurden nicht misshandelt, und die Essensrationen waren besser. Außerdem gab es so etwas wie Solidarität unter den politischen Häftlingen, und wir waren, heimlich natürlich, im Besitz eines Radios. Fast hat man sich wieder wie ein Mensch gefühlt. Ich erinnere mich an eine Episode im Lager, die mich fast glücklich gemacht hat. Es war an einem Sonntag – sonntags haben wir nicht gearbeitet –, es war Frühling, der Schnee war geschmolzen, und ich saß draußen und rupfte ein bisschen Gras zum Essen – und plötzlich fand ich dieses Stück Zeitungspapier mit einem Rezept für einen Kuchen. Ich weiß nicht, es hört sich so banal an, aber die schlichte Tatsache, dass ich ein Stück Zeitung in den Händen hielt und dieses Rezept lesen konnte, löste ein Hochgefühl in mir aus."

Im April 1945, als die französischen Streitkräfte bedrohlich näher rücken, wird das Lager evakuiert.

„Unter Bewachung mussten wir das Lager verlassen, das waren allerdings nicht mehr unsere SS-Wachen, sondern Männer um die fünfzig, die selbst Schwierigkeiten hatten, mit ihrem Gewehr und den Handgranaten zu laufen. Wir marschierten meistens nachts, und am Tage schliefen wir in Scheunen. Eines Morgens brachte man uns in einen Wald, und zwei SS-Männer auf Motorrädern kamen angefahren. Die befahlen uns, in zwei langen Reihen anzutreten, und sagten dann: ‚Juden einen Schritt vor.' Man stelle sich vor: Da sind tatsächlich alle einen Schritt vorgetreten – und dann ist nichts weiter passiert! Hinten schoss es, und ich hatte Angst, dass einer der Mechaniker, der nicht mehr laufen konnte, erschossen worden war – aber der SS-Mann hatte in die Luft geschossen."

Am 27. April erreicht die Gruppe von knapp hundert Häftlingen einen Ort in der Nähe von Sigmaringen. In der Ferne ist Artillerie zu hören, die Wachen verschwinden.

„Wir waren in der Ortsmitte, und plötzlich kamen uns französische Soldaten in Panzern entgegen. Die gaben uns gleich was zu essen – Dosen mit Fleisch und Käse und Brot."

Es ist spät am Nachmittag, die befreiten Häftlinge müssen irgendwo bleiben und fragen einen Bauern, ob sie in seiner Scheune übernachten dürfen.

„Der hat ‚ja' gesagt, ohne irgendeine Frage zu stellen. Am nächsten Morgen hab ich aus Dankbarkeit die Scheune ein bisschen saubergemacht, und da kam der Bauer dann mit einem großen Korb Äpfel an. Da habe ich zum ersten Mal begriffen: Wir sind frei! Vor lauter Freude bin ich im Zickzack gelaufen auf der Straße, ich war ein freier Mann!"

Tatsächlich ist die Befreiung keinesfalls eine freudige Angelegenheit.

„Das ist mir wichtig festzuhalten: Die Ausgelassenheit endete nach drei oder vier Tagen. Dann fing das große Nachdenken an. Wir begriffen, dass wir kein Zuhause mehr hatten, wo sollten wir also hin? Dann die Angst: Wer von der Familie, von den Freunden, war überhaupt noch am Leben? Was sollten wir als Nächstes tun?"

Fala und fünfzehn seiner Arbeitskollegen aus der Werkstatt beschließen zunächst, nach Balingen zurückzulaufen – dorthin, wo die Werkstatt ist, in der sie gearbeitet haben. Nach wenigen Tagen erreichen die Männer Balingen und sprechen beim Bürgermeister vor, um Papiere und Unterkunft zu bekommen.

„Der hat uns zum Fotografen geschickt, und zusammen mit dem Foto kriegten wir dann einen provisorischen Ausweis – meiner lautete auf ‚mutmaßlich Maisel'. Dazu gab es Gutscheine, die

1945 in Balingen ausgestellter Ausweis für den „angeblich polnischen Staatsangehörigen Maisel Falk, Automechaniker aus Wilna, geboren am 15. August 1922 in Wilna, bisher im KZ-Lager in Frommern"

wir in den Geschäften einlösen konnten, Gutscheine für Unterwäsche, ein Paar Schuhe und zwei Hemden. Außerdem bekamen wir Lebensmittelkarten, ein bisschen Geld – und eine Unterkunft in der örtlichen Schule. Da standen Betten mit bezogener Bettwäsche, was für ein Luxus, und außerdem gab es eine wundervolle Bibliothek."

Es ist Anfang Mai, der Krieg ist noch nicht vorüber. Die Männer bieten der französischen Armee ihre Dienste an und reparieren von nun an französische anstelle von deutschen Autos. Es ist ein deutlich besseres Geschäft. Das bleibt es auch, als die Werkstatt nach Beendigung des Krieges von der UNRRA* übernommen wird, einer Hilfsorganisation der UNO, die sich um die

---

* United Nations Relief and Rehabilitation Administration.

heimatlosen und entwurzelten Flüchtlinge in den DP-Lagern* kümmert.

„Wir haben etwa 200 Mark bekommen, aber viel wichtiger war, dass wir auch eine bestimmte Menge Zigaretten, Whiskey und Cognac im Armeeladen für sehr wenig Geld kaufen konnten. Das war die echte Währung – viel wertvoller als meine 200 Mark. Eine Schachtel Zigaretten wurde mit 15 Mark gehandelt. Nach der Währungsreform füllten sich dann die Auslagen der Geschäfte wieder, und meine erste große Anschaffung war eine Leica 3 A – ich hatte immer davon geträumt, eine gute Kamera zu besitzen."

Eines Tages kommt ein Mann in die Werkstatt und hört, wie sich die Männer auf Jiddisch unterhalten.

„Der Mann sprach mich an und sagte: ‚Ich habe noch nie einen Juden aus Vilnius gehört, der so schlecht jiddisch spricht – außer einer Frau im DP-Lager in Landsberg. Und die heißt Bella Maisel.' Ich war außer mir vor Freude – meine Zwillingsschwester Bella hatte überlebt."

Falas Schwester hatte mit falschen Papieren außerhalb des Ghettos gelebt, bis sie im Mai 1944 von den Deutschen verhaftet wurde – nicht, weil sie Jüdin war, sondern weil die Deutschen vermuteten, sie würde für den polnischen Untergrund arbeiten. Bella wurde ins Konzentrationslager Stutthof bei Danzig deportiert. Sie überlebte das Lager und einen mörderischen Evakuierungsmarsch Richtung Westen im Januar 1945.

„Für 20 Liter Benzin habe ich von einem Russen ein Motorrad organisiert und habe meine Schwester nach Balingen geholt.

---

* Lager zur vorübergehenden Unterbringung von „Displaced Persons" – Menschen, die durch den Krieg heimatlos geworden waren, im Wesentlichen KZ-Häftlinge und Zwangsarbeiter.

Auf der Rückfahrt sind wir dann einige DP-Lager abgefahren auf der Suche nach meinem Vater. Irgendwann haben wir tatsächlich einen Mann gefunden, der im Arbeitslager Klooga war – das war eines der über 20 Nebenlager von Vaivara. Und dieser Mann kannte meinen Vater und hat uns erzählt, dass er in Klooga umgebracht worden sei. Bei Anrücken der Roten Armee wurden die Insassen des KZ erschossen oder bei lebendigem Leib verbrannt. So endete mein Vater. Der Mann, der uns dies erzählte, hatte sich während der Massaker versteckt und wurde zusammen mit etwa 85 anderen von den Soldaten der Roten Armee befreit."

Inzwischen hat Fala an die frühere Vermieterin seines Bruders in Grenoble geschrieben, um etwas über den Verbleib seines Bruders zu erfahren.

„Ich arbeitete in der Werkstatt, es war kurz vor der Mittagspause, und ich lag unter einem Auto. Plötzlich hörte ich diese vertraute Stimme fragen: ‚Gibt es einen Fala Maisel hier?' Ich kam unter dem Auto hervor – und sah, in französischer Offiziersuniform, meinen Bruder dort stehen!"

Josef Maisel, der bei Ausbruch des Krieges bereits französischer Staatsbürger gewesen war, dient bei den französischen Streitkräften. Er hat drei Wochen Urlaub und verbringt die Zeit mit seinen Geschwistern in Balingen.

„Die Tatsache, dass meine Geschwister überlebt hatten, hat meinem Leben wieder einen Sinn gegeben. Bella und ich machten Pläne, zu meinem Bruder nach Avignon zu ziehen, und wir fingen sofort an, Französisch zu lernen." (Noch heute hat Phillip einen leicht französischen Akzent.) „Während Bella anfing, in Tübingen Medizin zu studieren, schlug die UNRRA ihre Hauptverwaltung in der Nachbarstadt Ebingen auf und bat mich, dort als Angestellter für sie zu arbeiten. Ich habe dann für die UNRRA Flüchtlinge interviewt und deren Geschichten auf ihren Wahrheitsgehalt hin überprüft."

Inzwischen beginnen die Konflikte zwischen den Westmächten und der Sowjetunion. Fala und Bella sind nicht die Einzigen, die einen neuen Krieg befürchten.

„Wir wollten ehrlich gesagt nichts wie weg aus Europa und haben unseren Frankreich-Plan verworfen. Durch meinen Bruder hatte ich wieder den Kontakt zu Verwandten in Australien und in den USA. Mein Onkel in Australien – das war der Bruder meiner Mutter Slava – schrieb sofort, dass wir doch nach Australien kommen sollen. Er schickte Fotos von der Hochzeit meines Cousins, und", Phillip kichert, „mein Cousin sah dermaßen imponierend aus auf diesem Foto, dass ich dachte, es handele sich um den Premierminister von Australien!"

Im November 1948 schiffen sich Fala und Bella in Marseille auf dem französischen Militärschiff „Eridan" ein. Zwei Monate später – das Schiff fährt unterwegs die Häfen der französischen Kolonien an – erreichen sie Sydney.

„Dort hat uns unser Onkel abgeholt. Mit dem Zug sind wir dann nach Melbourne weitergefahren. Erstaunt hat mich als Erstes die monotone Landschaft mit den ewigen Eukalyptusbäumen und dazu die Tatsache, dass es kaum eine Stadt gab auf der Strecke nach Melbourne. In Albury erwartete uns eine weitere Überraschung: Sämtliche Zugwaggons mussten dort angehoben und mit Rädern größerer Achslänge bestückt werden, um auf den breiteren Gleisen im Bundesstaat Victoria weiterfahren zu können. Wir waren perplex, dass es ein Land gibt, in dem Gleise mit unterschiedlicher Spurweite existieren. Das gab es ja in ganz Europa nicht! Das Ganze hat eine ganze Stunde gedauert. Wir kamen dann schließlich am Bahnhof Spencer Street an – das

B2088   V46/5602

COMMONWEALTH OF AUSTRALIA.   Form No. 41.

Permit No.   B   2088   DEPARTMENT OF IMMIGRATION,
                                              Melbourne

                                              14th October, 19 47

This Permit is valid until....14th October, 1949

LANDING PERMIT.

THIS IS TO CERTIFY that authority has been granted for the admission to Australia of the undermentioned person or persons (one (1)   in number), said to be of   Polish   nationality, at present residing in   Germany.

This authority has been granted subject to the following conditions :—

(a) the bearer is in possession of a valid   Polish   Passport or Certificate of Identity duly visaed (if not issued) by an Australian or other British Consular or Passport Officer and bearing copy of his/her photograph :

(b) the person or persons included in this permit are of good character, in sound health and shall produce to an Australian or other British Consular or Passport Officer to whom application is made for a visa, a satisfactory medical certificate on the attached form and evidence of good character :

(c) such further conditions as are endorsed hereon.

NAME.	SEX.	AGE.
Mr. Falk MAISEL	Male	25

OTHER CONDITIONS :

By authority of the
Minister for Immigration.

NOTE.—This Permit should be forwarded to the person in whose favour it has been issued (or to the chief member of the party if more than one person is included in the Permit) for production when applying for passport facilities for and passages to Australia, and for production and surrender to the Examining Officer on arrival at the port of disembarkation in Australia.

Falk Maisels Einreisevisum für Australien

323

war ein alter Schuppen im Vergleich zu den großen Hauptbahnhöfen in Europa. Die nächste Enttäuschung war, dass ich keine Aborigines auf den Straßen sah. Und Kängurus gab es offenbar auch nicht", schmunzelt Phillip.

Als Erstes bekommt Fala einen neuen Namen. „Meine australische Cousine Sylvia hat ihn in Phillip umgeändert, weil ihre Freundinnen dachten, Fala sei ein Mädchenname. Das ging natürlich nicht." Innerhalb weniger Tage gelingt es Fala alias Phillip, eine Arbeit als Automechaniker zu finden.

„Die einzige Schwierigkeit war, dass ich – obwohl ich zwei Jahre Englisch auf dem Gymnasium gehabt hatte – kein Wort von dem verstand, was die Australier da redeten. Also habe ich Englischunterricht besucht, es gab kostenlose Kurse im Rathaus von St. Kilda, dem Stadtteil, in dem ich gewohnt habe. Die Leute waren alle unheimlich nett, und schon nach kurzer Zeit spürte ich, wie schön es ist, in diesem ‚glücklichen Land' Australien zu leben."

1951 macht sich Phillip selbständig: Er eröffnet eine Werkstatt auf dem Firmengelände eines Taxiunternehmens. Später kauft er selbst eine Taxi-Lizenz und einige Taxis.

Bella heiratet bald nach ihrer Ankunft in Australien einen jüdischen Emigranten, der in der Sowjetunion überlebt hat, sie bekommt zwei Kinder. Phillip lernt Miriam kennen, ein junges, australisches Mädchen jüdischen Glaubens. 1956 heiraten die beiden, bekommen zwei Töchter, Michelle und Yvonne, und später drei Enkelsöhne. Miriam stirbt im September 2003. Im Jahr 1990 fängt Phillip an,

Phillip mit seinem ersten Auto auf der Great Ocean Road, 1951

ehrenamtlich im jüdischen Holocaust-Museum zu arbeiten.
1992 übernimmt er die Leitung
der Zeitzeugen-Abteilung. Er
interviewt Überlebende und do-
kumentiert und archiviert deren
Aussagen auf Tonträgern. Bis
zum heutigen Tag hat er Interviews mit etwa 1.300 Zeitzeugen geführt. Zugleich hält er alle

Phillip und Miriam mit Tochter Michelle,
Melbourne 1970

wichtigen Veranstaltungen, Präsentationen und Vorträge im Museum filmisch fest – kürzlich etwa, im Juli 2012, den Besuch der
australischen Premierministerin Julia Gillard.

Es vergeht kein Tag, an dem der inzwischen neunzigjährige Phillip
nicht von morgens bis zum späten Nachmittag im Museum arbeitet. Nur freitags gönnt er sich ein bisschen Freizeit: Da geht er
schon um 14 Uhr nach Hause.

„Ich finde, dass Menschen, die den Holocaust überlebt haben,
eine gewisse Verantwortung haben. Sehen Sie, als ich in Australien ankam und von meinen Erlebnissen berichtete, haben mich
meine Verwandten, die sich sonst wirklich sehr um mich gekümmert haben, gebeten, nicht so zu übertreiben. Die konnten
sich beim besten Willen nicht
vorstellen, dass solche Verbrechen begangen wurden.
96 Prozent der Juden von Vilnius sind umgekommen. Die
Tatsache, dass ich ausgespart
blieb, heißt dann ja wohl, dass
ich eine Aufgabe zu erfüllen
habe. Und für mich heißt die-

Phillip mit seiner Frau und den Töchtern
Yvonne und Michelle, Melbourne 2002

se Aufgabe: die Geschichte des Holocaust aufzuschreiben und zu bewahren. Was ist passiert, wer waren die Menschen, und wie überlebten sie? Und: Welchen Effekt hat der Holocaust auf diese Menschen gehabt? Indem wir das alles festhalten, können wir den Menschen die Fakten zugänglich machen. Ich gehöre zu einer Generation, für die das Leben nicht nur dazu da ist, Spaß zu haben. Ich denke, wenn man gewisse Vorteile genießt, hat man auch eine bestimmte Verantwortung für andere. Das ist meine Philosophie."

Im Jahr 2008 erhält Phillip Maisel für seine Arbeit im Museum die „Medal of the Order of Australia", ein von Elisabeth II. als australischer Königin verliehener Orden für außerordentliche Dienste australischer Bürger.

Kapitel 8

Von Zwillingen und „Zigeunern":
Medizinische Experimente in den Lagern

Zwischen 1941 und 1945 führten deutsche Ärzte zwangsweise medizinische Versuche an Tausenden von Häftlingen in Dachau, Buchenwald, Sachsenhausen, Natzweiler, Ravensbrück, Auschwitz und anderen Konzentrationslagern durch. Juden, Polen, Russen und „Zigeuner" waren die häufigsten Opfer dieser Experimente, die sich durch äußerste Skrupellosigkeit und Grausamkeit auszeichneten. Viele der Opfer starben auf qualvolle Weise oder wurden nach Beendigung des Experiments getötet. Diejenigen, die überlebten, waren oft verstümmelt oder trugen bleibende physische und psychische Schäden davon.

Unter den mindestens 70 verschiedenen medizinischen „Forschungsprojekten" befanden sich Untersuchungen wie:

Unterdruck-, Unterkühlungs- und Meerwasserversuche,
in denen die deutsche Luftwaffe Extremsituationen nachstellte. Unter anderem wurden Häftlinge in Eiswasser gelegt und deren Körperreaktionen so lange beobachtet, bis der Tod eintrat.

Sulfonamidversuche.
Um die Wirksamkeit von Sulfonamid und anderen Medikamenten gegen Wundbrand zu testen, wurden Häftlingen die Waden aufgeschnitten und die Wunden mit Bakterien bzw. Holz- und Glassplittern infiziert.

Typhus-, Malaria- und Fleckfieberexperimente,
in denen Häftlinge mit entsprechenden Erregern infiziert wurden, um verschiedene Impfstoffe zu testen.

Sterilisationsexperimente,
in denen die Ärzte versuchten, die effektivste, schnellste und billigste Methode für ein Massensterilisationsprogramm für Menschen zu entwickeln, die als rassisch oder genetisch minderwertig gehalten, jedoch als nützliche Arbeitssklaven betrachtet wurden.

Experimente zur Erbforschung an Kleinwüchsigen und Zwillingen,
in deren Verlauf die Opfer oft nach grausamen Behandlungen getötet wurden, um pathologische Vergleiche beim Sezieren der Leichen anzustellen.

Töten von jüdischen Häftlingen für eine Skelettsammlung,
die in der Reichsuniversität Straßburg zu Anschauungszwecken ausgestellt werden sollte.

Töten durch Injektion.
1943 wurde das „Euthanasie"-Projekt, ein Programm zur systematischen Tötung von mental und körperlich behinderten Menschen im Deutschen Reich und allen besetzten Gebieten, auf die Konzentrationslager ausgeweitet. Die Lagerärzte töteten die alten und nicht mehr arbeitsfähigen Häftlinge, die Häftlinge, die ein medizinisches Experiment überlebt hatten, und praktisch alle, deren Tod aus irgendeinem Grund erwünscht war. Üblicherweise wurden die Häftlinge durch Phenolspritzen in die Vene oder direkt ins Herz getötet.

Josef Mengele war einer von circa 30 SS-Ärzten in Auschwitz. Er begann seine Karriere in Auschwitz im Frühjahr 1943, war verantwortlich für das „Zigeunerlager" und wurde, nach der Liquidation des Lagers, der Cheflagerarzt von Auschwitz II. Auschwitz II oder auch Auschwitz-Birkenau war eines der drei Hauptlager von Auschwitz. Es war das Zentrum des Mordens, denn hier standen die Gaskammern und Krematorien.

Formal gesehen waren die Lagerärzte verantwortlich für die medizinische Betreuung der Häftlinge und für die Hygiene im Lager, um drohende Epidemien zu stoppen. Tatsächlich waren sie jedoch hauptsächlich an den Selektionen beteiligt, führten die Aufsicht bei Exekutionen und bei den Vergasungen und stellten falsche Sterbeurkunden aus. Darüber hinaus führten die SS-Ärzte sowohl in Auschwitz I als auch in Auschwitz II medizinische Experimente durch. Mengele war insbesondere interessiert an Erbforschung und Rassenstudien und führte pseudowissenschaftliche Versuche an „Zigeunern", Zwillingen und Kleinwüchsigen durch. An der Selektionsrampe bei Ankunft neuer Häftlinge war er immer auf der Suche nach Zwillingen. Wegen seines guten Aussehens und seines kultivierten Benehmens, wenn er die Neuankömmlinge mit einer eleganten Handbewegung nach links oder rechts wies und sie damit entweder am Leben ließ oder ins Gas beförderte, wurde Mengele unter den Häftlingen „Todesengel" genannt. In seinen Experimenten, die er vorzugsweise an Kindern durchführte, verursachte er schwerste Misshandlungen und tötete die Opfer kaltblütig, wenn er an Post-mortem-Untersuchungen interessiert war. Es wird geschätzt, dass Josef Mengele an circa 1.500 Zwillingen Versuche durchführte. Nur 80 bis 100 überlebten.

Vom 9. Dezember 1946 bis zum 20. August 1947 fand im Justizpalast in Nürnberg vor einem US-amerikanischen Militärgericht der Nürnberger Ärzteprozess statt. Angeklagt waren die Organisatoren der Verbrechen – der Oberdienstleiter in der Kanzlei des Führers, der Reichskommissar für das Sanitäts- und Gesundheitswesen und Begleitarzt Hitlers sowie der persönliche Referent von Heinrich Himmler – und

20 Ärzte, darunter Leute wie der Leiter des Hygiene-Instituts der Waffen-SS, der stellvertretende Präsident des Robert-Koch-Instituts für Tropenmedizin, der Präsident des Deutschen Roten Kreuzes und Chefarzt einer Heilanstalt und der Lagerarzt vom KZ Buchenwald. Von den 23 Angeklagten wurden sieben zum Tode, fünf zu lebenslangen Haftstrafen und weitere vier zu Haftstrafen zwischen zehn und zwanzig Jahren verurteilt.

Josef Mengele saß nicht auf der Anklagebank. Es war ihm gelungen, nach dem Krieg aus Deutschland zu fliehen. Trotz weltweiter Verfolgung konnte er nie gefasst werden. Er starb 1979 in Südamerika.

Stephanie Heller und Annetta Able

Stephanie Heller wohnt in Balwyn, einem Stadtteil im Südosten Melbournes, also „nicht im Ghetto", wie sie augenzwinkernd sagt, womit sie die vorwiegend jüdischen Stadtteile Elsternwick und Caulfield im Südwesten der Stadt meint. Gleich bei meinem ersten Besuch lernte ich auch ihre Schwester Annetta Able kennen, sie wohnt quasi um die Ecke und die beiden sehen sich täglich oder telefonieren zumindest. Es gab Kaffee und selbstgebackenen Kuchen, und all die Fragen, die ich stellen wollte, konnte ich zunächst gar nicht stellen. Die Zwillinge fragten nämlich erst mal mir ein Loch in den Bauch: Seit wann ich in Australien sei, was für eine Arbeit ich im Museum mache, ob mein Name tschechisch sei (ist er nicht), denn Miska hieße „Schüssel" auf tschechisch – und so weiter und so weiter. Die beiden sind extravertiert, offen und reden gern – über Gott und die Welt.

Inzwischen sind wir längst gute Freunde geworden, und ich hatte oft Gelegenheit, mit den beiden zusammen zu sein. Dabei hat mich eine Sache immer gewundert: Die Zwillinge sind ein unzertrennliches Paar, und doch streiten sie bei jeder passenden und unpassenden Gelegenheit. Sie streiten unnachgiebig, auch bei Kleinigkeiten. Zum Schluss sind sie sich jedoch immer wieder auf eine sehr weise und humorvolle Art einig, dass sie sich nicht einig sind. Ist diese Toleranz und Weisheit auf dem Boden von Auschwitz gewachsen? Ich weiß es nicht. Eines jedoch weiß ich: Wenn die beiden über

Stephanie mit einem Schüler im Museum, 2008

ihre „Maminka" reden und mir erzählen, was für eine lebhafte, kluge, charmante und beliebte Frau sie doch war, dann ist mir klar, dass die Mädchen ihr sehr ähnlich sind.

Stephanie und Annetta sind die einzigen Zwillinge, die als Überlebende des Holocaust in Australien leben.

Stephanies und Annettas Geschichte

Die Zwillinge Stephanie und Annetta werden 1924 geboren und wachsen in Prag auf. Zunächst sieht es so aus, als wollten sie nicht am Leben bleiben.

„Wir haben in einen Schuhkarton gepasst und wurden in Watte gewickelt, weil es damals noch keine Inkubatoren gab. Aber irgendwie haben wir es geschafft, und wir waren dann sehr gesunde Kinder" (Stephanie).

Stephanie und Annetta mit ihrer Mutter, 1926

Die Mutter arbeitet als Stenotypistin, der Vater ist Stadtführer in Prag, man wohnt in einem gutbürgerlichen Teil der Stadt. Als die Mädchen sechs sind, wird die kleine Schwester Elisabeth geboren. Es ist eine glückliche Kindheit, die Zwillinge sehen sich so ähnlich, dass sie ihre Verwechslungsspiele spielen können. „Ich war immer besser in Rechnen und Annetta besser in Geschichte – also hab ich immer auf Mathe-Fragen geantwortet und Annetta auf Geschichtsfragen", grinst Stephanie. „Und zu Hause rief uns unser Vater meist mit beiden Namen, weil er uns nie auseinanderhalten konnte", fügt Annetta lachend hinzu.

An den Wochenenden geht es oft aufs Land.

„Unsere Mutter hielt viel von frischer Luft, und so sind wir immer wandern gegangen. Wir hatten so Stöcke mit vielen kleinen angenagelten Schildchen von all den Orten, in denen wir schon waren. Ich erinnere mich gut an die Picknicks, die wir machten, Maminka hatte so einen Bunsenbrenner und dann gab es Schnitzel und Kartoffelsalat" (Stephanie).

Die Mutter gibt den Mädchen wichtige Lektionen mit auf den Weg.

„Sie hat uns ständig gesagt, dass wir uns aufeinander verlassen sollen, wir sind deshalb wirklich aufgewachsen wie eine Seele in zwei Körpern. Die Tatsache, dass wir in Auschwitz überlebt haben, hat, denke ich, eine Menge damit zu tun, dass Annetta und ich immer zusammenblieben und uns gegenseitig unterstützt haben. Es war sehr wichtig, dass man nicht alleine war im Lager" (Stephanie).

„Ich erinnere mich auch, dass Maminka immer gesagt hat: ‚Wenn ihr unglücklich seid, schaut euch mal gut um, wie viel Menschen viel unglücklicher sind als ihr. Habt lieber Mitleid mit denen, als euch selbst leidzutun!' Dieser Rat war später sehr wichtig für Stepa und mich" (Annetta).

Beide Mädchen sind aktive Mitglieder im frauenfortschrittlichen nationalen Turnverein Sokol.

„Wir haben an zwei internationalen Wettkämpfen für die Tschechoslowakei teilgenommen. Das zweite Mal war besonders beeindruckend, weil im Prager Stadium ein riesiges Glasherz stand, das so aussah, als ob es schlägt. Wir waren so stolz, als wir das gesehen haben. Später, als Juden, durften wir dann keine Mitglieder von Sokol mehr sein" (Annetta).

Die Familie ist nicht besonders religiös.

„Wir wussten, dass wir jüdisch sind und gingen an hohen Feiertagen in die Synagoge, aber es gab keinen Sabbat, und wir haben auch nicht koscher gegessen. Wir haben Chanukka gefeiert und bekamen Geschenke, aber wir hatten auch einen Weihnachtsbaum wegen unseres nichtjüdischen Dienstmädchens. In erster Linie waren wir sehr patriotische Tschechen, und wir waren bestens integriert. In der ersten Klasse waren wir zwei die einzigen jüdischen Kinder. Ich erinnere mich, dass ich einmal ausgewählt wurde, zu Ehren von Präsident Masaryks Geburtstag einen Aufsatz über die Tschechische Republik zu schreiben, und Annetta hat ein Bild gemalt. Mit der ganzen Schule sind wir dann zum Schloss marschiert, der Residenz von Masaryk, und dann standen wir in der ersten Reihe und schwenkten die tschechische Fahne, um den Präsidenten zu grüßen" (Stephanie).

Am 1. Oktober 1938, einen Tag nachdem die Franzosen und Briten im Münchener Abkommen der Eingliederung des Sudetenlandes in das Deutsche Reich zustimmen, marschieren deutsche Truppen in das Sudetenland ein. Nur ein halbes Jahr später, im März 1939, nachdem sich die Slowakei von der Tschechoslowakei abspaltet und die Unabhängigkeit erklärt, besetzt Hitler auch die sogenannte „Rest-Tschechei". Prag gehört nunmehr zum „Protektorat Böhmen und Mähren" und wird dem Deutschen Reich angegliedert. Die Gestapo beginnt sofort mit der Verfolgung von deutschen Emigranten, tschechischen Kommunisten, Intelligenzlern und Juden. Zahlreiche antijüdische Gesetze werden erlassen. Stephanie und Annetta sind gerade fünfzehn Jahre alt geworden und haben nie zuvor Antisemitismus erlebt.

„Wir waren fassungslos, als unsere Direktorin uns zu sich ins Büro rief und uns mitteilte, dass wir ab sofort nicht mehr zur Schule kommen dürften – mit der Begründung, weil wir Juden seien. Wir durften auch nicht mehr in unseren Sportclub gehen, nicht mehr ins Kino, nicht ins Theater, nicht in Konzerte oder ins Schwimmbad – alles war verboten! Sogar in den Park durften wir nicht mehr gehen, auf den Bänken in den Parks waren Schilder ‚Juden verboten' angebracht" (Stephanie).

„Das Leben war plötzlich sehr eingeschränkt und trübe. Wir mussten einen gelben Stern an unserer Kleidung tragen und mussten auch immer eine jüdische Identitätskarte bei uns haben mit dem Namen ‚Sara' als Vornamen darauf. Wir durften nur zu bestimmten Zeiten einkaufen gehen, und in der Straßenbahn durften wir nur in den zweiten Waggon. Es war besonders schwierig für junge Leute, weil wir eben nirgends mehr hinkonnten" (Annetta).

Teresa und Arthur, die Eltern, verlieren ihre Arbeit, und die Familie hat nicht mehr genügend Einkommen.

„Das Leben wurde wirklich elendig. Unsere Mutter fing an, Baumwollhandschuhe zu stricken, und Vater versuchte, an der Haustüre Seife zu verkaufen. Wir hatten Lebensmittelkarten, da war ein ‚J' draufgestempelt, das hieß, wir hatten kleinere Essenszuteilungen als die Tschechen. Manchmal gaben uns unsere tschechischen Freunde ein paar Lebensmittelkarten, aber natürlich hatten sie auch Angst, und wir wollten sie nicht in Bedrängnis bringen. Wir brachen von uns aus den Kontakt mit ihnen ab. Nachdem die Polizei unser ‚Drahtloses' weggenommen hatte, schlichen wir manchmal zu den Nachbarn in die Wohnung, um BBC zu hören – das war ja auch für die Tschechen verboten" (Stephanie).

Ein Bekannter drängt die Eltern, die Zwillinge für einen sogenannten „Kindertransport" anzumelden – eine britische Hilfsaktion mit dem Ziel, jüdische Kinder vorübergehend in britischen Pflegefamilien unterzubringen. Die Mutter meldet die Kinder an, aber mit dem Zusatz, dass die Zwillinge unter keinen Umständen getrennt werden dürfen. Um sich auf den Aufenthalt in England vorzubereiten, nehmen die Zwillinge an einem Kinderpflege-Kurs teil, der von der jüdischen Wohlfahrt organisiert wird – eine Ausbildung an tschechischen Berufsschulen dürfen die Mädchen nicht mehr absolvieren. Stephanie und Annetta warten jedoch umsonst, denn offenbar ist keine englische Familie bereit, gleich zwei Kinder aufzunehmen. Dank des Kinderpflege-Zertifikats bekommen die Zwillinge Arbeit im jüdischen Waisenhaus. Dort wohnen sie auch. 1941 beginnen die Nazis, tschechische Juden nach Litzmannstadt[*] im besetzten Polen zu deportieren. Teresa, Arthur und Elisabeth sind unter den ersten Transporten.

---

[*] Nach der Besetzung Polens wurde Łódź zu Ehren des deutschen Generals Karl Litzmann, der im ersten Weltkrieg eine nahezu aussichtslose Kesselschlacht bei Łódź gewonnen hatte, in Litzmannstadt umbenannt.

„Am 11. September 1941 war Lizinkas elfter Geburtstag. Stepa und ich verdienten ein bisschen Geld im Waisenhaus, also kauften wir an unserem freien Tag Geschenke für unsere kleine Schwester: eine niedliche Puppe und einen wunderschönen Kinderwagen dazu und dann noch einen Rock, Pullover und Strümpfe für Lizinka. Ich weiß noch wie heute, dass wir den Pullover und die Strümpfe mit Papier ausstopften, damit es auch so aussah wie eine Puppe. Am Geburtstagsabend sind wir bei meinen Eltern geblieben, es gab Geburtstagskuchen und heiße Schokolade, so wie es bei uns immer üblich war an Geburtstagen" (Annetta).

Zwei Monate später werden die Eltern informiert, dass sie zusammen mit ihrer Tochter Elisabeth „zum Arbeiten in den Osten umgesiedelt" werden, und sich ein paar Tage später am Prager Ausstellungsplatz einzufinden hätten. 20 kg Gepäck pro Person seien erlaubt. Die Mutter informiert die Zwillinge, die die Läden abklappern, um Proviant für die Reise zu kaufen, und die helfen, Namensschilder in sämtliche Kleidungsstücke zu nähen.

„Das ganze Porzellan kam in eine Truhe im Keller, und das elektrische Bügeleisen – etwas sehr Besonderes damals – gab meine Mutter der Nachbarin" (Stephanie).

„Alles geschah in einer solchen Eile, wir hatten keine Zeit zu verlieren. Stepa und ich haben unsere Eltern und Schwester dann zum Messegelände begleitet. Wir fuhren mit der Straßenbahn – im zweiten Waggon natürlich. Ich erinnere mich, dass Lizinka ihren neuen Pullover und die neuen Strümpfe dabei hatte und auch die Puppe" (Annetta).

„Wir haben bitterlich geweint. Wir werden nie im Leben vergessen, wie unsere Eltern und unsere Schwester da inmitten der Massen standen – Lizinkas Gesicht sah schon so traurig aus – als sich das Tor zwischen uns schloss" (Stephanie).

Die beiden Mädchen geben aber noch nicht auf. Sie betteln einen SS-Mann an, mit den Eltern und der Schwester mitfahren zu dürfen. Der SS-Mann sagt: „Geht nach Hause, packt euren Koffer und kommt morgen früh wieder." Das tun die Mädchen, aber als sie am nächsten Morgen wiederkommen, ist der Platz menschenleer. Stephanie und Annetta sehen ihre Eltern und ihre Schwester nie wieder.

Im Waisenhaus trifft Stephanie Egon Kunewälder, einen jungen Maschinenbau-Ingenieur, der mit seinen Eltern aus dem Sudetenland nach Prag geflüchtet ist. Die beiden verlieben sich und heiraten im April 1942.

„Ich war zwar erst achtzehn, aber wir wussten, dass die Zukunft düster aussah, und wir wollten nicht getrennt werden. Mein Onkel war der einzige uns noch verbliebene Verwandte in Prag, der hat mich dann sozusagen in Egons Hände gegeben. Ich erinnere mich genau an mein schwarzes Kleid, das natürlich einen jüdischen Stern aufgenäht hatte. Es gab keine Party, keine Blumen, und nicht mal Annetta durfte zum Standesamt kommen" (Stephanie).

Zwei Monate nach der Hochzeit wird Annetta nach Terezín (Theresienstadt) deportiert, ein von den Nazis errichtetes Ghetto im Nordwesten der Tschechoslowakei. „Der Abschied war sehr schwer, es war ja das erste Mal, dass wir beide getrennt waren" (Stephanie). Die Trennung ist jedoch kurz, denn ein halbes Jahr später werden auch Stephanie und ihr Mann Egon nach Theresienstadt transportiert. Annetta arbeitet im Lager-Krankenhaus, in der Abteilung für ansteckende Krankheiten, und kann dort auch für Stephanie Arbeit organisieren.

„Das war wichtig, denn die Bedingungen dort waren etwas besser als im überfüllten Ghetto. Als Arbeiterinnen bekamen wir außerdem Sonderrationen. Wir mussten bald feststellen, wie

schwierig es insbesondere für ältere Leute war zu überleben –
unser Onkel Karel und Tante Hanchi lebten im Ghetto in einem
Haus mit vielen anderen alten Leuten zusammen. Die sind dann
sehr schnell auf einen ‚Transport in den Osten' geschickt worden, auch Egons Eltern" (Annetta).

„Egon musste als Ghettopolizist arbeiten, er hasste es. Einmal
konnte ich ihn davor retten, auch abtransportiert zu werden. Ein
befreundeter Häftlingsarzt stellte ihm die Diagnose ‚Diphthe-
rie' aus, denn die Deutschen transportierten aus unerklärlichen
Gründen keine Gefangenen mit ansteckenden Krankheiten"
(Stephanie).

Im Dezember 1943 werden Annetta, Stephanie und Egon nach
Auschwitz transportiert.

„Das war wohl der Moment, in dem wir zum ersten Mal so
richtig spürten, dass wir nicht wie Menschen behandelt werden.
Man trieb uns in Viehwaggons, die Waggons waren total überfüllt, es gab kaum Licht und nur ein kleines mit Stacheldraht
versehenes Fenster. In der Mitte des Waggons stand ein Eimer.
Ich hatte Durchfall, und das war wirklich das Schlimmste für
mich: vor all den fremden Menschen auf diesem Eimer zu sitzen" (Stephanie).

„Ich weiß nicht mehr, wie lange wir gefahren sind. Bei der Ankunft in Auschwitz war es kalt und dunkel. Ich erinnere mich,
dass unablässig Hunde bellten und Deutsche ‚raus' und ‚schnell'
schrien, während wir aus den Waggons herauskamen. Wir sahen
Flammen am Himmel, und es herrschte ein entsetzlicher Gestank. Häftlinge in gestreiften Uniformen wollten unsere Wertgegenstände haben, sie sagten, wir würden sie ohnehin nicht
mehr brauchen. Natürlich hatten wir sowieso keine" (Annetta).

Die Zwillinge und alle anderen aus dem Transport werden zunächst zum sogenannten „Familienlager" in Auschwitz-Birkenau

geschickt, ein Lager, das für die Häftlinge aus dem Ghetto Theresienstadt eingerichtet worden war.

„Männer und Frauen wurden sofort getrennt. Dann nahm ein gutaussehender Mann mit dunklem Teint eine weitere Selektion vor: Mit einer leichten Bewegung seines Daumens dirigierte er die Neuankömmlinge entweder nach links oder nach rechts – es war der berüchtigte SS-Arzt Mengele" (Annetta).

„Egon und ich wurden getrennt. Dann rief jemand: Zwillinge raus, und wir traten vor – nicht wissend, ob das nun gut oder schlecht war. Es war alles sehr beängstigend. Wir mussten dann nackt vor Dutzenden von SS-Männern paradieren. Wir waren gerade neunzehn – und, wenn ich das mal so sagen darf, recht attraktive Mädchen – das war einfach so beschämend und erniedrigend" (Stephanie).

Die Zwillinge wissen nicht, dass sie ausgewählt worden sind, um an Mengeles medizinischen Experimenten teilzunehmen und dass sie damit noch Glück im Unglück haben: Die meisten Angehörigen der Transporte aus Theresienstadt werden ins Gas geschickt, nur eine verschwindende Minderheit überlebt.

Zunächst werden die Mädchen zum Duschen geschickt, werden am ganzen Körper rasiert, dürfen aber – im Gegensatz zu allen anderen – ihr Kopfhaar behalten und werden dann mit einer Nummer tätowiert. Auch hier in Auschwitz-Birkenau arbeiten Annetta und Stephanie wieder im sogenannten „Krankenhaus" – einer Baracke, in der die Kranken liegen.

„Wir waren in Baracke 6 untergebracht, da waren Stockbetten drin, drei übereinander, und wir mussten zu sechst nebeneinander auf denen schlafen, auf dem nackten Holz und eine einzige Decke für uns alle. Am Ende des Lagers waren die Latrinen und der Krankenbau. Wir sollten Krankenschwestern sein, aber die Hygiene war erschreckend, und es gab ja auch keine richtigen

Medikamente. Wir hatten noch nicht mal Seife. Das Wasser im Waschraum war oft gefroren. Das Einzige, was wir wirklich tun konnten, war den Kranken Trost zu spenden. Die Menschen starben wie die Fliegen. Bis dahin wusste ich noch nicht einmal, wie ein toter Mensch aussieht. Die Kranken lagen da einfach und am nächsten Morgen waren es tote Körper. Wir mussten sie nach draußen tragen, wo sie an der Seite des Krankenbaus einfach auf einem Haufen lagen. Wenn dann die Deutschen mit einem Lkw kamen, um die Toten wegzuschaffen, mussten wir sie auf den Lkw laden. Es war eine schreckliche Aufgabe. Ich weiß wirklich nicht, wie wir jungen Mädchen das überhaupt geschafft haben" (Annetta).

„Die Toten waren nackt, und manchmal hatten die Ratten schon das halbe Gesicht weggefressen. Wir haben versucht, sie einfach nicht anzugucken, auch aus Angst, wir könnten jemanden erkennen. Wir arbeiteten wie die Roboter. Nachdem die Arbeit getan war, gab es nicht etwa eine Dusche, nein, nur gechlortes eiskaltes Wasser für die Hände. Wir konnten auch nicht die Kleider wechseln. Aber wir kriegten ein extra Stück Brot oder eine heiße Suppe. Heute würde jeder denken, dass man unter diesen Umständen nicht essen kann – aber wir wollten nur überleben: von Minute zu Minute, von Tag zu Tag. Und so haben wir die Suppe gegessen" (Stephanie).

„Mengele war der Herr über unser Leben in Auschwitz. Wir trafen ihn ziemlich häufig. Einmal kam er zum ‚Familienlager' und nahm Stepa und mich mit rüber in das ‚Zigeunerlager'. Die Zigeunerfamilien lebten da zusammen mit ihren Kindern, und es gab etliche Musikinstrumente – also das Lager machte auf uns einen richtig netten Eindruck. Mengele war ein großer Musikliebhaber, er summte immer eine Melodie oder er pfiff, und er bat die Zigeuner, für uns Musik zu spielen. Er war sehr freundlich zu ihnen, und er spielte sogar mit einem kleinen Jungen, der ihn Onkel Mengele nannte. Wir hatten wirklich den Eindruck, dass es den Zigeunern besser geht als den anderen im Lager" (Annetta).

Vermutlich ist es Mengeles Absicht, die Mädchen mit dem Besuch im „Zigeunerlager" in gute Stimmung zu versetzen, damit sie kooperieren. Denn direkt nach dem Besuch nimmt er sie mit in sein Labor.

„Er bestellte ein bisschen was zu essen für uns und fing an, uns zu vermessen, den ganzen Körper, sehr präzise. Er stellte uns auch – auf Deutsch – eine Menge Fragen über unsere Familie. Wir dachten uns bei alldem nichts, wir nahmen an, seine Studien seien wichtig und natürlich harmlos. Er schien interessiert daran zu sein, wer wir sind, und war nicht unfreundlich. Wir hatten zu dem Zeitpunkt keine Angst vor ihm, und – als ‚seine‘ Zwillinge – fühlten wir uns sogar irgendwie vor größerem Unheil im Lager beschützt. Später an diesem Tag sind wir dann ins ‚Familienlager‘ zurückgeschickt worden. Am nächsten Morgen war das ‚Zigeunerlager‘ leer. Er hat sie alle ins Gas geschickt. Ich konnte das nicht glauben, nachdem er doch gerade noch mit dem Jungen gespielt hatte" (Stephanie).

Nach und nach erfahren die Mädchen Einzelheiten über Mengeles Experimente.

„Einmal mussten wir einen toten Zwilling rüber in Mengeles Pathologie tragen. Ich erinnere mich, dass ich da eine Frau sah, die ein Kind zur Welt bringen durfte. Mengele wollte wissen, wie lange das Baby leben würde ohne Milch, also ließ er die Brüste der Frau bandagieren und sie durfte nicht stillen. Dem Leiden des hungrigen Babys wurde ein Ende gemacht, als ein Häftlingsarzt der Mutter eine Spritze reichte. Sie tötete ihr eigenes Kind" (Annetta).

Die Zwillinge werden geröntgt und durchlaufen diverse Tests. „Sie maßen und fotografierten unsere Köpfe und sämtliche Körperteile, und dauernd wurden Blutproben entnommen. Das machte Mengele natürlich nicht selbst, der hatte sein Team von Ärzten. Eines Tages wurden wir in ein Krankenzimmer gebracht. Zwei polnische Zwillingsjungs, die wir nie zuvor gesehen hatten und auch nie wieder sehen würden, lagen da auf einer Liege. Man legte uns auf ein Bett neben ihnen und gab uns Bluttransfusionen von denen. Wir reagierten katastrophal auf diese Transfusion: Wir bekamen hohes Fieber und dachten wirklich, wir müssen sterben" (Stephanie).

Die Zwillinge haben keine Ahnung, was Mengele mit ihnen vorhat, aber eine der Schwestern flüstert ihnen zu, dass er sie mit einem männlichen Zwillingspaar vereinigen wolle, um zu sehen, ob das wiederum zur Geburt von Zwillingen führen würde.

„Aber sie haben uns noch nicht mal nach unserer Periode gefragt. Wir hatten damals so viel Gewicht verloren, dass wir unsere Periode gar nicht mehr hatten" (Annetta).

Glücklicherweise kommt es nicht mehr zu dem Experiment. Als die Rote Armee näher rückt, macht sich Mengele aus dem Staub, und die Häftlinge werden auf einen Marsch Richtung Westen geschickt. Annetta und Stephanie denken: „Dies ist der Marsch in die Freiheit", nicht ahnend, dass dies ein Marsch ist, auf dem die Menschen sterben. Sie verhungern, erfrieren im Schnee, sterben vor Erschöpfung oder werden erschossen, wenn sie aus der Reihe treten, um sich zu erleichtern.

„Da war eine Frau, die direkt vor mir lief, und sie trug einen kleinen Sack. Ein SS-Mann griff nach dem Sack und sah, dass sie ein kleines Baby darin hatte. Er schmiss es einfach weg, und die Frau musste weiterlaufen. Ich weiß nicht, ob das Baby überlebt hat. Zwei Mädchen mit ihrer Mutter liefen auch neben uns, und als die Mutter nicht mehr laufen konnte, wurde sie von den Wachen erschossen. Die Mädchen liefen einfach weiter" (Annetta).

„Es war Winter und sehr kalt, wir liefen in dünnen Sachen durch den Schnee, tote Menschen rechts und links, wir hatten Hunger, und dieser Marsch schien eine Ewigkeit zu dauern. Nur die Stärksten überlebten das, oder Glückspilze. Wir haben uns als Glückspilze betrachtet" (Stephanie).

Im Februar 1945 kommen die Häftlinge in Malchow an, einem Konzentrationslager in Norddeutschland.

„Das Lager war kleiner und irgendwie weniger schlimm. Wir hatten Decken, und Annetta überlebte sogar Typhus. Eines Nachts stellten wir plötzlich fest, dass es sonderbar ruhig war und dass die Wachen das Lager verlassen hatten. Also nahmen wir uns ein paar Decken und Brot und rannten einfach davon. Unterwegs trafen wir viele andere Häftlinge aus anderen Lagern, und schließlich stießen wir auf amerikanische Soldaten, die uns Essen gaben und sich um uns kümmerten" (Annetta).

Die Mädchen gehen zurück nach Prag, wo sie feststellen müssen, dass weder ihre Eltern noch ihre Schwester Lizinka überlebt haben. Auch Egon kommt nicht zurück. Die Zwillinge sind mit einundzwanzig Jahren Waisen, Stephanie außerdem Witwe. Jahrelang haben die Zwillinge Hoffnung, dass doch noch jemand aus ihrer Familie zurückkehren möge.

„Wir haben nie aufgehört, in den Straßen Prags nach unseren Eltern, unserer Schwester oder meinem Mann zu schauen. Manchmal dachten wir sogar, dass wir Lizinka erkannt hätten – aber nein" (Stephanie).

Die Hoffnung ist vergeblich. Stephanie hört von Überlebenden, dass ihr Mann erschlagen worden sei, aber die Todesumstände will sie so genau gar nicht wissen. Erst Jahrzehnte später findet ein Freund Unterlagen aus dem Ghetto Łódź, die belegen, dass

Annetta (l.) und Stephanie, 1946

Lizinka zusammen mit anderen Kindern des Ghettos ins Vernichtungslager Chełmno transportiert und dort vergast worden war. Die Mädchen merken schnell, dass sie mit niemandem über ihr Schicksal reden können – jeder ist mit sich selbst beschäftigt, niemand hat Interesse an ihrem Los. Die Tschechen erzählen ihnen, dass auch sie unter Hitler gelitten haben, und überhaupt: Wer hätte den Zwillingen schon ihre unglaubliche Geschichte abgenommen? Sie melden sich bei einer Krankenschwesternschule an, denn: „Irgendwie wollten wir unser Überleben rechtfertigen – wir waren ja nicht in der Lage gewesen, anderen zu helfen, nun wollten wir das wenigstens in Zukunft tun" (Stephanie).

Nach der Gründung Israels im Mai 1948 beschließt Stephanie, nach Israel auszuwandern. Annetta, die inzwischen einen ehemaligen Mithäftling, der sie bei einer Tanzveranstaltung wiedererkannt hat, geheiratet hat, folgt Stephanie ein Jahr später zusammen mit ihrem Mann und ihrem kleinem Sohn.

Stephanie verliebt sich in Israel in einen Touristen, dessen jüdische Familie 1939 von Jugoslawien nach Kenia ausgewandert war. Kurz entschlossen reist sie nach Kenia, um auszuprobieren, ob sie in dem Land leben kann, und bleibt gleich dort. 1954 heiratet sie ihren Robert. Der einzige Wermutstropfen ist, dass Annetta in Israel bleibt, wo sie mit ihrer Familie in einem Kibbuz lebt.

In den fünfziger Jahren wird der Ausnahmezustand in Kenia ausgerufen – es gibt Aufstände gegen die britische Kolonialmacht –, und Stephanie und Robert, die inzwischen zwei Kinder haben, beschließen, Kenia zu verlassen. Aber wohin? Beide haben die englische Staatsangehörigkeit. Stephanie will zu ihrer Schwester nach Israel, aber Robert hält nichts davon, in einem Kibbuz zu leben. Südafrika, ein Land, das sie mit offenen Armen empfangen hätte, scheidet wegen der Rassenprobleme aus. Schließlich entscheidet man sich für Australien – ein Land, das nicht überbevölkert ist, und dessen Weite und Klima vielversprechend sind. Im April 1962 gehen Stephanie, Robert, die sechsjährige Naomi und der dreijährige John auf große Reise: mit dem Ozeandampfer von Aden in Südjemen zunächst nach Fremantle, dem großen Hafen in Westaustralien, und dann weiter nach Melbourne, denn in Melbourne haben sie Bekannte. Die Bekannten helfen bei der Wohnungssuche, Robert findet bald Arbeit und kauft ein Haus – es ist leicht, in Australien Fuß zu fassen. Auch Stephanie, eine emanzipierte Frau, arbeitet – zunächst als AVON-Beraterin, später bereist sie geschäftlich die USA, Europa und Asien für das Unternehmen, das sie mit ihrem Mann gegründet hat: Sie produzieren Spezialstrümpfe für Beinamputierte.

Knapp ein Jahr nach Robert und Stephanie siedeln auch Annetta und ihr Mann Jirka mit den Kindern Michael, Daniel und Daphna nach Australien um. Sie leben zunächst bei Stephanie und Robert, bevor sie ein Haus gleich um die Ecke kaufen.

„Am Anfang war es ein reines Sprachbabylon. Ich sprach tschechisch mit meiner Schwester, während Robert deutsch mit ihr und mit ihrem Mann sprach. Mit Annettas Kindern sprachen wir hebräisch, aber das konnte Robert nicht und unsere Kinder auch nicht. Aber irgendwie haben alle schnell gelernt" (Stephanie).

1985 findet unter der Losung „Ich klage an" ein Mengele-Tribunal in Jerusalem statt – ein Prozess ohne den Angeklagten, aber mit 29 Zeugen vor einer Kommission, der der „Nazi-Jäger" Simon Wiesenthal, Staatsanwalt Gideon Hausner (bekannt geworden als Chefankläger im Prozess gegen Adolf Eichmann) und der amerikanische Chefankläger der Nürnberger Prozesse Telford Taylor angehören. Das australische Fernsehen will einen Film darüber drehen und fragt bei den Zwillingen an, ob sie bereit seien, mit der Filmcrew nach Israel zu reisen. Die beiden stimmen zu und einigen sich darauf, dass Stephanie für beide spricht. Stephanie geht nervös in den Zeugenstand, aber sagt mit klarer Stimme vor dem internationalen Expertengremium gegen Mengele aus.

Die Zwillinge treffen eine Menge anderer Überlebender bei dem Prozess. So unter anderem Ephraim Reichenberg, von dem Mengele annahm, dass er ein Zwilling seines älteren Bruders sei. Reichenbergs älterer Bruder hatte eine wunderschöne Stimme, aber Ephraim konnte nicht singen. Mengele experimentierte an dessen Stimmbändern, die im Ergebnis völlig entfernt werden mussten. Viele Jahre konnte er nicht sprechen, bis ein Mikrophon für Menschen ohne Stimmbänder entwickelt wurde. Dass ausgerechnet die Deutschen dieses Mikrophon erfanden, empfindet Reichenberg als Ironie des Schicksals, wie er in seiner Aussage anmerkt.

Die Zwillinge treffen auch Elisabeth Oscowitz und Perla Ositz – zwei Frauen aus einer rumänischen Familie, in der sieben der zehn Kinder kleinwüchsig waren. Sie mussten mit ihren Geschwistern damals nackt auf einer Bühne stehen und wurden von SS-Leuten begafft, Himmler in der vordersten Reihe.

„Die anderen Überlebenden zu treffen und ihren Geschichten zuzuhören, die auch wir nur zum Teil kannten, öffnete eine Schleuse von traumatischen Erinnerungen und Schmerzen. Die Aufgabe war nicht leicht, und der emotionale Stress war ungeheuer. Aber wir dachten, dass es unsere Pflicht sei, der Welt zu erzählen, was passiert ist" (Stephanie).

Bis heute trägt Stephanie das Zeichen ihrer Zeit in Auschwitz mit sich herum: die eintätowierte Nummer 72919. Annetta hat sich ihre Nummer (72890) entfernen lassen.

Stephanie mit ihrem Mann Robert und den Kindern Naomi und John, Kenia 1961

Seit mehr als 30 Jahren leidet Stephanie unter Albträumen, Migräneanfällen und Verdauungsstörungen, von denen die Ärzte annehmen, dass sie psychische Ursachen haben. Und dennoch: Stephanie fühlt keinen Hass gegen die Deutschen.

„Ich denke jeder Mensch trägt etwas Gutes in sich. Ich werde mich immer an den Wehrmachtssoldaten erinnern, der im Lager angefangen hat, mit mir zu sprechen.

Annetta mit ihrem Mann Jiri und den Kindern Michael, Daniel und Daphne, Melbourne 1963

Er erzählte mir, dass er auch eine Art Gefangener sei, dass er hierher beordert worden wäre und er auch überhaupt keine Nachrichten von seiner Familie hätte. Er war sehr nett – und eine freundliche Geste war damals schon Gold wert" (Stephanie).

Viele Jahre engagiert sich Stephanie im *Council of Christians and Jews*, sie arbeitet als Guide im jüdischen Holocaust-Museum und tritt als Referentin bei *Courage to Care* auf, einer Organisation, die Seminare für Schüler zum Thema Toleranz und Verständigung zwischen den Völkern anbietet.

„Eine lange Zeit habe ich nicht über das, was ich erlebt habe, gesprochen. Ich dachte, dass die Leute das sowieso nicht verstehen würden, und irgendwie war das auch tabu. Mein Mann wollte auch nicht darüber reden, weil er dachte, dass mir das nicht gut tun würde. Sogar mit Annetta habe ich nicht über den Holocaust gesprochen, weil wir in der Gegenwart leben wollten und nicht in der Vergangenheit. Aber heute weiß ich, dass es sehr wichtig ist zu reden. Und ich nutze wirklich jede Gelegenheit, darüber zu reden, wie wichtig Toleranz ist – Toleranz gegenüber Religionen, Überzeugungen und gegenüber jeglicher Hautfarbe. Und außerdem: Jetzt, wo Annetta und ich unsere Geschichte

Der Sieg über Hitler: die Kinder und Enkelkinder (Annetta 2. Reihe l., Stephanie 2. Reihe r., Robert 3. Reihe M.), 2008

erzählt haben, wird es einfacher sein für uns zu vergessen – weil sich andere erinnern werden" (Stephanie).

Annetta ist seit 1981 verwitwet. Sie mochte es im Gegensatz zu Stephanie nie so sehr, öffentlich zu reden. Sie schrieb ihre Geschichte auf – für ihre drei Kinder und acht Enkelkinder. Im Moment mögen sie sie noch nicht lesen.

Stephanie, deren Ehemann im Alter von achtundachtzig Jahren an einem Herzinfarkt starb, hat sieben Enkelkinder. Der achtzehnjährige Jura-Student Ariel zog sofort zu Stephanie ins Haus, nachdem Robert gestorben war. Als Ariel sein Examen in der Tasche hatte und erst mal auf Reisen ging, zog Daniel, noch Schüler, zu Stephanie. Der Familienzusammenhalt ist enorm, die Zwillinge sind nie allein.

Beide sagen: „Unser Sieg über Hitler sind unsere Kinder und Enkelkinder."

Nachtrag: Gemäß einer Volkszählung im Jahr 1930 lebten 356.830 Juden in der Tschechoslowakei. Die Nazis ermordeten mehr als zwei Drittel von ihnen. Von den 82.309 Juden, die aus dem Protektorat Böhmen und Mähren deportiert wurden, überlebten nur etwa 11.000.

Kapitel 9

Fast gerettet:
Die späte Vernichtung der ungarischen Juden

Die österreichisch-ungarische Monarchie gehörte, gemeinsam mit dem Deutschen Kaiserreich, zu den Verlierern des Ersten Weltkrieges. Die Siegermächte diktierten die Friedensbedingungen und legten fest, dass das Königreich Ungarn mehr als zwei Drittel seines Territoriums an Nachbar- und Nachfolgestaaten abtreten muss. Damit war der Boden für eine revisionistische und nationalistische ungarische Politik bereitet. Das Land knüpfte Beziehungen mit Mussolinis Italien und Hitlerdeutschland und wurde dafür großzügig belohnt: In den Wiener Schiedssprüchen von 1938 und 1940 garantierten die Deutschen und Italiener die friedliche Rückgabe etlicher im Krieg verlorener Gebiete an Ungarn.

Am 20. November 1940 trat das Königreich Ungarn den drei Achsenmächten bei und wurde damit zum Bündnispartner des Deutschen Reiches. Ein paar Monate später, im März 1941, beteiligte sich Ungarn am deutschen Überfall auf Jugoslawien und trat im Juni desselben Jahres in den Krieg gegen die Sowjetunion ein.

Bei aller anfänglichen Bündnistreue blieb es jedoch das erklärte Ziel Ungarns, ein souveräner Staat zu bleiben; innenpolitisch machte die ungarische Regierung nur begrenzt Zugeständnisse. Das war, jedenfalls bis zum Frühjahr 1944, ein Glücksfall für die ungarischen Juden: Das Staatsoberhaupt, Reichsverweser Admiral Miklós Horthy, war nicht bereit, dem deutschen Drängen zur Deportation der ungarischen Juden nachzugeben. 1941 lebten gemäß einer Volkszählung etwa 825.000 Juden in Ungarn. Diese Zahl schloss die 325.000 Juden in den mit deutscher Unterstützung von Ungarn annektierten Gebieten in der südlichen Slowakei, Rumänien und Jugoslawien ebenso ein wie die etwa 100.000 Konvertiten, die aufgrund eines neuen Rassengesetzes als Juden galten. Die ungarischen Juden waren gut integriert und hielten wichtige Positionen in Politik, Wirtschaft und Kultur. Allein 200.000 jüdische Bürger lebten in Budapest, das war fast ein Viertel der Bewohner der Hauptstadt. Mit seinen vielen Synagogen und eigenen kulturellen Einrichtungen war die jüdische Gemeinde Budapests eine der größten und bedeutendsten im Vorkriegseuropa.

Um einerseits den Einfluss sich formierender faschistischer Gruppierungen im Land unter Kontrolle zu halten – darunter die extrem antisemitische Partei der „Pfeilkreuzler" unter der Führung von Ferenc Szálasi – und um sich außerdem als guter Bündnispartner Hitlerdeutschlands zu erweisen, erließ die ungarische Regierung 1938 und 1939 antisemitische Gesetze, die den Zugang von Juden zu bestimmten Berufen und zu Positionen in Wirtschaft und Politik stark einschränkte sowie die Beschäftigung im öffentlichen Dienst untersagte. 1941 folgten Rassengesetze, die sich deutlich an den Nürnberger Gesetzen orientierten: Wer Jude war, bestimmte von nun an nicht mehr die Religion, sondern die Anzahl der jüdischen Großeltern; sexuelle Beziehungen und Heirat zwischen Juden und Nichtjuden wurden verboten. Ab März 1939 wurden alle jüdischen Männer im wehrdienstfähigen Alter von der ungarischen Armee ausgeschlossen und in einen zu diesem Zweck gegründeten Arbeitsdienst (Munkaszolgálat) gezogen. Dort mussten sie Wälder roden, Straßen bauen, Verteidigungs- und Befestigungsanlagen errichten und wurden – obwohl per Gesetz mit den Soldaten gleichgestellt – oft diskriminiert und miserabel behandelt.

Trotz Diskriminierung und Verlust vieler bürgerlicher Rechte: Die ungarischen Juden waren zunächst sicher und bauten darauf, dass die Bündnistreue zum Deutschen Reich sie auch weiterhin schützen würde.

Hitler hatte jedoch keineswegs vor, die 800.000 ungarischen Juden – das waren mehr Juden als in ganz Westeuropa zusammen – ungeschoren davonkommen zu lassen. Mehrfach machte er Druck auf die ungarische Regierung, die Juden auszusiedeln. Die ungarische Regierung jedoch hielt stand, der Premierminister erklärte öffentlich, dass vor einer Aussiedlung zunächst geklärt werden müsse, wohin die Juden auszusiedeln seien.

Nachdem die ungarische Armee Anfang 1943 in der Schlacht von Stalingrad horrende Verluste erlitten hatte – von 200.000 Soldaten waren 150.000 gefallen –, versuchte die ungarische Regierung zudem, sich vorsichtig von dem Bündnis mit Nazi-Deutschland zu distanzieren, und streckte die Fühler nach den Alliierten aus. Hitler blieb das nicht verborgen. Im Frühjahr 1944 war seine Geduld mit dem unzuverlässigen Bündnispartner zu Ende: Am 19. März 1944 marschierte die Wehrmacht in Ungarn ein, besetzte das Land und zwang Horthy, einen neuen, prodeutschen Premierminister einzusetzen.

Damit war das Schicksal der ungarischen Juden – die letzte noch am Leben befindliche große jüdische Gemeinde Europas – besiegelt.

Zusammen mit den deutschen Truppen traf ein nicht ganz unbekannter deutscher Abgesandter in Budapest ein: Adolf Eichmann. In Eichmanns Schlepptau befand sich ein Sondereinsatzkommando von 150 SS-Leuten – zuständig für die „Endlösung" der ungarischen Juden. Ohne Umschweife wurde mit der Vernichtung der Juden begonnen. Sie erfolgte in einem beispiellosen Tempo, mit deutscher Gründlichkeit und unter tatkräftiger Mithilfe der ungarischen Gendarmerie. In einem ersten Schritt wurden den Juden alle verbliebenen bürgerlichen Rechte entzogen, gleichzeitig wurde sämtliches jüdische Eigentum beschlagnahmt – von Radios und Telefonen über Schmuck und Wertsachen bis hin zu Bankkonten, Büros und Firmen. Vom 7. April an mussten Juden einen gelben Stern an der Kleidung tragen, was sie zu einem leicht erkennbaren Opfer für die gewalttätig-antisemitischen „Pfeilkreuzler" machte, die als Partei zwischenzeitlich zwar verboten, aber nun wieder zugelassen worden war.

Anfang April begannen SS und ungarische Polizei, die Juden im ganzen Land zusammenzutreiben und in Ghettos zu sperren, Mitte Mai begannen die Deportationen nach Auschwitz. Zwischen 12.000 und 14.000 Menschen wurden pro Tag deportiert, Auschwitz war den Massen von Menschen kaum gewachsen: Zusätzliche Verbrennungsgruben im Freien mussten gebaut, die Sonderkommandos, die an den Krematorien in Auschwitz-Birkenau arbeiteten, verstärkt werden. Fast alle ankommenden Juden wurden sofort nach Ankunft in Auschwitz in die Gasöfen von Birkenau geschickt, die Krematorien arbeiteten rund um die Uhr, aus den Schornsteinen schossen Tag und Nacht meterhohe Flammen, laut Augenzeugenberichten war der Geruch nach verbranntem Fleisch noch kilometerweit zu riechen.

Edmund Veesenmayer, Hitlers Sonderbeauftragter bei der neuen ungarischen Regierung, lieferte genaue Zahlen ins Deutsche Reich: Von Mitte Mai bis Anfang Juli, in weniger als zwei Monaten, wurden 437.402 Juden nach Auschwitz deportiert. Anfang Juli 1944 war Ungarn praktisch „judenfrei" – bis auf die Hauptstadt, die zuletzt von den Juden gesäubert werden sollte.

Im Juni wurden alle Budapester Juden in über 2000 mit einem gelben Stern markierte Häuser in der Stadt getrieben: Sammelpunkt für die anstehende Deportation. Horthy, der wegen der Deportationen innenpolitisch unter Druck geraten war, sah sich nun zusätzlich starker internationaler Kritik ausgesetzt: Der König von Schweden, der Papst und der amerikanische Präsident appellierten an die ungarische Regierung, die Deportationen sofort einzustellen; die Amerikaner verliehen ihrer Forderung am 2. Juli durch einen Luftangriff auf Budapest Nachdruck. Aus den Außenbezirken Budapests wurden bereits die ersten Juden abtransportiert, als Staatsoberhaupt Horthy schließlich, am 8. Juli, die Deportationen stoppte und einen neuen Premierminister einsetzte. Die ungarische Regierung begann erneut, mit den Alliierten zu verhandeln, am 15. Oktober 1944 verkündete Staatsoberhaupt Horthy den Rückzug Ungarns aus dem Krieg mit der Sowjetunion. Hitler reagierte sofort: Noch am gleichen Tag setzte er Horthy ab und machte Ferenc Szálasi, den Führer der Pfeilkreuzler-Partei, zum Staatsoberhaupt. Unter Szálasi begann ein Regime des willkürlichen und absolut grässlichen Terrors. Tausende von Juden wurden mit brutaler Gewalt überfallen, misshandelt, ermordet – viele der Opfer wurden am Donauufer exekutiert und in den Fluss geworfen. 35.000 Juden wurden zu Zwangsarbeit in Arbeitsbataillonen gezogen, etwa 50.000 jüdische Männer, Frauen und Kinder im November auf einen Marsch nach Österreich geschickt, um dort Befestigungsanlagen zur Verteidigung von Wien zu bauen. Der Marsch, einer der ersten großen Todesmärsche, dauerte einen ganzen Monat. Tausende von Menschen erfroren in der bitteren Kälte, verhungerten, wurden erschossen.

Etwa 70.000 Juden wurden in ein winziges Ghetto gepfercht. Die Lebensumstände waren entsetzlich, bis zu 14 Menschen mussten sich ein Zimmer teilen, Tausende von Menschen erfroren und verhungerten auch hier.

Am 17. Januar 1945 hatte die Rote Armee den Stadtteil Pest besetzt und befreite das Ghetto. Die Regierung Szálasi gab jedoch noch nicht auf. Erst nach wochenlangen, erbitterten Straßenkämpfen kapitulierte Budapest schließlich am 13. Februar.

Schätzungen zufolge wurden insgesamt 564.000 ungarische Juden ermordet. Insbesondere dank der schwedischen und schweizerischen Diplomaten Raoul Wallenberg und Carl Lutz überlebten viele Budapester Juden. Die Diplomaten stellten Schutzpässe aus und errichteten sogenannte „Schutzhäuser", in denen sie die angeblich schwedischen oder schweizerischen Juden unterbrachten und versorgten. Unter Einsatz ihres Lebens retteten sie Zehntausende von ungarischen Juden vor dem sicheren Tod.

Fred Steiner

Einer der Museums-Guides hatte mich gefragt, ob ich denn schon einmal Fred Steiner, einem Überlebenden aus Ungarn, zugehört hätte, wenn er vor einer Schulklasse redet – das sei wirklich eine lohnenswerte Angelegenheit.
Ich hatte Fred noch nie getroffen und rief ihn an. Der Achtzigjährige machte es kurz am Telefon – er sei am Handy und

Fred und Mariette im Garten vor ihrem Apartmenthaus, Melbourne 2010

würde gerade mit dem Auto fahren, erklärte er mir – lud mich aber sofort ein, doch bei seinem nächsten Schülervortrag dabei zu sein. Ich war sehr gespannt und hatte mich nicht zu früh gefreut: Fred Steiner machte es anders als die anderen Guides, die – zumeist am Pult – vor den Schülern stehen und erzählen. Fred holte sich einen Stuhl und bat die Schüler, sich auch alle einen Stuhl

The Ghettos

Fred mit einer Schülerin im Museum,
März 2010

zu nehmen und sich dicht im Halbkreis um ihn herum zu setzen. Dann begann er zu erzählen – seine eigene Geschichte. Er erzählte sie meisterhaft und zog uns völlig in seinen Bann: Schon nach kürzester Zeit befand ich mich im Ungarn der Vorkriegszeit – und ich bin sicher, dass es den Schülern genauso ging, denn sie waren mucksmäuschenstill.

Als ich Fred später auf seine Erzählkunst ansprach, reagierte er fast verständnislos: Er mache das einfach nur so, wie er eben denke.

Um ein bisschen mehr über Freds Leben zu erfahren, machte ich einen Interviewtermin mit ihm aus. Er lud mich zu sich nach Hause ein, wo ich auch seine Frau Mariette kennenlernte, eine grazile, hübsche Frau mit einem charmanten französischen Akzent.

An den Wänden im Wohnzimmer hingen Auszeichnungen und Ehrungen von jüdischen Organisationen sowie ein Foto, das Fred Steiner gemeinsam mit Roma Mitchell zeigt, der ehemaligen Gouverneurin von Südaustralien. Bald steckten unsere Köpfe über alten Fotoalben, wir hatten beide Spaß daran, und ich bewunderte das Hochzeitsfoto mit der Braut, die aussah wie eine Filmschauspielerin. Als wir uns das nächste Mal im Museum begegneten, zückte Fred sein Handy und fragte mich strahlend, ob ich vielleicht ein Foto seiner gerade geborenen Enkeltochter sehen wolle. Natürlich wollte ich. Es ist das erste Kind seiner Tochter Anita, die zwei Jahre zuvor an Lungenkrebs erkrankt war. Diagnose: unheilbar. Nun ist Anita, mit Anfang vierzig, das erste Mal Mutter geworden.

Freds Geschichte

Fred wird 1928 in Košice geboren. Košice ist eine Stadt in der Ostslowakei und liegt nahe an der ungarischen Grenze. Die Geschichte der Stadt ist wechselvoll: Nachdem sie jahrhundertelang zum Königreich Ungarn gehörte, fiel sie nach dem Ersten Weltkrieg an die neugegründete Tschechoslowakei. Bereits 1938 kam Košice wieder zu Ungarn, um nach dem Zweiten Weltkrieg erneut der Tschechoslowakei zugesprochen zu werden.

„Ich bin mit drei Sprachen aufgewachsen – mit Ungarisch, Slowakisch und Deutsch. Deutsch deshalb, weil mein Vater aus Bratislava kam. In der Stadt, die ja lange Zeit zur k.u.k. Doppelmonarchie Österreich-Ungarn gehörte, lebten sehr viele Deutsche und Österreicher, und so sprach mein Vater eben fließend deutsch. Er hatte auch ein Wiener Kindermädchen für mich und meine Schwester engagiert, zu Hause sprachen wir also alle deutsch."

Jakub Steiner, Freds Vater, ist als Vertriebsmann für eine Herrenbekleidungsfirma in Böhmen tätig und verantwortlich für die gesamte Tschechoslowakei. Nach der Heirat mit Regina, Freds zukünftiger Mutter, gibt er seine Arbeit, die mit dauerndem Reisen verbunden ist, jedoch auf. Er eröffnet einen Laden für Herrenbekleidung in Košice.

„Der Laden war in einer der Hauptstraßen der Stadt, in ‚Młyńska ulica'. Meine Mutter hatte – das war sehr ungewöhnlich zu dieser Zeit – einen Universitätsabschluss in Betriebswirtschaft. Sie half im Laden, während sich das Kindermädchen um uns Kinder kümmerte. Meine Schwester Gertrude, wir nannten sie Trudi, wurde 1934 geboren, sie war sechs Jahre jünger als ich."

Fred erinnert sich an eine unbeschwerte und fröhliche Kindheit.

Vordere Reihe v.l.: Piroshka (jüngste Schwester der Mutter), Großmutter, Fred, Großvater, Roszy (Schwester der Mutter),
Hintere Reihe v.l.: Freds Eltern Jakub und Regina Steiner, Alexander und Eta (Geschwister der Mutter)
(Die einzigen Überlebenden: Regina, Roszy, Piroshka und Fred)

„Mit meinem Vater hatte ich immer eine Menge Spaß: Wir haben Fußball gespielt, sind wandern gegangen, und sonntags morgens sind wir manchmal einfach ganz faul im Bett geblieben."

1935 stirbt Freds Vater an Tuberkulose, das Leben für die Familie ändert sich auf einen Schlag.

„Zusammen mit meiner Mutter und meiner kleinen Schwester zogen wir auf den Hof meines Großvaters außerhalb der Stadt. Mein Großvater war Landwirt und versorgte die jüdische Bevölkerung von Košice mit koscherer Milch."

Die Veränderung ist nicht leicht für Fred. Während seine Mutter tagsüber in Košice arbeitet, wo sie zusammen mit ihrer Schwester

ein koscheres Restaurant eröffnet hat, übernimmt der Großvater
die Vaterpflichten.

„Mein Großvater war, im Gegensatz zu meinem Vater, der ein
reformierter Jude und sehr liberal gewesen war, streng orthodox
und sehr strikt. Er beschloss, dass ich nach dem Schulunterricht
zur Cheder muss, also in die jüdische Schule, um Hebräisch zu
lernen und den Talmud zu studieren. Meine größte Schwierigkeit war, Hebräisch in Jiddisch zu übersetzen, ich konnte nämlich kein Jiddisch. Sehr bald habe ich also beschlossen, die Stunden zu schwänzen. Als mein Großvater dahinterkam, bin ich zu
Hause von einem Lehrer unterrichtet worden. Zu dem war ich
so frech, dass der dann nicht mehr kam. Aber mein Großvater
behielt die Oberhand: Von nun an unterrichtete mich der Rabbi,
da gab es kein Auskommen mehr. Ich habe den Unterricht gehasst – die anderen Kinder hatten Spaß, und ich musste lernen.“
Immerhin bieten die Freizeit-Möglichkeiten auf der Farm einen
gewissen Ausgleich für die Schattenseiten des neuen Lebens.

„Großvater hatte ein Dutzend Pferde. Die Milch wurde mit
Pferdefuhrwerken ausgefahren, da wurden wir dann manchmal
mitgenommen in die Schule. Das war richtig ‚cool‘, würde man
heute sagen. Und außerdem bin ich natürlich geritten – ohne
Sattel, versteht sich –, das war wirklich fantastisch. Auf dem
Grundstück befanden sich noch fünf weitere kleine Häuser, die
mein Großvater an Bauern verpachtet hatte, und zwei von den
Familien hatten jeweils einen Sohn in meinem Alter. Wir gingen zusammen zur Schule, und die beiden wurden meine zwei
engsten Freunde.“

Fred erinnert sich seit frühester Kindheit an Antisemitismus in der
Bevölkerung.

„Auf meinem fünf Kilometer langen Schulweg kam ich an einer
Ziegelfabrik vorbei, und die Arbeiter dort – alles junge Männer

aus der Umgebung – riefen immer so hässliche Sachen wie: ‚Du dreckiger Jude – geh heim nach Palästina.' Und neben unserer jüdischen Schule in der Stadt war gleich eine katholische Schule. Die Jungs provozierten oft Raufereien mit uns, und selbst meine Schwester", Fred schmunzelt, während er dies erzählt, „rannte nicht weg vor handfesten Auseinandersetzungen – die war ein couragiertes, stolzes Mädchen."

Bald werden diskriminierende Gesetze gegen die Juden erlassen, unter anderem dürfen Juden kein Land mehr besitzen.

„Mein Großvater wurde gezwungen, sein Land zu verkaufen. Er verkaufte es an einen ungarischen General, mit dem er befreundet war, so dass wir wenigstens auf der Farm bleiben durften."

Ungarns intensive Bemühungen, die im Ergebnis des Ersten Weltkrieges verlorenen Gebiete zurückzuerhalten, tragen im November 1938 erste Früchte: Das Deutsche Reich und Italien entscheiden im Ersten Wiener Schiedsspruch, dass Gebiete mit ungarischer Bevölkerungsmehrheit in der Südslowakei und in der Karpatenukraine von der Tschechoslowakei abgetrennt und Ungarn zugesprochen werden. Sofort nach dem Schiedsspruch besetzt die ungarische Armee die Gebiete, und das ungarische Staatsoberhaupt Horthy bereist das besetzte Košice. Er verspricht, dass die slowakische Sprache beibehalten werden dürfe. Fred macht ganz andere Erfahrungen:

„Von einem Tag auf den anderen wurde nun statt slowakisch ungarisch gesprochen in der Schule. Mein Großvater war, wie viele andere übrigens auch, tatsächlich sehr froh über diese Entwicklung. Er war ein stolzer Offizier in der ungarisch-österreichischen Armee gewesen und besaß eine Menge Orden. Aber er wurde dann doch ziemlich schnell eines Besseren belehrt. Es gab da nämlich eine Begebenheit, an die ich mich sehr gut erinnere, obwohl ich damals erst zehn Jahre alt war. Als die ungarische Armee in Košice einmarschierte und vor unserem Hof zum Stehen kam, lud Großvater zwei Offiziere zu uns herein – zum Sabbat-Essen. Ich verstand damals die Bedeutung dieses Satzes nicht so ganz, aber ich weiß genau, wie der eine Offizier sagte: ‚Herr Berlinger, vielen Dank für die herzliche Einladung. Aber ich fürchte, die Ungarn sind nicht mehr die gleichen Menschen, an die Sie sich erinnern.‘"

Fred spürt die ersten Auswirkungen der antisemitischen ungarischen Politik in der Schule.

„In der staatlichen Schule hatten wir von der siebten Klasse an jeden Mittwoch militärisches Training. Jeder bekam eine hübsche Uniform und ein Gewehr – bis auf die jüdischen Jungs. Wir bekamen – anstatt der Uniformen – gelbe Armbänder. Und während unsere Klassenkameraden in ihren feinen Uniformen auf der Straße marschieren durften, mussten wir – unter deren Gespött und Gejohle – die Straße saubermachen. Und das Schlimmste: Unter den Klassenkameraden, die sich über mich lustig gemacht haben, waren auch meine zwei besten Freunde."

Noch heute, nach mehr als siebzig Jahren, leidet Fred unter diesem Verrat von den Freunden. Nach einer langen Pause sagt er:

„Ich weiß schon, dass meine Freunde natürlich auch aufgehetzt worden sind vom Lehrer. Aber trotzdem: Ich kann das nicht vergessen. Es ist, seelisch gesehen, die tiefste Verletzung, die mir je jemand zugefügt hat."

Am 26. Juni 1941, vier Tage nachdem Hitlerdeutschland die Sowjetunion angegriffen hat, wird Košice bombardiert. In der Annahme, dass es sich um einen sowjetischen Angriff handele (tatsächlich ist der „sowjetische" Bombenangriff von Deutschlands treuem Bündnispartner Rumänien vorgetäuscht worden, um Ungarns Eintritt in den Krieg auszulösen), tritt das zögerliche Ungarn einen Tag später in den Krieg gegen die Sowjetunion ein. Innenpolitisch und für die jüdische Bevölkerung bleibt die Lage jedoch relativ ruhig.

Im März 1944 – Hitler entschließt sich, die mangelnde Loyalität des Bündnispartners nicht länger hinzunehmen – marschiert die deutsche Wehrmacht in Ungarn ein; im April, gleich nach dem jüdischen Passahfest, wird den etwa 12.000 jüdischen Einwohnern Košices befohlen, in die Ziegelfabrik umzuziehen.

„Die sagten uns, das wäre eine Schutzhaft, aber das war natürlich Propaganda. Jeder von uns durfte zwei Koffer mitnehmen, und wir haben die Koffer mit Lebensmitteln vollgepackt. Ich erinnere mich, dass wir endlos Zucker in größere Würfel gekocht haben, und meine Mutter hat Geld in unsere Sachen genäht. Und dann ist also unsere ganze Familie in die Ziegelfabrik gezogen: meine Großeltern, meine Mutter, meine Schwester, Tanten, Onkel, Cousins und ich. Die Fabrik war eingezäunt, und ringsherum patrouillierten Wachen. Wir wurden dann in den großen Baracken untergebracht, die eigentlich zum Trocknen der Ziegel benutzt wurden. Die Bedingungen waren entsetzlich, wir haben auf dem nackten Boden geschlafen. Immerhin haben wir versucht, uns ein wenig Privatsphäre zu verschaffen, und haben unseren Platz mit Betttüchern umhängt. Die ungarische Polizei, die die Befehle ausführte, war übrigens nicht gerade sanft – die haben uns getreten, gestoßen und geschlagen."

Zusammen mit Tausenden anderen Juden harren die Steiners ihres Schicksals – sie haben keine Ahnung, was die ungarische Gendarmerie mit ihnen vorhat.

„Nach zwei Wochen trafen die ersten Güterzüge ein. Uns wurde erzählt, dass wir nun an einen besseren Aufenthaltsort verbracht werden. Da waren wir erleichtert, denn wie gesagt: Die Umstände in der Fabrik waren fürchterlich. Unsere Familie kam auf den dritten Transport. Ich war zu dem Zeitpunkt sechzehn und trug eigentlich noch kurze Jungshosen. Aber aus irgendeinem Grund, ich weiß selbst nicht genau warum, habe ich ein paar lange Hosen von meinem Großvater angezogen, bevor wir in den Zug stiegen." Die langen Hosen sind nur ein kleines, aber entscheidendes Detail, das kurze Zeit darauf vermutlich dazu beiträgt, Freds Leben zu retten.

„Die haben dann neunzig Menschen in die Waggons geschoben und gedrängt und uns in den Waggons eingeschlossen. Ich erinnere mich, dass ich, weil ich ziemlich groß bin, einen Blick aus dem Fenster erhaschen konnte, und da stand ein Bauer, der so eine Hals-Abschneide-Geste mit seiner Hand machte. Das ermunterte mich nicht gerade. Aber das erste Mal, als ich wirklich dachte, dass etwas nicht in Ordnung sei, war, als wir dreieinhalb Tage später auf einem Bahnhof hielten und mitten in der Nacht mit vollen Scheinwerfern empfangen wurden." Fred und seine Familie sind in Auschwitz angekommen, dem größten der über eintausend von den Nazis errichteten Konzentrationslager in Europa. Mit dem vom Stammlager (Auschwitz I) drei Kilometer entfernten Lager II (Auschwitz-Birkenau), in dem sich die Gaskammern und Krematorien befinden, ist Auschwitz nicht nur Konzentrations-, sondern auch Vernichtungslager. Zwischen Januar 1942 und November 1944 enden hier über eine Million Menschen in den Gaskammern.

„SS-Männer mit Peitschen in der Hand schrien ,raus, raus‘, Hunde bellten, man hörte Gewehrschüsse. Männer und Frauen wurden voneinander getrennt, und über einen Lautsprecher kam die Durchsage, dass junge Frauen ihre Kinder den Großeltern übergeben sollen. Auf diese Weise könnten die Frauen arbeiten, und die Familien könnten sich an den Wochenenden sehen. Meine Mutter hat also zu Trudi und mir gesagt, dass wir mit unseren Großeltern mitgehen sollen. Trudi gehorchte, aber ich habe – das erste Mal in sechzehn Jahren – nicht gehorcht: Ich blieb bei den Männern. Meine Tante gab ihre beiden Kleinkinder übrigens auch meiner Großmutter."

Die zehnjährige Trudi, die Säuglinge und die Großeltern werden sofort in die Gasöfen geschickt. Fred, seine Mutter und seine Tante überleben.

„Wir wurden in Duschräume geschickt, aus denen wir mit einem neuen Namen – meiner war A10567 –, mit einer neuen Uniform und ohne Haar wieder herauskamen. Ich war jetzt alleine, meine ganze Familie war verschwunden. Wir wurden dann in eine Baracke gebracht, wo wir zu zwölft nebeneinander auf Stockbetten schliefen. Die meiste Zeit verbrachten wir mit fiesen Appellen, wo wir Stunde um Stunde stehen mussten, die Leute fielen dabei einfach um und starben."

Fred ist in der Quarantäne-Baracke von Auschwitz-Birkenau gelandet. Die Baracke bildet den Pool für Zwangsarbeiter – wer hier nicht binnen kürzester Zeit herausgeholt wird, überlebt das Lager nicht. Als Zwangsarbeiter hat man immerhin eine Überlebenschance von einigen Monaten, hier nur von wenigen Wochen.

„Nach drei Wochen waren die Nazis auf der Suche nach gelernten Arbeitern. ‚Wer kann reiten?', fragte da einer der SS-Leute. Meine Hand ging sofort hoch, und tatsächlich wurde ich auch ausgewählt. Zusammen mit einer anderen Gruppe von Häftlingen mussten wir ins Stammlager Auschwitz marschieren, und zunächst dachte ich wirklich, ich sei – im Vergleich mit Birkenau – in einem Fünf-Sterne-Hotel gelandet. Aber ich habe natürlich bald herausgefunden, dass die Leute hier schnell sterben. Jedenfalls hatte ich wirklich Glück und war irgendwie privilegiert, denn ich gehörte zu einer Gruppe von 28 Leuten, die sich um die 30 Pferde von den deutschen SS-Offizieren kümmern mussten. Ich war der Jüngste, und ich kümmerte mich um ein

Pony. Wenn die SS-Offiziere dann mit ihren Kindern kamen und sie auf dem Pony reiten ließen, habe ich immer das Seil gehalten." Fred erzählt nicht viel über Auschwitz, aber eine kleine Episode ist ihm wichtig.

„Ich kriegte Befehl von SS-Obersturmführer Hans, das war ein gefürchteter Sadist, in seinem Garten Holz für ihn zu hacken. Als ich damit fertig war, bat mich seine Frau ins Haus. Drinnen waren ihr Mann und zwei kleine Kinder, und alles war sehr friedlich – zu Hause schien der Obersturmführer ein anderer Mensch zu sein. Jedenfalls fragte mich seine Frau: ‚Wie heißen Sie?', und ich antwortete: ‚A10567'. ‚Nein', sagte sie dann, ‚Ihr richtiger Name'. Ich nannte ihr also meinen Namen, und dann, zu meiner völligen Verblüffung, sagte sie: ‚Herr Steiner, wollen Sie eine Tasse Kaffee?'"

Mitte Januar 1945, während die Rote Armee bedenklich näher rückt, beginnt die SS mit der Evakuierung der Insassen von Auschwitz und seinen Nebenlagern. Die Häftlinge sollen in das Innere des Reiches gebracht werden und nach Westen marschieren, knapp 60.000 Menschen werden in Bewegung gesetzt: in dünner Häftlingskleidung, bei tiefem Schnee und ohne Verpflegung.

„Ich und meine Gruppe mussten warten, bis die SS-Offiziere ihre Pferde abgeholt hatten, und so waren wir die letzten, die sich an die Marschkolonnen anschlossen. Es war schrecklich kalt, und wir hatten ja keine warmen Sachen für diese Kälte. Wir marschierten und marschierten, irgendwie wurde ich zu einem marschierenden Roboter, und meine Erinnerung ist verschwommen. Aber an eine Sache erinnere ich mich ganz genau: Leute, die nicht mehr laufen konnten, wurden einfach erschossen. Der Schnee war immer rot von Blut."

Mehr als zehntausend Menschen erfrieren während des Marsches, verhungern oder werden erschossen. Die, die noch leben, werden in verschiedene Konzentrationslager im Reich gebracht – nach Groß-Rosen, Dachau, Mauthausen und Buchenwald. Buchenwald, acht Kilometer nördlich von Weimar in Thüringen gelegen und eines der größten Konzentrationslager auf deutschem Boden, wurde im Juli 1937 zunächst für politische und kriminelle Häftlinge errichtet. Später wurden hier auch Juden, Polen, sowjetische Kriegsgefangene, Zwangsarbeiter und politische Häftlinge aus über dreißig europäischen Ländern inhaftiert.

„Ich bin dann also irgendwann in Buchenwald angekommen. Die Baracken waren heruntergekommen, die hygienischen Bedingungen katastrophal, alles war voller Flöhe und Läuse, und es gab kein Essen: Es war ein fürchterlicher Ort, und die Menschen um mich herum starben wie die Fliegen. Die einzige Hoffnung gaben mir die schweren Bomberflugzeuge, die ich am Himmel sah."

Anfang April nähert sich die amerikanische Armee dem Lager, und die SS entscheidet auch hier, die Häftlinge zu evakuieren. Am 6. April werden mehr als 28.000 Häftlinge in Marsch gesetzt – Ziel sind dieses Mal die Konzentrationslager Dachau, Flossenbürg und Theresienstadt.

„Wir mussten nach Weimar laufen, dort wurden wir dann in Güterwaggons verladen. Der Zug fuhr und hielt wieder an, in ewiger Abfolge, er fuhr und hielt wieder. Zwischendurch durften wir manchmal aussteigen, da suchten wir dann nach Gras und Schnecken, um unser Hungergefühl zu bekämpfen. Manchmal haben uns, auf Bahnhöfen, Leute auch irgendetwas Essbares zugeworfen, da haben wir dann wie Hunde um ein Stückchen Brot gekämpft. Das ist eine schreckliche Erfahrung – zu sehen, wie Menschen zu Tieren werden, wenn sie am Verhungern sind."

Der Zug wird mehrere Male bombardiert.

„Die Wachen, das waren hauptsächlich Ukrainer, haben uns bei Bombenangriffen oder Tiefffliegern befohlen, uns vor dem Zug aufzustellen, und sie selbst haben sich unter den Waggons verkrochen. Und dann war da noch eine andere Sache: Da waren zwei Waggons mit russischen Kriegsgefangenen. Die sind eines Tages von einigen Wachen weggeführt worden, und weder die Wachen noch die Kriegsgefangenen kamen wieder. Ich bin absolut überzeugt davon, dass die ukrainischen Wachen die erschossen haben, um sich anschließend ihn deren Uniformen als russische Gefangene ausgeben zu können."

Am 8. Mai erreicht der Zug das Konzentrationslager Theresienstadt 70 Kilometer nordöstlich von Prag, das die SS drei Tage zuvor an das Rote Kreuz übergeben hatte. Fred kann nicht mehr laufen, er wird auf einer Trage ins Krankenhaus gebracht. „Das letzte, an das ich mich erinnere, ist die Stimme eines Arztes, der sagte: ‚Für den brauchen wir kein Bett mehr.'" Acht Wochen später wacht Fred auf.

„Man sagte mir, dass ich gerade Typhus überlebt hätte und dass meine Mutter mich zu Hause erwarte. Aber es sollte Oktober werden, bis ich wirklich nach Košice reisen konnte, denn ich war sehr schwach und musste erst wieder laufen lernen. Zurück in Košice wurde dann eine schwere Lungen- und Knochen-TBC bei mir diagnostiziert, und ich verbrachte die nächsten drei Jahre in Krankenhäusern, wo ich mehrfach operiert wurde; später war ich im Tatra-Gebirge zur Genesung. 1947 sagten mir die Ärzte dann, dass ich nur noch drei Monate zu leben hätte, es sei denn, ich könnte eine bestimmte Medizin besorgen, die es nur in den USA gäbe."

Durch eine Tante, die in Amerika lebt, schafft es Freds Mutter tatsächlich, das Medikament zu besorgen. Nach kurzer Zeit wird Fred als geheilt entlassen, er wird später nie wieder Probleme mit seiner Lunge oder seinen Knochen haben.

Freds Mutter verheiratet sich wieder nach dem Krieg und emigriert nach Australien. Fred will nach Israel auswandern, aber sein Arzt rät ihm ab: Das Klima sei nicht verträglich für ihn. So reist er 1950 seiner Mutter hinterher, die nun in Adelaide in Südaustralien lebt. „Ich bereue das nicht. Ich habe Englisch gelernt, habe mein Abitur gemacht und Ingenieurwesen am Adelaide Institute of Technology studiert. Nach dem Studium habe ich dann zuerst als Elektriker gearbeitet, und dann wurde ich Fernsehtechniker. Mitte der siebziger Jahre habe ich meine eigene Elektronik-Firma aufgemacht, und ich war mit dem Geschäft sehr erfolgreich." 1956 lernt Fred Mariette kennen, die zusammen mit ihrer Familie gerade aus Ägypten in Adelaide angekommen ist. Die Familie gehört zu den vielen ägyptischen Juden, die aufgrund der Spannungen mit Israel aus Ägypten ausgewiesen wurden.

Fred und Mariette verlieben sich und heiraten 1959. Sie haben drei Kinder: Jack sowie die Zwillinge Paul und Anita. Mariette arbeitet bis zu ihrer Pensionierung als Lehrerin.

Fred ist über lange Jahre hinweg engagiert und an leitender Stelle in der jüdischen Gemeinde Australiens tätig: als Präsident des Zionistischen Rats von Südaustralien, als Präsident von B'nai B'rith, einer jüdischen Organisation, die sich der Förderung von Toleranz, Humanität und Wohlfahrt verschreibt, und als Vizepräsident von zwei jüdischen

Hochzeit mit Mariette, Adelaide 1959

Organisationen, die Flüchtlinge und Emigranten in Israel unterstützen.

„Aber darüber hinaus habe ich immer auch diese gewisse Verantwortung gespürt, die ich als Überlebender habe: die Verantwortung, darüber zu reden, was passiert ist. Und deshalb habe ich in all den Jahren in Adelaide immer auch in Schulen über den Holocaust gesprochen."

Eröffnung einer „Courage to Care"-Ausstellung im Migrationsmuseum Adelaide. Gouverneurin von Südaustralien Dame Roma Mitchell, Präsident der Jüdischen Gemeinde Südaustraliens George Rich, Organisator Fred Steiner (v. l.), Anfang der 90er Jahre.

Freds Mutter freilich hat nie mit ihrem Sohn über ihre Erfahrungen im Holocaust gesprochen.

„Nur einmal habe ich sie murmeln hören: ‚Ich habe Trudi weggegeben.' Da wusste ich, welche Bürde auf ihr lastet. Viel später dann, als sie an Demenz erkrankt war, wurde sie heimgesucht von ihren schrecklichen Erinnerungen. Wenn ich sie im Pflegeheim besuchte, erzählte sie mir öfter: ‚Die haben uns wieder den ganzen Tag im Hof stehen lassen und uns gezählt.'"

Um seinen Kindern näher zu sein, zieht Fred 1998 nach Melbourne. Hier sucht er sofort den Kontakt mit dem jüdischen Holocaust-Museum. Inzwischen gehört er hier längst zum festen Stamm der Museums-Guides.

Fred mit der in Auschwitz auf dem linken Arm eintätowierten Nummer A10567, Melbourne 2008

Fred begleitet mich zum Ausgang des Apartmenthauses. Kurz bevor wir uns verabschieden, sagt er leise, fast fragend:

„Ich muss noch einmal auf diese Episode mit der Frau von dem SS-Obersturmbannführer in Auschwitz zurückkommen. Ich muss da oft drüber nachdenken: Hat die Frau etwas gewusst? Oder nicht? Ich meine, die privaten Häuser der SS-Leute waren ja nicht weit weg vom Lager – und da waren die meterhohen Flammen und dieser permanente Brandgeruch in der Luft. Eigentlich war es ja unmöglich, nichts zu wissen. Aber trotzdem: Ich würde lieber daran glauben, dass diese Frau nichts gewusst hat."

Zsuzsanne Nozick

Als ich Zsuzsanne am Telefon fragte, ob sie einverstanden sei mit einem Interview, sagte sie bereitwillig zu. Eine Woche später stand ich vor ihrer Tür und stellte mich vor. Erst da merkte Zsuzsanne, dass ich Deutsche bin. Daraufhin stieß sie einen lauten Seufzer aus und sagte: „Meine Güte, ich wollte nie wieder in meinem Leben mit einem Deutschen sprechen – nie." Sie bat mich dennoch ins Haus, und ich begann mit dem Interview – reichlich nervös. Nicht nur mir, auch Zsuzsanne war unbehaglich zumute, so jedenfalls kam es mir vor.

Zsuzsi vor dem Foto eines ihrer Enkel, Melbourne 2010

Als ich ein paar Stunden später das Haus verließ, hatte ich ein Rezept für ungarisches Gulasch in der Tasche und eine Einladung zu ‚Afternoon Tea‘ mit Scones. (Zsuzsi konnte nicht glauben, dass ich mit einem Engländer zusammenlebe und nicht weiß, wie man Scones – ein englisches Teegebäck – bäckt. „Das musst du unbedingt lernen, Hannah!“) Ich fühlte mich, als hätte ich gerade meine Abiturprüfung bestanden. Zsuzsi ist eine attraktive Frau mit einer bemerkenswerten Präsenz, der es spielend gelingt, die Aufmerksamkeit auf sich zu ziehen. Pragmatisch, clever, humorvoll und voller Leben – man sieht, auf welchem Boden ihr unternehmerischer Erfolg als Geschäftsfrau gewachsen ist. Zsuzsis Vater, der seine Tochter immer aufzog, weil sie eine so miserable Schülerin war, und der ihre berufliche Entwicklung nicht mehr erleben konnte, wäre außerordentlich stolz auf sie gewesen.

Zsuzsannes Geschichte

Zsuzsanne, oder Zsuzsi, wie sie von Anfang an genannt wird, ist ein Zwilling. Gemeinsam mit ihrem Bruder Gyuri wird Zsuzsi im Jahr 1924 in einer sehr wohlhabenden Familie in Budapest geboren. Der Vater, Mor Kolman, ist Architekt und hat – mit einem Kompagnon zusammen – eine eigene Firma. Die Mutter, Ibolya, arbeitet nicht.

„Wir haben in einem wunderschönen großen Haus in Budapest gelebt. Wir hatten immer ein deutsches Fräulein, sie gehörte zur Familie, und wir sprachen alle sehr gut deutsch.“ (An dieser Stelle wirft Zsuzsi ein paar deutsche Sätze in das Gespräch, sie sind fehlerfrei.) „Ich hatte auch eine französische Madame, die mich immer in die Schule gebracht hat, lästig war das, man hatte nämlich herausgefunden, dass ich auf dem Schulweg mit Jungs redete.“

Zsuzsi verdreht die Augen und ist sichtlich amüsiert über ihre frühe Neigung zum anderen Geschlecht.

„Mein Vater wollte, dass ich Französisch lerne, also hat er mich in den Ferien nach Besançon in Frankreich und nach Lausanne in die Schweiz geschickt. Da habe ich dann gelernt, wie man einen Apfel manierlich isst, wie man gute Konversation macht – und wie man raucht. Ich habe wie ein Schornstein geraucht." Zsuzsi lacht. „Zur gleichen Zeit wurde mein Bruder nach England geschickt, weil Vater wollte, dass er Englisch lernt. Also wir hatten wirklich eine sehr verwöhnte Kindheit. Ein Freund von mir sagt immer, wir wären in Watte verpackt aufgewachsen."

Zsuzsi geht in eine staatliche Schule.

„Ich bin nie gerne zur Schule gegangen, war immer frech und habe es vorgezogen, die Klasse zu unterhalten, anstatt zu lernen. Ich erinnere mich, dass wir einmal im Winter auf dem Schulhof Schneebälle warfen und meiner traf den Direktor mitten ins Gesicht. Meine Eltern mussten in die Schule kommen, und ich habe ein paar Ohrfeigen bekommen – meine Eltern waren ziemlich streng."

Auch sonst sind die Kolmans nicht so ganz zufrieden mit den schulischen Leistungen ihrer Tochter.

„Ich hatte Schwierigkeiten mit Mathe und anderen Fächern, aber als ich schließlich eine 3 in Französisch nach Hause brachte – in Französisch, bedenken Sie, ich hatte doch eine französi-

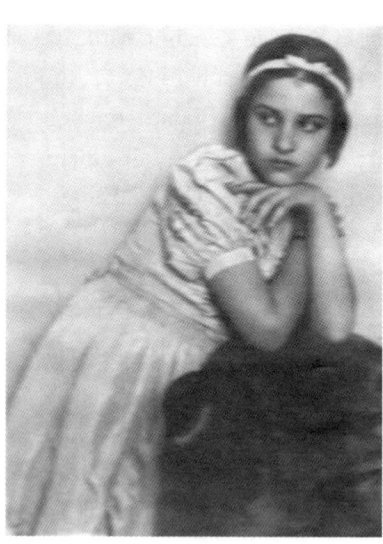

Zsuzsis Bat-Mizwa, Budapest 1936

sche Madame – da hatte meine Mutter genug. Sie hat mich von der Schule genommen und in eine private Schule gesteckt." Zsuzsi kommentiert vergnügt: „Wahrscheinlich war es eine Schule für dumme Schüler. Mein Vater hat mich übrigens immer aufgezogen

Zsuzsi mit ihrer Mutter, Budapest um 1940

damit, dass er von dem Geld, das er für meinen Privatunterricht ausgibt, eine ganze Familie ernähren könnte. Aber das hat mir nichts ausgemacht, ich hatte andere Interessen. Ich war ein sehr extravertiertes Mädchen und hatte viele Freunde."

Nachdem Zsuzsi die Schule beendet hat, macht sie eine Ausbildung zur Laborassistentin im Krankenhaus.

Die Familie ist nicht sehr religiös, aber man hat eine klare jüdische Identität, auch die Freunde sind jüdisch. Obwohl die ungarische Gesetzgebung Juden diskriminiert, kann sich Zsuzsi nicht an irgendwelche antisemitischen Zwischenfälle in der Vorkriegszeit erinnern. Ihr Vater, der allerdings mit einem nichtjüdischen Partner zusammenarbeitet, führt auch Jahre nach Kriegsbeginn noch sein Architekturbüro. Das wird sich erst im Jahr 1943 ändern.

„Ich glaube, es war im Sommer, mein Bruder und ich waren im öffentlichen Schwimmbad, und da kam eine Frau aus Vaters Büro angerannt und rief: ‚Kommt schnell zum Bahnhof, man bringt euren Vater nach Russland!‘"

Mor Kolman ist zur Zwangsarbeit im ungarischen Arbeitsdienst gezogen worden und wird vermutlich an die russische Front transportiert. Zsuzsi sieht ihren Vater, er steht auf dem Perron des Zuges, er lacht und scherzt mit Zsuzsi.

„Einige Zeit danach haben wir einen Brief aus Russland von ihm bekommen, zusammen mit ein paar Zigaretten für mich. Obwohl ich nicht rauchen durfte, schickte er mir Zigaretten! Und dann hat er meiner Mutter noch gesagt, sie solle einen Pelzmantel für mich kaufen, also hat sie einen Ozelot für mich gekauft. Oh, mein Vater hat mich so verwöhnt."

Der Brief war das letzte Lebenszeichen von Mor Kolman an seine Frau und Tochter. „Ich habe meinen Vater nie wieder gesehen."

Am 19. März 1944 marschieren die Deutschen in Ungarn ein.

„Ich erinnere mich an den Tag, als wäre es gestern gewesen: Ich habe so viel Angst gehabt, dass ich mir vor meiner Mutter eine Zigarette angezündet habe – etwas, das ich natürlich absolut nicht durfte. Da meine Mutter nichts gesagt hat, habe ich gewusst, dass es schrecklich werden würde. Und das wurde es dann auch."

Von diesem Tag an geht alles sehr schnell. Die ungarische Polizei stürmt die Wohnung.

„Die waren sehr brutal und fies. Wir mussten unser Geld hergeben, unseren Schmuck, das Radio und unsere Fahrräder. Wir durften das Haus dann nur noch zwei Stunden am Nachmittag verlassen – und natürlich nur mit einem gelben Stern vorn und hinten auf unserer Kleidung. Die Leute haben uns auf der Straße bespuckt. Meine Mutter war völlig am Boden zerstört und wusste nicht, was sie machen sollte. Mein Vater war ja weg, und Mutter musste sich nun um mich und um ihre Eltern kümmern. Sie bat ein paar frühere Angestellte meines Vaters um Hilfe, aber die haben sie rundweg abgewiesen."

Zsuzsi muss in einer Textilfabrik außerhalb von Budapest arbeiten, sie wohnt auch in der Fabrik. Aber eines Tages reißt sie sich die gelben Sterne von der Kleidung und rennt weg. Es gelingt ihr, sich zu ihren Großeltern nach Budapest durchzuschlagen, wo sie auch ihre Mutter findet. Die Mutter erzählt, dass sie gemeinsam mit anderen Verwandten – Brüder, Schwestern, Tanten, Onkels, Cousins – deportiert werden sollte. Bevor sie in den Güterwaggon geschoben wird, kann sie jedoch entkommen. Mit Hilfe des Hausmeisters gelingt ihr die Flucht zu ihren Eltern.

Im Juni 1944 beginnen die ungarischen Behörden, die Budapester Juden in Häusern zu konzentrieren, die für diesen Zweck mit einem großen gelben Stern gekennzeichnet sind.

„Zusammen mit meiner Mutter und meinen Großeltern wurden wir aus unserem Apartment getrieben und in eins dieser Häuser befohlen, es war direkt gegenüber von der Synagoge. Wir durften nur das mitnehmen, was wir mit unseren Händen tragen konnten, also mussten wir das Meiste zurücklassen. Es waren dreißig Familien in diesem Haus, es war unsagbar eng."

Im Oktober 1944 stürzen die Deutschen das ungarische Staatsoberhaupt und setzen Ferenc Szálasi, den Führer der Pfeilkreuzler-Partei, an dessen Stelle. „Das war unser Ende", bemerkt Zsuzsi trocken. Die Pfeilkreuzler errichten eine Terrorherrschaft.

„Junge Männer kamen wiederholt, mitten in der Nacht, in das jüdische Haus, und befahlen uns in den Keller. Dort mussten wir uns an der Wand aufstellen, und die Jungs taten so, als wollten sie uns erschießen. Wir hatten entsetzliche Angst. Zweimal wurden wir rausgeschmissen aus dem Haus und mussten ein neues jüdisches Haus finden. Wir hatten ja nicht viel, aber es war Winter, und ich erinnere mich, dass meine Mutter und ich zusammen ein Daunenbett ,schleppten'." (Zsuzsi benutzt das jiddische Wort.)

Im November 1944 erteilen die Pfeilkreuzler Befehl an alle Juden, in ein abgeschlossenes Ghetto zu ziehen. Während die Großeltern ins Ghetto gehen, fliehen Mutter und Tochter in das Krankenhaus, in dem Zsuzsi vor dem Krieg gelernt hat. Im Krankenhaus finden sie Unterschlupf und Essen, und es gelingt den Frauen sogar, falsche Papiere zu organisieren. Als eines Tages jedoch die Pfeilkreuzler das Krankenhaus stürmen und rufen: „Alle Juden raus!", sind Zsuzsi und ihre Mutter viel zu verängstigt, um ihre Papiere zu zeigen. „Wir waren so dünn und mitgenommen von all den Geschehnissen, dass jeder sofort gewusst hätte, dass wir Juden sind." Die Pfeilkreuzler verhaften Zsuzsi und ihre Mutter und nehmen sie mit in die *Andrassy ut*. Dort, in der Prachtallee Budapests, befindet sich die Parteizentrale der Pfeilkreuzler: ein elegantes Bürgerhaus mit Folterräumen im Kellergeschoss.

> „Wir wurden in die Andrassy-Straße 60 gebracht, heute ist das bekannt als das ,Haus des Terrors', dort warf man uns in den Keller. Da waren schon andere – Juden und ,Zigeuner'."

Zsuzsi hat bis heute allergrößte Schwierigkeiten, über das zu reden, was in dem Keller geschah. Alle müssen sich splitternackt ausziehen, Zsuzsi und ihre Mutter werden mehrfach vergewaltigt. Zsu-

Zsuzsi vor der Andrassi-Straße 60, dem ehemaligen Foltergebäude der Pfeilspitzler, Budapest 90er Jahre

zsi sieht ihren ehemaligen Professor, dem die Augen mit einem Schraubenzieher ausgestochen werden, sie sieht eine schwangere Frau, der brutal in den Bauch getreten wird.

„Sie haben schreckliche Dinge mit mir und meiner Mutter und mit den anderen gemacht. Muss ich da wirklich drüber reden? Ich bin oft bewusstlos geworden, aber die haben dann immer wieder Wasser über mich geschüttet, so dass ich wieder wach wurde. Ich weiß nicht mehr, wie lange das Ganze gedauert hat – Stunden, Tage? Irgendwann mussten wir alle aufstehen und zur Donau marschieren – mitten in der Nacht, total nackt bei Temperaturen von minus 30 Grad. Es war ein sehr langer Weg, und ich verstehe immer noch nicht, wie wir es geschafft haben – in dem jämmerlichen Zustand, in dem wir waren – überhaupt so weit zu laufen. Wir durften nicht reden, und ich klammerte mich an meine Mutter. Während des Marsches fragte mich einer der Pfeilkreuzler – und ich weiß nicht, ob der mir das Leben rettete –: ‚Schöne Rebekka, kannst du schwimmen?' Und ich sagte: ‚Ja.'"

Am Ufer der Donau müssen sich die Folteropfer in einer Reihe aufstellen. Zsuzsi steht Hände haltend mit ihrer Mutter.

„Und dann haben sie auf uns geschossen. Das nächste, das ich weiß, ist, dass ich in der Donau war. Ich versuchte, mich zu orientieren, aber es war kohlrabenschwarz, ich konnte nicht das kleinste bisschen sehen. Das Schlimme ist: Ich werde mich mein Leben lang schuldig fühlen, weil ich mich nicht nach meiner Mutter umgesehen habe. Ich habe sie nicht gesehen, also dachte ich, sie muss tot sein. Dieser Wille zu überleben ist das Stärkste im Menschen, also ich wollte einfach nur raus aus diesem eiskalten Wasser und irgendwie schaffte ich es dann auch aus der Donau raus."

Zsuzsi bricht am Ufer zusammen, wo sie von ungarischen Soldaten gefunden wird. Die Soldaten nehmen sie mit in ihre Kaserne, geben Zsuzsi ein bisschen Brandy und wickeln sie in Decken. „Ich habe die Soldaten angefleht: Übergebt mich nicht den Pfeilkreuzlern, dann könnt ihr mich lieber gleich erschießen!" Die Soldaten können Zsuzsi nicht bei sich behalten, sie sollen die Stadt gegen die Russen verteidigen, die schon in der Stadt sind – in der Ferne hört man Geschützfeuer. Sie bringen Zsuzsi ins Ghetto.

„Dort habe ich einen Freund von meinem Onkel getroffen, der war Kinderarzt und sagte, als er mich sah, nur ‚oh mein Gott‘, gab mir zwei Stückchen Zucker und legte mich irgendwo hin. Das war aber kein Bett, es gab keine Betten, es war irgendwo auf dem Boden. Dort hat mich dann meine Großmutter gefunden. Und das war so schrecklich, weil ihre erste Frage an mich war: ‚Wo ist meine Tochter?‘ Das war der schlimmste Moment in meinem Leben, als ich meiner Großmutter sagen musste, dass ihre Tochter, also meine Mutter, erschossen worden war."

Nur ein paar Tage später, am 18. Januar 1945, befreit die Rote Armee das Ghetto. Außer Zsuzsi und ihrer Großmutter überleben auch Zsuzsis Zwillingsbruder Gyuri und ein Cousin in den Konzentrationslagern Mühldorf und Dachau. Für alle anderen Familienmitglieder kommt die Befreiung zu spät.

„Meine Großmutter hat ihren Mann und alle ihre fünf Kinder mitsamt deren Frauen, Männern und Kindern verloren. Ich weiß nicht, wie sie damit leben konnte. Aber sie war eine sehr starke Frau."

Nach dem Krieg versucht Zsuzsi, ihr Leben in die Hand zu nehmen. Sie trifft Steve, einen alten Freund der Familie, der im Konzentrationslager Bor in Jugoslawien überlebt hat. Die beiden heiraten. Völlig überraschend stößt Zsuzsis Zwillingsbruder Gyuri zu der Hochzeitsgesellschaft, er ist gerade aus dem Konzentrationslager Dachau gekommen und hat noch seine gestreifte Häftlingskleidung an.

„Es war ein Wunder, ich habe die ganze Zeit gelacht, weil ich so glücklich war, meinen Bruder wiederzuhaben, und ich habe ihm die ganze Zeit Essen in den Mund geschoben."

Zsuzsi und Gyuri, Melbourne 2004

Bald wird Sohn Tommy geboren, und die Familie emigriert nach England, wo Steve einen Bruder hat. Vorher jedoch geht Zsuzsi noch einmal in das Haus ihrer Eltern zurück, in dem inzwischen andere Leute wohnen. In dem Haus befinden sich noch viele Einrichtungsgegenstände und Kleider, die den Kolmans gehören – unter anderem auch der Ozelot. Couragiert fordert Zsuzsi alles zurück.

„Die haben noch nicht mal diskutiert. Ich habe einfach mit dem Finger auf die Sachen gezeigt und gesagt: ‚Das gehört uns, und das gehört uns, und das gehört uns!', und sie haben es mir einfach gegeben."

Steve, ein Lederfacharbeiter, findet keine Arbeit in England. In einer Fachzeitschrift entdeckt er, dass seine Qualifikation in Australien benötigt wird – in einer Gerberei in Beechworth im Bundesstaat Victoria. Die Familie, einschließlich der Großmutter, emigriert nach Australien und zieht nach Beechworth – ein altes Goldgräberdorf circa 280 Kilometer nordöstlich von Melbourne. Das Leben hier ist schwer für Zsuzsi. Sie spricht kein Englisch, und vor allem macht ihr die Abgeschiedenheit des Ortes zu schaffen. Sie ist jung und vermisst das Leben in der Großstadt. Tochter Judy wird geboren.

Nach einigen Jahren wird Steve ernstlich krank und kann seinen Beruf nicht mehr ausüben. Die Familie zieht zunächst nach Sydney und dann nach Melbourne. Zsuzsi will zum Familieneinkommen beitragen und fängt an, in einem Café zu kellnern. Ein Bekannter, der auf einen Kaffee kommt, beobachtet sie und sagt: „Du arbeitest hier, als ob dir das Café gehört!"

Zsuzsi wird klar, dass die Gastronomie offenbar das ist, was ihr Spaß macht. Zusammen mit Steve kauft sie ein Restaurant in der Innenstadt. Später, nach Steves Tod, verkauft sie das Restaurant und kauft das Café „Mimosa" in Bestlage in Melbournes berühmter Collins Street. Sie führt es über 20 Jahre lang. Nicht ohne Stolz sagt sie: „… und alle Kuchen und Torten, die ich dort verkauft habe, habe ich selbst gemacht."

Zsuzsi hat wieder geheiratet und ist heute von ihren zwei Kindern, fünf Enkeln, und sechs Urenkeln umgeben. Die Enkel und Urenkel sind Zsuzsis ganzes Leben – sie sind oft bei ihr und werden von Zsuzsi bekocht und verwöhnt. Zsuzsis Zwillingsbruder Gyuri lebte in Sydney, er ist 2012 verstorben.

Bis heute kann es Zsuzsi nicht begreifen, wieso sie das Erschießungskommando an der Donau überlebt hat, und alle anderen, einschließlich ihrer Mutter, tot sind.

„Wieso bin ich nicht erschossen wurden? Es ist ein Wunder. Gott wollte nicht, dass ich in dieser Nacht sterbe."

Zsuzsi mit Tochter Judy und Sohn Tommy, Melbourne 90er Jahre

Der Horror des Durchlebten jedoch lässt Zsuzsi nicht los, und es wird schlimmer, je älter sie wird.

„Es gibt keinen einzigen Tag, an dem ich nicht an meine wunderschöne Mutter denke. Und das Problem ist doch: Wenn ich sterbe, wird meine Mutter mit mir sterben, weil es dann niemanden mehr in der Familie gibt, der sie kennt und der sich an sie erinnert."

Zsuzsi hat lange Jahre als Guide im Museum gearbeitet. Aber in letzter Zeit mag sie nicht mehr über ihre Geschichte reden.

*

Nachtrag: Zsuzsis Tochter Judy heiratete in eine sehr etablierte jüdisch-australische Familie. Die Familie wollte vor der Hochzeit wissen, ob Judy jüdisch sei. Zsuzsi jedoch hatte nach dem Krieg sämtliche Papiere vernichtet, die ihre jüdische Abstammung belegen, und der ungarische Nachkriegs-Pass wies keine Religion aus. „Es war wirklich eine dumme Angelegenheit, und wir waren heilfroh, als mein Bruder dann mit einer Geburtsurkunde daherkam, die belegte, dass er Jude ist."

Kapitel 10

Mit dem Rücken zur Wand: Jüdischer Widerstand

Sechs Tage vor seinem Selbstmord im Dezember 1935 schrieb Kurt Tucholsky aus dem schwedischen Exil einen Brief an Arnold Zweig, dessen Bücher ebenso wie die Schriften Tucholskys zwei Jahre zuvor von den Nazis verbrannt worden waren. Zweig, der als Jude dem Zionismus nahestand, war aus Nazi-Deutschland emigriert und lebte zu diesem Zeitpunkt in Palästina.

In dem Brief beklagte sich Tucholsky, der selbst jüdischer Abstammung war, bitter über die Passivität der deutschen Juden: „Da sehen Sie, daß dieselben Leute, die auf vielen Gebieten die erste Geige gespielt haben, das Ghetto akzeptieren – die Idee des Ghettos und ihre Ausführung… Man sperrt sie ein; man pfercht sie in Judentheater mit vier gelben Flecken vorn und hinten, und sie haben … nur einen Ehrgeiz: ‚Nun werden wir ihnen mal zeigen, daß wir das bessere Theater haben!' – Pfui Deibel."

Für Tucholsky war es unbegreiflich, dass die meisten Juden im Deutschen Reich blieben statt zu emigrieren und dass es keine jüdische Autorität gab, die eine Führungsrolle übernahm. „Hat sich auch nur ein Rabbiner gefunden, der der Führer seines Volkes gewesen ist? Auch nur ein Mann? Keiner … Und habe ich nicht mit eigenen Augen gelesen, daß die Gemeinde in Frankfurt, als die ersten Pogrome, ich glaube 1931, einsetzten, den Gläubigen empfahl, nach dem Gottesdienst gleich nach Hause zu gehn und Ansammlungen auf der Straße – auf ihrer Straße – lieber Zweig – zu vermeiden? So war es …"

Wir wissen nicht, was Arnold Zweig auf diesen Brief geantwortet hätte, hätte Tucholsky noch gelebt.

Tatsächlich hat es, entgegen aller verbreiteten Meinung, jüdischen Widerstand gegeben – wenn auch nur punktuell und erst sehr viel später. Richtig ist, dass es zu Beginn der Nazi-Herrschaft praktisch keine jüdische Opposition gab und dass in den ersten fünf Jahren der Hitler-Diktatur nur etwa 130.000 Juden aus Deutschland emigrierten – eine erstaunlich geringe Zahl gemessen an der Flut von antijüdischen Gesetzen, Erlassen und Verordnungen, auf deren Grundlage die deutschen Juden zunehmend ausgegrenzt, isoliert, gedemütigt und verfolgt wurden. Mehrere Gründe mögen dafür ausschlaggebend gewesen sein: die Hoffnung, Hitler würde nur eine Erscheinung von kurzer Dauer sein; das Zögern, die eigene Existenz bei schwerem finanziellen Verlust aufzugeben; und schließlich die Angst vor einem Neubeginn in einem fremden Land, dessen Kultur man nicht kannte und dessen Sprache man nicht sprach. Einer der wesentlichen Gründe, den eben auch Tucholsky ansprach, war jedoch das Fehlen einer geistigen Elite, die hellsichtig war und die Tragweite der Geschehnisse richtig einzuschätzen vermochte. Die „Reichsvertretung der deutschen Juden" versuchte vielmehr zu beruhigen und warnte vor übereilter Emigration, bevor sie 1939 von den Nazis in die „Reichsvereinigung der Juden in Deutschland" überführt wurde. Von da an war die Interessenvertretung nur noch ein verlängerter Arm der Nazis – ähnlich wie später die Judenräte in den Ghettos.

Bewaffneter Widerstand

Trotz der Ghettoisierung der jüdischen Bevölkerung in den besetzten Gebieten und den Massenerschießungen an Juden in Polen und in der Sowjetunion dauerte es lange, bis sich ein bewaffneter jüdischer

Widerstand formierte. Der dreiundzwanzigjährige Abba Kovner und andere in Vilnius lebende junge Juden waren die ersten, die – nachdem es im Ghetto Vilnius innerhalb kürzester Zeit Massaker an über 30.000 Juden gegeben hatte – den Vernichtungsplan der Nazis erkannten. Kovner veröffentlichte am 31. Dezember 1941 ein Manifest, in dem er seine Glaubensbrüder aufforderte, sich nicht wie die Schafe zur Schlachtbank führen zu lassen, sondern zu kämpfen. „Hitler plant alle Juden Europas zu ermorden ... Wir mögen schwach und wehrlos sein, aber die einzig mögliche Antwort auf diesen Feind ist bewaffneter Widerstand."

Das Kernproblem war, dass die Juden Europas zu dieser Zeit bereits in Ghettos, Arbeits- oder Konzentrationslager gesperrt und durch Zwangsarbeit, Hunger und Misshandlungen jeder Art physisch völlig geschwächt waren. Da sie keine Unterstützung von außen hatten, war es außerdem extrem schwierig, Waffen zu organisieren. Das andere Problem bestand darin, dass die meisten Judenräte in den Ghettos die Hoffnung hegten, wenigstens einen Bruchteil der Juden retten zu können, indem sie erstens die Anordnungen der Deutschen widerstandslos und beflissen befolgten und sich zweitens für die deutsche Rüstungsindustrie unentbehrlich machten. Sowohl den Judenräten als auch den Ghettobewohnern war klar, dass der geringfügige bewaffnete Widerstand, der überhaupt möglich war, die Nazis nicht aufhalten und, wenn überhaupt, nur wenigen Juden eine Flucht ermöglichen konnte. Das wussten auch die Widerstandskämpfer selbst: Ihnen ging es um Vergeltungsaktionen und um die Flucht aus den Lagern, um sich den Partisanen anschließen zu können. In erster Linie aber kämpften sie, um nachfolgende Generationen wissen zu lassen, dass sie mit der Waffe in der Hand und nicht mit der Kugel im Genick starben: Sie kämpften um die Ehre der Juden.

Im Januar 1942, kurz nachdem Kovner sein Manifest verlesen hatte, gründeten junge Juden aus Vilnius, die allen politischen Lagern angehörten, die erste jüdische Widerstandsorganisation: die FPO (Vereinigte Partisanenorganisation). Die FPO operierte zunächst im Ghetto, organisierte Waffen von der Zivilbevölkerung, produzierte primitive Handgranaten und Molotowcocktails und sandte Boten in andere Ghettos, um von den Massenmorden zu berichten und die Idee vom bewaffneten Widerstand zu propagieren. Später, als es Probleme mit der Ghettobevölkerung gab, die es für weiser hielt, den deutschen Befehlen zu folgen, zog sich die FPO nach und nach in die umliegenden Wälder zurück und schloss sich den sowjetischen Partisanen an. Die Partisanen kämpften bis zur Ankunft der Roten Armee und nahmen an der Befreiung Vilnius' im Juli 1944 teil.

Ab Frühjahr 1942 vergrößerte sich die Zahl der Juden, die vor den Massakern der Deutschen aus ihren Dörfern oder aus den Ghettos in die dicht bewaldeten Gebiete im Osten Polens flohen und dort Partisanengruppen bildeten. Eine der ersten rein jüdischen Einheiten waren die Bielski-Brüder, die nach einem Massenmord an Juden im Ghetto Nowogródek eine Partisanengruppe gründeten. Das primäre Ziel von Tuvia, Zusja, Asael und Aron Bielski war es, Juden zu retten – sie nahmen Frauen, Männer und Kinder auf in ihrem Lager, in dem zum Schluss 1.500 Juden lebten – und bekämpften vor allem Kollaborateure und Denunzianten.

Schätzungen zufolge kämpften insgesamt zwischen 20.000 und 30.000 Juden als Partisanen in den Gebieten des Baltikums, des heutigen Weißrussland und der westlichen Ukraine. Auch in Westeuropa – in Frankreich, Belgien, den Niederlanden, Italien – sowie den Balkanstaaten – Jugoslawien, Bulgarien und Griechenland – waren Juden am Partisanenkrieg gegen die deutschen Besatzer beteiligt. In Frankreich wurde die Armée Juive (Jüdische Armee) gegründet, die an vielen Operationen des Widerstands teilhatte, in Belgien vereinigten sich jüdische Widerstandskämpfer aller politischen Schattierungen zum Comité de Défense de Juifs (CDJ, Verteidigungskomitee der Juden). Mitglieder des CDJ verübten unter anderem einen Angriff auf einen Deportationszug von Mechelen nach Auschwitz – der einzige bekannte Überfall dieser Art in Europa.

Trotz nahezu unüberwindlicher Schwierigkeiten gab es auch einige Aufstände in den Ghettos – der größte unter ihnen war der Aufstand im Warschauer Ghetto. Nachdem im Sommer 1942 etwa 300.000 Juden aus dem Warschauer Ghetto deportiert worden waren, formierte sich die aus allen jüdischen Bewegungen getragene Jüdische Kampforganisation (ZOB). Die ZOB knüpfte Kontakte mit der polnischen Untergrundbewegung, die einige wenige Waffen und Sprengstoff lieferte, und baute Bunker und Verstecke für die noch verbliebene Ghettobevölkerung von 60.000 Einwohnern. Als die Deutschen im April 1943 das Ghetto liquidieren wollten, trafen sie – während sich alle Ghettobewohner versteckt hielten – auf den bewaffneten Widerstand der ZOB. Es wurde ein Kampf zwischen etwa 750 halb verhungerten und miserabel ausgerüsteten Ghettobewohnern auf der einen Seite und über 2.000 bis an die Zähne bewaffneten deutschen Soldaten und Polizisten. Trotz dieser Schieflage gelang es der ZOB, fast vier Wochen lang Widerstand zu leisten. Zum Schluss räucherten die Deutschen die Aufständischen förmlich aus: Sie brannten das Ghetto Haus für Haus nieder und warfen Gasgranaten in die Bunker. Am 16. Mai erklärte SS-Gruppenführer Jürgen Stroop, der Leiter der „Ghettoaktion", den Kampf für beendet. Einige Kämpfer befanden sich noch im Ghetto und konnten sich auf die polnische Seite retten, andere waren bereits durch die Kanalisation geflohen. Die restliche Ghettobevölkerung, etwa 50.000 Menschen, wurde nach Treblinka, Majdanek oder in andere Konzentrations-, Vernichtungs- oder Arbeitslager deportiert.

Der Aufstand im Warschauer Ghetto war der erste zivile und größte jüdische Aufstand im von den Deutschen besetzten Europa. Er hatte große symbolische Bedeutung für die noch lebenden Juden Polens und Europas und war der zündende Funke für etliche andere Aufstände in anderen Ghettos.

Auch in einigen Konzentrations- und Vernichtungslagern gab es Revolten – das grenzte angesichts des Terrors in den Lagern nahezu an ein Wunder. Abgesehen davon, dass die Möglichkeiten der Häftlinge für eine Revolte praktisch gleich null waren, gab es auch ein moralisches Dilemma: In den Lagern herrschte das Prinzip der kollektiven Verantwortung, das heißt, für jedes „Vergehen" wurden nicht nur die Verantwortlichen, sondern auch eine Vielzahl völlig unbeteiligter Häftlinge bestraft – zumeist mit dem Tode.

Dennoch gab es einige organisierte Aufstände und Fluchtversuche, die bekanntesten unter ihnen in Treblinka, Sobibór und Auschwitz. Sie wurden alle brutal niedergeschlagen. In Treblinka beteiligten sich im August 1943 etwa 750 Häftlinge an einem Aufstand. Fast alle wurden erschossen, nur etwa 70 gelang die Flucht.

Im Oktober 1943 gelang es Häftlingen in Sobibór, elf SS-Männer und einige ukrainische Wachmänner zu erschießen und anschließend zu flüchten. Von den etwa 300 Flüchtenden wurden die meisten erschossen, einigen gelang die Flucht, von denen am Ende des Krieges noch 50 am Leben waren.

Ein Jahr später, im Oktober 1944, erfolgte der Aufstand des jüdischen Sonderkommandos in Auschwitz. Das Sonderkommando war zur Arbeit an den Gaskammern und Krematorien eingesetzt, musste die Leichen aus den Gaskammern holen, sie in Verbrennungsgruben werfen oder in Krematorien verbringen. Die Arbeit war grauenerregend, trieb einige der oft noch sehr jungen Häftlinge in den Selbstmord oder in den schieren Wahnsinn, die meisten aber in einen Zustand der Schockstarre. Zwischen Mai 1942 und Januar 1945 arbeiteten circa 2.200 Häftlinge im Sonderkommando, von Zeit zu Zeit wurden Teile des Kommandos liquidiert und wieder aufgefüllt. Die Größe des jeweiligen Kommandos hing von der Anzahl der Vergasungen ab und lag durchschnittlich bei 200 bis 400 Mann. Im Mai 1944, als mehr als 400.000 ungarische Juden in Auschwitz ankamen, erreichte das Sonderkommando mit knapp 900 Häftlingen seine größte Stärke. Weil sie für ihre grausige Arbeit bessere Haftbedingungen erhielten, wurden die Männer des Sonderkommandos oft der Kollaboration beschuldigt – ein unhaltbarer Vorwurf. Tatsächlich unterstützte das Sonderkommando andere Häftlinge mit Nahrungsmitteln, Kleidung oder Medikamenten. Durch den Zugang zu Wertsachen in den Umkleideräumen konnten sie SS-Wachen bestechen und Fluchten finanzieren. Es gelang ihnen, Fotos von der Vernichtungsmaschinerie zu machen und herauszuschmuggeln, sie schrieben Tagebücher und vergruben sie. Die Tagebücher gehören zu den eindringlichsten Dokumenten des Holocaust.

Als die Deutschen am 7. Oktober erneut Selektionen unter dem Sonderkommando vornehmen wollten, begannen die Häftlinge eine Revolte. Zuvor hatten sie Sprengstoff angesammelt – eingeschmuggelt von weiblichen Häftlingen, die in einer Munitionsfabrik in Monowitz, eines der drei Hauptlager von Auschwitz, arbeiteten. Mit Äxten, Hämmern und anderen Werkzeugen überfielen sie die Wachen, töteten drei SS-Männer, verletzten zwölf andere schwer und sprengten eins der fünf Krematorien. Innerhalb von fünf bis sechs Stunden wurde der Aufstand blutig niedergeschlagen, mehrere hundert Männer des Sonderkommandos wurden erschossen. Im Zusammenhang mit dem Aufstand wurden vier junge Frauen aus der Waffenfabrik verhaftet und am 6. Januar 1945, nur kurze Zeit vor der Befreiung des Lagers, gehängt. Zuvor waren sie über Wochen gefoltert worden. Roza Robota war die Einzige, die Verbindungsnamen kannte, aber sie verriet keinen einzigen. Die Revolte des Sonderkommandos war der einzige bewaffnete Aufstand in Auschwitz.

Schließlich soll nicht unerwähnt bleiben, dass insgesamt 1,5 Millionen Juden in den Armeen der Alliierten kämpften – ein Sachverhalt, der oft in Vergessenheit gerät. Unter ihnen waren viele, denen entweder die Emigration oder aber die Flucht ins Ausland gelungen war. Allein 550.000 jüdische Soldaten kämpften in den US-amerikanischen Streitkräften, 500.000 in der Roten Armee und 100.000 in der polnischen Armee. 30.000 jüdische Freiwillige aus Palästina kämpften innerhalb der Jüdischen Brigade in der britischen Armee.

Unbewaffneter Widerstand

Eine angesichts der Übermacht der Nationalsozialisten erfolgversprechendere Form des Widerstands als der bewaffnete Widerstand war der Versuch, Juden zu retten. In allen Ländern Europas, in den USA und in Palästina gab es unzählige jüdische Organisationen, die genau dies versuchten. Im Folgenden seien einige davon genannt:

Das American Jewish Joint Distribution Committee (kurz JDC oder Joint), ursprünglich von US-amerikanischen Juden gegründet, um jüdische Gemeinden in Osteuropa und im Nahen Osten während des Ersten Weltkrieges zu unterstützen, zahlte während der gesamten Nazi-Herrschaft Millionen von Dollar an deutsche und osteuropäische jüdische Einrichtungen und Gemeinden, um Not zu lindern. Die Hilfsorganisation unterstützte die Emigration von deutschen und europäischen Juden und später die Emigranten in den Immigrationsländern und finanzierte Rettungsaktionen wie die des schwedischen Diplomaten Raoul Wallenberg in Ungarn.

Im Deutschen Reich wurde im Januar 1933 die Organisation „Kinder- und Jugend-Aliyah" gegründet, der es gelang, zwischen 1933 und 1945 etwa 14.000 Kinder nach Palästina und Großbritannien zu bringen.

Einer Initiative einflussreicher britischer Juden zufolge lockerte die britische Regierung die Einreisebestimmungen für Jugendliche unter siebzehn Jahren. Zwischen Dezember 1938 und September 1939 konnten auf diese Weise 10.000 jüdische Kinder aus dem Deutschen Reich, Österreich, Polen und der Tschechoslowakei nach Großbritannien gebracht werden. Die Kinder durften nur ohne ihre Eltern ausreisen, daher wurde diese Rettungsaktion später unter dem Namen „Kindertransport" bekannt.

In Frankreich gab es gleich drei jüdische Organisationen, die sich der Rettung jüdischer Kinder verschrieben, die Œuvre de Secours aux Enfants (OSE, Gesellschaft zur Hilfe von Kindern), die Eclaireurs Israélites de France (eine Pfadfinderbewegung) und die Jeunesses Sionistes (eine zionistische Bewegung): Sie alle versuchten, Kinder zu verstecken oder über die Grenze nach Spanien oder in die Schweiz zu schmuggeln.

Die jüdische Bevölkerung in Palästina rief die Alija Bet (Auswanderung B) ins Leben, eine Organisation, die – angesichts der von den Briten verhängten strikten Einwanderungsquoten – die illegale Einwanderung von Juden nach Palästina forcierte. Kleinen Gruppen von Juden aus Berlin, Wien, Prag, Warschau und anderen Städten wurde zur Flucht verholfen – zunächst mit Schiffen aus griechischen Häfen, später mit Booten auf der Donau über das Schwarze Meer ins Mittelmeer. Mit Beginn des Krieges wurden diese Operationen immer schwerer, auch wurde die palästinensische Küste zunehmend von britischer Marine patrouilliert, die aufgebrachte Schiffe zur Rückkehr zwang. Trotz aller Schwierigkeiten konnten zwischen 1937 und 1944 in 62 Schiffsreisen knapp 19.000 Juden nach Palästina gebracht werden.

In der mit dem Deutschen Reich verbündeten Slowakei wurde 1942 die jüdische Organisation Pracovná skupina (Arbeitsgruppe) gebildet, die, als im Frühjahr desselben Jahres die Deportationen der slowakischen Juden begannen, dringende Bitten an die slowakische Regierung, an verschiedene Bischöfe im Land und an Vertreter des Vatikans weltweit richtete, sich für die Juden einzusetzen. Als die

Deportationen nicht abrissen, führte die Gruppe Verhandlungen mit dem Vertreter Adolf Eichmanns in der Slowakei, SS-Sturmbannführer Dieter Wisliceny, und boten Geld für Juden. Nach einer Zahlung von 50.000 US-Dollar durch ausländische jüdische Organisationen hörten die Deportationen tatsächlich auf – es ist unklar, ob die Bestechungsgelder der Grund dafür waren. In der Folge konnte die Arbeitsgruppe erreichen, dass drei Arbeitslager in der Slowakei errichtet wurden. Zwar begannen die Deportationen erneut im Herbst 1944, mehrere tausend Juden jedoch, die in die slowakischen Arbeitslager anstatt in polnische Vernichtungslager verbracht worden waren, überlebten.

In Ungarn wurde 1941 das zionistische „Komitee für Hilfe und Rettung", kurz Vaada, gegründet, das zunächst die Vielzahl der jüdischen Flüchtlinge – hauptsächlich aus der Slowakei (8.000) und aus dem Deutschen Reich (4.000) – unterstützte. Nach der Besetzung Ungarns durch die Wehrmacht im Mai 1944 kontaktierte Vaada den für die Organisation der Deportationen zuständigen Leiter Adolf Eichmann und versuchte, die Strategie der slowakischen „Arbeitsgruppe" anzuwenden: Geld für Juden. Adolf Eichmann machte tatsächlich den Vorschlag, eine Million Juden freizulassen – gegen 10.000 Lastwagen der Alliierten mit Winterausrüstung und Lebensmitteln für die Truppen an der Ostfront. Es war ein teuflisches Geschäft, das die Alliierten vor die Entscheidung stellte, entweder die Juden oder die Sowjetunion zu verraten. Sie lehnten ab. Immerhin gelang es dem Komitee, die Ausreise von 1.684 Juden in die Schweiz gegen Zahlung von 1.000 Dollar pro Kopf zu verhandeln. Eichmann brach zwar sein Wort: Der Zug fuhr zunächst ins Konzentrationslager Bergen-Belsen, aber nach einem Zwangsaufenthalt von einem halben Jahr durften alle Häftlinge in die Schweiz weiterreisen.

Im besetzten Polen gründete sich 1942 die Żegota (Rat für die Unterstützung der Juden), eine Organisation, die von fünf polnischen und zwei jüdischen politischen Gruppierungen gebildet wurde. Die Żegota wurde wesentlich von der polnischen Exilregierung unterstützt, monetäre Zuwendungen kamen jedoch auch von jüdischen Organisationen wie zum Beispiel dem Allgemeinen Jüdischen Arbeiterbund, kurz Bund, einer antizionistischen, sozialistischen Partei. Mit Hilfe der zur Verfügung gestellten Mittel wurden bedürftige Juden finanziell unterstützt und mit Medikamenten versorgt. Zur wesentlichen Aufgabe hatte es sich die Żegota jedoch gemacht, Juden beim Untertauchen behilflich zu sein. So fälschten die Mitglieder der Organisation Personaldokumente aller Art – Tauf- und Ehebescheinigungen, Sterbeurkunden, Identitäts- und Arbeitspapiere –, bahnten Kontakte an mit Waisenhäusern oder Klöstern, um jüdische Kinder zu verstecken, suchten, fanden oder bauten neue Verstecke und knüpften Helfernetzwerke. In der Kinderabteilung der Żegota arbeitete die inzwischen durch eine Verfilmung bekannt gewordene Irena Sendler, die zusammen mit ihren Helfern circa 2.500 jüdische Kinder aus dem Warschauer Ghetto retten konnte. Ein weiterer bekannter Mitarbeiter der Żegota war Władysław Bartoszewski, polnischer Historiker, Publizist und Politiker.

Der Vollständigkeit halber sei erwähnt, dass es auch zahlreiche Nichtjuden und nichtjüdische Helfernetzwerke gab, die verfolgten Juden in ganz Europa halfen. Von diesen Menschen ist im Abschnitt „Die Gerechten unter den Völkern" die Rede.

Eine Schlussbemerkung über den Widerstand in den Ghettos: Der Widerstand der Ghettobevölkerung war – notgedrungen – völlig anderer Natur: Er war auf das schiere Überleben ausgerichtet – sowohl in körperlicher als auch in geistiger, seelischer und emotionaler Hinsicht. Essen, Medizin und Kleidung wurden geschmuggelt, Untergrundzeitungen und Schriften heimlich gedruckt, Kinder trotz Verbots unterrichtet. Vorlesungen wurden gehalten, Theater eröffnet und ganze Orchester gebildet, getarnte Gottesdienste gehalten und jüdische Feiertage begangen, Tagebücher geschrieben und für die Nachwelt versteckt. Der polnisch-jüdische Historiker Emanuel Ringelblum gründete im Warschauer Ghetto das Untergrundarchiv „Oneg Shabbat" (Freude am Sabbat), für das er mit einer Gruppe von Gleichgesinnten das Leben im Ghetto dokumentierte und mit wesentlichen Unterlagen aus dem Ghetto anreicherte – beispielsweise mit dem Briefwechsel zwischen dem Judenrat und den deutschen Behörden. Auch der bekannte Literaturkritiker Marcel Reich-Ranicki schrieb für das Ghettoarchiv. Ringelblum wurde kurz vor Kriegsende von den Deutschen erschossen, aber sein Archiv überlebte zu großen Teilen und ist bis heute die umfassendste Darstellung jüdischen Lebens in Polen unter der Besatzung der Deutschen.

Abraham Goldberg

Abraham Goldberg ist ein Energiebündel – ein kleines, drahtiges Energiebündel. Flink und temperamentvoll wieselt er im Museum hin und her, er scheint in allen Räumen gleichzeitig zu sein. Gerade noch begrüßt er Besucher in der Eingangshalle, schon hält er einen Vortrag vor einer Schulklasse, verschwindet dann zu einer Besprechung der Museumsleitung im Konferenzzimmer, um anschließend eine Gruppe von hochrangigen Gästen durch das Museum zu führen. Daneben findet er immer Zeit für ein Küsschen links und ein Küsschen rechts für seine Kollegen oder Freunde im Museum. Auch ich bekomme regelmäßig ein Küsschen zur Begrüßung – zusammen mit einem umwerfenden Lachen: Abraham Goldberg ist ein freundlicher Mensch.

Als ich mit ihm zusammensitze, um seine Geschichte zu erfahren, merke ich, dass Abe, wie ihn alle nennen, nicht nur freundlich, sondern vor allem ausgesprochen sachkundig ist. Abe hat ein nahezu enzyklopädisches Wissen über den Holocaust; viele Fakten, von denen er mir in schneller Folge berichtet, sind mir unbekannt. So gerät mir das Interview mit Abe zu einer interessanten Geschichtsstunde. Der Fünfundachtzigjährige erzählt lebhaft und engagiert, er reagiert blitzschnell auf Fragen, und es ist ein Vergnügen, ihm zuzuhören. Wir verbringen fünf lange Vormittage, bis er seine Geschichte erzählt hat – und natürlich weiß ich immer noch nicht alles. Aber das, was ich weiß, schreibe ich hier auf.

Abrahams Geschichte

Abraham wird 1924 als jüngstes von vier Kindern in Łódź geboren. Die drei Schwestern Marella, Freda und Ester sind zwei, vier und sieben Jahre älter als er. Liebevoll nennen sie den kleinen Bruder von Anfang an Abe, und auch alle seine Freunde werden ihn später so nennen.

Łódź ist eine große Industriestadt mit über 600.000 Einwohnern. Die Stadt ist berühmt für ihre Textilindustrie: Sie wird auch das Manchester von Polen genannt. Hersh Goldberg, Abes Vater, ist Textilarbeiter, die Familie lebt in Bałuty, dem ältesten und fast ausschließlich jüdischen Teil der Stadt. Mit mehr als 200.000 Juden hat Łódź nach Warschau die zweitgrößte jüdische Gemeinde Polens.

„Mein Vater Hersh war ein sehr politischer Mensch. Seine Eltern, also meine Großeltern, waren orthodoxe Juden, und so war es ein Akt der Rebellion, als mein Vater mit neunzehn Jahren – und das war damals sehr jung – in die Allgemeine Jüdische Arbeiterpartei eintrat, den sogenannten ,Bund'. Der Bund kämpfte für Freiheit, Demokratie und Gleichheit – es war eine sozialistische Partei, die sich auch gegen den Zionismus wendete." Abe schmunzelt: „Als meine Mutter Chaja ihren Eltern, die auch sehr religiös waren, eröffnete, dass sie einen Bundisten heiraten wolle, hätte sie genauso gut sagen können, sie wolle einen Katholiken heiraten. Ihre Eltern waren nicht sehr glücklich darüber, aber irgendwann gaben sie dann doch nach. Meine Mutter war dann in der Ehe zwar ‚nur‘ Hausfrau, aber doch eine sehr politisch interessierte Frau, und sie gehörte der Frauenorganisation des ‚Bund‘ an. Ich bin sozusagen groß geworden

Abes Vater Herschel Goldberg (geb. 1888, gest. 1942 in Chełmno); Mutter Chaja Goldberg (geb. 1890, gest. 1944 in Auschwitz-Birkenau), o. r.; Schwester Fraida (geb. 1920, gest. 1942), u. l.; Schwester Ester (geb. 1922, Todesjahr und -ort unbekannt)

mit politischen Diskussionen bei uns zu Hause. Als ich noch kleiner war, hab ich immer so getan, als würde ich nicht zuhören, aber meine Ohren waren groß. Obwohl ich nicht alles verstand, fand ich die Diskussionen immer sehr aufregend. Meine Schwestern und ich sind alle Mitglieder in der Jugendorganisation des ‚Bunds‘ gewesen."

Die Familie geht nicht oft in die Synagoge, die Kinder werden in einem freien Geist erzogen. „Dennoch war unsere jüdische Identität sehr stark", erinnert sich Abe.

Während Ester Hausunterricht bekommt, weil sie krank und bettlägerig ist, gehen Marella und Freda in eine private jüdische Schule.

Da der Vater das Schulgeld für das vierte Kind nicht aufbringen kann, wird Abe auf die staatliche polnische Schule geschickt.

„Aber schon im zarten Alter von drei Jahren musste ich zur Cheder gehen – der traditionellen religiösen Schule der Juden, auf der man Hebräisch lernt und die Tora studiert. Der Lehrer war mein Großvater, und ich hatte wirklich keine Lust, dorthin zu gehen. Aber zum Glück haben mich sowohl mein Großvater als auch meine Großmutter jedes Mal mit ein paar Groschen bestochen." Lachend erzählt Abe: „Und beide sagten mir dann jeweils ‚Aber sag's nicht der Großmutter' oder ‚Sag's nicht dem Großvater'. Das war klasse, ich hatte immer doppeltes Taschengeld, das ich für Süßigkeiten ausgeben konnte."

Die Familie lebt sehr bescheiden in einer Zwei-Zimmer-Wohnung ohne fließendes Wasser. Abe kennt es nicht anders. Er ist ein aktives Kind und ist die ganze Zeit mit seinen Freunden unterwegs. Er ist Mitglied im Sportverein vom „Bund", spielt Tischtennis, ist ein guter Turner und Athlet und nimmt an Jugendwettkämpfen teil. Als er ein bisschen älter ist, geht er auch zu politischen Versammlungen der Jugendorganisation vom „Bund".

Inzwischen beobachtet die Familie argwöhnisch, welche politischen Veränderungen im Nachbarland Deutschland vor sich gehen. Adolf Hitler lässt die Muskeln spielen: Im März 1938 vereinnahmt er Österreich, im September desselben Jahres das Sudetenland, einen Teil der Tschechoslowakei. Im August 1939 passiert das Undenkbare: Nazi-Deutschland und die Sowjetunion unterzeichnen einen Nichtangriffspakt!

„Wir wussten natürlich nichts von dem Zusatzprotokoll, das die Aufteilung Polens zwischen den beiden Ländern garantierte. Aber auch ohne das zu wissen: Ein Vertrag zwischen Faschisten und Kommunisten, zwischen zwei tödlichen Feinden, war teuflisch. Uns war klar, dass Krieg bevorstand. Viele meiner älteren

Freunde wurden zur Armee gezogen, und wir Jüngeren wurden dazu aufgerufen, Unterstände für die Flugabwehr zu bauen. Und so haben wir denn Gräben ausgehoben – in Parks und auf Feldern und wo immer ein Fleckchen freie Erde war."

Am 1. September 1939 greifen die Deutschen Polen an.

„Um fünf oder sechs Uhr morgens – ich erinnere mich, dass es schon hell war –, begannen die Sirenen zu heulen. Und dann erschienen deutsche Flugzeuge am Himmel und bombardierten Bahnhöfe und Bahnstrecken. Die polnische Verteidigung ist schnell zusammengebrochen, schon eine Woche später, am 8. September, marschierten die Deutschen in die Stadt ein. Sie wurden von den Volksdeutschen, also Deutschen, die in Polen lebten, mit Blumen und Brot und Salz begrüßt. Viele von denen trugen auch rote Armbinden mit dem Hakenkreuz."

Unmittelbar nach Einmarsch der Deutschen beginnt eine brutale Judenverfolgung: Passanten auf der Straße werden schikaniert und gedemütigt, Soldaten und Volksdeutsche holen sich ungestraft alles aus jüdischen Läden, was ihr Herz begehrt, Juden werden von der Straße weg zur Zwangsarbeit geschickt. Eine Vielzahl von antijüdischen Gesetzen, Verordnungen und Restriktionen tritt in Kraft.

„Unter Androhung der Todesstrafe mussten wir all unsere Wertsachen abgeben, Kameras und Radios. Wir hatten ein kleines Radio, und mein Vater gab es ab. Bankkonten wurden eingefroren, Läden und Fabriken konfisziert. Viele Volksdeutsche fingen an zu plündern und denunzierten Juden. Ehemalige Angestellte kamen in die Geschäfte, in denen sie gearbeitet hatten, und erklärten den erstaunten Besitzern: ‚Ich bin jetzt der Boss.'

Und dann gab es die Sperrstunde für Juden: Ab fünf Uhr nachmittags bis morgens um acht durften wir die Wohnung nicht mehr verlassen."

Im November wird Łódź ins Deutsche Reich eingegliedert, die Stadt wird – nach einem deutschen General, der im Ersten Weltkrieg eine Schlacht bei Łódź gewonnen hat – in Litzmannstadt umbenannt. Viele Juden fliehen weiter östlich in die sowjetisch besetzten Gebiete Polens, kommen aber aufgrund der miserablen Lage dort schnell wieder.

„Die Russen, die vom Osten her in Polen einmarschiert waren, kamen nicht, um uns zu helfen, wie wir angenommen hatten, sondern um uns zu besetzen. Also was tun? Die deutschen Juden hatten sechs Jahre Zeit, um Deutschland zu verlassen, wir polnischen Juden mussten über Nacht fliehen. Aber wohin? In den Zeitungen hatten wir ja schon über die Odyssee des Ozeandampfers ‚St. Louis‘ gelesen."

Die „St. Louis" war im Mai 1939 mit über 900 hauptsächlich deutschen Juden an Bord nach Kuba gefahren. Die Juden hatten Landeberechtigungen für Kuba in der Tasche, die dann aber von Kuba nicht anerkannt wurden. Das Schiff lag bereits vor der Küste Kubas, aber weder Kuba noch die USA waren bereit, die Asylsuchenden aufzunehmen. Erst nach äußerst langwierigen Verhandlungen erklärten sich Großbritannien, Frankreich, Belgien und die Niederlande bereit, die Flüchtlinge unter sich aufzuteilen.

Marella (zusammen mit ihrem Bruder Abe die einzige Überlebende der Familie) mit Ehemann Jakob, Polen 1939

„Diese Geschichte war eine bittere Lektion für uns: Wir spürten, dass niemand uns wollte. Also blieben wir in Łódź. Nur meine Schwester Marella, die mit einem Russen verheiratet war, flüchtete mit ihrem Mann in den Osten."

Im Dezember 1939 wird ein großer Häuserblock in Bałuty

von der deutschen Polizei und von Wehrmachtssoldaten eingekreist. Tausenden Menschen wird befohlen, innerhalb von 20 Minuten ihre Wohnungen zu verlassen.

„Was kann man schon machen in 20 Minuten? Wir haben uns
hastig doppelte und dreifache Kleidung übergezogen, nahmen
das wenige Geld, das wir hatten, und ein paar Lebensmittel.
Dann sind wir alle auf Lkws geladen und nach Radogoszcz
gefahren worden, das war ein Stadtteil, in dem die Nazis eine
ehemalige Fabrik in ein Gefängnis umfunktioniert hatten. Wir
kriegten tagelang nichts zu essen, wir hatten nur das, was wir
dabei hatten. Dann luden sie uns wieder auf Lkws und fuhren
uns in ein Lager in der Nähe von Krakau."

Abes Vater kennt zum Glück ein paar Leute in Krakau. Die Familie flüchtet aus dem nicht besonders scharf bewachten Lager und
kommt bei einem Freund unter. Da der Vater jedoch nicht von Al-
mosen leben möchte, entschließt er sich, nach Łódź zurückzukehren. Die Unternehmung ist nicht ungefährlich, Hersh Goldberg
entscheidet, die Mädchen zunächst in Krakau zu lassen und sie
später abzuholen.

„Nur mein Vater, meine Mutter und ich machten uns auf den
Weg. Natürlich durften Juden keine öffentlichen Verkehrsmittel
benutzen, also mussten wir laufen, und für unser Gepäck nahmen wir einen Schlitten. Wir haben unsere weißen Armbinden abgemacht, die Armbinden mit dem blauen sechszackigen
Stern, die man ja seit Dezember im Generalgouvernement tragen musste. Und dann haben wir uns am Tage versteckt, und in
der Nacht sind wir gelaufen. Wir haben drei Wochen gebraucht
für die ungefähr dreihundert Kilometer nach Łódź."

Als die Goldbergs im Februar 1940 in Łódź ankommen, sind die
Deutschen gerade dabei, ein Ghetto im ärmsten Viertel der Stadt
zu errichten, das Bałuty einschließt.

„Nichtjüdische Polen, die in der von den Nazis bezeichneten Gegend wohnten, mussten ausziehen, und polnische Juden, die außerhalb dieses Viertels wohnten, mussten dort hinziehen. Als wir in unsere Wohnung kamen, waren da also schon andere Juden eingezogen. Mein Vater fand dann ein anderes Zimmer für uns, in dem vorher Polen gewohnt hatten, und glücklicherweise kriegten wir all unser Bettzeug und unsere Töpfe und Pfannen aus unserer alten Wohnung zurück."

Auch Abes Großeltern, seine Tanten, Onkel, Cousins und Cousinen müssen ins Ghetto ziehen. Die Nazis versuchen, die Umsiedlung zu beschleunigen.

„Schreckliche Szenen haben sich da abgespielt, die Deutschen schrien die Juden an, sich gefälligst schneller zu bewegen, sie schossen auf Menschen, und viele wurden dabei getötet."

Das Ghetto wird völlig eingezäunt und am 30. April geschlossen. 164.000 Menschen müssen nun auf vier Quadratkilometern leben, es gibt nur 48.000 Zimmer ohne fließendes Wasser und ohne Kanalisation. Es ist nicht erlaubt, das Ghetto zu verlassen, und per Gesetz kann jeder Flüchtende auf der Stelle erschossen werden.

„Um die Flucht zu erschweren, wurden rings um das Ghetto viele Häuser abgerissen. Die Polen waren aus der Gegend vertrieben worden – die Deutschen hatten ja diesen großen Plan, aus Litzmannstadt eine deutsche Stadt zu machen. Das Problem für jeden Widerstand aus dem Ghetto heraus war: Es gab auf deutschem Boden – und Łódź gehörte ja jetzt zum Deutschen Reich – keine polnische Widerstandsbewegung. Der polnische Widerstand fand im Generalgouvernement* statt. Also hatten

---

* Das von Deutschland militärisch besetzte, aber nicht unmittelbar in das Deutsche Reich eingegliederte Gebiet Polens.

wir überhaupt keine Chance, irgendwelchen Kontakt mit der Außenwelt aufzunehmen. Und außerdem gab es keine Kanalisation im Ghetto, das heißt keine geheimen Wege, um aus und ins Ghetto zu kommen. Deshalb nannten wir das Ghetto ‚hermetisch abgeschlossen‘. Also – nachdem das Ghetto geschlossen worden war, gab es keine Möglichkeit mehr zum Schmuggeln. Jeder, der nur halbwegs nah an den Zaun kam, wurde von den Wachen erschossen. Meine Schwestern saßen nun auch in der Falle, weil mein Vater sie nicht mehr aus Krakau holen konnte.“ Die Deutschen benennen einen Judenrat unter der Leitung von Mordechai Chaim Rumkowski. Der Ältestenrat, wie er in Łódź heißt, operiert unter strikter Anweisung der Deutschen und ist für die Organisation des Ghettos sowie die Aufrechterhaltung der Ordnung zuständig.

„Meinem Vater gelang es, eine Arbeit als Kassierer von Wohnungsmieten zu bekommen, und außerdem war er Hausmeister für drei Häuser. Dafür wurde er vom Ältestenrat bezahlt. Der Ältestenrat hat alles in die Hand genommen. Rumkowski hat Gerichte etabliert, er schuf eine jüdische Polizei, und er hat sogar Geld drucken lassen, um die Leute vom Schmuggeln abzuhalten. Während der ersten Wochen hatte ja jeder noch ein bisschen Vorrat an Essen, aber sehr bald schon gingen diese Vorräte zur Neige und es kam nichts mehr in das Ghetto herein. Geld und Verbindungen – oder wie wir es genannt haben: ‚protekcja‘ – begannen zu regieren, und für die, die weder das eine noch das andere hatten, brach der Hunger an. Trotzdem versuchten wir, unser Leben so normal wie möglich zu gestalten, die Jungs spielten Fußball, und ich spielte Tischtennis.“
Im August 1940 organisiert der „Bund“ eine Demonstration, um gegen die Korruption im Ghetto zu protestieren sowie Arbeit und genügend Nahrung für jeden zu fordern.

Abes Arbeitskarte im Ghetto Łódź

„Ich bin zusammen mit meinem Vater hingegangen, und da hatten sich so um die 1.500 bis 2.000 Leute versammelt. Natürlich hat die Demo nichts gebracht: Rumkowski hat mit den Deutschen gedroht, und es wurde uns klar, dass wir auf eine andere Art und Weise Widerstand leisten mussten."

Es dauert nicht lange, bis die Deutschen auf die Idee kommen, die Juden im Ghetto als billige Arbeitskräfte zu nutzen. Hans Biebow, Chef der deutschen Ghettoverwaltung, ordnet den Aufbau von Fabriken an. Rumkowski, der darin eine Überlebenschance sieht, lässt 120 Fabriken bauen.

„Es war das größte Arbeitslager Deutschlands. Wir schneiderten deutsche Uniformen, wir stellten Schuhe her, wir produzierten so ziemlich alles, was im Deutschen Reich gebraucht wurde. Mein Freund Bono Wiener vom ‚Bund', der fünf Jahre älter war als ich, wurde Vorarbeiter in einer metallverarbeitenden Fabrik und machte mich zu seinem Stellvertreter. Die Fabrik war ein ehemaliges Schlachthaus, ziemlich groß, es hatte eine eigene Eisenschmelze und eine Schmiede und produzierte Munitionskisten und alle möglichen anderen Sachen aus Metall. Ich habe an einer Maschine gearbeitet, mit der ich Absätze und Spitzen für Militärstiefel herstellte. Zum Mittagessen bekamen alle Arbeiter in der Fabrik einen Extra-Teller Suppe, das war also zusätzlich zur täglichen Essensration. Wir kannten auch die Leute in der Küche, da haben wir immer ein bisschen dicke Suppe von unten bekommen."

In den Jahren 1941 und 1942 werden immer mehr Juden in das Ghetto gebracht: 18.500 aus dem polnischen und nunmehr dem Deutschen Reich angegliederten Warthegau, 20.000 aus Deutschland, Österreich, der Tschechoslowakei und Luxemburg. Knapp 205.000 Menschen leben jetzt in entsetzlicher Enge im Ghetto.

„Das Leben wurde immer schwieriger, das Ghetto war extrem überfüllt, die Menschen hungerten und starben. Auch vor unserer Familie machte das Elend nicht halt – meine zwei Großmütter starben. Der ‚Bund', die Zionisten und die Kommunisten machten es sich zur Aufgabe, die Menschen zu ermutigen und ihre Stimmung aufzuhellen. Wobei die Kommunisten sich bis 1941 ziemlich zurückgehalten haben. Die wurden erst nach dem Überfall auf die Sowjetunion aktiv. Jedenfalls organisierten wir Untergrundaktivitäten wie Schulunterricht für Kinder, Buchlesungen, Konzerte, Liederabende und Vorträge. Wir gaben positive Nachrichten an die Leute weiter, selbst wenn wir die Informationen manipulieren mussten. Die Lage wurde ja nicht wirklich gut bis Ende 1942 mit der Schlacht bei Stalingrad, und später mit Rommels Rückzug in Nordafrika, und noch später mit Mussolinis Absetzung nach der Landung der Alliierten auf Sizilien im Juli 1943."

Bei allen Untergrund- oder Widerstandsaktionen müssen die Akteure extrem vorsichtig zu Werke gehen. Rumkowski, wegen seiner selbstherrlichen und diktatorischen Art nicht besonders beliebt bei den Bewohnern des Ghettos, will den Zorn der Deutschen keinesfalls herausfordern und untersagt strikt jeglichen Ungehorsam. So treffen sich die Mitglieder des „Bund" aus Sicherheitsgründen nur in kleineren Gruppen zwischen fünf und zehn Leuten.

„Den 1. Mai, den Internationalen Tag der Arbeit, haben wir zum Beispiel begangen, indem immer zwei Personen – in ihren besten Anzügen und mangels einer Nelke mit irgendetwas Rotem am Revers – auf der Straße marschierten. Rumkowski konnte das nicht als öffentliche Demonstration aburteilen – aber gleichzeitig zeigten wir eben auch, dass man uns nicht zum Schweigen bringen kann."

Abe leistet seinen eigenen kleinen Widerstand in der Fabrik.

„Manchmal produzierte ich einen Kurzschluss, der die ganze Produktion zum Stillstand brachte. Natürlich konnte ich das nur machen, weil mich die Elektriker nicht verraten haben. Des Öfteren gelang es uns auch, die fertigen Produkte beim Verpacken um 10 bis 15 Prozent zu reduzieren – so sabotierten wir eben die Unterstützung für die deutsche Wehrmacht. Aber das war dann auch wirklich schon das Maximum dessen, was wir an ‚Widerstand‘ leisten konnten."

Im Januar 1942 beginnen die ersten Massendeportationen, die Transporte gehen direkt ins 80 Kilometer entfernte Vernichtungslager Chełmno. Der Ältestenrat wird aufgefordert, Namenslisten für die Deportationen zu erstellen. Die „Umsiedlungskommission" entscheidet, die „unproduktiven" Ghettobewohner zuerst zu evakuieren: Tausende von erst kürzlich angekommenen Juden aus Polen und Westeuropa, die „Zigeuner", fast 15.000 Kinder unter vierzehn Jahren.

„Als Erstes haben sie die Insassen vom Ghettogefängnis auf die Listen getan. Aber wer waren denn diese Häftlinge? Das waren Leute, die Holzplanken von einem Zaun geklaut hatten, damit sie zu Hause ein Feuer machen können – die Winter waren nämlich eiskalt, und es gab kein Holz und keine Kohlen, viele Leute erfroren. Oder es waren Juden, die auf der Straße Lollis verkauften – das war aus hygienischen Gründen verboten. Rumkowski hat die Ärmsten der Armen ausgesucht. Die Transporte gingen nach Chełmno, aber das haben wir damals noch nicht gewusst. Uns hat man gesagt, dass die Leute umgesiedelt werden."

Zwischen Januar und Mai werden 55.000 Juden und 5.000 „Zigeuner" deportiert, die alle sofort am Tag ihrer Ankunft in Chełmno in Gaswagen umgebracht und in Massengräbern im Wald verscharrt werden.

„Die Nazis hatten im Ghetto ein eigenes Areal für die ‚Zigeuner‘ geschaffen. Das war ein großer Block mit Stacheldraht und Gräben ringsum, da konnte niemand rein. Wir wohnten ganz in der Nähe, und ich habe oft Schreie gehört. Die ‚Zigeuner‘ wur-

den sehr unmenschlich behandelt, die lebten unter noch miese-
ren Bedingungen als wir."

Im sogenannten Zigeunerlager gibt es weder sanitäre Einrichtungen noch irgendwelche Möglichkeiten zum Kochen. Innerhalb weniger Wochen nach ihrer Einlieferung im November 1941 sterben
dort mehrere hundert Menschen an Hunger oder Typhus. „Das
Lager hat nur drei Monate existiert, die ‚Zigeuner' waren unter den
ersten, die nach Chełmno deportiert wurden." Im September 1942 findet die zweite Deportationswelle statt.
SS-Truppen stürmen am 1. September in die Krankenhäuser des
Ghettos. „Sie holten alle Kranken heraus. Ich habe mit meinen eigenen Augen gesehen, wie sie Kinder aus dem zweiten Stock geschmissen haben."

Am 2. September befehlen die Deutschen dem Ältestenrat,
20.000 Bewohner des Ghettos zum Abtransport bereitzuhalten –
die Kranken, die Alten und Kinder unter zehn Jahren. Rumkowski, der wenigstens einen Teil der jüdischen Gemeinde retten will,
befindet sich in einem abscheulichen Dilemma. Am 4. September
hält er vor den Ghettobewohnern eine Rede, die traurige Berühmtheit erlangt hat: Er bittet darum, die Kinder aufzugeben.

„Ein schwerer Schlag hat unser Ghetto getroffen. Sie [die Deut-
schen] fordern uns auf, das Beste aufzugeben, das wir besitzen –
die Kinder und die Alten … Nie habe ich gedacht, dass ich einmal gezwungen bin, dieses Opfer mit meinen eigenen Händen
zum Altar zu bringen. In meinem hohen Alter muss ich nun
meine Hände ausstrecken und bitten. Brüder und Schwestern:
Übergebt sie mir. Väter und Mütter: Gebt mir eure Kinder."

Einen Tag nach Rumkowskis Rede verhängen die Deutschen eine
„Gehsperre", das heißt: Niemand im Ghetto darf sich fortbewegen.
Mit Unterstützung der jüdischen Polizei sperren SS und deutsche
Polizei ganze Häuserblöcke ab, holen die Ghettobewohner unter

äußerster Brutalität aus ihren Quartieren und erschießen jeden, der versucht zu fliehen.

„Sie haben die Häuserblocks umstellt und allen befohlen, auf die Straße zu kommen. Dann durchsuchten sie die Wohnungen – sie suchten nach Leuten, die sich versteckten –, sie nahmen die Kinder weg und erschossen Mütter und Väter, die ihren Kindern hinterherrannten. Meine Mutter und ich haben uns in einem Dachboden versteckt. Mein Vater hatte das Haus verlassen, um meine Tanten und ihre sechs Kinder zu verstecken. Aber meine Tanten brauchten zu viel Zeit, um ihre Kinder anzuziehen, sie wurden umstellt, gefangen und mitgenommen, mitsamt meinem Vater."

Abe und seine Mutter stehen unter Schock. Sie haben die ganze Familie verloren.

„Ich habe überall nach unseren Verwandten gesucht – Tanten, Cousinen usw., aber es war niemand mehr da. Ich habe sogar meine ‚guten Verbindungen' genutzt und versucht, meinen Va-

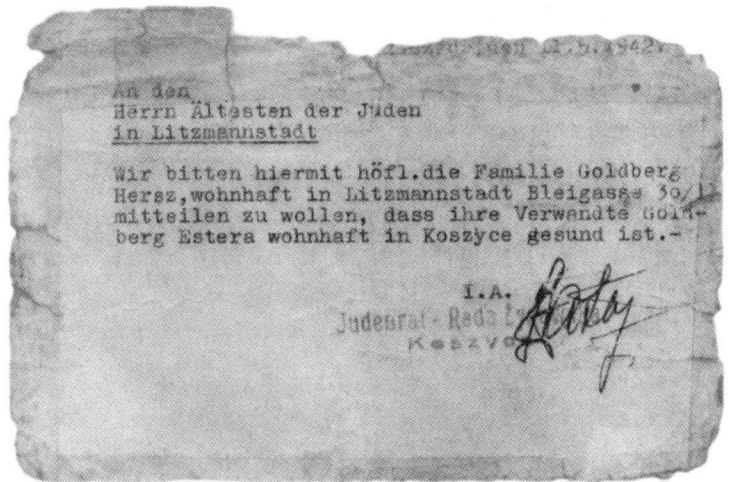

Postkarte der Schwester Ester an den Ältesten des Judenrates in Lódz (Litzmannstadt)

ter vom Transport herunterzukriegen. Aber, anders als bei allen anderen Deportationen, wo die Leute über Stunden oder Tage am Versammlungsort warten mussten, waren diesmal alle sofort in einen bereitstehenden Zug verladen worden. Mein Vater war weg."

Am Ende der mehrtägigen „Aktion" sind 15.000 Bewohner des Ghettos, darunter 6.000 Kinder, nach Chełmno transportiert und dort ermordet worden. „Nach der ‚Sperre', wie wir die ‚Aktion' nannten, hatten wir keine Illusionen mehr, was mit den Deportierten passiert. Von nun an hatte ich noch zwei Jahre mit meiner Mutter." Nach der „Sperre" im September 1942 wird es ruhig im Ghetto. Es ist eine beunruhigende Stille, weil die Gerüchte von weiteren Deportationen nicht verstummen. Es gibt kaum noch Kinder auf den Straßen – 90 Prozent von ihnen sind bereits deportiert. Die Menschen sterben massenweise an Unterernährung, an Typhus und anderen Krankheiten, oder sie erfrieren. Aber Abe und seine Freunde werden nicht müde, ihre Mitbewohner geistig-moralisch zu unterstützen und sie zum Durchhalten zu ermutigen.

„Mein Freund Bono hatte ein Radio, das er auf dem Dachboden der Fabrik versteckt hatte. Davon wussten nur ein paar Leute, es war ja bei Todesstrafe verboten und extrem gefährlich, ein Radio zu besitzen. Aber auf diese Weise haben wir eben gewusst, was außerhalb des Ghettos vor sich geht – wir hatten ja ansonsten null Informationen."

Die einzige Zeitung, die im Ghetto existiert, ist das „Ghetto-Journal", das vom Ältestenrat herausgegeben wird. Das Journal informiert jedoch nicht wirklich, es enthält lediglich deutsche Verordnungen und Mitteilungen, die das Ghetto betreffen. Versteckte Radios sind die einzige Quelle, um zu erfahren, was in der Welt vor sich geht. Im Juni 1944 entdeckt die Gestapo eine Gruppe von Widerständlern, die heimlich Radio hören, um die Nachrichten anschließend im Ghetto zu verbreiten. Einige Mitglieder der Gruppe werden verhaftet und auf der Stelle exekutiert, der Leiter der Gruppe bringt sich um, bevor er den Nazis in die Hände fällt.

„Bono wurde zum Glück nicht entdeckt, aber er hatte immer seine Zyankali-Kapsel dabei. Wir haben dann also durch das Radio vom Aufstand im Warschauer Ghetto gehört – das war eine riesige Ermutigung für uns. Sogar ein Jahr später kamen wir in einer Ecke der Fabrik zusammen, rückten sozusagen ein bisschen zusammen und dachten an den ersten Jahrestag des Warschauer-Ghetto-Aufstands. Natürlich gab's auch andere Nachrichten, die uns niederschmetterten. Zum Beispiel hörten wir von der Polnischen Exilregierung in London, dass schon eine Million polnische Juden umgebracht worden waren. Wir hatten keine Illusionen. Aber wir erzählten den Leuten über den Vormarsch der Alliierten und darüber, wie viele Bomben auf Deutschland gefallen waren." Abe wird nachdenklich.

„Eigentlich war es viel leichter aufzugeben", sagt er dann, „und viele Menschen haben ja auch aufgegeben. Aber ich hatte diesen starken Willen zu kämpfen und zu überleben. Im Nachhinein weiß ich natürlich, dass ich mein Überleben zu neunundneunzig Prozent purem Glück verdanke."

Im Frühjahr 1944 beschließen die Deutschen, das Ghetto zu liquidieren. Es ist das letzte verbliebene Ghetto im Deutschen Reich und in Polen, etwa 75.000 Juden leben hier noch. Rumkowski und dem Ältestenrat wird die Aufgabe übertragen, täglich 1.000 Juden für die „Evakuierung" bereitzustellen. Offiziell heißt es, dass das Ghetto nur weiter nach Osten verlagert wird.

„Aber auf welcher Basis konnte der Ältestenrat seine Entscheidungen treffen? Inzwischen war ja jeder im Ghetto als Arbeiter registriert und deshalb, theoretisch, vor der Deportation geschützt. Also kamen sie auf die Idee, dass die Fabriken nun

Listen aufzustellen hätten. Die Drohung für diejenigen, die nicht zum vorgesehenen Deportationszeitpunkt erschienen, war der Entzug der Lebensmittelkarten für den Rest der Familie im Ghetto. Hans Biebow, Chef der deutschen Verwaltung des Ghettos, kam zu uns in die Fabrik, um uns zu versichern, dass wir zusammen mit all unseren Maschinen in sicherere Gebiete evakuiert würden. Außerdem müssten wir wissen, so sagte er, dass uns die näher kommenden Russen der Kollaboration mit der deutschen Rüstungsindustrie bezichtigen würden."

Bis Mitte Juli werden mehrere Tausend Menschen nach Chełmno transportiert. Abe beginnt, Verstecke zu bauen – kein einfaches Unterfangen in einem Wohnbezirk, der im Wesentlichen aus Holzhäusern besteht.

„Ich wusste, dass der ‚Bund' zwei Bunker gebaut hatte im Ghetto, aber ich wusste auch, dass die Deutschen ebensolche Bunker im Warschauer Ghetto ausgeräuchert hatten. Da habe ich nicht mehr geglaubt, dass die sicher seien. Also hab ich Verstecke auf Dachböden gebaut, die ich dann kaschiert habe, und zusätzlich Leitern aus Seilen gemacht."

Aber Abe baut nicht nur Verstecke für sich und seine Mutter. Damit die Nachwelt erfährt, welche Verbrechen hier von den Nazis verübt werden, sammelt und versteckt er Dokumente.

„Wir wollten sicherstellen, dass wenigstens einige Aufzeichnungen und Artefakte die Nazis überleben, damit sie die Geschichte des Ghettos Łódź erzählen können. Bono und ich haben Tagebuchaufzeichnungen gesammelt, Briefe, Fotografien und Dokumente aus dem Ghetto. Zusammen mit dem Radio haben wir die vergraben – eine Kiste haben wir tief unter einem Baum vergraben, eine zweite in einer Latrine."

Anfang August 1944, nach dreiwöchiger Pause, beginnen die Deportationen erneut – diesmal gehen die Transporte nach Auschwitz. Abe und seine Mutter verstecken sich auf den von Abe vorbereiteten Dachböden. Weil die SS und die jüdische Polizei methodisch das Ghetto absuchen, müssen beide oft das Versteck wechseln. Nachts ist Abe auf der Jagd nach ein bisschen Essen. Abes Mutter hält das nicht lange durch.

„Meine Mutter wollte nicht mehr Strickleitern rauf- und runterklettern, sie wollte sich nicht mehr in Dachkammern verstecken, sie hatte einfach keine Kraft mehr zu dem ganzen Versteckspiel und wollte aufgeben. Sie sagte mir, dass ich bleiben solle – sie ginge alleine. Natürlich konnte ich das nicht. Ich ging mit ihr."

Abe und seine Mutter verlassen ihr Versteck und kommen auf den nächsten Transport.

„Als wir in Auschwitz ankamen, wusste meine Mutter sofort: Das ist das Ende. Bevor wir getrennt wurden, sagte sie zu mir: ‚Abraham, bitte versuch alles Menschenmögliche zu tun, um zu überleben. Und wo immer du sein wirst – erzähl der Welt, was hier passiert ist.'"

Abe hat seine Geschichte hundertmal und öfter vor Besuchern des Museums erzählt. Und doch stehen ihm jetzt, als er von seiner Mutter redet, Tränen in den Augen.

„Nach der Selektion, die übrigens von dem berüchtigten SS-Arzt Josef Mengele mit einem Dirigentenstab in der Hand durchgeführt wurde, wurden wir zu Duschräumen geführt, und dann wurden wir am ganzen Körper rasiert. Die gingen nicht sehr zart mit uns um, wir hatten am ganzen Körper Schnitte. Das war nicht so schlimm, aber anschließend wurden wir mit Desinfektionsmittel eingeschmiert, und das brannte wie Feuer."

Mit Hunderten von anderen Häftlingen wird Abe in eine Baracke getrieben, die völlig leer ist: keine Betten, keine Decken – nichts. Es sind viel zu viele Häftlinge für die Baracke, nichtsdestotrotz werden sie aufgefordert, sich hinzusetzen – eine fast unmögliche Aufgabe.

„Schließlich haben wir eine Position gefunden, die es uns allen erlaubte zu sitzen: Mit offenen Beinen saß einer vor dem anderen. Der Blockälteste – selbst ein Häftling, aber von der SS als Aufseher für den Block eingesetzt – forderte uns auf, völlig still zu sitzen, und drohte uns, jeden, der sich bewegt, auf der Stelle umzubringen. Plötzlich war da eine Bewegung in der Baracke, und ich sah, dass der Blockälteste mit einem Stück Holz auf jemanden einschlug. Und dann sah ich, dass der Mann, auf den er einschlug, mein ehemaliger Sporttrainer vom ‚Bund‘ war. Der lag in einer Blutlache und starb. Ich musste mich irgendwie betäuben, um das alles zu verkraften. Wir waren drei Monate in dieser Baracke – die nannten das ‚die Quarantäne‘. Das war, glaube ich, ein Ersatzlager für andere Arbeiter im Lager. Die Schornsteine waren nur fünfzig Meter weit weg, die rauchten die ganze Zeit, und da war ein Geruch von verbranntem Fleisch in der Luft. Damals nahm ich mir fest vor, alles genauestens zu beobachten und mir zu merken.“

Abe hat Glück, im sogenannten „Quarantäne-Lager" angekommen zu sein, denn das bedeutet: Er ist nicht ins Gas geschickt worden. Das „Quarantäne-Lager" ist eigentlich dazu da, das Einschleppen von Infektionskrankheiten ins Lager zu vermeiden. Tatsächlich werden die Häftlinge hier eingestimmt auf das, was sie in Auschwitz erwartet: Sie werden schikaniert, misshandelt, erschlagen, ihr Wille soll gebrochen werden.

„Während wir in der Quarantäne waren, haben wir nicht gearbeitet, aber die SS hat uns nach Strich und Faden misshandelt. Beim Morgenappell mussten wir Liegestütze machen und Kniebeugen. Die Kniebeugen mussten mit ausgestreckten Armen gemacht werden, und auf den Armen mussten wir unseren

Gürtel halten. Wenn der Gürtel runterfiel, mussten wir mehr Kniebeugen machen. Dann mussten wir schwere Steine von einer Ecke des Appellplatzes in die andere tragen, nur um sie wieder zurückzutragen. Morgens mussten wir alle gemeinsam zur Latrine gehen – dieses persönliche Geschäft musste also auf Befehl und durfte nicht bei Bedarf erledigt werden. Natürlich gab es kein Papier. Wir haben versucht, uns so sauber wie möglich zu halten – manchmal hatten wir ein bisschen Gras gefunden – aber wir stanken fürchterlich."

Die Essensrationen im „Quarantäne-Lager" sind noch geringer als die der übrigen Auschwitz-Häftlinge. Lange kann man im „Quarantäne-Lager" nicht überleben. Es ist wichtig, dass man in ein Arbeitslager überstellt wird.

„Der Tag begann morgens um vier oder fünf mit Appell, danach gab es eine bräunliche Flüssigkeit, die wohl Kaffee sein sollte, aber nichts zu essen. Mittags bekamen wir eine Wassersuppe, und abends gab es ein Stück Brot mit ein bisschen Marmelade und wieder bräunliche Flüssigkeit. Jeden Tag starben Menschen. Manche wollten sich umbringen und in den elektrischen Zaun rennen, aber bevor sie dort ankamen, wurden sie von der SS erschossen. Es war fast so, als ob die Deutschen sagen wollten: Wir entscheiden über euer Leben, selbst wenn es um den Tod geht."

Abe und sein Freund Henry Weinberg beobachten, dass der Nachbarblock einen Blockältesten hat, der offenbar ein anständiger Kerl ist. Sie beschließen, sich in diesen Block zu schleichen. Der Coup gelingt.

„Das war eine glänzende Entscheidung. Willy, der Blockälteste, war ein deutscher politischer Häftling, der schon seit sieben Jahren in verschiedenen Lagern gewesen war. Er war sehr fair, schlug niemanden und sorgte dafür, dass jeder die gleiche

Menge Essen bekam. Das bedeutete wirklich schon sehr viel. Es gelang uns, ein paar Worte miteinander zu wechseln – obwohl Sprechen mit dem Blockältesten ja verboten war –, und wir merkten, dass er wohl entweder ein Sozialdemokrat oder ein Kommunist war. Er mochte uns und versprach, auf uns zu achten. Und er beschützte uns wirklich. Während der Selektionen stellte er sich immer vor uns."

An einem Tag im Oktober 1944 hört Abe eine Explosion – es ist der 7. Oktober.

„Man scheuchte uns in die Baracken und schloss uns ein – wir hatten keine Ahnung, was los ist. Erst ein paar Stunden später hörten wir, durch Mundpropaganda, dass es einen Aufstand im Lager gegeben hatte."

Es handelt sich um den Aufstand des Sonderkommandos, also der Häftlinge, die zur schaurigsten Arbeit in Auschwitz überhaupt gezwungen sind: Sie müssen die Häftlinge für das Gas vorbereiten, sie vorher beruhigen und dafür sorgen, dass sie sich rasch entkleiden und in die „Duschkammern" gehen, Alten und Kranken beim Entkleiden helfen, Gebrechliche in die Gaskammern tragen. Nach dem eingetretenen Tod müssen sie die Leichen aus den Gaskammern holen, und, bevor sie sie in Verbrennungsgruben werfen (bis Mitte 1943) oder in die im Mai 1943 gebauten effizienteren Krematorien bringen, in allen Körperöffnungen nach Wertsachen schauen, Gold aus den Zähnen brechen, lange Haare scheren und Prothesen abnehmen. Nachdem sie die Asche der Vergasten und Verbrannten verstreut haben, müssen die Häftlinge des Sonderkommandos schließlich die Gaskammern reinigen und die verbliebenen Kleidungsstücke zur Wiederverwendung im Deutschen Reich einsammeln. Der Aufstand des Sonderkommandos wird binnen kürzester Zeit blutig niedergeschlagen. „Nach dem Aufstand nahmen die Bestrafungen zu, und uns wurde ständig angedroht, uns anständig zu benehmen, ansonsten würden wir auch in der Pfanne schmoren."

Abe und Henry bleiben drei Monate in Auschwitz. Während der ganzen Zeit schlafen sie – ohne Decken – auf dem nackten Fußboden. Sie haben keine Unterwäsche und keine Strümpfe, nur eine Leinenjacke, ein Paar Hosen und ein Barett. Ihren Gürtel und ihre Schuhe durften sie behalten. Morgens vor dem Appell bauen die Häftlinge einen „menschlichen Ofen": Sie drängen sich alle dicht zusammen und wärmen einander.

Ende November kommt ein deutscher Ingenieur ins Lager, er sucht Arbeiter und fragt, ob vielleicht Metallarbeiter da seien. Abes Hand geht hoch.

„Zum Glück hatte ich ja ein bisschen Ahnung von Metallurgie durch meinen Job im Ghetto, aber ich glaube, ich hätte meine Hand bei jeder Frage gehoben. Der Ingenieur hat mir eine einzige Testfrage gestellt: Wie viele Umdrehungen hat ein Bohrer pro Minute? Ich hatte zwei Jahre an einer Drehmaschine gestanden, also wusste ich die richtige Antwort, und mein Name wurde aufgeschrieben."

Eine Woche später wird Abes Name beim Appell aufgerufen. Er bekommt etwas Brot und Butter und wird, gemeinsam mit anderen Häftlingen, in einem Viehwaggon nach Braunschweig transportiert. Dort ist, direkt an der Bahnstrecke, gerade ein neues Lager gebaut worden, und die Häftlinge arbeiten in einer acht Kilometer entfernten Lkw-Fabrik. Abe arbeitet in der Abteilung, in der die Motoren gesäubert werden.

„Das Gute an der Abteilung war, dass es da schön warm war. Ich habe mit deutschen Zivilisten zusammengearbeitet, aber es gab keine Gespräche zwischen uns, und Essen haben sie mir auch nicht gegeben. Das Lager selbst war ganz entsetzlich. Die Kapos, also die Häftlinge, die einer Gruppe von Häftlingen vorgesetzt waren, und die Blockältesten kamen alle aus Dachau, und die waren absolut brutal. Ich erinnere mich, dass ich einmal außerhalb der verordneten Zeit auf die Toilette musste. Ich war sicher, dass mich niemand sah, aber ich wurde geschnappt. Zur Strafe zog mir der Kapo mit einer Zange einen meiner Fingernägel raus. Ich hatte sehr viel Glück, dass sich der Finger nicht entzündete, denn die kleinste Entzündung konnte sehr leicht zu Wundbrand führen. Und Wundbrand bedeutete den sicheren Tod."

Inzwischen wird das Deutsche Reich Tag und Nacht von den Alliierten bombardiert, und die Häftlinge werden dazu herangezogen, die Trümmer zu beseitigen – ohne Schaufeln oder anderes Gerät, mit ihren bloßen Händen. Kurz darauf werden die Häftlinge verlegt.

„Anfang Februar mussten wir circa 40 Kilometer nach Salzgitter-Watenstedt im Südwesten von Braunschweig marschieren, dort wurden wir in Viehwaggons geladen und kamen, nach einigen Tagen und Nächten, im Frauenlager Ravensbrück etwa 100 Kilometer nördlich von Berlin an. Da blieben wir ein paar Tage und wurden dann 150 Kilometer weiter westlich nach Wöbbelin transportiert. Das war ein Lager, das noch nicht mal ganz fertiggestellt war, und wir hörten Gerüchte, dass es für amerikanische und englische Juden vorgesehen war. Aber im Moment waren hier Russen, Polen, Jugoslawen – und eine Menge Leichen überall verstreut im ganzen Lager, manchen fehlten die Extremitäten. Ich glaube, es gab da Fälle von Kannibalismus im Lager."

Abe ist am Ende seiner Odyssee angelangt, die SS-Wachen verschwinden.

„Wir haben uns trotzdem noch nicht aus dem Lager getraut, weil wir dachten, das sei ein erneuter Trick und die Wachen hätten sich nur versteckt. Also blieben wir in unseren Baracken. Aber ein paar Stunden später rollten die ersten amerikanischen Panzer ins Lager. Mein Freund Henry Weinberg, mit dem ich die ganze Zeit zusammen war, ist zwei Tage später in einem amerikanischen Feldlazarett gestorben. Die Amerikaner haben wirklich alles versucht, was sie konnten – aber Henry war so geschwächt, dass ihm nicht mehr geholfen werden konnte." Abe kämpft seine Tränen zurück. „Henrys letzte Worte waren: ‚Ich habe durchgehalten, um das Ende Hitlers zu sehen!'"

Auch Abe ist körperlich geschwächt, aber er ist zäh und hat wieder mal Glück, wie er sagt.

„Ich war nicht krank und war keinen einzigen Tag im Krankenhaus. Und ich war wild entschlossen, nach Łódź zurückzukehren, um die vergrabenen Kisten zu retten. Ich habe drei Wochen für die 400 Kilometer gebraucht, weil die Eisenbahngleise alle bombardiert waren und ich trampen musste. Die Kiste unter dem Baum war weg, aber die Kiste in der Latrine war noch da."

Die Alliierten richten in ganz Deutschland sogenannte „DP-Lager" für Displaced Persons ein – Lager für die Millionen von Menschen, die durch den Krieg heimatlos geworden sind: Zwangsarbeiter, Kriegsgefangene, Häftlinge aus Konzentrationslagern. Abe reist von DP-Lager zu DP-Lager, um Freunde zu finden, die eventuell überlebt haben. Tatsächlich findet er seinen alten Freund Abram Morgenthaler.

„Abram und ich sind dann zusammen nach Brüssel gegangen, weil wir dort gut mit Leuten vom ‚Bund' vernetzt waren. Unser Flüchtlingsstatus war in Belgien allerdings in der Schwebe, wir mussten uns alle sechs Monate bei der Polizei melden. Aber immerhin haben wir eine Arbeitserlaubnis bekommen. Ich habe dann eine Ausbildung zum Täschner gemacht."

Trotz der Unsicherheit in Bezug auf ihren legalen Status werden Abram und Abe auch wieder beim „Bund" aktiv. Abe strahlt über das ganze Gesicht, während er weitererzählt:

„Wir haben selbstverständlich an den 1. Mai-Demonstrationen teilgenommen, aber auch an Demos gegen die Royalisten. Die wollten nämlich König Leopold III. wieder nach Belgien holen, dessen Rolle während des Krieges aber sehr umstritten war. Der König kehrte dann im Sommer 1950 tatsächlich auf den Thron zurück, dankte aber wegen anhaltender Proteste zugunsten seines Sohnes ab."

Inmitten all seiner politischen Aktivitäten trifft Abe die sechzehnjährige Cesia Amatensztajn – eine polnische Jüdin, die genau wie Abe das Ghetto von Łódź und die Deportation nach Auschwitz überlebt hat. Nach zwei Monaten halten die beiden Händchen, nach drei Monaten gibt es den ersten verbotenen Kuss. Die beiden sind Hals über Kopf verliebt und heiraten kurz nach Cesias achtzehntem Geburtstag im Jahre 1947.

Abe und Cesia, Brüssel 1947

„Wir haben unser Leben in Brüssel genossen. Die Stadt hatte so viel zu bieten – wir sind ins Kino gegangen, ins Theater, ins Kabarett und in Jazz-Bars. Aber gleichzeitig wussten wir, dass wir nie die Staatsbürgerschaft bekommen würden. Also mussten wir darüber nachdenken, wo wir hingehen sollen. Und da wir Freunde in Australien hatten, haben wir gesagt: na gut, dann eben Australien."

Abe und Cesia kommen im März 1951 in Melbourne an, ein Jahr später wird Sohn Charles geboren, 1959 die Tochter Helen. Abe versucht, mit einem Handtaschengeschäft beruflich Fuß zu fassen, er fertigt die Handtaschen selbst an. Aber er hat keinen Erfolg. „Ich weiß auch nicht – australische Frauen benutzten damals offenbar keine Handtaschen." Er fängt an, als Bügler an Dampfbügelmaschinen zu arbeiten, und er macht sich schnell in dem Gewerbe selbständig. Cesia arbeitet als Näherin. Die beiden arbeiten zwölf Stunden am Tag, abends gehen sie mit Freunden aus und sind oft noch bis spätnachts unterwegs – sie genießen ihr Leben in vollen Zügen. Weder Abe noch Cesia sprechen zunächst englisch.

„Aber das hat uns nichts ausgemacht. Wir sind trotzdem ins Kino und ins Theater gegangen – irgendwie mussten wir die Sprache ja lernen. Ich erinnere mich, dass das damals eine große Sache in Australien war, ins Kino zu gehen – die Frauen hatten lange Kleider an, trugen Hüte – und Handschuhe bis zum Ellenbogen."

Ein paar Jahre später eröffnen Abe und Cesia einen Delikatessenladen in der Chapel Street, einer beliebten Einkaufsstraße Melbournes, später ein Restaurant mit europäischen und jüdischen Spezialitäten. Das Restaurant „Goldy's" befindet sich in der Little Collins Street – mitten im Stadtzentrum neben dem Rathaus, in dem viele kulturelle Veranstaltungen stattfanden.

„Wir hatten da jede Menge Schauspieler, Musiker und andere Künstler in unserem Restaurant. Noch heute wer-

Goldene Hochzeit im Juni 1997, Melbourne

de ich oft von Leuten gegrüßt, an die ich mich überhaupt nicht erinnern kann."

Außer Abe und seiner Schwester Marella hat niemand aus der Goldberg-Familie den Holocaust überlebt. Hassgefühle, so sagt Abe, seien ihm jedoch fremd. „Hass zerstört – er zerstört dich selbst, deine Ehe, deine Kinder und alles andere auch."

Abe zieht es vor, seine Kräfte in positive Energie zu lenken. Von Anfang an mischt er sich ein auf dem neuen Kontinent: Er spielt eine aktive Rolle in der jüdischen Gemeinde, natürlich auch wieder im „Bund", er arbeitet ehrenamtlich in der jüdischen Nationalbibliothek, er engagiert sich in der jüdisch-jiddischen Bildung und Erziehung, und er ist federführend bei der Gründung, dem Aufbau und der inhaltlichen Gestaltung des jüdischen Holocaust-Museums in Melbourne beteiligt. Bis heute ist er Vorstandsmitglied des Museums, führt Besucher durch das Museum und spricht vor Schulklassen.

Am Ende unserer Gespräche sagt Abe: „Im Grunde rede ich ja vor den Schülern und Studenten, um die letzte Bitte meiner Mutter zu erfüllen. Aber ich tue es auch, weil ich den inneren Auftrag meines Volkes spüre."

Kapitel 11

Der lange Marsch in den Tod: Die Evakuierung der Lager

Im Juni 1944, als die Ostfront zusammenzubrechen begann und die Alliierten bereits in der Normandie gelandet waren, erließ der Reichsführer-SS Heinrich Himmler einen Erlass zur Sicherung der Konzentrationslager im Notfall. Der Notfall war nicht näher erläutert, und der gesamte Erlass war sehr vage formuliert. Von den Lagerkommandanten und örtlichen SS-Führern wurde er dahingehend interpretiert, dass die KZ-Häftlinge bei Herannahen des Feindes zu evakuieren seien.

Die ersten Räumungen von Konzentrationslagern begannen im Baltikum und in Ostpolen, angefangen mit dem KZ Majdanek. Majdanek war das erste von Tausenden von Konzentrations- und Arbeitslagern im besetzten Europa, das nach einer erfolgreichen Offensive der Roten Armee bei Lublin im Juli 1944 befreit werden konnte. Aufgrund des hastigen Rückzugs gelang es dem Wachpersonal nicht mehr, das Lager komplett zu evakuieren und sämtliche Spuren zu verwischen. Die sowjetische und die westliche Presse berichteten ausführlich über die Existenz von Gaskammern, Fotos von den Überbleibseln der Opfer gingen um die Welt – Brillen, Haare, Prothesen –, und der Rundfunk übertrug Interviews mit Überlebenden.

Für Heinrich Himmler waren das schlechte Nachrichten: Es musste um jeden Preis verhindert werden, dass erstens das, was in den Lagern geschah, an die Öffentlichkeit geriet, und zweitens, dass KZ-Insassen in die Hände des Feindes fielen. Die nachfolgenden Anweisungen waren zwar immer noch unklar, offenbar gab es aber spätestens im Januar einen Befehl, die Evakuierung aller Konzentrations- und Arbeitslager in den besetzten Gebieten vorzunehmen. In der Folge wurden die Lager aufgelöst, und die Häftlinge in das Innere des Deutschen Reiches gebracht, das noch unter der Kontrolle der Nationalsozialisten war.

Die Evakuierung von Hunderttausenden von KZ-Häftlingen (laut NS-Statistik befanden sich im Januar 1945 noch 714.000 Häftlinge im gesamten Konzentrationslagersystem, vermutlich waren es jedoch deutlich mehr) stellte die Lagerkommandanten und Wachmannschaften vor enorme logistische und organisatorische Probleme. Die Komplexität der Aufgabe, das Fehlen konkreter Anweisungen und Zuständigkeiten, das zunehmende Chaos sowie Angst und Nervosität während des Rückzugs waren womöglich die Ursache für die ungeheure Brutalität, mit der die Wachmannschaften vorgingen. Im Zweifelsfall entschieden sie immer in der gleichen Weise: Wer nicht mehr zu evakuieren war, wurde liquidiert.

Nach der Räumung Majdaneks erfolgte die Evakuierung der Konzentrations- und Arbeitslager im Ostland und des Zwangsarbeitslagers Gęsiówka, das auf den Trümmern des Warschauer Ghettos errichtet worden war. Im Herbst 1944 begannen die besonders grausamen Evakuierungen auf dem Balkan: Ungarische Juden, die in den jugoslawischen Minen von Bor arbeiteten, wurden nach Ungarn getrieben, auf der Strecke wurden Tausende liquidiert. Im November 1944 wurde ein riesiger Treck von 76.000 Männern, Frauen und Kindern aus dem Budapester Ghetto Richtung österreichische Grenze in Bewegung gesetzt. Der Marsch dauerte einen ganzen Monat, Tausende wurden unterwegs erschossen oder starben vor Hunger, Kälte oder Erschöpfung. Mit dem Beginn der großen Winteroffensive der Roten Armee begann im Januar 1945 die Räumung der großen Lager in Polen: Auschwitz mit etwa 56.000 Häftlingen und seinen diversen Außenlagern im Süden, Stutthof mit knapp 50.000 Häftlingen im

Norden. Im Februar ging es weiter mit der Evakuierung von etwa 40.000 Häftlingen in Groß-Rosen. Die Räumungen der unzähligen Lager hielten bis wenige Tage vor Kriegsende an. Noch im Frühjahr 1945 wurden auf deutschem Boden die Lager Buchenwald, Flossenbürg, Dachau, Sachsenhausen und Neuengamme evakuiert. Es gab Tausende von Evakuierungsmärschen quer durch Europa, einige waren Hunderte Kilometer lang, andere waren kürzer. Die Räumungen erfolgten zu Fuß, mit Zügen, auf Schiffen und mit Lkws, in der Regel war es eine Kombination mehrerer Fortbewegungsmittel verbunden mit langen Fußmärschen. Im ganzen Reich waren Kolonnen von ausgemergelten Gestalten mit unbestimmtem Ziel unterwegs, bei Schnee und Kälte, ohne vernünftige Kleidung oder Schuhe, ohne Verpflegung, ohne Trinkwasser. Viele Häftlinge waren viel zu schwach, um Schritt halten zu können und wurden kurzerhand erschossen. Auch diejenigen, die stolperten und fielen oder beiseitetraten, um ihre Notdurft zu verrichten, wurden erschossen. Tausende andere erfroren, verhungerten oder starben an völliger Erschöpfung. Die Toten säumten die Straßen, viele Zeugen erinnern sich an den ewig rot gefärbten Schnee von all dem Blut. Die Zugtransporte waren keineswegs müheloser als die Fußmärsche, denn die Häftlinge wurden entweder in offenen Güterwaggons befördert, wo sie der Kälte ungeschützt ausgesetzt waren, oder sie wurden in solchen Massen in geschlossene Waggons gepfercht, dass sie kaum stehend Platz hatten. Die aufnehmenden Lager für die Evakuierten waren völlig überfordert mit der Aufnahme Tausender neuer Häftlinge, auch hier waren die Bedingungen verheerend, die Neuankömmlinge mussten oft im Freien bleiben und bekamen nichts zu essen. Die Brutalität der begleitenden Wachen war enorm, sie verübten unterwegs zahlreiche Massaker unter den Häftlingen und erschossen oftmals die marschunfähigen Kranken, die in den KZs zurückgeblieben waren.

Die Evakuierungen erhielten sehr schnell den Namen „Todesmärsche" – geprägt vermutlich von den Häftlingen selbst, weil sie keinen Sinn in den Maßnahmen erkannten und annahmen, dass sie zu Tode marschiert werden sollten. Auf einigen Todesmärschen wurden bis zu 80 Prozent der Häftlinge ermordet, auf anderen 20 Prozent oder weniger. Insgesamt starben zwischen Sommer 1944 und Mai 1945 während der Todesmärsche mindestens eine Viertel Million Menschen – mehr als 35 Prozent aller Lagerhäftlinge. Viele weitere Häftlinge waren in einem katastrophalen körperlichen Zustand und überlebten die Befreiung nur wenige Tage oder Wochen.

In den ersten Tagen im Mai 1945, wenige Tage also vor der Kapitulation Deutschlands, wurden noch Tausende von Häftlingen aus den Konzentrationslagern Neuengamme, Stutthof, Auschwitz-Fürstengrube sowie Mittelbau-Dora durch Norddeutschland bis an die Ostsee getrieben. Dort, in der Lübecker Bucht, wurden sie schließlich auf vier manövrierunfähige Schiffe verladen: auf die Cap Arcona, die Thielbeck, die Deutschland und die Athen. Mit 7.000 bis 8.000 Häftlingen an Bord waren die Schiffe völlig überfüllt, es gab weder Wasser noch irgendetwas zu Essen, die hygienischen Bedingungen waren unbeschreiblich.

Es ist bis heute ungeklärt, was die Nazis mit diesen schwimmenden Konzentrationslagern vorhatten. Sie selbst erklärten später, dass sie die Häftlinge in das noch von Nazi-Deutschland besetzte Schweden bringen wollten. Die Ansichten der Historiker gehen auseinander. Während einige von ihnen vermuten, dass die Nazis die Schiffe versenken wollten, gehen andere davon aus, dass die Unterbringung auf den Schiffen lediglich eine provisorische Lösung war, denn weitergehende Absichten seien nicht nachweisbar. Bekannt ist jedoch, dass die SS sämtliche Ausrüstung für lebensrettende Maßnahmen von den Schiffen entfernt und die Rettungsboote blockiert hatte – die Schiffe waren also ausbruchssicher. Außerdem waren die automatischen Schotten und die Feuerlöscher zerstört worden, so dass die Schiffe im Falle eines Feuers schnell sinken würden.

Am 3. Mai, noch bevor die Deutschen welchen Plan auch immer ausführen konnten, wurden die Schiffe in der Annahme, dass es sich um Truppentransporter handelt, von britischen Jagdbombern angegriffen und bombardiert. In drei Angriffswellen wurden die Cap Arcona, die Deutschland und die Thielbeck in Brand geschossen, die Cap Arcona und die Thielbeck legten sich auf die Seite. Diejenigen Häftlinge, die nicht im Schiffsrumpf verbrannten oder ertranken, sprangen in das nur 8 Grad kalte Wasser und versuchten, eines der Boote zu erreichen, die vom Ufer aus zu Hilfe geeilt waren. Britische Jagdflieger schossen mit ihren Bordwaffen auf die Ertrinkenden, deutsche Boote, die zu Hilfe geeilt waren, nahmen vor allem deutsche Marinesoldaten auf und schossen auf die Häftlinge. Es war das katastrophale Ende eines von vielen Todesmärschen: Von den 7.000 bis 8.000 Häftlingen überlebten nur ein paar Hundert.

Jakob (Jack) Fogel

Die Art und Weise, wie ich Jack kennengelernt habe, ist eine nahezu unglaubliche Geschichte. Ich hatte meine Eltern in Deutschland besucht und war bei der Gelegenheit auch in Berlin gewesen, um das 2001 eröffnete „Jüdische Museum" sowie das 2005 eröffnete „Denkmal für die ermordeten Juden Europas" zu besichtigen – beide Museen kannte ich noch nicht. Anschließend besuchte ich meine Freundin Monika Metzner-Zinßmeister, die damals die Leiterin einer kleinen Holocaust-Gedenkstätte in Norddeutschland war und die eine private Führung mit mir machte. Nach meiner Rückkehr nach Australien bat mich die Leitung des Holocaust-Museums, einen Vortrag über die Museen und meine Eindrücke zu halten. Ich berichtete also über alle drei Museen, begann mit den beiden „Großen" und erzählte zum Schluss ein bisschen über die relativ unbekannte Gedenkstätte Ahrensbök in Norddeutschland. Ich erzählte, dass diese als Ergebnis einer Bürgerinitiative entstanden war, um an die NS-Geschichte in der Region zu erinnern: Bereits 1933 hatte es hier ein sogenanntes „wildes", von den lokalen NS-Größen eingerichtetes Konzentrationslager gegeben; und 1945 führte ein Todesmarsch durch den Ort. Es war der Todesmarsch von Häftlingen aus Auschwitz-Fürstengrube, der über Gleiwitz, Mauthausen, Nordhausen im Harz, Magdeburg und Ahrensbök bis nach Neustadt an der Ostsee führte. In Neustadt wurden die Gefangenen dieses Todesmarsches dann auf Schiffe in der Lübecker Bucht verladen. Ich berichtete, dass diese Schiffe am 3. Mai, kurz vor Ende des Krieges, von der britischen Luftwaffe bombardiert worden waren und dass von den 7.000 bis 8.000 Häftlingen an Bord nur ein paar Hundert überlebt hatten – ein Kriegsdesaster, das später nach dem größten der drei Schiffe benannt wurde und als Cap-Arcona-Katastrophe in die Geschichte einging.

Als ich meinen Vortrag beendet hatte, leerte sich der Saal. Nach und nach verließen die Zuhörer den Raum – bis auf einen älteren Herrn, der einfach nur dastand und offenbar auf mich wartete. Schließlich sprach er mich an.

Jack 2010 im Museum Melbourne – auf sein Foto zeigend, aufgenommen kurz nach der Befreiung

Er stellte sich höflich vor – Jack Fogel – und sagte: „Ich wollte Ihnen nur sagen, dass ich einer der Überlebenden der Cap Arcona-Katastrophe bin."

Jacks Geschichte

Jakob wird im Dezember 1924 in Turek geboren, einer kleinen Stadt in Polen nahe der deutschen Grenze.
„Wir waren fünf Kinder zu Hause. Der Älteste war mein Bruder Laib, der war sechs Jahre älter als ich, dann kamen meine fünf Jahre ältere

Jakobs Vater Szlama Fogel und Mutter Hudes Fogel

Schwester Henia und mein drei Jahre älterer Bruder Icek. Und dann hatte ich noch einen zwei Jahre jüngeren kleinen Bruder, der hieß Szmulek."

Der Vater Szlama besitzt ein Textilgeschäft, das der Familie einen einträglichen Lebensunterhalt beschert, die Mutter Hudes ist Hausfrau. Die Familie pflegt die jüdischen Traditionen, ist aber nicht übermäßig religiös – die Synagoge wird jedenfalls eher selten besucht, nur an hohen jüdischen Feiertagen.

Als am 1. September 1939 der Krieg ausbricht, ist Jakob noch keine fünfzehn Jahre alt. Er hat gerade seine sieben Pflichtschuljahre beendet. Seine Eltern haben noch nicht beschlossen, welche Laufbahn er einschlagen soll.

„Damals haben das ja die Eltern entschieden. Ich weiß nicht genau, was meine Eltern mit mir vorhatten, aber ich war ziemlich musikalisch und hatte Geigenunterricht. Ich kann mir also

Jakobs Bruder Laib in seiner polnischen Armeeuniform, 1939, und Schwester Henia, 1938

gut vorstellen, dass meine Eltern mich auf die Musikschule geschickt hätten."

Die Deutschen besetzen Turek noch im September. Laib, der sechs Jahre ältere Bruder, wird zur polnischen Armee gezogen und kommt nicht zurück – er fällt im Kampf gegen die Deutschen.

Im Frühjahr 1940 räumen die Deutschen einen Straßenzug Tureks und erklären ihn zum Ghetto. Etwa 2.300 Einwohner Tureks, 24 Prozent der Bevölkerung, sind Juden, sie werden in das Ghetto getrieben, dazu weitere 2.700 Juden aus der Umgebung.

„Wir haben uns ein kleines Apartment mit Küche mit einer anderen Familie teilen müssen, wir hatten also nur ein Zimmer und haben zu sechst in diesem Zimmer geschlafen. Meinem Bruder Icek ist es gelungen, einen Job bei der deutschen Armee zu kriegen – auf diese Weise hatten wir wenigstens ein bisschen Geld, um uns etwas zu essen zu kaufen."

Im Sommer geschieht etwas Entsetzliches.

„Es war ein heißer Sommertag, ich erinnere das ganz klar. Ich wollte aus unserem stickigen, überfüllten Zimmer raus und ging in meiner kurzen Hose und meinem kurzärmeligen Hemd auf die Straße. In dem Moment kam ein deutscher Lkw angefahren."

Bevor Jakob weiß, wie ihm geschieht, wird er mit Gewalt auf den Lkw geladen und zusammen mit zwanzig anderen Männern in die nächste Stadt gefahren, nach Poznań. Dort werden die Männer in eine ehemalige Schule gesperrt, die mit Stacheldraht umzäunt ist.

„Ich werde diesen Tag mein ganzes Leben lang nicht vergessen. Ich war noch nie von zu Hause weg gewesen, und ich habe mich entsetzlich allein gefühlt. Von den anderen hat sich auch niemand um mich gekümmert. Uns wurden Stockbetten zugewiesen, und auf so einem Bett fand ich mich dann mit sechs oder sieben fremden Männern wieder. Normalerweise war ich kein Junge, der geweint hat. Aber in dieser Nacht, da habe ich geweint. Das Schlimmste war, dass ich mich ja nicht von meiner Familie habe verabschieden können. Es war das letzte Mal, dass ich sie gesehen habe."

Bis 1943 muss Jakob in Arbeitslagern in der Umgebung von Poznań arbeiten. Eines Tages jedoch wird er, zusammen mit anderen, in einen Güterzug verladen und in ein anderes Lager verbracht.

„Es war dunkel, als wir ankamen, aber irgendwie konnte ich doch erahnen, dass hier irgendetwas anders war." Jakob war in Auschwitz angekommen. „Wir mussten uns aufstellen, und da waren eine Menge Offiziere. Einer war wohl Arzt, denn der hatte einen weißen Kittel an. Ich wurde auf eine Seite geschickt, und auf der anderen Seite waren viele ältere Leute, aber dabei habe ich mir zunächst nichts gedacht. Als Nächstes haben sie uns dann in große Duschräume gebracht und uns am ganzen Körper rasiert, dann bekamen wir gestreifte Kleidung, die aussah wie Schlafanzüge, und schließlich haben sie uns tätowiert. Von da an wurde ich nur noch mit meiner Nummer angeredet: 140964."

Nach einer Woche wird Jakob nach Fürstengrube gebracht, ein circa 30 Kilometer weiter nördlich gelegenes Außenlager vom Stammlager Auschwitz. Hier arbeitet er in einem Steinkohlebergwerk des Konzerns I.G. Farben, das Kohle für das bei Auschwitz errichtete Zweigwerk der Buna-Werke zur Herstellung von künstlichem Gummi liefert. Die Häftlinge müssen drei bis vier Kilometer zur Arbeit marschieren und verrichten schwere Arbeiten in den niedrigen Stollen, in denen das Wasser steht, sie sind unzureichend gekleidet und bekommen nicht genügend zu essen. „Wir hatten keine Strümpfe, keine Unterwäsche, keinen Pullover. Wir waren glücklich, wenn wir manchmal einen Zementsack fanden, den wir uns dann unter die Häftlingsjacke gestopft haben, um die Kälte abzuhalten. Das war natürlich verboten, und wir mussten aufpassen, dass wir nicht erwischt werden. Ich habe einige Zeit in den Stollen gearbeitet, und einige Zeit haben wir ein Betongebäude hochgezogen. In den Stollen haben deutsche Fachleute die Löcher gebohrt und Sprengstoff gelegt – es war verboten, mit denen zu reden –, und anschließend sind wir dann auf Händen und Knien in die oft nur ein Meter hohen Stollen gekrochen, um die Kohle in Waggons zu laden und anschließend zu einem Förderkorb zu fahren. Das Essen – tja: Morgens haben wir Kaffee bekommen, oder jedenfalls nannten sie es so: Es sah nicht so aus wie Kaffee, und es schmeckte nicht wie Kaffee – aber es war heiß. Unser erstes Essen bekamen wir bei der Arbeit: Das war eine Suppe, die wirklich auch nur aus heißem Wasser bestand. Ein paar Dinge schwammen darin rum, man wusste nie, was es war, trotzdem waren wir froh um jede ‚Einlage‘. Unsere Hauptmahlzeit bekamen wir dann abends im Lager: 250 g schreckliches Brot, das dann auch fürs Frühstück gedacht war. Aber wer konnte das schon aufheben? Wir haben es in Windeseile heruntergeschlungen, weil wir so hungrig waren. Außerdem: Wenn wir es unter unserem Kopfkissen aus Stroh versteckt hätten, wäre es am nächsten Morgen sicher nicht mehr da gewesen."

Im Lager Fürstengrube befinden sich etwa 1.200 Häftlinge. Fluchtversuche enden mit der Todesstrafe: Die Flüchtlinge werden vor allen anderen Häftlingen erschossen oder aufgehängt.

„Das Hängen fand immer an einem Sonntag statt, damit wir es auch alle mitbekamen – das war nämlich der einzige Tag, an dem wir nicht arbeiten mussten. Es gab da einen Vorfall, der so schrecklich war, dass ich ihn wahrscheinlich mit in mein Grab nehmen werde. Mitten in der Nacht wurde zum Appell gepfiffen, wir mussten also alle raus und uns in einem Karree aufstellen. Es war Winter und bitterkalt. Dann kam ein Lkw angefahren und lud in der Mitte des Platzes vier Leute ab, die erschossen worden waren. Das Blut lief aus ihnen heraus in den Schnee, vielleicht lebten sie auch noch, ich weiß es nicht. Es stellte sich heraus, dass das Leute von der Nachtschicht waren, die versucht hatten zu fliehen. Dann ging der Lagerführer, ein SS-Hauptscharführer Otto Moll, langsam um den Platz herum und wählte per Zufall einige Häftlinge aus. Schließlich blieb er direkt vor mir stehen – und wählte den Mann aus, der neben mir stand. Moll hatte insgesamt zehn Häftlinge ausgesucht, die mussten sich nun in Reih und Glied an der Wand aufstellen, Moll nahm ein Maschinengewehr und erschoss sie alle, so wie sie da standen. Anschließend hielt der Lagerälteste (es war gegen Molls Ehre, zu KZ-Insassen zu sprechen) eine Rede, in der er erklärte, dass das nächste Mal, wenn jemand versuchen würde zu fliehen, 20 Leute erschossen würden."

Mitte Januar 1945, die Rote Armee hat bereits Krakau erreicht und steht nur noch 50 Kilometer vor Auschwitz, wird Fürstengrube evakuiert. Am 19. Januar müssen die Häftlinge zu einem letzten Appell antreten, bevor sie das Lager am Abend zu Fuß verlassen. Etwa 250 Kranke und nicht Marschfähige bleiben zurück, sie werden wenige Tage später alle von der SS ermordet.

„Es waren 20 Grad minus, es schneite, und die Straßen waren eisglatt. Wir waren nur in unserer dünnen Häftlingskleidung und mit unseren Holzpantinen. Einige von uns mussten Gepäckwagen der Wachmannschaften hinter sich her ziehen, während die SS-Leute den Treck patrouillierten, uns antrieben und mit Gewehrkolben und Stöcken schlugen, damit wir schneller gehen. Wir sind zwei oder drei Tage so gelaufen, und wer nicht mehr gehen konnte oder hingefallen ist, wurde auf der Stelle erschossen. Die haben sich nicht mal mehr die Mühe gemacht, die Leichen beiseitezuschaffen."

Nach 17 Kilometern Marsch wird am nächsten Morgen zum ersten Mal ein kurzer Halt gemacht, nach weiteren 28 Kilometern kommt die Häftlingskolonne am Abend in Gleiwitz II an, einem der vielen Außenlager des KZ Auschwitz.

Für Jakob gibt es während dieses Marsches einen Moment, den er nie vergisst.

„Plötzlich – wir hatten nichts zu essen bekommen, und ich war extrem hungrig – versagten mir beim Marschieren die Knie. Sie gaben einfach nach, ich konnte nichts machen, und ich dachte: Das war's. Aber in dem Moment, in dem ich nach unten sackte, packten mich die zwei Männer neben mir unter den Armen und schleiften mich ein Stück mit. Irgendwie kehrten meine Kräfte dann tatsächlich zurück, und meine Beine liefen wieder. Wenn ich gefallen wäre, hätte das meinen sicheren Tod bedeutet. Die beiden haben mir das Leben gerettet – und ich wusste nicht mal, wer sie waren. In den darauffolgenden schrecklichen Wochen habe ich sie aus den Augen verloren."

Das Lager Gleiwitz ist mit Häftlingskolonnen aus anderen Auschwitz-Lagern völlig überfüllt. Aus den 4.000 bis 5.000 Menschen wird ein Eisenbahntransport zusammengestellt, die Häftlinge werden brutal in offene Kohlewaggons gepfercht. Es ist der Beginn einer zehntägigen Horrorreise durch Polen, die Tschechoslowakei und die Ostmark.

„Die haben uns so eng in die Waggons gequetscht, dass wir nur dicht gedrängt Körper an Körper stehen konnten, wir konnten uns weder bewegen geschweige denn hinsetzen. Es war eine klirrende Kälte, und es schneite – und wir hatten nur unsere dünne Häftlingskleidung an und waren völlig ungeschützt." Der Transport in den nicht isolierten, offenen Kohlewaggons bedeutete für viele der Häftlinge den sicheren Erfrierungstod.

„Männer, die nicht mehr stehen konnten, sanken einfach so nach unten, auf die wurde dann draufgetrampelt und natürlich starben die. Aber zu diesem Zeitpunkt hat sich da schon niemand mehr drum gekümmert. Die Toten wurden irgendwann aus dem Waggon geworfen, um Platz zu schaffen für die anderen. Es war schrecklich. Und wir hatten nichts zu essen, gegen unseren Durst versuchten wir, wenigstens ein bisschen Schnee aufzufangen."

Andere Zeugen dieser Fahrt berichten von dem Stöhnen der Sterbenden und den Schreien anderer, die offenbar verrückt geworden waren und anfingen zu beißen, zu stoßen und zu kratzen. Auch die wurden aus den Waggons geworfen. Hunderte von Häftlingen starben.

Die Überlebenden hoffen, dass sie am Ziel ihrer Reise sind, als der Zug schließlich in Mauthausen hält. Das dortige Konzentrationslager, das größte der Ostmark, lehnt die Aufnahme der Häftlinge jedoch ab. Sie müssen in den Waggons verbleiben und dürfen lediglich die Toten abladen. Einige Waggons mit Frauen werden abgehängt, um in das Frauenkonzentrationslager Ravensbrück transportiert zu werden. Anschließend fährt der Zug weiter Richtung Norden – über Linz, Regensburg, Nürnberg, Plauen, Chemnitz, Leipzig, Weimar und Nordhausen. Zeugen berichten von den völlig unbeteiligten Menschen am Straßenrand oder auf Brücken. Am 28. Januar endet die Zugfahrt in Mittelbau-Dora, einem Konzentrationslager in Thüringen, das errichtet worden war, um die Vergeltungswaffen 1 und 2 in untertage gelegten Fabrikanlagen zu produzieren. Schon ein paar Tage später werden die Häftlinge aus

Fürstengrube – inzwischen sind nur noch weniger als die Hälfte übrig – in das 50 Kilometer entfernte Blankenburg weitertransportiert. Auch hier, am Bergrücken des Harzes, soll wichtige Rüstungsproduktion untertage gelegt werden. Die Häftlinge müssen ihr eigenes Lager bauen, das von der SS den aus der Mineralogie entlehnten Namen „Turmalin" erhält, sie ziehen Stacheldraht, bauen Wachtürme und beginnen mit der Arbeit in den Stollen des Regenstein.

Anfang April nähern sich die amerikanischen Truppen. In großer Hast werden insgesamt 40.000 Zwangsarbeiter in der ganzen Südharz-Region evakuiert – sie sollen unter keinen Umständen in die Hände der Alliierten fallen. Unter den 40.000 befinden sich auch die Häftlinge aus Fürstengrube.

„Die haben uns immer weiter und immer weiter getrieben und haben uns immer nur ein bisschen was zu essen gegeben – gerade so viel, dass wir nicht starben, aber zum Leben war es eben auch nicht genug. Diesmal mussten wir also wieder marschieren, und zwar bis nach Magdeburg, das waren etwa 50 Kilometer. In Magdeburg wurden wir dann auf einen Elbkahn verladen."

Auch auf dem Marsch nach Magdeburg werden die Häftlinge, die zurückbleiben oder von anderen, weil sie krank oder zu schwach sind, getragen werden, eiskalt von der SS erschossen. Die genaue Zahl der Toten ist nicht bekannt, aber allein auf dem Friedhof von Langenweddingen, einer Ortschaft kurz vor Magdeburg, sind zwölf Häftlinge begraben.

In Magdeburg treffen die Häftlinge aus Auschwitz-Fürstengrube auf eine weitere Häftlingsgruppe mit etwa 300 Gefangenen, vorwiegend Belgier, die wegen Widerstands gegen die Besatzungsmacht verhaftet und verschleppt worden sind. Beide Gruppen werden in den Elbschlepper verladen, der anschließend elbaufwärts bis nach Lübeck fährt und dort am 12. April anlegt. Hier beginnt am nächsten Morgen wiederum ein Fußmarsch, der die Häftlinge bis in das 17 Kilometer entfernte Ahrensbök bringt. Sie kommen dabei durch verschiedene ostholsteinische Dörfer, und viele der Dorfbewohner sind entsetzt über den Elendszug von abgerissenen, verhungerten Menschen, die sich barfuß oder ohne Strümpfe nur in Holzpantinen über die Straße schleppen. Auch hier kommt es wieder zu Erschießungen – in Bad Schwartau sind drei Häftlinge, in Ahrensbök sechs Häftlinge begraben – der Verbleib von weiteren Toten ist unklar. Die Häftlinge werden in ungeschützten Scheunen ohne Fußböden und ohne sanitäre Anlagen in der Umgebung von Ahrensbök untergebracht, die Verpflegung ist völlig unzureichend: Zehn Mann bekommen pro Tag ein Brot und eine Wassersuppe. Sie versuchen daher aus Verzweiflung Hunde einzufangen und zu kochen. Die Häftlinge werden nach wie vor drangsaliert und misshandelt, etliche werden von den Wachmannschaften erschossen.

In der Nacht zum 1. Mai werden die Gefangenen unter starker Brutalität der Wachmannschaften weitergetrieben. „Der Marsch endete in irgendeinem Dorf an der Ostsee. Wir konnten Schiffe in etwa 500 Meter Entfernung sehen." Jakob und die anderen Häftlinge sind in Neustadt in Holstein angekommen, in der Lübecker Bucht liegen vier Schiffe, voll beladen mit Häftlingen: Die Cap Arcona, die Thielbeck, die Athen und die Deutschland.

„Wir wussten nicht, was die mit uns vorhaben, die haben uns kein Wort gesagt. Aber dann haben sie uns in zwei Gruppen eingeteilt, uns in Barkassen geladen und zu verschiedenen Schiffen gebracht. Ich bin im wahrsten Sinne des Wortes runtergeworfen worden in den Laderaum eines dieser Schiffe. Es war dunkel, kalt und nass da unten, und ich hatte nur eine Decke – das war mein einziger Besitz. Und ich war halb verhungert. Man kann ja tatsächlich in ein Stadium des Hungers geraten, in dem man den Hunger nicht mehr spürt. Ich lag jedenfalls einfach nur noch da.

Ich lag da, halb tot, und es interessierte mich nicht mehr, was mit mir passieren würde. Es war mir egal. Ich hatte aufgegeben." Am Nachmittag des 3. Mai greifen neun Jagdbomber der Royal Air Force die Schiffe in der Lübecker Bucht an. Die Cap Arcona ist schwer getroffen, die Thielbeck sinkt innerhalb einer Viertelstunde.

„Wir hörten plötzlich Bomben und Explosionen. Dann lief der Motor unseres Schiffes für vielleicht zehn oder fünfzehn Minuten und wurde anschließend wieder abgestellt. Irgendwann traute sich einer von uns, aus dem Schiffsrumpf an Bord zu klettern. Der kam dann wieder runter, um uns zu erzählen, dass das Schiff im Hafen liege und dass die Wachen weg seien. So sind wir dann alle, einer nach dem anderen, an einer Leiter nach oben geklettert. Das ging alles sehr langsam vor sich, weil wir so entkräftet waren. Und als wir dann oben standen, sahen wir ringsum Rauch und Flammen und Menschen, die im Wasser schwammen."

Erst später findet Jakob heraus, dass die Schiffe versehentlich von der Royal Air Force bombardiert worden waren, weil die Briten annahmen, dass sich deutsche Truppen an Bord befinden. Mehr als 7.000 KZ-Häftlinge verbrennen, ertrinken, sterben an Unterkühlung im nur 8 Grad kalten Wasser oder werden noch bei dem Versuch, sich schwimmend zu retten, erschossen. Eine Tragödie, die sich nur wenige Tage vor der Kapitulation Deutschlands abspielt.

„Na und wenn ich nun wie so oft gefragt werde, wie es denn kommt, dass ich überlebt habe – dann kann ich nur sagen, dass man eine Menge Glück haben muss. Denn die Hälfte von uns wurde auf die Arcona geschickt, und die andere Hälfte auf die Athen. Die Athen wurde wundersamer Weise nicht bombardiert oder nicht von einer Bombe getroffen, ich weiß es nicht. Wir haben uns dann an einem Seil von der Athen abgeseilt, es gab nämlich keine Gangway. Bei der Gelegenheit sind auch noch ein paar gestorben, weil sie zu schwach zum Abseilen waren. Wir retteten uns also ans Ufer, und kurz darauf kam auch schon die britische Armee mit ihren Panzern. Als Erstes haben die uns was zu essen gegeben. Aber der Fehler, den die Soldaten – nicht absichtlich, natürlich – dabei gemacht haben, war, dass sie uns das falsche Essen gegeben haben. Die hatten ihre Feldküche dabei und haben da so fette Suppen gekocht und alles Mögliche, alles viel zu fett eben für uns, wir waren ja völlig unterernährt. Ich bin ein bisschen krank geworden, aber andere haben tatsächlich fürchterlichen Durchfall bekommen und sind gestorben."

Jakob ist einer der wenigen Überlebenden des Todesmarsches von Auschwitz-Fürstengrube. Nach dem Krieg hat er nur eine einzige Sache im Sinn: Er will seine Familie finden.

„Um herauszufinden, ob irgendjemand von meiner Familie in unsere Wohnung zurückgekehrt ist, habe ich sofort an eine Nachbarin geschrieben. Die hat mir geantwortet, dass niemand gekommen sei. Ich habe noch zig andere Kanäle versucht, Rotes Kreuz und so weiter, aber alles führte ins Leere. Später habe ich dann von einem Bekannten unserer Familie erfahren, dass mein Vater und meine zwei Brüder im Ghetto von Łódź waren und dass mein Vater dort verhungerte. Und dann traf ich zufällig jemanden, der mir erzählte, dass er mit meinen beiden Brüdern zusammen in einem Lager in Österreich war – meine Freude war unvorstellbar. Aber dann verdüsterte sich dessen Gesicht, und er sagte mir, dass beide Brüder dort noch kurz vor der Befreiung gestorben seien."

Jakob erfährt nie, was aus seiner Mutter und seiner Schwester Henia geworden ist. „Ich nehme an, sie sind im Vernichtungslager Chełmno ermordet worden, das war nämlich nur zehn Kilometer weg von meinem Heimatort." Als der Krieg zu Ende ist, ist Jakob zwanzig Jahre alt, und er hat alles verloren.

„Ich habe es damals nicht so gespürt, aber rückblickend muss ich wirklich sagen, dass es enorm schwierig für mich war, mit dem Leben zurechtzukommen. Ich war fünfzehn, als man mich in das erste Lager sperrte, und bei der Befreiung zwanzig. Zwanzig war da mein physisches Alter – aber psychisch und mental war ich zum Zeitpunkt der Befreiung wohl mehr auf dem Stand von fünfzehn. Die Zeit, die ich in den Lagern verbrachte, war ja genau die Zeit, in der man vom Jungen zum Mann wird, in der man einen Beruf lernt, in der man noch geformt wird und in der die Familie Orientierung gibt. Das habe ich alles verpasst. Und da hat sich auch niemand drum gekümmert – niemand hat nach dem Krieg daran gedacht, sich um uns junge Leute zu kümmern. Ich hatte keinen einzigen Menschen, an den ich mich wenden, den ich um Unterstützung oder auch nur um Rat bitten konnte."

Jakob ist nach dem Krieg in einem DP-Lager* bei Hannover gelandet.

„Man gab mir dort zu essen, und ich brauchte kein Geld zu verdienen, ich streunte also ein bisschen herum und versuchte, es mir gut gehen zu lassen. Das war natürlich kein Leben. Eines Tages habe ich dann dieses Plakat von der australischen Regierung gesehen, die Immigranten aus Europa gesucht hat. Da bin ich dann zu so einer Veranstaltung gegangen, wo sie uns einen attraktiven Film über Sydney, Melbourne, große Schafs-Farmen, Strände, Sonnenschein und hübsche Mädchen gezeigt haben. Erstens wollte ich so weit wie möglich weg von Deutsch-

---

* Lager zur vorübergehenden Unterbringung von „Displaced Persons" – Menschen, die durch den Krieg heimatlos geworden waren, im Wesentlichen KZ-Häftlinge und Zwangsarbeiter.

land – und zweitens war ich ein junger Mann: Natürlich war ich da interessiert!"

Jakob wird akzeptiert und unterschreibt einen Vertrag, der ihn verpflichtet, jeden Job anzunehmen, der ihm in Australien angeboten wird – egal wo. 1949 verlässt er Europa. In Sydney angekommen, kann er sich aussuchen, ob er zum Zuckerrohr-Schneiden nach Queensland gehen will oder eher in die Bauindustrie nach Canberra.

Jack (erste Reihe mit Pullunder) mit anderen Emigranten in Canberra, 1949

„Ich wusste ehrlich gesagt nicht, was Zuckerrohr ist, weil Zucker in Europa ja aus Zuckerrüben gemacht wird. Außerdem habe ich gedacht: Canberra ist die Hauptstadt – das klingt gut. Ich habe natürlich an eine lebendige, pulsierende Hauptstadt wie Warschau oder Berlin gedacht." Jack lacht. „Himmel, das war eine Enttäuschung. Wir haben ein Dorf vorgefunden mit einem Kino, das nur dreimal in der Woche einen Film zeigte!"

Zusammen mit anderen Emigranten wird Jakob, aus dem nun sehr schnell Jack wird, in Zelten untergebracht.

„Es war Winter, und es war kalt – aber wir waren ja jung. Und nach einem Jahr habe ich einen Antrag gestellt, nach Melbourne gehen zu dürfen, da hatte ich einen Cousin. Das wurde genehmigt, und ich fing dort an, in der Textilbranche zu arbeiten, in einer Firma, die Uniformen für die Armee herstellte. Ich habe eine Ausbildung in der Firma gemacht, und dann haben sie mich überredet, doch noch weiter zur Schule zu gehen. Also bin ich zur Abendschule gegangen und habe noch eine Ausbildung zum Designer gemacht. Tja und dann – dann habe ich

Jack, Judy, Ruth, Enkelsohn David, Helen, hinten die Schwiegersöhne Mark und
Wayne (v. l.), Melbourne 2011

Ruth kennengelernt, wir haben geheiratet und zwei Töchter
bekommen."

Im Jahr 2010 bekommt Jack einen Brief vom Internationalen
Suchdienst in Bad Arolsen.

„Die haben Dokumente gefunden, dass mein Vater und meine beiden Brüder Izak und Szmul 1942 im Ghetto von Łódź
waren. Für Izak endet die Spur hier. Aber Szmulek ist im August / September 1944 von Auschwitz in das KZ Groß-Rosen in
Niederschlesien transportiert worden. Im März 1945 ist er dann
unter der Häftlingsnummer 136644 in das KZ Mauthausen in
Österreich gebracht worden. Dort starb er am 21. April, nur wenige Tage vor seinem achtzehnten Geburtstag. Die Todesursa-
che gemäß der Dokumente: akutes Herzversagen."

Drei Jahre später bekommt Jack weitere Nachricht über Izak. Den
Dokumenten zufolge starb er am 19. März 1945 im gleichen Lager
wie sein Bruder Szmulek kurz darauf.

Jack holt tief Luft. „Die Tatsache, dass ich nun weiß, wie und wo meine beiden Brüder gestorben sind, gibt mir irgendwie einen gewissen Seelenfrieden." Er sieht traurig aus, während er das sagt. Seit etwa zwölf Jahren arbeitet Jack ehrenamtlich im Holocaust-Museum. Schon lange hatte ihn sein Freund Beno dazu überreden wollen.

„Beno war selbst ein Überlebender und hielt es für wichtig, dass wir den Nachgeborenen unsere Geschichte erzählen. Ich sagte dann jedes Mal: Jaja, eines Tages mache ich mit, und dabei blieb es. Dann starb Beno, und da wusste ich: Jetzt ist es an der Zeit."

Jack arbeitet als Guide, er hält Vorträge vor Schulklassen und führt sie und andere Besucher und Besuchergruppen durch das Museum.

„Ich versuche meinen kleinen Teil dazu beizutragen, dass sich so etwas wie ein Holocaust nicht mehr wiederholt. Es ist gut, mit jungen Leuten zu reden, und ich werde das bis ans Ende meiner Tage machen – na oder jedenfalls so lange wie ich kann. Die Schüler kommen aus ganz Victoria, viele von ihnen haben noch nie einen Juden gesehen und kennen unsere Geschichte nicht. Ich kann ihnen nur erzählen, was ich erlebt habe – aber das hilft ja vielleicht, der jungen Generation zu vermitteln, wie wichtig Toleranz ist. Manchmal fragen mich die Schüler: Was denkst du denn über die Deutschen? Hasst du sie? Und meine ehrliche Antwort ist dann: Wenn ich Leute meines Alters treffe, hmmm – das können nette Leute sein, vielleicht waren sie ja nicht verstrickt – aber ganz in meinem Inneren fühle ich mich nicht wohl. Mit jungen Deutschen ist es viel einfacher: Da weiß ich, die waren nicht dabei, und es ist nicht deren Schuld, was in der Vergangenheit passierte. Die Tatsache, dass sie hierher ins Museum kommen und mir zuhören, ist ja schon ein Statement an sich."

Als ich eines Tages ins Museum komme, hat Jack gerade vor einer Schülergruppe geredet und sie danach durchs Museum geführt. Im Anschluss an den Museumsbesuch werden die Schüler stets um Kommentare und ein Feedback auf einem Flipchart gebeten. Jack zieht mich zu dem Flipchart und deutet mit der Hand auf einen der Kommentare: „Jack, du hast uns erzählt, dass du keine Familie mehr hast. Heute hast du eine neue gefunden."

Jack beim Golfspiel, Melbourne 2010

Bevor ich Melbourne verlasse, treffe ich mich noch einmal mit Jack – auf dem Golfplatz. Er will mich dazu motivieren, mit dem Golfen anzufangen, und gibt mir eine kleine Lektion. Dann trinken wir einen Kaffee und erzählen noch ein bisschen. Jack – ein ruhiger, bescheidener, freundlicher Mensch. „Meine Entscheidung, nach Australien zu gehen, war die beste Entscheidung meines Lebens", sagt er. Und: „Ich war und bin immer noch sehr glücklich hier."

Kapitel 12

Die Gerechten unter den Völkern: Helfer und Retter im Nationalsozialismus

„In jener Zeit herrschte überall Finsternis. Im Himmel und auf der Erde schienen sich alle Tore des Mitgefühls geschlossen zu haben. Die Mörder mordeten, und die Juden starben, und die Außenwelt machte mit oder war gleichgültig. Nur wenige hatten den Mut, etwas zu tun. ... Lasst uns daran erinnern: Was das Opfer am meisten verletzt, ist nicht die Grausamkeit des Unterdrückers, sondern das Schweigen des Zuschauers. ... Und daher müssen wir diese guten Menschen kennen, die Juden während des Holocaust geholfen haben. Wir müssen von ihnen lernen, und wir müssen sie – in Dankbarkeit und Hoffnung – in unserer Erinnerung behalten."

Holocaust-Überlebender Elie Wiesel,

Schriftsteller und Friedensnobelpreisträger

Chassid Umot ha-Olam – die Gerechten unter den Völkern werden einen Platz in der kommenden Welt haben, so heißt es in einer Stelle im Talmud. Gemeint sind die Gojim, die Andersgläubigen, die zwar nicht nach den Geboten der Tora leben, aber doch einen inneren humanistischen Wertekompass besitzen und „gute Menschen" sind. 1953, acht Jahre nach Beendigung des Zweiten Weltkrieges, erließ die Knesset das Gesetz zum Gedenken an die Märtyrer und Helden – Grundlage für die Errichtung der Gedenkstätte Yad Vashem zur Erinnerung an die sechs Millionen im Holocaust ermordeten Juden. In dem Gesetz wurde der staatlichen Gedenkstätte in Jerusalem unter anderem der Auftrag erteilt, den Dank des Staates Israel und der Juden an diejenigen Nichtjuden zu richten, die ihr Leben riskiert haben, um Juden während des Holocaust, in Zeiten schwerster Not und Verfolgung, das Leben zu retten.

Damit wollte Israel ein Zeichen setzen. Zwar gab es – gemessen an der Zahl der Juden, die Hilfe benötigten – nur relativ wenige Helfer und Retter, jedoch wäre die Geschichte des Holocaust nicht vollständig ohne die Erwähnung dieser mutigen Frauen und Männer, die ihrem Gewissen folgten und beschlossen zu handeln.

Yad Vashem entschied, allen Nichtjuden, die unter Einsatz ihres Lebens und ohne eigene Vorteilsnahme Juden gerettet haben, unter Bezug auf den Talmud den Ehrentitel „Gerechte unter den Völkern" zu verleihen. Eine Kommission wurde gebildet, die bis heute unter der Leitung von Verfassungsrichtern arbeitet und unter Berücksichtigung von Augenzeugenberichten und allem verfügbaren historischen Material jeden Antrag auf Anerkennung des Titels prüft. Diejenigen Retter, die mit dem Titel geehrt werden, erhalten – entweder in Israel oder in einer israelischen Repräsentation im Heimatland – in einer feierlichen Zeremonie eine Ehrenurkunde und eine Medaille, auf der eingraviert steht: „In Dankbarkeit vom jüdischen Volk. Wer immer ein Menschenleben rettet, rettet gleichsam die ganze Welt." Anfangs konnten die Retter oder deren Familien einen Baum im Garten der Erinnerung von Yad Vashem pflanzen, inzwischen werden, aus Platzgründen, die Namen der Retter auf einer Mauer im Garten der Gerechten eingraviert.

Bis Ende 2013 hat Yad Vashem insgesamt 25.271 Menschen aus 45 Nationen der Welt den Titel „Gerechte unter den Völkern" zuerkannt.

Diese Zahl repräsentiert allerdings nicht die Gesamtzahl der Menschen, die tatsächlich geholfen haben. Das hat mehrere Gründe und liegt insbesondere daran, dass Yad Vashem nicht aktiv ermittelt, sondern lediglich Anträge bearbeitet – Anträge von Überlebenden.

Viele Überlebende stellen jedoch nie einen Antrag – weil sie nichts von dem Programm wissen; weil sie im Ostblock lebten und deshalb nicht mit Yad Vashem in Kontakt treten konnten; weil es zu schmerzhaft für sie ist, sich der Erinnerung zu stellen; oder weil sie nicht mehr leben. Viele Helfer und deren Schützlinge kamen außerdem bereits beim Rettungsversuch ums Leben.

Die Anzahl der Menschen, die Juden geholfen haben, ist um ein Vielfaches größer, als dies in Yad Vashem aufgezeichnet ist. Arno Lustiger, der ein bemerkenswertes Buch über Judenretter in Europa geschrieben hat, schätzt, dass sich europaweit weit mehr als 100.000 Menschen aktiv an der Rettung von Juden beteiligt haben und dass es allein im Deutschen Reich über 20.000 Helfer gab. Andere Historiker gehen davon aus, dass es allein in Polen etwa 200.000 Menschen gegeben hat, die Juden halfen. Die Hälfte aller Opfer des Holocaust waren polnische Juden. Der Mord an den drei Millionen polnischen Juden blieb in der polnischen Nachkriegsgesellschaft jedoch bis hin zur Jahrtausendwende nahezu tabu. Auch in Westdeutschland wurde der Widerstand gegen die Nazi-Diktatur (und damit jede Hilfeleistung für Juden) noch Jahrzehnte nach Ende des Krieges von vielen als Vaterlandsverrat betrachtet. Viele Retter zogen es daher vor, anonym zu bleiben und zu schweigen.

Yad Vashem hat eine „Enzyklopädie der Gerechten unter den Völkern" mit den Biografien der Retter herausgegeben. Einige der Retter halfen, indem sie falsche Papiere organisierten, andere halfen, Juden über Landesgrenzen zu schmuggeln, andere wiederum organisierten Verstecke, Geld und Nahrungsmittel. Bei der Mehrzahl der Rettungsaktionen wurden jedoch Juden im Haus des Helfers versteckt. Das erforderte enormen Mut, und bei längerer Zeitdauer auch enorme logistische Anstrengungen. Sowohl die Retter als auch die Menschen im Versteck lebten in ständiger Furcht vor Entdeckung. Die Strafen im Deutschen Reich waren unkalkulierbar, endeten für die Juden aber in jedem Fall mit Konzentrationslager, für den (nichtjüdischen) Helfer mit Geldbußen, Gefängnis- bzw. (in schwerwiegenden Fällen) mit mehrmonatiger KZ-Haft. In Polen wurde jegliche Hilfe für Juden mit der Todesstrafe geahndet, oft wurde die gesamte Helferfamilie hingerichtet.

Die meisten Retter sind gewöhnliche Menschen völlig unterschiedlicher Herkunft: Gebildete und Ungebildete, Gläubige und Ungläubige, Nonnen und Prostituierte, Professoren, Ärzte, Geistliche, Diplomaten, Arbeiter, Bauern, Polizisten, Sozialdemokraten, Kommunisten, Mitglieder der NSDAP und Soldaten der deutschen Wehrmacht. Psychologen und Soziologen haben versucht, ein sogenanntes „Persönlichkeitsprofil der Retter" zu erstellen. In zahlreichen Interviews fanden sie heraus, dass die meisten Retter es für völlig selbstverständlich hielten, was sie getan hatten. Ihre Motive allerdings waren durchaus unterschiedlich. Manche handelten aufgrund ihrer politischen oder weltanschaulichen Überzeugung, andere aufgrund ihres Glaubens, und wiederum andere hatten einfach Sympathie und Mitleid mit den Verfolgten. Oft zeigten die Helfer eine gewisse Unabhängigkeit und Individualität im Denken, die es ihnen offenbar gestattete, sich Normen, Vorschriften und Gesetzen zu widersetzen.

553 Deutsche tragen bis heute den Titel Gerechte unter den Völkern – unter ihnen Prominente wie Oskar und Emilie Schindler, Berthold und Else Beitz, Adolf und Maria Althoff, Hans von Dohnanyi oder Robert Havemann. Die meisten von ihnen sind jedoch Unbekannte, normale Menschen wie du und ich. Sie zeigen, dass es auch unter den extremen Bedingungen eines totalitären Regimes möglich war, etwas zu tun – sofern man den Willen dazu hatte.

Den Willen und den Mut hatten wenige. Sie retteten nicht nur die Juden, sondern die Ehre der Menschheit. Ihnen allen, den stillen Helden, gebührt unsere äußerste Anerkennung und Hochachtung. (Zum Thema Retter siehe auch Kapitel 6 in diesem Buch.)

Kitia Altman

Lange bevor ich sie kennenlernte, hatte ich ihr Buch gelesen. Ich hatte es bei meinem zweiten Besuch im Museum gekauft, begann es am gleichen Abend zu lesen und konnte es nicht mehr aus der Hand legen. Kitia Altman hatte mich in eine völlig fremde Welt entführt: die bunte Vorkriegswelt der jüdischen

Kitia in ihrer Wohnung zusammen mit der Autorin, Melbourne 2010

Mittelklasse in Polen. Die Menschen in dem Buch begannen zu leben, ich konnte das Hämmern der Schuhmacher hören, schmeckte die süßen Lollis der Bonbonmacher und roch den Geruch der Seife im ganzen Haus an einem Waschtag.

Die idyllische Welt, die Altman beschreibt, hielt nicht lange an. Mit dem Beginn des Zweiten Weltkrieges wurden die Juden in Polen, später in ganz Europa, aufs bitterste verfolgt und an den Rand der totalen Vernichtung gebracht. Altman, die bei Beginn des Krieges siebzehn Jahre alt war, machte es sich zur Aufgabe, all jenen Ermordeten ein Denkmal zu setzen, die sie kannte und an die sie sich erinnert, um sie vor einem Erinnerungstod zu retten.

Zwei Monate nachdem ich das Buch gelesen hatte, begann ich, im Museum zu arbeiten. Eines Tages, als ich mit der Kuratorin zusammensaß, um ein Projekt zu besprechen, klopfte es an der Tür, und hereinkam Kitia Altman, die, als sie mich sah, mit dramatischer Stimme rief: „Hannele, sind Sie das? Ich habe von Ihnen gehört, ich habe gehört, dass Sie hier arbeiten, und ich würde Sie gerne treffen. Könnten Sie nicht mal in unsere kleine Kaffee-Ecke auf einen Schwatz kommen?" Genau das tat ich, und es war der Beginn einer wunderbaren Freundschaft.

Kitia Altman, die andere Museums-Guides unter ihre Fittiche genommen und angeleitet hat, kann man mit Fug und Recht die Grande Dame des Museums nennen. Wegen ihres Intellekts und ihrer Fähigkeit, die Psychologie des Holocaust zu analysieren und zu erläutern, ist sie ein gern gesehener Teilnehmer bei jeder einschlägigen Diskussionsrunde. Sie hatte den Mut, sich im australischen Fernsehen einer Debatte mit dem berüchtigten Holocaust-Gegner David Irving zu stellen, und sie ist eine exzellente Rednerin. Bis heute hält sie zu besonderen Anlässen Vorträge. Sie hält sie frei – ohne Zuhilfenahme von Notizen.

Wenn Kitia über die Vergangenheit redet, tut sie das ohne jeden Hass. Sie führt die Diskussion weg von den Grausamkeiten des Holocaust und hin zu der Menschlichkeit von Menschen, denen sie begegnet ist.

Kitia und ich fanden einen Draht zueinander. Es dauerte nicht lange, und wir verbrachten die Freitagnachmittage zusammen. An einem Tisch, der voll beladen war mit Kuchen, Käse, Salaten und allerhand anderen Delikatessen, verbrachten wir Stunden um Stunden und redeten über den Holocaust. Oder besser gesagt: Kitia redete, ich hörte zu oder stellte Fragen. Kitia ist eine fabelhafte Erzählerin, dazu hat sie einen wunderbaren Humor – wir lachten also auch viel. Bevor ich am frühen Abend dann nach Hause fuhr – es war immer zu früh, nie hatten wir alles „zu Ende" erzählt –, tranken wir stets noch einen Cognac zusammen und toasteten uns zu: „LeChaim" – auf das Leben.

Eine Menge von dem, was ich heute über den Holocaust weiß, habe ich an meinen Freitagnachmittagen mit Kitia gelernt. Dafür bin ich ihr sehr dankbar. LeChaim, Kitia!

Kitias Geschichte

Kitia kommt im oberschlesischen Będzin zur Welt, einer Industriestadt im Kohlenrevier von Polen, die dicht an der deutschen Grenze liegt. Będzin hat eine lange Geschichte, die Ansiedlung existiert seit dem frühen Mittelalter und erhielt bereits im Jahr 1358 das Stadt-

Kitia mit ihren Eltern und dem Bruder Aron, um 1932

recht. Am Vorabend des Zweiten Weltkrieges hat Będzin eine Bevölkerung von etwa 50.000 Einwohnern, fast die Hälfte der Einwohner ist jüdisch. Gemeinsam mit ihrem Bruder Aron, der sieben Jahre älter ist als sie, wächst Kitia in einer gut situierten bürgerlichen Familie auf. Ihr Vater Moses Szpigelman ist, zusammen mit seinem Cousin, stiller Teilhaber von zwei Kohlebergwerken.

„Mein Vater war, wie vermutlich alle polnischen Männer in dieser Zeit, ein recht despotischer Mann. Er ging äußerst sparsam mit dem Geld um, war aber dennoch warmherzig und großzügig anderen Menschen gegenüber. Er war aus seiner Überzeugung heraus Sozialist – nicht so sehr im politischen Sinne, sondern mehr wegen seines Glaubens an soziale Gerechtigkeit. Materieller Erfolg konnte ihn nicht im Mindesten beeindrucken – im Gegenteil, er lehrte mich, dass ich Menschen respektieren solle, die nicht so privilegiert waren wie wir."
Die Eltern sind sehr wohltätig, unterstützen ärmere Familien und sammeln Geld für Hilfsbedürftige. Kitias Mutter Zosia ist „eine sehr kompetente Hausfrau."

„Sie hielt eine koschere Küche, aber das machte sie eigentlich nur für meine Großmutter, damit sie mit uns in unserem Haus essen konnte. Aber ansonsten war es ein säkulares Zuhause, wir haben nur ein wenig die Tradition gepflegt. Wir haben zwar freitags abends die Kerzen angezündet, ja, aber das war mehr eine kulturelle Sache."

Die Familie ist groß und verzweigt. Der mütterliche Großvater Shaya-Hendel Erlich, ein Mann mit klarem Verstand, erkennt früh die Notwendigkeit, die rein religiös dominierte jüdische Bildung und Erziehung zu reformieren. Er hat entscheidenden Anteil an der Gründung der ersten säkularen Knabenschule in Będzin. Diese Schule ist der Vorläufer für das spätere koedukative Fürstenberg-Gymnasium – eine der besten jüdischen Schulen in Polen. Viel später wird Kitia am Fürstenberg-Gymnasium ihr Abitur machen.

Eine von Kitias Tanten eröffnet die erste private Leihbücherei in Będzin, ein Onkel gibt eine jüdische Wochenzeitung heraus, die „Zaglembie Zeitung".

„Aber meine Lieblingsverwandte in der Familie war meine Tante Ru, eine Zahnärztin. Freitags abends durfte ich immer bei ihr übernachten, ich habe das geliebt … Leider hat das mit den Übernachtungen aufgehört, als Ru geheiratet hat. Ich war dreizehn, als dann meine Cousine Marusia geboren wurde, und da war ich tatsächlich eifersüchtig. Aber meine sechsunddreißig Jahre alte Tante nahm das Baby aus der Wiege, gab es mir und sagte: ‚Wenn Marusia ein bisschen älter ist als jetzt, wird sie sich dir zuwenden, dir alle ihre Geheimnisse anvertrauen, dir von ihren Ängsten und Sorgen und von ihrer ersten Liebe erzählen.' ‚Aber wieso denn mir?', fragte ich darauf ganz erstaunt. Und da sagte meine Tante: ‚Weil ich dann zu alt sein werde. Also pass gut auf Marusia auf.'"

Kitia soll die Ängste und Sorgen ihrer Cousine nie erfahren. Aber von nun an fühlt sie sich verantwortlich für das Mädchen.

Kitias Bruder Aron und seine Freunde sind links und antireligiös. Kitia wächst in dieser Atmosphäre auf und erwirbt einen Sinn für soziale Gerechtigkeit.

„Manchmal benutzten mich die Jungs, um kleine Botschaften oder Briefe zu übermitteln – als achtjähriges Mädchen war ich natürlich stolz, so was für die großen Jungs machen zu dürfen."

Kitia ist ein lebhaftes, hübsches Mädchen, die Schule meistert sie ohne Schwierigkeiten.

„Ich war zwar hoffnungslos in Mathe, Musik und Sport, aber exzellent in allem, was ein bisschen Phantasie und Vorstellungskraft erforderte. Ich spielte immer eine große Rolle bei unseren Schulvorführungen am Jahresende. Ich habe es geliebt, auf der Bühne zu stehen, ich liebte diese dramatischen Gesten und stimmliches Pathos."

Kitia ist attraktiv und hat viele Freunde: Harry, Bolek, Bronek und Heniek – sie alle erliegen ihrem Charme.

Inzwischen dringen nationalistische Töne aus dem Deutschen Reich über die Grenze. Im Oktober 1938 werden alle Juden polnischer Herkunft aus Nazi-Deutschland ausgewiesen beziehungsweise unter Gewaltanwendung über die Grenze gebracht. Als die Flüchtlinge in die Stadt Będzin strömen, überlegt Moses Szpigelman, mit seiner Familie nach Palästina auszuwandern. Seine Frau hat eine Schwester dort und mehrere Nichten. Aber Kitia erklärt, dass sie definitiv in Będzin bleibe, bis sie ihr Abitur gemacht habe. Auch die Mutter hält nichts von den Auswanderungsplänen. Sie weiß, wie hart das Leben in Palästina ist und will ihr komfortables Leben in Będzin nicht aufgeben. Sie schlägt sich also auf Kitias Seite. Der Vater gibt nach. Das fällt ihm so schwer nicht, denn er ist germanophil: Er liebt die deutsche Ordnung, Disziplin und Pünktlichkeit, kennt eine Menge Deutsche von seinen Reisen, und er glaubt nicht, dass die Deutschen so schlecht seien, wie es die Gerüchte besagen.

„Mein Bruder hat zu seiner Bar-Mizwa[*] von unserem Vater das komplette Werk Goethes bekommen. Das war eine Ausgabe in mehreren Bänden, versteht sich, und natürlich alles in Deutsch!" 1939 macht Kitia ihr Abitur, sie möchte Sprachen studieren und nimmt in diesem Sommer an einem ersten Ferienlager für angehende Studenten teil.

Kitia, Będzin August 1939 (Fotografie, die in den 80er Jahren in einem Koffer in Auschwitz gefunden wurde. In dem Buch „The last album" veröffentlichte Ann Weiss zahlreiche der gefundenen Fotos, und Kitia wurde auf diesem Foto von einer Freundin identifiziert. Kitia erinnert sich noch gut an das blau-weiß plissierte Kleid, das sie nach ihrem Abitur trug.)

„Es war ein toller Sommer, und natürlich hatten wir eine Abiturfeier – unsere erste Erwachsenenfeier mit Alkohol und Zigaretten und, wenn man noch dazu in der Lage war, mit Tanz. Ich weiß nicht, ob ich zu viel getrunken habe, meine Erinnerung ist jedenfalls getrübt. Aber egal, ich weiß, dass ich dabei war und dass es eine tolle Party war."

Moses und Zosia Szpigelman haben beschlossen, dass ihre Tochter in Paris studieren soll. Der Sohn Aron studiert dort Veterinärmedizin, er kann ein Auge haben auf die kleine Schwester. Die Papiere sind alle beisammen, Kitia ist nervös und aufgeregt zugleich so kurz vor ihrer Abreise aus

---

[*] Aufnahme von Jugendlichen im Alter von zwölf (Mädchen) und dreizehn Jahren (Jungen) als mündige Mitglieder in die Gemeinde. Der Anlass wird – ähnlich wie die Kommunion oder Konfirmation – sehr feierlich begangen.

Będzin. Aron, der in diesem Jahr in den Sommerferien nicht nach Hause kommt, weil er zwei Jahre am Stück in Frankreich leben muss, um französischer Staatsbürger zu werden, bereitet alles für Kitias Ankunft in Paris vor.

Doch die Nationalsozialisten durchkreuzen Kitias Pläne. Am 1. September 1939 überfällt die deutsche Wehrmacht das Nachbarland, und mit sofortiger Wirkung kann niemand mehr aus Polen ausreisen. Kitias Reisepläne und das Studium müssen aufgeschoben werden. Es wird ganze sechseinhalb Jahre dauern, bis Kitia schließlich in die französische Hauptstadt reisen kann. Zunächst macht sie die Bekanntschaft der Deutschen und nicht der Franzosen.

„Będzin lag ja sehr dicht an der Grenze, deshalb waren die Deutschen einen Tag nach dem Angriff auf Polen schon in der Stadt. Ich erinnere mich, dass es ein Samstag war. Eine Menge Leute dachten, sie könnten davonrennen – auch meine Mutter machte sich mit einem Pferdefuhrwerk und all unseren Wertsachen auf den Weg. Sie wollte Piotrków erreichen, wo wir Verwandte hatten, während mein Vater erst all seine Geschäftsdinge regeln und dann mit mir nachkommen wollte. Aber meine Mutter und all die anderen waren nach ein paar Tagen schon wieder zurück, weil die Deutschen sie inzwischen längst eingeholt und überholt hatten."

Das Leben unter der deutschen Besatzung beginnt mit einer Reihe von antijüdischen Gesetzen und zahlreichen Restriktionen für die polnischen Juden. Am 9. September, es ist ein Samstag und viele Juden haben sich in der Synagoge versammelt, um ihren Sabbat zu feiern, setzen die Nazis die Synagoge und die umliegenden Häuser in Brand. Mehr als hundert Juden verbrennen oder werden bei dem Versuch, aus der Synagoge zu flüchten, erschossen.

„Während der gesamten Zeit der Besetzung gab es da ein Muster im Verhalten der Deutschen. Einer anfänglichen Phase von extremer Brutalität folgte eine Ruhepause, die die Menschen einlullte und in Sicherheit wiegte. Die Menschen schöpften Hoffnung, gewöhnten sich an eine gewisse, wenn auch eingeschränkte Normalität, wurden weniger achtsam und – wenn sie es am wenigsten erwarteten – schlugen die Deutschen mit der nächsten brutalen Terrorwelle zu."

Die Szpigelmans, wie auch alle anderen Juden, versuchen sich anzupassen und mit den neuen Regeln zu leben. Zunächst können sie auch in ihrem Apartment bleiben, obwohl sie es mit anderen Bewohnern teilen müssen.

„In den ersten Monaten waren alle damit beschäftigt, sich an die neue Situation zu gewöhnen – sowohl in praktischer als auch in geistiger und seelischer Hinsicht. Einige waren über die Maßen optimistisch und hofften darauf, dass England und Frankreich im Rahmen ihrer Beistandserklärungen für Polen in den Krieg eintreten und die Deutschen schlagen würden. Andere waren eher realistisch oder passiv und warteten ab, was die Zeit bringen würde. Aber ich kann mich nicht erinnern, dass irgendjemand den Untergang prophezeit hätte. Wir alle versuchten, mit unseren unterschiedlichen Mitteln unser tägliches Leben so gut wie möglich zu normalisieren und zu meistern."

Auf Anordnung der Deutschen wird ein Judenrat etabliert, der sich um Dinge wie Wohnungsfragen, soziale Fürsorge, Lebensmittelkarten und Nahrungsmittelverteilung kümmert und mit Hilfe der jüdischen Polizei für Ordnung sorgt unter der jüdischen Bevölkerung.

„Die eigentliche Absicht der Deutschen war es natürlich, mit der Aufstellung des Judenrates eine Hierarchie unter den ohnehin schon deklassierten Juden zu etablieren und somit eine Klasse von Menschen zu schaffen, die mehr Privilegien haben als andere. Das hat Neid, Gier und Korruption geschaffen und hat die Bevölkerung gespalten."

Die Nazis gliedern Będzin zügig ins Deutsche Reich ein und nennen es um: Aus Będzin wird Bendsburg.

„Nach dem ersten Ausbruch von Terror wurde das Leben in Będzin einigermaßen erträglich. Das Leben war eingeschränkt, wir durften nicht ins Stadtzentrum, aber wir lebten noch nicht im Ghetto. Es gab nicht mehr viele Lebensmittel, aber niemand hungerte; man lebte jetzt auf engerem Raum, aber es war genug Platz für alle. Einige Juden machten ein Geschäft auf als ‚Macher', das heißt, sie handelten entweder mit dem Judenrat oder mit den Deutschen, und wenn man also vermeiden wollte, dass man zum Straßenfegen eingeteilt oder aus der Wohnung geworfen wird, dann musste man mit den Machern handeln."

Die Deutschen beschlagnahmen jüdische Firmen und bestimmen deutsche Treuhänder zu deren Leitung. Alfred Roßner, ein Deutscher, der aus gesundheitlichen Gründen nicht zur Wehrmacht gezogen wurde und vor dem Krieg in einer jüdischen Textilfirma im sächsischen Falkenstein gearbeitet hatte, kommt nach Będzin und macht einen artigen Antrittsbesuch bei der SS. Er wolle einen Beitrag zum Krieg leisten und hätte da eine Idee. Die Wehrmacht brauche doch laufend Uniformen – warum nicht die vielen gelernten Arbeiter hier in Będzin für die

Alfred Roßner (1906–1943)

455

Textilfertigung nutzen? Die SS willigt ein, Roßner stellt jüdische Handwerker ein – Schneider, Pelzmacher, Schuster, Mechaniker – und beginnt, unter der direkten Leitung der Organisation Schmelt*, Wehrmachtsuniformen für die Soldaten an der russischen Front zu produzieren. Roßner hat exzellente Verbindungen zu den Deutschen, aber auch zu den früheren jüdischen Eigentümern der Textilfabrik in Falkenstein. Die sind Experten in ihrem Geschäft, und so avanciert Roßner bald zum größten Arbeitgeber am Ort.

„Der andere große Arbeitgeber war der Judenrat. Aber Roßner hatte ein Privileg für seine Arbeiter erwirkt: Sie erhielten alle einen sogenannten ‚Sonderausweis‘, der sie und zwei weitere Familienmitglieder vor der Deportation schützte. Also wenn man bei Roßner arbeitete, konnte man seinen Ehepartner und ein Kind schützen oder als Unverheirateter eben auch die Eltern."

Bald schon beginnen die Deutschen, Juden in Arbeitslager zu deportieren.

„Wir begannen zu begreifen, dass es wichtig ist für uns, für die deutsche Industrie zu arbeiten. Anfang 1940 war praktisch jedermann auf Arbeitssuche, jedenfalls alle jungen Leute. Und alle wollten einen Job bei Roßner haben. Das war nicht einfach, und für mich, die ich nur mein Abitur in der Tasche hatte und ansonsten nichts konnte, extrem schwer."

Kitia hat Glück. Eines Tages erscheint Toivie Troppauer mit starken Zahnschmerzen bei Kitias Lieblingstante Ru, die inzwischen illegal als Zahnärztin arbeitet. Troppauer gehört zur Familie, der die Textilfabrik in Falkenstein gehörte, und er hat großen Einfluss in Roßners „Shop", wie die Textilfabrik unter den Arbeitern genannt wird.

---

* Die Organisation Schmelt organisierte zwischen Oktober 1940 und Mitte 1943 den Zwangsarbeitseinsatz von Juden in Schlesien und im Sudetenland. Sie unterhielt bis zu 177 Lager mit zeitweilig 50.000 Zwangsarbeitern.

„Ru hat ihn in den alten ledernen Zahnarztsessel gesetzt und hat ihn, während sie in seinem Mund herumstocherte, gefragt, ob er mir einen Job im ‚Shop' verschaffen könne. Troppauer schüttelte den Kopf, aber Ru gab nicht auf. Während sie mit dem fußpedalgetriebenen Bohrer arbeitete – den elektrischen hatten die Nazis konfisziert – fragte sie anteilnehmend: ‚Tut es weh? Könnten Sie meiner Nichte nicht doch einen Job verschaffen?' Ich kann mir diesen Dialog zwischen dem Bohrer und dem Mann mit den Zahnschmerzen bildlich vorstellen! Jedenfalls hat meine Tante gewonnen, und am nächsten Tag stellte ich mich zur Arbeit im ‚Shop' vor. Die Arbeitsstelle war meine Rettung: Sie sollte mich und meine Eltern vor einer frühen Deportation schützen."

Die jungen Leute bekommen sehr viel leichter eine Arbeitsstelle als ältere. Das hat gravierende Auswirkungen auf die soziale Struktur innerhalb der Familienverbände.

„Plötzlich verloren also die Eltern ihre Autorität, weil die Kinder nicht nur die Geldverdiener in der Familie waren, sondern weil sie zudem deren Überleben garantierten. Mein Vater hat sichtbar darunter gelitten und war schließlich ein gebrochener Mann. Meine Mutter wusste, dass ich nun die Beschützerin der Familie war und hat alle wichtigen Angelegenheiten mit mir besprochen – zum Beispiel welche Sachen wir verkaufen und eintauschen sollten gegen etwas Essbares."

Kitia wird in der Endfertigung eingesetzt – sie muss Knöpfe an die ansonsten fertig genähten Uniformhosen nähen. Die Endfertigung nimmt das gesamte Erdgeschoß eines Apartmentblocks gegenüber dem Bahnhof ein. Alfred Roßner geht täglich durch die Fertigung, Kitia sieht den Chef also schon an ihrem ersten Tag.

„Er war ein schlanker Mann mit einem dicken Schopf blonder Haare, der wegen einer Kinderlähmungserkrankung hinkte. Er

hatte immer eine blaue Tirolerjacke an – das war sein Marken-
zeichen. Es lief das Gerücht, dass er vor dem Krieg für den polnischen Juden Arie Ferleiger in Deutschland gearbeitet hatte,
der ihn, nachdem er aus Deutschland ausgewiesen worden war,
nach Będzin holte, um die SS-Fabrik aufzumachen. Anscheinend
war Roßner also nur das Aushängeschild, während Ferleiger und
Troppauer die eigentlichen Macher hinter der Bühne waren."
Kitia stellt sich nicht gut an, sie wird zum Chef gerufen. Der will
wissen, wie sie an diesen Job gekommen ist.

„Er fragte mich rundheraus, wen mein Vater denn bestochen
hätte, damit ich den Job kriege. Ich antwortete ihm, ich erinnere
mich an jedes Wort: ‚Aber Herr Chef, da kennen Sie meinen
Vater nicht – dafür ist er zu geizig!‘ Daraufhin brach Roßner in
schallendes Gelächter aus. Und versetzte mich in die Zuschnei-
derei, die war im Keller des gleichen Gebäudes. Da bin ich dann
in eine für mich völlig fremde Welt gekommen – in die Welt
der jüdischen Arbeiter. Da waren drei oder vier Schneider, die
die Modelle entworfen und zugeschnitten haben, und außer mir
noch zwei Mädchen. Ich war die Einzige, die kein Jiddisch sprechen konnte, und voller Hohn haben sie mich da ‚die Intelligente‘ genannt."

Kitia findet schnell heraus, dass Alfred Roßner, der perfekt Jiddisch
spricht und jeden Tag die Runde macht, um mit den Arbeitern zu
reden, auf der Seite der Juden steht. Er gibt vor, mit der SS zu-
sammenzuarbeiten, liefert die besten und günstigsten Winteruni-
formen für die Soldaten an der russischen Front und besticht die
korrupten SS-Männer mit großzügigen Geschenken für sie und
ihre Familien. Gleichzeitig versucht er alles, um „seine Juden" zu
schützen, und unterstützt die Untergrundbewegung.

„Jeder hat ‚den Chef' respektiert, und viele von uns – mich eingeschlossen – haben ihn geliebt. Er ging hinkend durch die Rei-

hen von Nähmaschinen, sprach mit den Schneidern, den Männern an den Bügeleisen, den Zuschneidern und den Leuten in der Endfertigung. Er war ehrlich daran interessiert, wie es ihnen ging, und erkundigte sich nach ihren Familien. Freitags gab er ihnen oft ein paar Mark extra, damit sie zum Schabbat etwas mehr zu essen kaufen konnten."

Roßner bietet Kitia mehrere Male die Möglichkeit an, mit falschen Papieren zu flüchten.

„Einmal wollte er für mich arrangieren, dass ich als angebliche Ehefrau eines SS-Offiziers entkomme, der mich dann, nach gelungener Flucht nach Wien, mir selbst überlassen sollte. Aber ich hatte viel zu viel Angst vor so einem Wagnis. Dennoch hab ich meinen Eltern davon erzählt, als ich nach Hause kam. Ich sehe noch wie heute, wie sich mein Vater abrupt von mir weggedreht hat und wie seine Schultern förmlich herabfielen. Und meine Mutter – sie holte ihr Taschentuch aus der Schürzentasche hervor und sagte langsam zu mir: ‚Kitia mein Liebling, ich verstehe, dass du hier raus willst, und du hast jedes Recht dazu. Aber du musst auch verstehen, dass du damit unser Todesurteil unterschreibst.‘"

Diese Episode hat sich eingebrannt in Kitias Erinnerung.

„Das war so eine schreckliche, absolut schreckliche Erfahrung für mich, weil es mir zeigte, wie abhängig die älteren Menschen von uns jüngeren waren. Man stelle sich das vor: Meine Eltern mussten mich anflehen zu bleiben, damit sie am Leben blieben. Diese Perversion des Denkens, diese Umkehrung aller menschlichen Werte! Auf der Stelle fühlte ich mich verantwortlich für meine Eltern – und zwar nicht nur für ihr körperliches, sondern auch für ihr seelisches Wohlbefinden und vor allem für ihre Würde."

Die Deportationen in die Konzentrations- und Vernichtungslager beginnen im Frühjahr 1942. Roßner, der inzwischen 3.000 Arbeiter beschäftigt und somit 9.000 Juden vor der Deportation schützt, gerät bald unter Druck vom Judenrat, der auf Befehl der Deutschen fortwährend Juden für die Deportationen zur Verfügung stellen muss. Der Judenrat verlangt Juden von Roßner, der aber hält weiter die Hand über „seine" Juden, warnt sie vor bevorstehenden „Aktionen"* der Deutschen, bietet ihnen Schutz in seinen Werkstätten. Wer kann, kauft sich frei von den Deportationslisten – wohl wissend, dass ein anderer Jude als Ersatz gefunden werden muss. Korruption ist an der Tagesordnung, die Menschen sind erfüllt von Angst und Hass.

„Zusammen mit meinen Altersgenossen saßen wir zusammen und diskutierten Fragen wie: Was machen wir während einer sogenannten ‚Aktion'? Versuchen wir zu fliehen? Was machen wir, wenn sie unsere Eltern mitnehmen? Sollen wir dann mitgehen? Haben wir die moralische Verpflichtung mitzugehen? Wie weit gehen wir, um unser eigenes Leben zu schützen? Versuchen wir zu überleben, koste es was es wolle? Wie bewahren wir uns unsere Humanität?"

Die jüdische Polizei muss die dreckige Arbeit für die Deutschen erledigen: Sie muss Juden liefern für die Deportationen. Die Polizisten befinden sich in einem erbärmlichen Dilemma: Sie haben den Auftrag, pro Tag eine bestimmte Anzahl von Juden zu liefern. Gelingt ihnen das nicht, werden Angehörige ihrer Familien und schließlich sie selbst deportiert. „Mein Vater hat oft gesagt, er würde lieber von den Deutschen geholt werden als von der jüdischen Polizei. Damals habe ich das nicht verstanden."

Gegen Ende 1942 wird ein Ghetto in Kamionka errichtet, dem ärmsten Stadtteil von Będzin, alle Juden müssen in dieses Ghetto

---

* Razzien, in denen ganze jüdische Viertel umstellt und deren Bewohner anschließend deportiert werden.

ziehen. Das Ghetto ist offen, es gibt weder eine Mauer noch Stacheldraht, aber die Juden haben strikte Order, das Ghetto nicht zu verlassen – es sei denn, man besitzt einen Sonderausweis, der zur Arbeit berechtigt. Die Szpigelmans ziehen mit ein paar Habseligkeiten um – ein Bett, ein Schrank, ein Tisch und Stühle – und finden ein Zimmer für sich. Von nun an gibt es kein fließendes Wasser mehr, die „Toilette" ist auf dem Hof. Um ihren Eltern und sich selbst ein wenig Privatsphäre zu lassen, schläft Kitia hinter dem Schrank.

„Viele Leute haben nun über Flucht gesprochen und wollten sich falsche Papiere organisieren. Für mich stand das nie zur Debatte. Erstens habe ich immer geglaubt, dass ich jüdisch aussehe – einmal habe ich mir die Haare blond gefärbt und sah danach noch jüdischer aus – und dass mir niemand abkaufen würde, dass ich eine Polin bin. Außerdem hätte mich meine Sprache verraten. Ich sprach nämlich sehr gutes Polnisch – wenn man so will, besseres Polnisch als die Polen. Es gibt einen bekannten polnischen Autor, der mal gesagt hat: Die Juden sprechen entweder besseres oder schlechteres Polnisch als die Polen – aber nie ganz dasselbe."

Unabhängig davon ist Kitia davon überzeugt, dass sie nicht ohne ihre Freunde leben kann.

„Zu der Zeit hatte ich eine wirklich tiefe Freundschaft mit Cesia geschlossen. Sie hatte die Handelsschule abgeschlossen, also einen total anderen sozialen Hintergrund als ich. Sie war weniger gebildet als ich, aber hatte eine enorme Lebensweisheit und machte mich mit ganz anderen, wichtigen und wertvollen Aspekten des Lebens bekannt. Ich konnte mir absolut nicht vorstellen, ohne Cesias Unterstützung zu leben."

Kurz nachdem das Ghetto errichtet ist, findet eine große Deportation statt. Unter denjenigen, die deportiert werden, befinden sich auch Kitias geliebte Tante Ru nebst Mann und Tochter. Wie durch ein Wunder kehren sie in der Nacht zum Ghetto zurück.

„Es war ihnen gelungen, aus dem fahrenden Zug zu springen. Sie waren der Deportation entgangen, aber ihr nächstes Problem war, dass sie nun, da sie auf der Deportationsliste standen, nicht mehr als Bewohner des Ghettos existierten. Und das hieß: keine Lebensmittelkarten und kein Essen. In der Situation habe ich mich an Roßner gewandt. Ich habe ihm die Geschichte erzählt. Roßner hat daraufhin meine Tante zu seiner persönlichen Zahnärztin gemacht und ihren Mann, der Kunstmaler war, zu einem Schildermaler. Das war tatsächlich eine Kampfansage an den Judenrat, der die Familie ja auf die Deportationsliste gesetzt hatte."

Ru hat inzwischen falsche Papiere für ihre Tochter Marusia besorgt, hat sich aber nie ernsthaft um eine polnische Familie gekümmert, die bereit wäre, ihre Tochter aufzunehmen. Das Risiko ist groß.

„Die Deutschen hatten die Todesstrafe für jeden Polen verhängt, der einen Juden versteckte oder ihm auch nur in irgendeiner Form half. Außerdem gab es eine Menge Polen, die für einen kleinen persönlichen Vorteil Juden bei den Deutschen denunzierten. Aber meine Mutter kannte eine Polin, der sie absolut vertraute, und mit der sie ein bisschen tauschte: Kleider, Wäsche oder Schmuck gegen Essen. Diese Frau – sie hatte drei Kinder, der Mann war ein Grubenarbeiter – kam des Öfteren ins Ghetto, und sie band sich dazu ein weißes Armband mit dem blauen Davidstern um den Arm. Mein Vater war total wütend darüber, weil er Angst hatte, dass die Polin eines Tages erwischt werden würde, dass wir auch auffliegen und dass wir allesamt auf der Stelle erschossen würden. Jedenfalls kam ich mit Genia Pajak, das war ihr Name, eines Tages ins Gespräch, und die Frau bot

mir doch dann tatsächlich an,
mich zu verstecken."
Kitia weiß, welch mutiges Angebot ihr hier gemacht wird. Aber
sie lehnt ab. Sie hat eine andere
Idee.
„Merkwürdigerweise habe
ich immer geglaubt, dass ich
überleben werde. Also dachte
ich, ich brauche die angebo-
tene Hilfe nicht. Stattdessen
habe ich Frau Pajak gefragt,
ob sie statt meiner denn nicht
meine acht Jahre alte Cousine Marusia verstecken könne.
Und sie hat ja gesagt."

Genia Pajak mit der achtjährigen Marusia,
Kitias Cousine

Kitias Tante muss von dem Plan zunächst überzeugt werden, sie
sträubt sich, ihr Kind herzugeben.

„Jüdische Familien hatten ja dieses enge Zusammengehörig-
keitsgefühl und wollten unter allen Umständen zusammenblei-
ben. Es war so nach dem Motto: Was immer passiert, passiert –
Hauptsache, wir bleiben zusammen. Ich musste also meine Tante
förmlich betteln, und endlich willigte sie ein, Marusia versuchs-
weise zu der polnischen Familie zu geben. Es war höchste Zeit:
Ein paar Tage später wurde das Ghetto ‚judenrein‘ gemacht. Oh,
wie ich dieses Wort hasse – j u d e n r e i n!"

Im Juli 1943 lässt Roßner seinen Angestellten und Arbeitern die
Warnung zukommen, dass die Nazis möglicherweise die Liquidation des Ghettos planen.

„Er rief jeden einzeln zu sich ins Büro und sagte uns, es gäbe
Gerüchte über eine bevorstehende ‚Aktion‘. Er forderte uns auf,

keinesfalls über Nacht im Ghetto zu bleiben, sondern in den Shop zu kommen. Und er erlaubte uns gleichzeitig, jeden mitzubringen, den wir mitbringen wollten, und so zu tun, als gehörten sie eben zur Nachtschicht. Er bat uns nur, ein bisschen umsichtig vorzugehen, also nicht in größeren Gruppen in den Shop zu kommen, um kein Aufsehen zu erregen. Die Tür vom Shop blieb die ganze Nacht offen, auch nach der Ausgangssperre. Die nächsten paar Wochen wimmelte der Shop nachts von Menschen – da waren junge Leute, alte Leute, Kinder, manche brachten ihre Kochutensilien mit und so weiter."

Als Kitia ihre Eltern auffordert, die Nächte von nun an im Shop zu verbringen, sträubt sich der Vater.

„Er wollte immer noch nicht glauben, dass demnächst etwas passieren könnte, oder besser wohl, er wollte es sich nicht eingestehen. Wir alle wussten ja inzwischen eigentlich, was das Ziel der Nazis war, aber wir konnten den Gedanken eben nicht zu Ende formulieren, dass wir alle umgebracht werden sollen. Wir konnten das einfach nicht auf uns selbst anwenden."

Nachdem über Wochen hinweg nichts geschieht, lässt die Wachsamkeit nach, die Menschen bleiben nachts wieder im Ghetto, um den fehlenden Schlaf in ihren eigenen Betten nachholen zu können. „Und die Nächte von Samstag auf Sonntag wurden sowieso immer als sicher angesehen, weil der Sonntag ja schließlich der heilige Ruhetag der Christen, also der Deutschen war."

Die Juden rechnen nicht mit der Niederträchtigkeit der Deutschen. Die Deutschen suchen sich oft jüdische Feier- oder Festtage für ihre sogenannten „Aktionen" gegen die Juden aus, in diesem Fall täuschen sie die Ghettobevölkerung, indem sie sich einen Sonntag aussuchen. Am 1. August umstellen sie das Ghetto.

„Es war ein heißer Sommertag. Um fünf Uhr morgens hörten wir plötzlich Gewehrfeuersalven, das Geräusch von fahrenden

Lastwagen, das Quietschen der Bremsen von gepanzerten Fahrzeugen, gefolgt von den Rufen ‚raus, raus, raus‘. Im Shop hatten wir für diesen Fall strikte Anweisung, wer sich wo zu verstecken hat, aber wir standen alle völlig versteinert da, bis Roßner erschien und rief: ‚Worauf wartet ihr denn, bewegt euch, folgt dem Plan!‘"

Roßner selbst eilt zum Ghetto, um nach bekannten Gesichtern Ausschau zu halten.

„Er sah dann tatsächlich meine Freundin Cesia und herrschte einen der SS-Männer an: Was macht ihr denn da? Das ist eine Zuschneiderin in meinem Shop, die brauche ich, ihr sabotiert die Arbeit der SS! Und Cesia war nicht die Einzige, die er gerettet hat. Mein Freund Rysiek war schon – zusammen mit seiner Mutter – auf einem Lastwagen, als Roßner ihn wieder runterholte. Zwar war Rysiek danach ein gebrochener Mann, weil er sich nie verzeihen konnte, dass er seine Mutter im Stich gelassen hat – aber das ist eine andere Geschichte."

Mit 400 bis 600 weiteren Ghettobewohnern überleben Kitia und ihre Eltern die „Aktion". Mitte August nimmt der Shop seine Arbeit wieder auf und produziert, als sei nichts geschehen, Uniformen für die deutsche Wehrmacht.

Natürlich folgen weitere Selektionen. Bei einem Morgenappell wird eine Gruppe älterer Leute selektiert, diesmal sind auch Kitias Eltern dabei. Roßner nimmt Kitia beiseite und beruhigt sie: Die Eltern würden nicht in ein Konzentrationslager, sondern in das Arbeitslager Annaberg in Oberschlesien gebracht. Kitia nimmt ihren ganzen Mut zusammen und spricht den diensthabenden SS-Mann an: „Entschuldigen Sie bitte, dass ich Sie anspreche. Meine Mutter ist eine exzellente Köchin und Hausfrau. Darf ich darum bitten, dass meine Mutter in der Küche eingesetzt wird?" Zosia Szpigelman wird in Annaberg zunächst tatsächlich in der Küche eingesetzt, später allerdings durch eine jüngere Frau ersetzt.

Nach und nach, aber unbeirrbar wird die verbliebene Anzahl der Juden dezimiert – bis von den ursprünglich 25.000 Będziner Juden nur noch eine kleine Gruppe von 50 Personen übrig ist. „Selbst in dieser Situation haben wir immer noch nicht die Wahrheit von Auschwitz akzeptiert. Wir waren verzweifelt darum bemüht, unsere Situation zu normalisieren und zu glauben, dass das nun so bleiben würde."

Aber das „Glück" ist zu Ende für die letzten Juden von Będzin. Roßner wird argwöhnisch von der Gestapo beobachtet, der seine judenfreundliche Haltung nicht verborgen geblieben ist. Ende 1943 wird er verhaftet und stirbt unter ungeklärten Umständen am 18. Dezember, einen Tag nach seinem siebenunddreißigsten Geburtstag, im Gestapo-Gefängnis.

„Von diesem Zeitpunkt an übernahm ein Deutscher namens Ruppert die Leitung des Shops – das war ein ‚Parteigenosse', also ein Mitglied der NSDAP, und er war von Roßner als sein Stellvertreter in das Geschäft gebracht worden. Ruppert war ein sanftmütiger und freundlicher Mann, aber für den Umgang mit der SS nicht zu gebrauchen, er hatte fürchterliche Angst vor denen. Ich glaube, ich habe nie jemanden gesehen, der so voller Angst war, wenn die SS zur Inspektion kam. Ansonsten lebten wir nun in den Räumen über dem Shop, und unser Dasein war seltsam friedlich. Es gab keine Appelle, wir hatten genügend zu essen, wir konnten uns ordentlich waschen, und die Wachen schienen zufrieden zu sein, waren also auch nicht brutal."

Im Juni 1944 werden die verbliebenen fünfzig Juden in das Arbeitslager Annaberg deportiert, unter ihnen sind Kitia und Cesia. Kitia arbeitet in der Küche, die Bedingungen sind nicht schlecht, es gibt genügend Essen.

„Im Juli hörten wir von dem Attentat auf Hitler. Und wir waren auf eine merkwürdige Weise froh, dass er es überlebt hatte, weil wir alle Angst vor einer kollektiven Bestrafung hatten."

Die Häftlinge werden nicht bestraft, aber im August in Güterwaggons verladen und aus Annaberg abtransportiert.

„Wir hatten keine Ahnung, wohin man uns transportierte. Irgendwann in der Morgendämmerung kam der Zug jedenfalls zum Stehen, die Schiebetüren öffneten sich, und da draußen war eine tödliche Stille. Wir sahen ein paar Figuren herumstehen, einige in gestreiften Anzügen und andere in Uniformen, die überwiegende Farbe war blaugrau – und der Himmel stand in roten Flammen. Und ich sagte tonlos: ‚Mädchen, es ist alles wahr.' Denn wir hatten ja schon von Auschwitz gehört, aber wollten es eben nicht wahrhaben. Welcher Mensch von Verstand konnte denn auch so etwas glauben?"

Kitia unterbricht sich plötzlich und sagt: „Das ist jetzt wirklich schwierig für mich. Ich spreche normalerweise nicht über Auschwitz. Ich habe versucht, dieses Kapitel in meinem Kopf zu löschen."

Nach einem lauten Seufzer fährt sie dennoch fort und spricht über ihre Ankunft in Auschwitz-Birkenau. Birkenau oder Auschwitz II, etwa drei Kilometer vom Stammlager Auschwitz I entfernt, ist das Vernichtungslager von Auschwitz. Hier stehen die Gaskammern und die Krematorien.

„Die haben uns also zu den Duschräumen geführt, und auf dem Weg dorthin habe ich doch tatsächlich meine Menstruation bekommen. Da lief mir also das rote Blut am Bein herunter, und ich geriet in völlige Panik."

Es gelingt Cesia, ihre Freundin zu beruhigen. „Das Bluten hörte dann auf, aber innerhalb von Sekunden waren wir völlig entmenschlicht: Wir mussten uns nackt ausziehen, unsere Haare wurden geschoren, nach der Dusche wurden wir im Freien irgendwohin gescheucht – so nass, nackt, kalt und zitternd, wie wir waren – und alles unter den dauernden Befehlen ‚schnell, schnell, schnell‘, dieses Tempo war unglaublich; und dann haben sie uns irgendwelche Sachen zum Anziehen zugeworfen, irgendwelche hauchdünnen und völlig ungeeigneten Fetzen, das war grotesk, und sie haben sie so geworfen, dass die kleinen Mädchen die großen Fetzen bekamen und die großen Mädchen die kleinen. Und dann kam jemand mit einem Eimer roter Farbe, und der malte uns hinten ein rotes Kreuz auf die Sachen – die Farbe klebte danach an unserer Haut. Nach dieser ganzen Prozedur haben wir uns gegenseitig nicht mehr erkannt, wir sahen alle gleich aus, gesichtslos und bizarr, und wir riefen alle unsere Namen. Als Cesia und ich uns wiedergefunden hatten, fielen wir uns in die Arme und weinten.“

Das Eingangszeremoniell ist noch nicht beendet: Die Frauen werden in eine Baracke geschoben.

„Das war ein langer Raum, in dessen Mitte junge Leute an schmalen Tischen saßen. Wir mussten unseren linken Arm austrecken, und – schnell, schnell – wurden uns Nummern eintätowiert. Meine Nummer ist A-25441 und Ceskas A-25440. Von nun an hatten wir unseren Namen verloren. Wir waren unter einer Nummer registriert, wir wurden mit Nummern aufgerufen, und das Leben und Sterben hing von einer Nummer ab: unser Recht auf eine tägliche Essensration, unser Recht auf ein Fünftel eines Stockbetts und auf ein Fünftel einer Decke, unser Recht ‚Jawohl‘ zu sagen beim Appell und unser Recht auf eine gute Chance, für die Gaskammern selektiert zu werden.“

Die Frauen werden zu ihren Wohnbaracken gescheucht, das Wachpersonal händigt angeschlagene rote Emaillenäpfe aus, anschließend wird Suppe ausgegeben.

„Das war dicke weiße Suppe, und jeder hat angefangen zu fressen wie ein Hund. Ich war entsetzt und konnte mich dazu nicht überwinden, also habe ich gefragt: ‚Gibt es denn keine Löffel?‘ Und dann war da diese ältere Frau, die mich aus traurigen dunklen Augen ansah, und die zu mir sagte: ‚Iss mein Kind, iss, du wirst dich daran gewöhnen!‘"

Mit erhobener, faste euphorischer Stimme fügt Kitia an: „Was ich sagen will, ist: Menschliche Gesten waren selten im Lager, aber es gab sie, und durch ihre Seltenheit hatten sie eine enorme Bedeutung. Dass diese Frau es wert fand, mir auf meine Frage zu antworten und dass sie es ganz behutsam sagte, während rings um uns Leute schrien und drängelten – das bedeutete wirklich etwas."

Der Lageralltag in Birkenau besteht aus stundenlangen Morgen- und Abendappellen, zwischen den Appellen müssen die Frauen große Steine hin- und herschleppen – eine völlig unsinnige und erniedrigende Arbeit. Ansonsten lernen sie schnell, was Birkenau bedeutet: häufige Selektionen und die ständige Angst, in den Tod geschickt zu werden – mit einem einzigen Fingerzeig.

„Der einzige Zeitpunkt, zu dem wir uns sicher fühlten, war, wenn die Schornsteine rauchten und wir die Flammen sahen – dann vergaßen wir für kurze Zeit die nächste Selektion."

Im Oktober – es war kurz nach dem bewaffneten Aufstand des Sonderkommandos an einem der Krematorien – findet Cesia heraus, dass man sich freiwillig für eine Arbeit in einer Munitionsfabrik melden könne, und dem Gerücht zufolge liege die Fabrik außerhalb von Auschwitz. Kitia ist skeptisch. Vielleicht ist es nur ein Trick, um die Leute direkt ins Gas zu schicken? Aber Cesia beobachtet, dass man den Freiwilligen ein halbes Brot und ein bisschen Marmelade gibt, bevor sie einen Zug besteigen. Sie folgert: Die Deutschen werden wohl kein Brot vergeuden an Leute, die sie ins Gas schicken. Sie lässt sich und Kitia registrieren. Das Vabanquespiel geht auf: Cesia und Kitia kommen auf den nächsten Transport, und der Zug fährt in ein Konzentrationslager nördlich von Berlin: Es ist Ravensbrück – das größte Konzentrationslager für Frauen im Deutschen Reich.

„Ich kann mich nicht erinnern, wie lange genau wir in Ravensbrück waren, aber es war elendig kalt dort, wir haben in einem Steinbruch gearbeitet, und meine Finger waren abgefroren. Obwohl es in Ravensbrück keine Gaskammern gab – dort hatte ich das erste Mal das Gefühl, dass ich nicht überleben würde. Aber wir hatten Glück – wir wurden nämlich gebraucht für die deutsche Wunderwaffe, die V2, und wurden deshalb wieder an einen anderen Ort gebracht. Ich erinnere mich, als wir dort ankamen und feststellten: keine Schornsteine, keine Krematorien – da sagte doch tatsächlich ein ganz junges Mädchen aus unserem Transport: ‚Vielleicht können wir ja so leben. Vielleicht werden wir unser Leben lang Sklaven sein – aber so lange wie es keine Gaskammern gibt, können wir vielleicht zurechtkommen.‘ Cesia und ich waren geschockt. Uns wurde klar, dass dieses Leben für das Mädchen, das bei Ausbruch des Krieges vielleicht elf Jahre war, fast schon zur Normalität geworden war.“

Kitia und Cesia sind in das Konzentrationslager Beendorf im heutigen Sachsen-Anhalt gebracht worden, ein Außenlager des KZ Neuengamme. Seit Februar 1944 sind hier von Häftlingen unterirdische Produktionshallen in zwei benachbarten Salzbergwerken ausgebaut worden. Ab August 1944 werden in mehreren Transporten 2.500 zumeist deutsche, sowjetische, polnische und französische weibliche KZ-Häftlinge aus Ravensbrück nach Beendorf gebracht. Die Frauen produzieren hier Munition für die Luftwaffe sowie Teile für das Flugzeug Me 262 und die Raketen V1 und V2. Sie arbeiten täglich zwölf Stunden an den Maschinen, die zum Schutz vor Bombenangriffen etwa 450 Meter unter der Erde liegen. Mit kleinen Förderkörben werden die Frauen in den Schacht transportiert.

„Wir haben mit Deutschen zusammengearbeitet. Die gute Sache war, dass es warm war in dem Schacht. Außerdem hatten wir keine Läuse, weil wir unsere Werkzeuge über Nacht immer in Petroleum legten, damit sie nicht rosten. Wenn wir uns morgens unsere Werkzeuge nahmen, haben wir mit unseren Petroleumhänden immer kurz über unsere Haare und über unseren Körper gewischt." Kitia lacht. „Wir stanken zum Himmel – aber wir hatten keine Läuse."

Viele der Meister im Werk sind überzeugte Nazis, oft reden sie von den Qualitäten Hitlers. Dennoch: Sie sind nicht brutal, und Cesia und Kitia fühlen sich irgendwie sicher, nicht bedroht.

„Ein Meister sagte mal zu mir: ,Jetzt stell Dir doch mal vor, dass du an einem heißen Sommertag ein Kleid trägst und dass man dann deine Häftlingsnummer sieht – wäre dir das nicht peinlich?' Und da habe ich mich doch tatsächlich getraut zu antworten: ,Peinlich schon – aber für euch, nicht für mich!'"

Kitia hat keine Lust, über die braun gefärbten Meister zu reden – sie wechselt das Thema und redet nun über Willi. Willi ist zwar auch ein Meister, aber er ist anders als die anderen.

„Er hat oft Essen für mich liegen lassen – manchmal eine halbe Stulle oder einen halben Apfel oder auch mal ein Ei. Und er sprach mit mir wie mit einem Menschen. Er versorgte mich auch mit politischen Informationen – unter anderem erzählte er mir, dass die Russen nur noch fünfzig Kilometer weit weg seien von Berlin. Damit hat er natürlich Hoffnung in uns geweckt. Hoffnung war wichtig."

Am 10. April 1945 werden die Häftlinge des Lagers ein letztes Mal in einen Güterwagen verladen.

„Aber dieses Mal gab es einen kleinen Unterschied: Es gab eine Rampe zum Einsteigen. Die Züge waren ja ziemlich hoch, und es war immer schwierig gewesen, da überhaupt hochzukommen. Diesmal also eine Rampe, wir konnten einfach so hineinlaufen in den Waggon, und sie pferchten uns auch nicht rein, diesmal waren wir nur sechzig – zuvor hundert oder mehr Leute. Und dann redeten die uns doch tatsächlich mit ‚Fräulein‘ an!" Dennoch – die zehn Tage lange Fahrt ist entsetzlich. Die Wachen spielen immer noch ihre alten Spiele mit den Häftlingen.

„Die haben uns nichts zu essen gegeben, und jedes Mal, wenn der Zug anhielt, haben sie uns befohlen auszusteigen und uns in einem Viereck aufzustellen, während sie ihre Maschinenpistolen auf uns hielten. Dann brachen sie in Gelächter aus und befahlen uns, wieder in den Zug einzusteigen."

Etwa 600 Frauen sterben auf dem Transport – an Durst, Hunger oder Erschöpfung.

„Irgendwann sahen wir dann die Stadt Hamburg. Die lag völlig in Trümmern. Und, um ehrlich zu sein, wir waren ziemlich erfreut über den Anblick." Kurz bevor der Zug Hamburg erreicht, verschwinden die Wachen. „Und seltsam genug – sowie die Wachen verschwunden waren, fühlten wir uns unsicher. Wir wussten nicht, was wir als Nächstes machen sollten. Wir hatten vergessen, für uns zu denken. Und wir fingen an zu weinen."

Die Frauen sind Teil der sogenannten „Aktion Bernadotte": Verhandlungen des Vizepräsidenten des Internationalen Roten Kreuzes, Graf Folke Bernadotte, mit Heinrich Himmler, in deren Ergebnis noch kurz vor Kriegsende etwa 8.000 Häftlinge skandinavischer Herkunft und 10.000 bis 12.000 Häftlinge anderer Nationalität aus Ravensbrück und Theresienstadt nach Schweden gebracht werden konnten.

„Ich erinnere mich, dass wir nach unserer Ankunft in Schweden als Erstes baden durften, das war so wunderbar, wir saßen zu zweit in einer Badewanne mit viel Wasser, und wir hatten Seife und Bürsten bekommen und schrubbten uns gegenseitig den Rücken – die Seife haben wir gleich eingesteckt, weil wir Angst hatten, dass wir nie wieder Seife sehen würden – und dann wartete ein Mann in Gummischürze und Gum-mistiefeln mit Handtüchern auf uns, und wir bekamen

Kitia mit Freundin Cesia (l.) in Schweden, Sommer 1945

jede einen Mantel und Schuhe. Es gab allerdings nur ein einziges Kleid – und das Kleid zog dann jede von uns nacheinander an für ein Foto, das von uns gemacht wurde." Als die Fotos später auf einem Tisch ausgelegt werden, kann Kitia sich nicht finden. „Ich habe mich tatsächlich nicht erkannt!"

Kitia bleibt die nächsten zwölf Monate in Schweden. Im August erhält sie die Nachricht, dass ihre Mutter überlebt hat. Ihr Bruder Aron, der von seiner französischen Frau in einem kleinen Bauernhof in den Pyrenäen versteckt worden war, ist auch am Leben. Im März 1946 treffen sie sich alle in Paris wieder. Mutter und Tochter sprechen nie über ihre Erfahrungen in den Lagern, Kitias Mutter ignoriert sogar die eintätowierte Nummer auf Kitias Arm.

„Ich denke, dass meine Mutter einfach geschockt war, ihre schöne Tochter so verschandelt zu sehen. Und so wird sie beschlossen haben, die ganze Erniedrigung und den Terror, dem ich ausgesetzt war, einfach nicht zur Kenntnis zu nehmen. Meine Mutter hat den Holocaust tatsächlich relativ unbeschadet überstanden, wenn ich das mal so sagen darf. Ich denke, dass die jüngere Generation viel verletzbarer war und den Holocaust mit voller Wucht abbekommen hat. Die Jüngeren haben die Hauptlast getragen – seelisch und geistig."

Zwei Jahre nach Kriegsende erhält Kitia einen Brief von einem Schulfreund. Er schreibt, dass er sich im Januar/Februar 1945 zusammen mit Kitias Vater auf einem Evakuierungsmarsch vom Konzentrationslager Blechhammer in Oberschlesien befunden hätte. Die SS hatte das Lager am 21. Januar vor der heranrückenden Roten Armee geräumt und trieb 4.000 Häftlinge vor sich her. Ein Teil von ihnen erreichte am 2. Februar das Konzentrationslager Groß-Rosen in Niederschlesien – 800 Häftlinge, die nicht mehr laufen konnten, waren unterwegs von der SS erschossen worden.

„Mein Freund schrieb mir, dass mein Vater auf dem Marsch aus völliger Erschöpfung in den Schnee fiel. Er wisse nicht, ob er eine Gnadenkugel erhielt oder ob er im Schnee erfror. Aber mein Vater hätte ihm vorher noch aufgetragen: Vielleicht hat Kitia ja überlebt. Finde sie und sag ihr, sie soll weggehen aus Europa – so weit wie möglich weg von hier."

Kitias Mutter emigriert nach Israel, hoffend, dass Kitia ihr folgt. Aber Kitia hat andere Pläne. Sie heiratet einen jungen jüdischen Mann, der in der Sowjetunion überlebt hat, und emigriert mit ihm nach Australien. Kitia folgt damit dem Rat ihres Vaters: So weit wie möglich weg von hier!

Im Juli 1947 erreicht das junge Paar Melbourne. Kitia würde gern ihre Ausbildung fortsetzen, aber dafür ist kein Geld da. Sie müssen beide arbeiten. Kitia arbeitet in einer Textilfirma, statt Uniformen näht sie nun Hemden.

„Es war eine schwierige Zeit. Wir sprachen kein englisch, wir hatten keine Freunde, wir lebten in einer schäbigen kleinen Unterkunft in Fitzroy, einem Stadtteil im Osten Melbournes, der

Sommer war von einer gnadenlosen Hitze, und ich war schlecht in meinem Job."

Es dauert nicht lange, und Kitia ist schwanger. Während ihrer Schwangerschaft bekommt sie Albträume.

„Es begann im fünften Monat, als mein Bauch Anzeichen der Schwangerschaft zeigte. Da habe ich angefangen, von den Selektionen zu träumen, wir mussten alle nackt antreten, und ich wusste, dass ich nicht durchkommen würde wegen der Schwangerschaft. Sogar wenn ich nachts aufwachte, konnte ich Galgen sehen – im Hinterhof, wo unsere Toilette war."

Nachdem 1949 ihr Sohn Eugene geboren wird, entwickelt Kitia extreme Ängste: Sie hat Angst um das Überleben ihres Sohnes.

„Ich habe tatsächlich einen kleinen Koffer gekauft, in dem ich Eugene zur Not hätte verstecken und transportieren können. Ich hab dann Löcher in den Koffer gemacht, damit der Junge auch atmen kann. Dann bin ich in Gedanken die Nachbarn durchgegangen, und hab überlegt, welcher Familie ich wohl den Koffer mit meinem Sohn anvertrauen könnte. Natürlich wuchs Eugene, und der Koffer war bald nicht mehr groß genug. Also hab ich mir wieder neue Gedanken gemacht, wie ich den Jungen wohl verstecken könnte."

Die Ehe geht schief, Kitia trennt sich und findet die Liebe ihres Lebens: Fred, einen tschechischen Juden, dem es gelungen war, nach der Besetzung der Tschechoslowakei nach England zu fliehen. Er hatte in England studiert und diente gegen Ende des Krieges in einer tschechischen Einheit der britischen Ar-

Kitia und Fred

475

mee. Kitia und Fred heiraten 1970 und sind – bis zu Freds Tod im Jahr 1999 – unzertrennlich. Bis heute vermisst Kitia ihren Mann schmerzlich.

1982 wird Kitia von ihrem Sohn Eugene gedrängt, einen Antrag in Yad Vashem zu stellen und Genja Pajak (die polnische Frau, die Kitias Nichte Marusia aufgenommen hat) als „Gerechte unter den Völkern" zu nominieren. Marusia hatte dank des Mutes dieser Frau überlebt. Um das Kind nicht verstecken zu müssen, war Genia Pajak – bewaffnet mit einem Korb voller Lebensmittel – zur Polizei gegangen und hatte dort unter Tränen erzählt, dass Marusia das Kind einer früheren Liebelei sei, aber ihr Mann gewillt sei, dieses Kind zu adoptieren. Das Kabinettsstückchen gelang: Marusia wurde legalisiert und wuchs unter dem Namen Bogumila Pajak zusammen mit den anderen drei Pajak-Kindern auf.

Marusia, die inzwischen in Israel lebt, will Kitia von dem Vorhaben abbringen. Sie will nichts mit ihrer Kindheit zu tun haben. Kitia lässt sich jedoch nicht davon abhalten und versucht alles, damit Genia Pajak den Ehrentitel verliehen bekommt. Sie weiß, dass die polnische Frau etwas außergewöhnlich Couragiertes getan hat und kommentiert das kurz und knapp mit den Worten: „Ich wünschte, ich könnte von mir sagen, dass ich in einer ähnlichen Situation das Gleiche getan hätte wie Genia Pajak." Der Antrag ist erfolgreich.

„Im April 1983 bin ich nach Israel geflogen, um einen Baum in der Allee der Gerechten zu Ehren Genia Pajaks zu pflanzen. Marusia erschien nicht zu der Zeremonie. Erst viel später hatte sie die Kraft, sich mit ihrer Kindheit auseinanderzusetzen. Es stellte sich heraus, dass sie einen großen Hass auf ihre Mutter hatte. Vom Verstand her wusste sie zwar, warum ihre Mutter sie weggegeben hatte, aber emotional blieb sie auf der Ebene des Kindes und fühlte sich im Stich gelassen."

Jahre später beschließt Kitia, dass es an der Zeit ist, einen weiteren Menschen zu ehren: Alfred Roßner.

„Ich hatte mir schon damals auf der Fähre zwischen Kopenhagen und Malmö geschworen – das war der Zeitpunkt, zu dem mir klar wurde, dass ich überlebt hatte –, dass ich Roßners Ge-

Yad-Vashem-Ehrenurkunde für Alfred Roßner

schichte erzählen will: Die Geschichte eines Deutschen, der die Juden im Ghetto beschützte und deren Leben verlängerte. Dass ich überlebt habe, hat sicherlich nicht nur einen Grund, aber ich glaube schon, dass ich mein Leben im Wesentlichen dem Mut, der Intelligenz und der Menschlichkeit dieses Mannes zu verdanken habe."

Dank Kitias Initiative wird Alfred Roßner im September 1995 posthum als „Gerechter unter den Völkern" geehrt. Die Medaille und das Zertifikat werden, sofern der Geehrte nicht mehr am Leben ist, traditionell einem Familienmitglied des Geehrten überreicht. Roßners Verwandte lehnen die Medaille jedoch ab. Es dauert sechs Jahre, bis Yad Vashem einen Neffen in München ausfindig macht, der bereit ist, Medaille und Zertifikat entgegenzunehmen. Kitia bekommt – eine absolute Ausnahme – eine originalgetreue Kopie des Zertifikats, die nun im Holocaust-Museum in Melbourne hängt.

Erst am 18. Dezember 2010 wird für Alfred Roßner, der 1906 in Falkenstein im Vogtland geboren wurde, ein Gedenkstein auf dem Falkensteiner Friedhof niedergelegt.

1988 beginnt Kitia als Guide im Museum zu arbeiten. 1998 übersetzt sie die Memoiren ihrer Cousine Marusia aus dem Polnischen ins Englische. Das Buch erscheint ein Jahr später, erweitert um Kitias Reflexionen, unter dem Namen „A green parrot" (Ein grüner Papagei). Im gleichen Jahr beschließt Kitia, sich mit ihren eigenen Erinnerungen auseinanderzusetzen und beginnt zu schreiben. Fünf Jahre später erscheint ihr Buch „Memories of Ordinary People. For those who have no one to remember them" („Die Erinnerungen ganz gewöhnlicher Menschen. Für alle, die niemanden haben, der sich an sie erinnern kann"). Es ist ein bemerkenswertes literarisches Werk, das all diejenigen Menschen zum Leben erweckt, die Kitia vor und während der Zeit des Nazi-Terrors begegnet sind und die nicht überlebt haben: Familie, Freunde, Bekannte. Durch die gesamte Erinnerungsarbeit zieht sich eine intelligente Analyse der Psychologie des Terrors.

Wenn Kitia mit Besuchern des Museums spricht – insbesondere mit jüngeren Schulkindern – hat sie zuweilen Schwierigkeiten, den unterschwelligen, verborgenen, perfiden Horror des Holocaust deutlich zu machen.

„Für mich war der schlimmste Aspekt des Holocaust, dass die Nazis versucht haben, alle bisher bekannten Gesetze der menschlichen Gesellschaft über den Haufen zu werfen – Wertvorstellungen, Überzeugungen, ethische und moralische Normen. Und fast wäre es ihnen gelungen – sogar mit uns, den Opfern. Fast wäre es ihnen gelungen, unseren Verstand so zu verdrehen, dass wir Mord akzeptierten, Mord an vermeintlich weniger wertvollen Menschen. Nach einer Deportation waren wir ja nahe daran zu sagen: Es ist schon in Ordnung, es sind ja ‚nur‘ die Alten und ‚nur‘ die Kranken. Diese Perversion des Denkens verfolgt mich bis heute.“

Und dann – so, als ob sie uns alle versöhnen wolle – fügt sie hinzu: „Aber dennoch – ich denke, dass meine Lebensgeschichte eigentlich nicht von Brutalität handelt, sondern in einer seltsamen Weise eine Geschichte tiefer Menschlichkeit ist.“

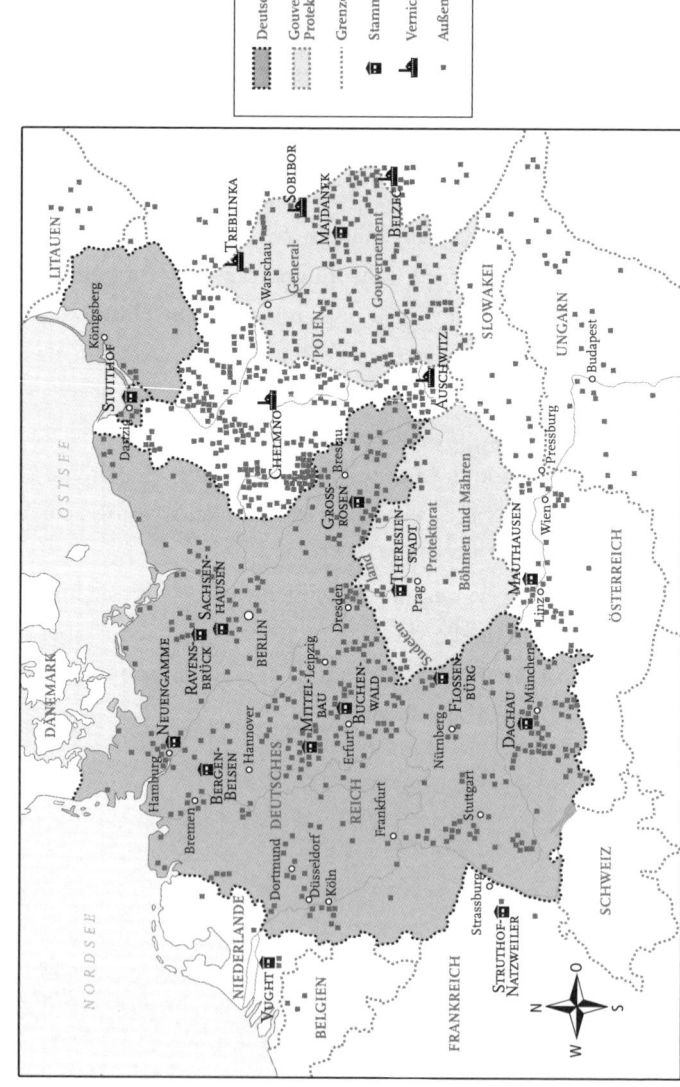

Topografie der Konzentrations- und Vernichtungslager im Deutschen Reich und den besetzten Gebieten (nach Gerhart Binder: Geschichte im Zeitalter der Weltkriege, Bd. 1: 1870 bis 1945, Stuttgart 1977)

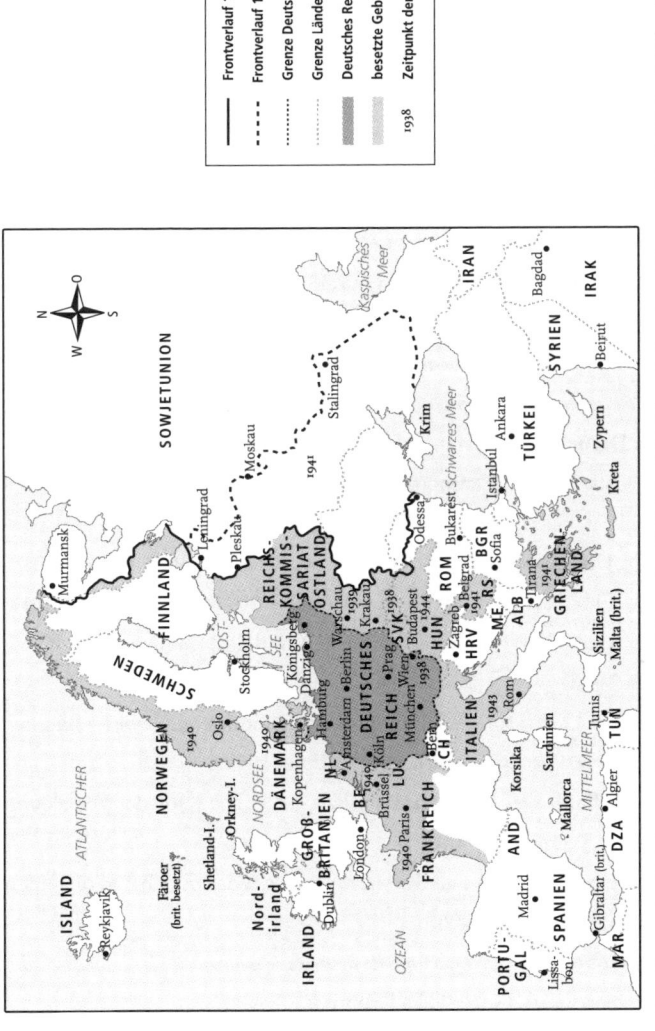

Das Deutsche Reich und die besetzten Gebiete im Frühjahr 1944 (nach Bernhard Kroener/Rolf-Dieter Müller/Hans Umbreit: Organization and Mobilization in the German Sphere of Power: Wartime Administration, Economy, and Manpower Resources 1942–1944/5 (Germany and the Second World War, V/II), Oxford 2003)

Legend:

——	Frontverlauf 1944
- - -	Frontverlauf 1942
······	Grenze Deutsches Reich
········	Grenze Länder
	Deutsches Reich
	besetzte Gebiete
1938	Zeitpunkt der Besetzung

Bibliografie

Abrahams-Sprod, Michael E.: *„Und dann warst du auf einmal ausgestoßen!"* Die Magdeburger Juden während der NS-Herrschaft (Magdeburger Schriften, Bd. 4), Halle 2011.

Altman, Kitia: *Memories of Ordinary People*, Melbourne 2003.

Anger, Per: *With Raoul Wallenberg in Budapest*, New York 1981.

Bartoszewski, Władysław: *The Warsaw Ghetto.* A Christian's Testimony, London 1989 (Dt.: Das Warschauer Ghetto – wie es wirklich war. Zeugenbericht eines Christen, Frankfurt am Main 1983).

Bauer, Yehuda: *Jüdische Reaktionen auf den Holocaust*, Berlin / Münster 2012.

Benz, Wolfgang (Hg.): *Lexikon des Holocaust*, München 2002.

Benz, Wolfgang / Graml, Hermann / Weiß, Hermann (Hg.): *Enzyklopädie des Nationalsozialismus*, 5., akt. und erw. Aufl., München 2007.

Berichte von der 3. Internationalen Konferenz zur Holocaustforschung: *Helfer, Retter und Netzwerker des Widerstands*, Berlin 27. / 28. Januar 2011.

Blatman, Daniel: *Die Todesmärsche 1944 / 45.* Das letzte Kapitel des nationalsozialistischen Massenmords; aus dem Hebräischen von Markus Lemke, Reinbeck bei Hamburg 2011.

Browning, Christopher R.: *Ordinary Men.* Reserve Police Battalion 101 and the Final Solution in Poland, London 2001 (Dt.: Ganz normale Männer. Das Reserve-Polizeibataillon 101 und die „Endlösung" in Polen, Reinbek 1993).

Dror, Tamar: *A green parrot.* The unearthed memories of a Jewish child living under Nazi occupation, Glebe / Australia 1999.

Friedländer, Saul: *Das Dritte Reich und die Juden.* Die Jahre der Verfolgung 1933–1939, München 2000.

Friedländer, Saul: *Die Jahre der Vernichtung.* Das Dritte Reich und die Juden 1939–1945, München 2006.

Gellately, Robert: *Die Gestapo und die deutsche Gesellschaft: Die Durchsetzung der Rassenpolitik 1933–1945*, Paderborn u.a. 1994.

Gilbert, Martin: *The Holocaust*, London 1987.

Greif, Gideon: *Wir weinten tränenlos ...*" Augenzeugenberichte des jüdischen „Sonderkommandos" in Auschwitz, Frankfurt am Main 2011.

Gryglewski, Marcus: *Zur Geschichte der nationalsozialistischen Judenverfolgung in Dresden 1933–1945*. In: Die Erinnerung hat ein Gesicht. Fotografien und Dokumente zur nationalsozialistischen Judenverfolgung in Dresden 1933–1945 (Schriftenreihe der Stiftung Sächsische Gedenkstätten, 4), hg. von Norbert Haase, Stefi Jersch-Wenzel und Hermann Simon, Leipzig 1998.

Gutman, Israel (Hauptherausgeber): *Encyclopedia of the Holocaust*, 4 Bde., New York 1990 (Dt.: Enzyklopädie des Holocaust, 4 Bde., München / Zürich 1995).

Haberfeld, Lusia: *Lauferin*. The runner of Birkenau, Melbourne 2002.

Haus der Wannsee-Konferenz (Hg.): *Die Wannsee-Konferenz und der Völkermord an den europäischen Juden*. Katalog der ständigen Ausstellung, Berlin 2006.

Hoch, Gerhard: *Von Auschwitz nach Holstein*. Die jüdischen Häftlinge von Fürstengrube, Hamburg 1998.

Klemperer, Victor: *Ich will Zeugnis ablegen bis zum letzten*. Tagebücher 1933–1945, Berlin 1999.

Klüger, Ruth: *weiter leben*. Eine Jugend, Göttingen 1992.

Knigge, Volkhard / Lüttgenau, Rikola-Gunnar / Wagner, Jens-Christian (Hg.): *Begleitband zur Wanderausstellung der Stiftung Gedenkstätten Buchenwald und Mittelbau-Dora*, initiiert und gefördert von der Stiftung „Erinnerung, Verantwortung und Zukunft". Zwangsarbeit. Die Deutschen, die Zwangsarbeiter und der Krieg, Essen 2012.

Kogon, Eugen: *Der SS-Staat*, Stuttgart 1974.

Kosmala, Beate: *Verbotene Hilfe*. Rettung für Juden in Deutschland 1941–1945. Vortrag auf einer Veranstaltung der Friedrich-Ebert-Stiftung gemeinsam mit dem Verein „Gegen Vergessen – für Demokratie", Bonn 2004.

Kosmala, Beate: *Hilfe und Rettung für Juden in Osteuropa mit dem Schwerpunkt Polen.* Beitrag zum Podium: Hilfe für Juden während des Holocaust – Europa, Berlin 2011.

Leperere, Helen: *Memoirs and Reflections,* Melbourne 2002.

Lewitt, Maria: *Come Spring.* An autobiographical novel, Melbourne 1983.

Lewitt, Maria: *No snow in December.* An autobiographical novel, Melbourne 1985.

Lermer, Willy: *Aufzeichnungen aus der Hölle.* So überlebte ich den Holocaust. Übersetzung der unveröffentlichten Memoiren „My story" aus dem Englischen von Sabine Zürn, 2013 (E-Book).

Lifton, Robert Jay: *The Nazi Doctors.* Medical Killing and the Psychology of Genocide, New York 1988 (Dt.: Ärzte im Dritten Reich, 2. Aufl., Stuttgart 1996).

Lustiger, Arno: *Rettungswiderstand.* Über die Judenretter in Europa während der NS-Zeit, Göttingen 2011.

Miron, Guy (Hg.): *Die Yad Vashem Enzyklopädie der Ghettos während des Holocaust,* 2 Bde., Göttingen 2014.

Mitscherlich, Alexander / Mielke, Fred: *Medizin ohne Menschlichkeit: Dokumente des Nürnberger Ärzteprozesses,* Frankfurt am Main 2004.

Muggenthaler, Thomas: *Verbrechen Liebe.* Von polnischen Männern und deutschen Frauen – Hinrichtungen und Verfolgung in Niederbayern und der Oberpfalz während der NS-Zeit, Viechtach 2010.

Niederland, William G.: *Folgen der Verfolgung.* Das Überlebenden-Syndrom Seelenmord, Frankfurt am Main 1980.

Perechodnik, Calel: *Am I a Murderer?* Testament of a Jewish Ghetto Policeman, Boulder / CO 1996 (Dt.: Bin ich ein Mörder? Das Testament eines jüdischen Ghetto-Polizisten, Berlin 1999).

Reitlinger, Gerald: *The final solution,* London 1961 (Dt.: Die Endlösung, 7. Aufl., Berlin 1992).

Ringelblum, Emmanuel: *Notes from the Warsaw ghetto.* The Journal of Emmanuel Ringelblum, New York 1975 (Dt. Ghetto Warschau. Tagebücher aus dem Chaos, Degerloch 1967).

Rutland, Suzanne D.: *Edge of the Diaspora.* Two Centuries of Jewish Settlement in Australia, Rose Bay 1997.

Saaroni, Sarah: *Life goes on regardless…*, Hawthorn 1995.

Stone, Nina (Hg.): *Silent No More.* Melbourne Child Survivors of the Holocaust, 2. Aufl., Melbourne 2012.

Urman, Judy: *Schönebeck – Shanghai – Denver. Erinnerungen einer Deutschen jüdischen Glaubens*, Halle 2014.

Wiernik, Jankiel: *Rok w Treblince/A Year in Treblinka* (Polnisch und Englisch). Rada Ochrony Pamieci Walk i Meczenstwa, 2003.

Wollenberg, Jörg: *Ahrensbök.* Eine Kleinstadt im Nationalsozialismus. Konzentrationslager – Zwangsarbeit – Todesmarsch, Bremen 2000.

Zylberman, Halina: *Swimming under water*, Melbourne 2001.

Internet

Arbeitskreis Shoa.de e.V.: http://www.zukunft-braucht-erinnerung.de

KZ-Gedenkstätte Neuengamme: www.kz-gedenkstaette-neuengamme.de

United States Holocaust Memorial Museum: http://www.ushmm.org/; http://www.ushmm.org/learn/holocaust-encyclopedia (Holocaust Encyclopedia)

Yad Vashem – The Holocaust Martyrs' and Heroes' Remembrance Authority: http://www.yadvashem.org

Danksagung

Allen hier porträtierten Damen und Herren gilt mein ausgesprochener Dank dafür, dass sie sich die Zeit genommen und der Mühe unterzogen haben, ausführlich mit mir über ihr Leben zu reden. Die Bereitschaft zu einem oft mehrtägigen Interview mit einer Deutschen habe ich nie als selbstverständlich empfunden, und es war mir immer bewusst, dass meine Fragen traumatische Erlebnisse in der Kindheit, Jugend oder im jungen Erwachsenenalter berühren.

Auch denjenigen, deren Biografien allein aus Gründen des Umfangs keinen Eingang in dieses Buch gefunden haben, sei ausdrücklich für alle Gespräche gedankt: Herschel Balter, John Chaskiel, George Ginzburg, Paul Grinwald, Henri Korn, Rosa Krakowski, David Prince, Pearl Recht, Fryda Schweitzer.

Dem Jüdischen Holocaust Centre Melbourne möchte ich für die Offenheit und herzliche Aufnahme danken, für den Zugang zur Bibliothek und zu wertvollen Dokumenten aus dem Archiv und der Zeitzeugen-Abteilung. Insbesondere Phillip Maisel, Leiter der Zeitzeugen-Abteilung, aber auch die Damen aus der Bibliothek – Rose Freilich und Sabina Josem – haben mich stets bei der Suche nach Informationen unterstützt, und ich habe sie in dankbarer Erinnerung. Jayne Josem, der Kuratorin, danke ich für das Vertrauen, mir verantwortungsvolle und sensible Themen zu überantworten.

Mein besonderer Dank gilt meinem verstorbenen Freund mö (Eghard Mörbitz), mit dem ich die Idee und das Konzept des Buches diskutiert habe, der mich zum Schreiben ermutigte und der noch im Hospiz einige Kapitel kritisch gelesen hat. Er fehlt mir schmerzlich.

Sabine Zürn möchte ich für ihre wertvollen Anregungen, die uneigennützige und professionelle Hilfe sowie die nachdrückliche Ermutigung danken, die Arbeit zum Abschluss zu bringen. Meine Mutter Clara Häfner sowie meine Schwester Christine Leithold haben das gesamte Manuskript Korrektur gelesen. Ihre Anmerkungen und Kommentare, aber auch ihr fester Glaube daran, wie wichtig es sei, diese Biografien aufzuschreiben, waren von unschätzbarem Wert für mich, und ich bin ihnen in großer Dankbarkeit verbunden. Allen Freunden, die einzelne Kapitel gelesen haben, danke ich für ihre Hinweise.

Vor allen anderen aber möchte ich meinem Lebensgefährten Paul Warburton danken, der entscheidenden Anteil am Zustandekommen dieses Buches hat. Paul hat meine Idee, die Biografien zu sammeln und aufzuschreiben, von Anfang an unterstützt. Er hat mich immer wieder bestärkt und motiviert, und er war mir ein wichtiger Gesprächspartner in allen Phasen des Projektes. Dafür und für seine Geduld danke ich ihm von Herzen.

Schließlich möchte ich an meinen verstorbenen Mann Peter Miska erinnern, dessen Erfahrungen während der NS-Diktatur, inklusive unserer Diskussionen darüber, für mich prägend waren. Peter Miska war beim Schreiben des Buches stets dabei.

Aus dem Programm des Mitteldeutschen Verlags